江苏省高等学校重点教材
（编号：2021-1-115）

高等院校新形态教材系列

Finance
3th Edition

金融学
第3版

董金玲 陈彦华 ◎编著

本书以货币、信用理论为基础，以市场经济体系下金融的整体运行为主线，全面介绍了货币与货币制度、信用与征信、利息与利率、金融机构体系、商业银行与中央银行、非银行金融机构、货币市场、资本市场、金融衍生产品市场、货币供求与均衡、货币政策、通货膨胀与通货紧缩、外汇与国际收支、国际货币体系与国际金融市场、金融发展与金融监管以及数字金融等内容。在系统阐述金融学基本原理和现实问题的基础上，本书强调并突出知识的应用性，力争让读者对本书内容学以致用，从而提升本书的应用价值。

本书不仅适合作为高等院校经济类、金融类、管理类等专业本科生的教材，还适合作为在社会实践中参与相关金融研究和决策的工作人员的参考读物。

图书在版编目（CIP）数据

金融学 / 董金玲，陈彦华编著. -- 3版. -- 北京：机械工业出版社，2025.1. --（高等院校新形态教材系列）. -- ISBN 978-7-111-77457-0

Ⅰ. F830

中国国家版本馆 CIP 数据核字第 20250LP611 号

机械工业出版社（北京市百万庄大街22号　邮政编码100037）
策划编辑：高天宇　　　　　　　　责任编辑：高天宇　徐子茵
责任校对：张勤思　张慧敏　景　飞　责任印制：任维东
河北鹏盛贤印刷有限公司印刷
2025年3月第3版第1次印刷
185mm×260mm·22印张·544千字
标准书号：ISBN 978-7-111-77457-0
定价：59.00元

电话服务　　　　　　　　网络服务
客服电话：010-88361066　机　工　官　网：www.cmpbook.com
　　　　　010-88379833　机　工　官　博：weibo.com/cmp1952
　　　　　010-68326294　金　　书　　网：www.golden-book.com
封底无防伪标均为盗版　机工教育服务网：www.cmpedu.com

前 言

金融学是与经济关系最为紧密的学科。作为经济管理类专业基础课，"金融学"课程一般在大一期间开设，其教学的主要任务是使学生掌握货币及货币供求、信用、金融机构、金融市场、金融监管等金融学基本理论和基础知识，以更好地理解现实生活中的经济金融现象，为后续专业课的学习奠定基础。因此，如何让学生迅速适应后续专业课学习，将金融理论与经济金融热点有效结合，提升学生对专业的兴趣与爱好，成为"金融学"课程教学成败的关键。基于这一认识，编者团队曾于2010年和2015年在机械工业出版社先后出版过《金融学》和《金融学》（第2版），教材一直延续了"突出基本理论，强调知识应用"的特色，立足于金融学的基础性，强调理论的实践性。第1版和第2版都得到了广大读者的喜爱，并重印多次。

近年来，随着金融理论与金融实践的不断丰富，国内外金融领域发生了巨大变化，数字货币、区块链的产生使互联网金融向纵深发展，大数据的运用改变了信用征集和金融监管的方式，不断创新的金融产品使银行、保险、证券等行业的界限越来越模糊……这一切都迫切要求"金融学"课程的教学跟上时代的变化。为适应这些巨大的变化，我们在第1版和第2版取得成功的基础上，融入近年来我们在教学上取得的成功经验与成果，推出了由原创作团队中的核心作者董金铃、陈彦华二人共同编著的第3版，以飨读者。

本书主要特色如下：一是与时俱进，按照最新的"金融学"课程教学大纲，对书中的理论知识进行整合，以反映我国改革开放以来金融领域的成果和变化；二是根据章节内容，结合金融热点，在每章章末提供了补充阅读，尽可能把近年来经济金融领域改革的热点、难点问题反映到案例教学中，以供读者阅读、讨论，加深其对金融理论的理解；三是增加了课程思政内容，使读者理解中国特色社会主义制度的人民性、独创性、优越性和科学性，树立正确的职业操守，坚定"四个自信"。

本书新增加的章节和补充阅读涉及大数据征信、区块链、LPR新机制、民营银行发展、第三方支付、众筹、P2P网络贷款、影子银行、货币超发、央行降准、数字金融等内容，相关材料由董金玲和陈彦华整理提供；董金玲对第1、2、3、15、16章内容做了修改及调整；陈彦华编写了新增的第17章。感谢左云和支康权在此次修订中所做出的努力。

本书在写作过程中参阅了大量学者和机构的研究成果，在此表示衷心的感谢！写作期间，机械工业出版社的编辑给予了热情的指导和帮助，提出了许多富有建设性的意见与建议，使用本书的相关高校教师对本书的编写也提出了非常中肯的意见，在此，我们向他们一并表示感谢！

书中难免存在不足之处，请各位读者批评指正，以便我们后续进一步完善。

编者

2024年8月

教学建议

教学目标

作为经济类核心课程以及金融专业主干课程,"金融学"课程主要研究货币与金融体系运行机制、金融与经济运行之间关系,是学生了解金融知识、研究金融问题的基础,在整个专业课程体系中占有十分重要的地位。本课程的目标是:要求学生系统掌握货币、信用、银行的基本原理和基本理论;了解市场经济条件下货币、信用、银行及现代金融的特点与发展趋势;掌握有关金融行业的基本知识和基本技能;具有一定的观察和分析金融现象的能力,从而为后续课程尤其是金融类课程的学习奠定基础。

先修、后续课程及关系

"金融学"在整个专业教学体系中起到承上启下的作用。本课程的先修课程为"经济学""会计学基础"等,后续课程是"国际金融学""证券投资学""商业银行经营管理""金融市场学""中央银行学"等。先修课程为学习金融理论基础,理解金融在资源配置、经济调节、经济发展中的核心作用,起到知识铺垫和先导作用;后续课程以此为基础,是对课程知识的进一步加深、细化和拓展。

教学方法及建议

作为专业基础课,"金融学"具有内容抽象、概括性强、术语概念多等特点。在教学中,应多从现实生活出发,引出相关问题和概念,突出理论传授、知识运用能力提升和实际问题解决能力培养三个重点。建议教师在启发式教学的基础上,结合我国金融改革的实践和近年来国际金融领域的变化,把每一章的主要知识点配合有关案例加以分析与讲解,凸显案例教学的优势;也可以通过建立学习小组的方式,引导学生关注金融领域的变化,关注学科前沿并对相关问题进行讨论;同时,通过带领学生到金融机构、金融市场实地考察,利用学校教学设备模拟操作等方式,让学生了解金融机构的业务流程以及金融市场的运行模式,加深对知识的理解和运用。

学时分配建议

本书共计 17 章,建议学时为 50 学时,各章节学时分配建议如下。

章节	教学内容	建议学时	实践
第 1 章	金融学概述	2	—
第 2 章	货币与货币制度	3	课内案例训练
第 3 章	信用与征信	3	课内案例训练
第 4 章	利息与利率	3	课内案例训练
第 5 章	金融机构体系	2	实地参观
第 6 章	商业银行与中央银行	4	案例、实地观摩
第 7 章	非银行金融机构	3	案例、实地观摩
第 8 章	货币市场	3	课内案例训练
第 9 章	资本市场	3	实地观摩、实验室模拟
第 10 章	金融衍生产品市场	3	课内案例训练
第 11 章	货币供求与均衡	4	课内案例训练
第 12 章	货币政策	4	课内案例训练
第 13 章	通货膨胀与通货紧缩	3	课内案例训练
第 14 章	外汇与国际收支	3	课内案例训练
第 15 章	国际货币体系与国际金融市场	3	课内案例训练
第 16 章	金融发展与金融监管	2	课内案例训练
第 17 章	数字金融	2	课内案例训练

目 录

前　　言
教学建议

第 1 章　金融学概述　/ 1

学习目标　/ 1
引言　/ 1
1.1　金融概述　/ 1
1.2　金融学的发展历程及趋势　/ 6
1.3　金融学研究的主要内容　/ 9
本章小结 / 10　学习建议 / 10　核心概念 / 10　课后思考与练习 / 10　相关链接 / 11
补充阅读 1-1　改革开放 40 年中国金融学理论和金融实践的发展与创新　/ 11
补充阅读 1-2　以金融强国建设推进经济高质量发展　/ 13

第 2 章　货币与货币制度　/ 17

学习目标　/ 17
引言　/ 17
2.1　货币的产生、发展及本质　/ 17
2.2　货币的职能　/ 23
2.3　货币制度的构成及演变　/ 25
本章小结 / 30　学习建议 / 30　核心概念 / 31　课后思考与练习 / 31
补充阅读 2-1　比特币及其发展　/ 31
补充阅读 2-2　区块链打造金融新业态　/ 33

第3章 信用与征信 /35

学习目标 /35

引言 /35

3.1 信用的产生、要素及作用 /35

3.2 信用形式 /37

3.3 信用工具 /41

3.4 征信与社会征信体系 /43

3.5 建立征信体系的必要性 /48

3.6 我国的信用现状及征信体系建设 /48

本章小结/50 学习建议/50 核心概念/50 课后思考与练习/50

补充阅读3-1 三大模式共筑征信产业 /51

补充阅读3-2 征信行业的未来发展趋势分析 /54

第4章 利息与利率 /57

学习目标 /57

引言 /57

4.1 利息与利率 /57

4.2 利率的种类、决定因素及其变动对经济的影响 /60

4.3 西方利率理论 /64

4.4 我国的利率市场化改革 /69

本章小结/73 学习建议/74 核心概念/74 课后思考与练习/74

补充阅读4-1 LPR新机制诞生：利率市场化改革踏入最后一公里 /75

补充阅读4-2 "利率并轨"的国际经验、国内实践及相关借鉴意义 /77

第5章 金融机构体系 /80

学习目标 /80

引言 /80

5.1 金融机构体系概述 /80

5.2 西方金融机构体系的构架 /82

5.3 我国金融机构体系的构成 /86

本章小结/99 学习建议/99 核心概念/99 课后思考与练习/100

补充阅读 在开放中变革、融合与创新的金融机构体系：40年中国金融改革开放的基本经验 /100

第6章 商业银行与中央银行 / 104

学习目标 / 104
引言 / 104
6.1 商业银行 / 104
6.2 中央银行 / 115
本章小结 / 119　学习建议 / 119　核心概念 / 119　课后思考与练习 / 119
补充阅读　中国的存款保险制度 / 119

第7章 非银行金融机构 / 122

学习目标 / 122
引言 / 122
7.1 投资银行 / 122
7.2 保险公司 / 126
7.3 其他非银行金融机构 / 131
本章小结 / 134　学习建议 / 135　核心概念 / 135　课后思考与练习 / 135
补充阅读 7-1　如何理解中国的影子银行 / 135
补充阅读 7-2　关于分业经营和混业经营的三个认识误区 / 138

第8章 货币市场 / 141

学习目标 / 141
引言 / 141
8.1 货币市场概述 / 141
8.2 同业拆借市场 / 142
8.3 票据市场 / 145
8.4 其他货币市场 / 150
本章小结 / 153　学习建议 / 153　核心概念 / 153　课后思考与练习 / 153
补充阅读　金融科技在银行间市场产品与交易机制创新中的应用 / 154

第9章 资本市场 / 159

学习目标 / 159
引言 / 159
9.1 股票市场 / 159

9.2 债券市场 / 168

本章小结 / 174　学习建议 / 174　核心概念 / 175　课后思考与练习 / 175

补充阅读　中国资本市场开放历程与影响分析　/ 175

第 10 章　金融衍生产品市场　/ 178

学习目标　/ 178

引言　/ 178

10.1　金融衍生产品市场概述　/ 178

10.2　金融远期市场　/ 180

10.3　金融期货市场　/ 182

10.4　金融期权市场　/ 183

10.5　金融互换市场　/ 185

本章小结 / 186　学习建议 / 187　核心概念 / 187　课后思考与练习 / 187

补充阅读　金融衍生产品市场交易实例　/ 187

第 11 章　货币供求与均衡　/ 189

学习目标　/ 189

引言　/ 189

11.1　货币需求　/ 189

11.2　货币供给　/ 197

11.3　货币供求均衡　/ 206

本章小结 / 208　学习建议 / 208　核心概念 / 208　课后思考与练习 / 209

补充阅读　货币供给与资产价格的关系　/ 209

第 12 章　货币政策　/ 216

学习目标　/ 216

引言　/ 216

12.1　货币政策目标　/ 216

12.2　货币政策工具　/ 221

12.3　货币政策传导机制　/ 225

12.4　货币政策效应　/ 227

本章小结 / 229　学习建议 / 229　核心概念 / 229　课后思考与练习 / 229

补充阅读 12-1　中美货币政策调控的差异　/ 230

补充阅读 12-2　央行降准：原因、效果及前瞻　/ 233

第 13 章 通货膨胀与通货紧缩 / 236

学习目标 / 236

引言 / 236

13.1 通货膨胀 / 236

13.2 通货膨胀的影响及治理 / 241

13.3 通货紧缩 / 246

本章小结 / 249　学习建议 / 249　核心概念 / 249　课后思考与练习 / 249

补充阅读　CPI 构成的国际比较 / 250

第 14 章 外汇与国际收支 / 252

学习目标 / 252

引言 / 252

14.1 外汇与汇率 / 252

14.2 国际收支与国际收支平衡表 / 256

本章小结 / 263　学习建议 / 264　核心概念 / 264　课后思考与练习 / 264

补充阅读 14-1　国际收支顺差支持人民币汇率走强 / 264

补充阅读 14-2　2023 年上半年我国国际收支主要状况 / 267

第 15 章 国际货币体系与国际金融市场 / 269

学习目标 / 269

引言 / 269

15.1 国际货币体系及其演变 / 269

15.2 欧洲货币体系 / 275

15.3 国际金融市场 / 277

15.4 欧洲货币市场 / 279

本章小结 / 282　学习建议 / 282　核心概念 / 282　课后思考与练习 / 282

补充阅读　人们迟早会抛弃以美元为主导的国际货币体系 / 283

第 16 章 金融发展与金融监管 / 286

学习目标 / 286

引言 / 286

16.1 金融发展与经济发展 / 286

16.2 金融抑制与金融深化 /289

16.3 金融风险 /294

16.4 金融监管 /303

本章小结/309　学习建议/309　核心概念/310　课后思考与练习/310

补充阅读 16-1　新型央地监管体制逐渐成形 /310

补充阅读 16-2　从全球经济金融周期及结构性变化认识金融强国 /312

第 17 章　数字金融 /317

学习目标 /317

引言 /317

17.1 数字货币 /317

17.2 数字银行 /323

17.3 去中心化金融市场 /326

17.4 监管科技 /329

本章小结/333　学习建议/334　核心概念/334　课后思考与练习/334

补充阅读 17-1　数字人民币能否促进人民币国际化 /334

补充阅读 17-2　工商银行的金融科技布局 /336

参考文献 /338

第 1 章　金融学概述

○ **学习目标**

1. 理解金融的基本概念以及金融的构成要素；
2. 了解金融学的发展历程及趋势；
3. 掌握金融学的研究内容。

○ **引言**

　　现代经济是市场经济，市场经济从本质上讲就是一种发达的货币信用经济或金融经济，它的运行表现为价值流导向实物流，货币资金运动导向物质资源运动。金融运行正常、有效，则货币资金的筹集、融通和使用就会充分而有效，社会资源的配置就会合理，对国民经济走向良性循环所起的作用就会明显。一旦金融运行出现问题，则会对整个经济带来严重的不良影响。人类历史上出现的数次金融危机，无论是早期的郁金香狂热、南海泡沫事件，还是20世纪以来发生的危机，如1907年的美国银行业危机、1929年的大萧条、1987年的"黑色星期一"、1994年的墨西哥金融危机、1997年的亚洲金融危机以及2008年的美国金融危机，无不是金融运行出了问题。危机让我们更加清醒地认识到金融在现代经济中的重要作用。认识金融、了解金融、把握金融运行规律已成为当务之急。

1.1　金融概述

1.1.1　金融的含义

　　金融通常是指货币资金的融通，其中"金"是指货币资金，"融"是指交易、调剂、流通。在这里，融通的主要对象是货币资金；融通的主要方式是"有借有还"的信用方式，而组织这种融通的机构则为银行及其他金融机构。因此，金融也就涉及货币、信用和银行等三个范畴，以及三者之间的相互联系。金融的概念也就可以理解为货币、信用和银行及其相互联系的总称。当货币和信用这两个范畴日益紧密地相互联系、相互渗透、密不可分时，就产生了金融这一概念。它包括货币的发行与回笼、存款与贷款、金银、外汇和有价证券的买卖、资金的汇兑与结算、贴现、同业拆借市场的活动、保险、信托、融资租赁等。

金融是商品经济的产物。在市场经济中,金融活动广泛渗透到社会经济和人民生活的每个领域,大到宏观调控,小到个人生活,可谓是无处不在,政府、企业、个人无不为之。对金融这一概念的理解可以从以下几个方面把握。

1. 金融活动是以货币为载体的运动

货币是商品交换和商品生产发展到一定阶段的产物。孤立的一件商品不可能体现自己的价值,价值只有通过商品与商品的交换才能得到体现。现在一切商品的价值都用货币来表示,商品间的交换活动都需要借助货币作为交易媒介来实现。货币作为商品交换的媒介,伴随着商品的运动而运动,从而形成货币流通的特殊运动形式。随着商品经济的发展,与货币、货币流通、信用等直接相关的金融活动日趋繁杂,逐渐成为一切经济活动的核心,参与的相关主体之间也形成了各种金融关系。各种金融关系都表现为货币关系,货币不仅对商品交换存在媒介关系,而且货币与货币之间也存在着兑换、积累、分配等关系,这一切又构成了金融关系的基础。任何金融活动都离不开货币,都是以货币为载体进行的。如货币的发行、流通、兑换、交易及其组织管理。没有货币就没有所谓的金融活动,金融关系也就不复存在。所以,没有货币关系和货币形式的运动,金融就失去了存在的基础。

2. 金融的本质表现为信用关系

金融的本质实际上是一种信用关系。从产生的时间看,信用在前而金融在后,作为最原始、最基本的金融活动,借贷是基于信用而产生的,但信用关系比金融的范围更广。金融活动是指以货币或价值为对象的借贷活动,其主要职能是通过各种间接和直接融资形式,实现货币资金在经济各部门、各单位之间的分配,如货币借贷,外汇、金银交易,各种有价证券,票据的发行和交易,贴现、信托、保险等。而信用关系还包括各种非货币形式的借贷,如实物借贷。早期的借贷形式属于实物信用,即贷者以实物形态发放贷款,借者在约定期限后也同样以实物形态还本并付息。后来逐步演变为一种物主以收取租金为条件,将所持有的物品(租赁财产)定期出租给用户使用的一种租赁形式。随着商品经济的发展,货币信用形式逐渐代替了大部分的实物信用形式,金融成了社会经济生活不可或缺的经济范畴,特别是在如今货币经济发达的条件下,人们几乎把金融与信用同等看待。

3. 金融体现的是一种价值关系

一切金融活动必然都表现为货币的运动,而在现实生活中货币只是一种价值符号,所以,货币运动和货币信用活动实际上就是价值的流动和运动。马克思在《资本论》中就把信用定义为价值运动的特殊形式。在社会经济生活中,价值运动总是在生产、分配、流通、消费等不同领域中存在,货币资金是价值的主要形式,也必然在上述各个领域中流动。同时,货币资金运动具有周转性、补偿性、增值性等特性。资金的周转性是指资金周转的价值,即资金在运动中不断地循环与周转,不具有运动形式的价值、静止的价值,不属于资金的范畴;补偿性是指资金运动要求从销售收入中补偿耗费和垫支,即资金补偿是资金继续周转的前提;增值性是指资金的价值在运动中不断增大,如货币的时间价值等。那么,货币资金在不同所有者之间,根据不同需要,人们可以利用它们所特有的时间差、空间差进行借贷、收付、存放等活动，这可以体现出资金运动中的上述各种特性，而这些活动也就是通常所说的货币资金融通。这种货币资金的融通又存在于生产、分配、流通、消费的全过程之中。

4. 金融体现的是一种跨期的动态关系

一般来说，金融活动从资金流出到资金流入往往需要一段时间，例如投资者购买公司的股票就是现在把钱给公司用，等5年甚至10年以后公司赚钱了，再把钱以红利的方式分给投资者，这相当于投资者把自己现在不需要使用的资金转移到未来。因此，金融是一种跨期的资金活动。金融活动是一种动态的活动，金融资产的流动性越强，也就越有活力。金融学所讲述的货币资金的时间价值以及贴现的计算，就是金融体现跨期动态经济关系最典型的例子。也就是说，货币的出现首先是为了把今天的价值储存起来，等到明天或者后天，或者是未来任何时候，再把这个储存在货币中的价值用来购买别的东西，整个过程实际上就是让价值在不同的时间和不同的地理位置之间进行交换，即实现不同的人之间跨时间跨空间的价值交换。金融的本质是跨期价值交换。所有的跨期价值互换的活动都是金融，其中的问题都是金融要解决的问题。所有涉及跨期价值交换的交易都是金融交易。无论是借贷、收付还是存放，如果某一环节发生中断或静止，金融活动就会出现中断，金融关系就不复存在。

1.1.2 金融的构成要素

作为一个经济学范畴，金融是由金融主体、金融客体、金融市场和金融制度等要素构成的。这些要素对金融来说缺一不可，没有这些要素就不可能产生金融活动，也不可能构成真正的金融关系。

1. 金融主体

金融主体就是参与金融活动的各类参与者。其中，各类金融机构构成了金融主体的主要部分。此外，政府、一般工商企业以及居民也是重要的金融主体，他们构成了市场中的资金盈余者和需求者，金融机构就是为这些主体之间信用关系的搭建提供服务的。

金融机构又被称为金融中介机构，是指在金融活动中专门从事资金融通或为资金融通提供服务的企业。现代金融体系中的金融中介机构形式种类繁多，功能主要在于作为连接资金需求者与资金盈余者的桥梁，促使资金从盈余者手中流向资金需求者手中，实现金融资源的重新配置。金融机构作为金融中介，一方面通过发行自己的金融资产来筹集资金；另一方面通过提供贷款或购买债券、股票向资金需求者提供资金，并从中获得经营利润。目前，绝大多数国家都形成了以中央银行为核心、商业银行为主体、各类金融机构并存，并相互竞争的金融机构体系。金融机构存在的经济必要性不仅在于它能够"化整为零，续短为长"，将分散的短期资金汇集为集中的长期资金来满足资金需求者的需要，而且在于它可以降低金融主体之间的交易成本，克服由于金融主体之间信息不对称而导致的交易成本增加，并可以通过金融资产的多样化来分散、降低金融风险。没有金融主体不可能产生金融需求，也不会产生金融活动。

个人与家庭主要以资金供给者的身份参与金融交易。企业既是资金需求者，又是资金供给者，企业通过发行债券、股票或者向银行申请贷款的方式补充生产经营过程中的资金不足，或者当企业具有闲置资金时，将一部分资金让渡给金融市场上的资金需求者，以获得投资回报。

而政府作为金融活动的主要参加者，通常是金融市场上的资金需求者，政府通过发行债券的方式弥补财政资金的不足。

中央银行参与金融活动的目的是实施货币政策来进行宏观调控。中央银行参与金融活动的目的与其他参与者有本质的区别。中央银行作为金融活动的参与者，具有双重的身份和地位。一方面，它与其他的金融主体一样，按照公平原则参与金融活动；另一方面，中央银行还是金融活动的主要管理者，通过制定金融活动的基本规则和管理各类金融机构，来控制和协调金融活动。

> **把脉金融：历史上六次全国金融工作会议**
> 全国金融工作会议是我国金融领域最高规格的会议，在金融稳定和监管、机构改革等领域的政策部署对我国金融业长期发展具有重大意义，深远影响我国未来几年的金融发展格局。

2. 金融客体

金融客体也被称为金融工具或者信用工具，它是货币资金或金融资产借以转让的工具。谈起金融，人们往往首先想到的就是货币，因为它是与人们日常生活直接相关的金融现象或要素。理论上既然金融是货币信用关系的体现，那么各种金融活动能够成立的前提就是首先必须有货币的存在，没有货币，金融也就无从谈起。从原始社会末期的原始货币发展到今天的信用货币，货币经历了数千年的漫长历史过程，经历了从实物货币、金属货币、纸币、存款货币到电子货币的发展历程。货币的供应、流通与组织管理、外汇交易等，都是金融活动的基本内容，但货币并不是金融活动的唯一工具。在发达的市场条件下，货币的外延逐渐扩大，更多表现形态则是资金，一种具有增值特性的货币。资金作为最主要的金融对象，在其持有者与需求者之间进行余缺调剂，构成了金融关系和金融活动的主要内容。资金在其运动过程中，除现金以外，还必须通过其他各类载体的形式加以体现，我们一般把这种载体称为金融工具，它代表一种未来收益的索取权，通常以凭证、收据或其他法律文件表示，由货币的贷放而产生。在现实经济中，商业期票、商业汇票、银行的各种其他票据，以及交易所的股票、债券、期货合约等是金融工具的主要表现形式。人们通过这些票据、证券等金融工具的买卖、转让、抵押等方式，来实现资金的融通。

3. 金融市场

金融的核心内容是资金融通机制。如何高效率地合理配置资金对一国经济的发展具有重要意义，金融市场就是这一资金融通机制的主要载体之一。在经济生活中，既然客观存在资金盈余者和需求者，同时也存在着各种类型的金融工具，金融市场的出现就成为一种必然。如果没有市场，金融主体就没有一个进行交易的空间。然而，随着经济的发展，特别是计算机技术和网络技术在金融交易中广泛的应用，金融交易的场所逐渐趋于无形化，金融市场成为以各种金融资产作为对象而进行交易的组织系统或网络，以及由这类交易本身所引发的各种信用关系，也成为交易金融资产并确定金融资产价格的一种机制。一方面，这一机制的存在使得各类经济主体以金融市场为媒介，使资金流向最需要的地方，从而实现资金的合理配置；另一方面，金融市场的存在为长期资金、短期资金之间的相互转化以及资金的横向融通提供了可能。由于金融市场中有各种金融工具可供选择，投资者很容易构建各种证券组合来分散风险，从而提高投资的安全性和盈利性。

4. 金融制度

金融制度是指有关金融交易的规则、惯例和组织安排。它是伴随货币与信用制度、金融交易的变化不断进行调整与变革的。金融制度通过提供规则和安排以界定人们在金融交易过程中的选择空间，约束和激励人们在金融交易中的行为，降低金融交易费用和竞争中的不确定性引发的金融风险，保护金融交易双方的权利，提高金融资源的配置效率。

金融制度有以下规定性内容。第一，金融制度表现为人们在金融交易中所应遵守的一系列的规则、惯例、秩序。这些规则包括正式规则和非正式规则，以及促使金融交易实现的实施机制。第二，金融制度有实际的承载体，如中央银行、金融机构、金融资产、金融法规等。第三，金融制度通过一系列规则、惯例和安排来界定金融交易双方的选择空间、约束和激励机制，降低金融交易费用和金融交易双方关系的保障机制。第四，金融制度的外延是金融体制，它包括金融组织状态、金融信息的传递方式、金融资源的配置方式、金融调控方式、金融决策结构等。金融制度决定了金融体制和金融运行效率。

1.1.3 金融在现代经济中的作用

1. 金融是现代经济的核心

金融在现代经济中的核心地位是由其自身的特殊性质和作用所决定的。现代经济是市场经济，市场经济从本质上讲就是一种发达的货币信用经济或金融经济，它的运行表现为价值流导向实物流，货币资金运动导向物质资源运动。金融市场的运作过程中，投资者通过各种金融工具收益率的差别，来了解资金使用者的经济效益、技术水平和管理经验，从而选择和改变投资方向，把资金投到经济效益更高的地方去。投资者往往购买收益率高和具有增长性的金融工具，而抛售收益率低、缺乏增长潜力的金融工具，这种趋利行为，使效益好、有前景的企业能得到充裕的资金；而那些效益差、没有发展前景的企业就得不到资金。这种趋利行为推动生产要素的重新配置与组织，使社会资源得到合理有效的利用，提高了国民经济的整体效益，从而实现了引导资金流向，优化资源配置的作用。同时，经济发展离不开资金的积累，现代经济发展必然要从资金的积累开始，金融是融资和投资活动的一个重要枢纽，加速金融业的发展能够直接起到促进经济增长的作用。金融运行正常有效，那么货币资金的筹集、融通和使用就充分而有效，社会资源的配置也就合理，对国民经济走向良性循环所起的作用也就明显。

> **改革创新：推动金融迈向高质量发展：新时代以来金融领域改革与发展综述**
>
> 党的十八大以来，在以习近平同志为核心的党中央的坚强领导下，我国坚定不移走好中国特色金融发展之路，持续推动金融事业高质量发展。

2. 金融是现代经济中调节宏观经济的重要杠杆

现代经济是由市场机制对资源配置起基础性作用的经济，其显著特征之一是宏观调控的间接化。金融在建立和完善国家宏观调控体系中具有十分重要的地位。金融不仅可以调节经济总量，也可以调节经济结构。金融业是连接国民经济的纽带，它能够比较深入、全面地反映成千上万个企事业单位的经济活动，金融活动渗透到社会再生产的全过程，与各行业、各地区、各单位的经济活动息息相关，因此，它可以灵敏、及时、全面地反映社会经济活动的状况，提供各种信息，为微观经济活动和宏观经济决策提供重要依据。同时，借助各种金融政策工具和手段（如利率、汇率、信贷、结算等），通过金融政策的紧缩或放松，不仅可以调节社会资金的供求总量，从而调节社会总供给与总需求的关系，而且还可以对微观经济主体产生直接的影响，进一步促进国民经济稳定、协调、高质量发展。国家可以根据宏观经济政策的需求，通过中央银行制定货币政策，运用各种金融调控手段，适时地调控货币供应的数量、结构和利率，从而调节经济发展的规模、速度和结构，在稳定物价的基础上，促进经济发展。

金融帮扶：2024 年普惠信贷总体目标（保量、稳价、优结构）

2024 年，金融监管总局首次提出"普惠信贷"的概念，既服务小微企业、三农领域经营主体，也服务个体工商户、脱贫户、特定群体等人民群众，监管目标是"保量、稳价、优结构"，建立"又普又惠"的普惠信贷体系。

3. 金融是沟通全社会经济生活的命脉和媒介

现代社会，一切经济活动几乎都离不开货币资金运动。从国内看，金融连接着各部门、各行业、各单位的生产经营，联系每个社会成员和千家万户，是国家管理、监督和调控国民经济运行的重要杠杆和手段；从国际看，金融是国际政治、经济、文化交往，实现国际贸易、引进外资、加强国际间经济技术合作的纽带。当前，世界经济复苏缓慢，国际竞争激烈，国内外面临的经济形势比较严峻，2023 年 10 月，中央金融工作会议强调"金融是国民经济的血脉，是国家核心竞争力的重要组成部分"，并提出"要加快建设金融强国"。会议部署了当前和今后一个时期的金融工作，要求"全面加强金融监管，完善金融体制，优化金融服务，防范化解风险，坚定不移走中国特色金融发展之路，推动我国金融高质量发展，为以中国式现代化全面推进强国建设、民族复兴伟业提供有力支撑"。

1.2 金融学的发展历程及趋势

1.2.1 金融学的产生和发展

从历史发展演变的过程来看，人类社会经济形态由自给自足的自然经济发展到以商品交换为特征的商品经济，又由一个以小规模生产为特征的简单商品经济发展到建立在大规模工业和大型银行基础上的货币经济、信用经济和现代金融经济。在这一历史发展过程中，最早出现的是货币和货币收付活动。随着商品货币关系的发展，各种借贷活动应运而生，并出现组织借贷活动的各类金融中介机构。这样，货币和货币资金的收付日益与信用资金收支、银行资金收支相互渗透、相互结合，构成密不可分的统一活动过程。高度发达的金融成为全社会真正的"万能垄断者"。很难设想，没有金融，现代社会将会是怎样的情景。

银行业的兴起，使货币和信用活动有了直接联系，并且日益密切。银行在全社会范围内流通和再分配货币资金，发行可兑换的信用货币（银行券），经办非现金结算业务，使货币流通发生了重大变化。人们主要的交易活动是通过银行券和银行存款的转账结算来进行的，银行的各种信用货币成为主要的流通手段和支付手段。在这种情况下，货币流通的增减变化与银行信用活动的扩大和缩小有着直接的联系，出现了概括货币流通和信用活动内容的经济范畴——金融。由此可知，金融是商品货币关系发展到资本主义阶段的产物。

然而，经济学家对金融问题的研究则始于20世纪。英国经济学家凯恩斯（1883—1946）于1936年发表的《就业、利息和货币通论》首次把货币经济和实体经济联系起来，并找到了联系二者的桥梁——利率。凯恩斯深入分析了货币经济与实体经济的相互关系，给出了用货币手段调控宏观经济运行的"药方"。但在纸币制度下，由于货币没有实际价值，纯粹是价值符号，当运用货币手段进行超经济发行时，就会导致通货膨胀等一系列经济问题。到20世纪70年代，通货膨胀已成为制约资本主义经济发展的严重问题，从而引起了经济学家的广泛关注，关于货币、银行和金融问题的研究逐渐增多。由此，金融学作为一门学科，从经济学中独立出来。

作为社会科学领域内的一个新兴分支，金融学是运用现代经济理论，分析和研究金融领域内发生的经济现象与问题，发现和了解金融领域内的经济运行规律的一门经济类学科。金融学以金融工具、金融机构、金融市场、金融运行、金融制度为主要研究对象，这表明金融学也是一门应用性较强的经济类学科。金融学产生之后得到了迅速发展，金融理论和金融活动相互作用、相互推动，使金融的内涵不断丰富和延伸。进入20世纪80年代，金融领域出现了一系列变化，例如金融市场不断扩展，金融工具不断被创新，金融产品种类不断增加，金融业务操作实现了信息化，金融走向了全球一体化。这些新变化，使得传统的金融概念转变为现代的金融概念，实体经济与货币经济的关系变得复杂起来。金融成为现代经济的核心，对货币、银行和金融市场的研究，也成了现代经济中最令人兴奋的研究领域之一。

1.2.2 现代金融学的发展历程及其趋势

在20世纪金融学科的发展史上，最大的变化是20世纪50年代以后现代金融学的产生。人们把20世纪50年代以前已经形成的以货币供求和资金流动等宏观分析为主要研究对象的金融理论体系称为古典金融学，把此后形成的以金融市场等微观研究领域为主要研究对象的金融理论体系称为现代金融学。在现代金融学中，金融资产的证券化是金融创新浪潮中崛起的一种主流融资技术，它使贷款成了具有流动性的证券，提高了金融系统的安全性；信息技术的发展，使传统方式进行的融资和支付业务被电子化、信息化、系统化、工程化的现代金融工具所取代，大量的信息使金融市场出现了新思维、新技术、新产品和新的交易方式，它们在促进市场完整性和提高市场效率的同时，也使金融市场交易的不确定性空前增大了；相应地，过去以银行活动为核心的格局已经发生了很大的变化，资本市场的融资和运作方式正在成为金融活动中最重要的内容，以财务决策和金融市场的实际操作为主要内容的微观金融活动，无论是在理论研究还是在市场实践方面都得到了飞速的发展。

金融理论界普遍认为，现代金融理论起始于1952年3月马科维茨在《金融杂志》上发表的题为《资产组合选择》的论文。马科维茨在文中论述了寻找有效资产组合边界的思想和方法，奠定了资产组合理论的基石。1963年，马科维茨的学生威廉·夏普在投资组合模型的基础上提出了资本资产定价模型（CAPM）。这一模型假设资产收益只与市场总体收益相关，而市场总体收益可以通过主要市场指数来获得，这就使计算简单化，从而打开了现代投资组合理论应用于实践的大门。1965年，尤金·法玛（Eugene Fama）首先提出了有效市场假说（EMH），即重要的金融信息对所有的市场参与者来说都能够自由、公开、无成本地获得，所有参与者都能够根据所获得的信息对未来的市场走势进行预测，所公布信息中的那些影响该资产价值的基本因素已经完全反映在当前的价格中。20世纪60年代初，弗兰科·莫迪利亚尼（Franco Modigliani）和默顿·米勒（Merton Miller）建立了现代财务理论的"M-M定理"（Modigliani-Miller theory）：在完全竞争和不考虑税收效应的条件下，厂商的市场价值和厂商的资本成本都与其债务对资产净值比率及红利支出比率无关。1973年，布莱克（Black）和斯科尔斯（Scholes）在他们发表的论文《期权定价与其他公司债务》中奠定了"布莱克-斯科尔斯"期权定价模型，罗伯特·默顿（Robert Merton）也因为在期权定价方面的贡献与斯科尔斯于1997年一同分享了诺贝尔经济学奖。诺贝尔经济学奖获得者默顿·米勒把通过以上进程建立起来的金融学称为"现代金融学"，将其成果归纳为"商学院模型"，把它的方法概括为"微观规范分析"，其基本内容是价值评估、风险管理、资产组合、资产定价等。在上述提到的经济学家中有5位因为对现代金融理论的贡献而获得了诺贝尔经济学奖，这充分反映了现代金融理论的重要性和在经济理论中的地位，同时也反映出现代金融发展的微观化趋势。

从发展的观点来看，现代金融理论是在古典金融理论的基础上产生的，但是现代金融理论与古典金融理论之间存在实质性的区别。第一，分析工具的区别。古典金融理论承袭古典经济学的一般均衡分析方法，侧重问题的纯理论性描述；现代金融理论越来越多地运用数学、模型分析方法，侧重定量分析，对问题进行较严格的科学论证。第二，研究层面的区别。古典金融理论较多的是从宏观经济层面对金融问题进行探讨；现代金融理论较多的是从微观层面对金融进行研究，这使得其成为指导微观金融企业的重要手段。第三，研究领域的区别。古典金融理论的研究集中于经济金融领域；现代金融理论的研究则突破了经济金融领域的限制。

1.2.3 金融学科在我国的发展

我国金融学科的发展经历了一个曲折的过程，并且仍处于不断完善之中。中华人民共和国成立后，与计划体制相联系，当时我国并不存在真正意义上的银行，仅有的中国人民银行也只是国家财政的出纳部门。与此相对应，在相关经济理论方面，还没有产生真正意义上的货币金融理论。在大学经济类课程设置中，有关该方面的课程主要是社会主义财政与信贷，前期课程是政治经济学。

改革开放以后，特别是进入20世纪80年代，与建立社会主义市场经济体制的要求相适应，中国人民银行独立为中央银行，中国建设银行、中国农业银行、中国工商银行和中国银行先后从中国人民银行的业务中分立出来，成为专司某个具体领域内金融业务的国有商业银行。在随后的几年里，随着市场经济体制改革的逐步深入，股份制商业银行、证券公司、保险公司等金融机构纷纷成立,从此中国金融机构体系的规模逐渐壮大。为适应金融业发展的要求,国内大学的金融学专业,开始把货币银行学作为最基本的理论课程纳入日常教学,以致后来教育部把货币银行学作为经济学类专业的重点课程,组织全国具有名望的教授编写统一教材。

加入WTO后,中国金融业面临着与国际接轨的压力,国有商业银行经营机制的转化,金融领域内竞争的日趋激化以及金融业务范围的扩大,经济发展对金融服务的要求越来越高等问题。这一切变化都要求金融学科也必须跟上时代发展的要求。很多学者对以往"货币银行学"课程进行多角度的审视,同时大胆参考了发达国家金融学科的发展轨迹和特点,主张"金融学"课程作为经济类专业的基本理论课程可能更加适宜。他们提出的理由如下:以往的"货币银行学"作为金融学专业的基础理论课的知识覆盖面不够。具体表现在,对货币流通和间接融资讨论较多,对直接融资的金融市场和金融工具运用规律讨论较少;从宏观上对货币运行及其经济关系讨论的较多,从微观角度讨论金融运行规律的较少;对银行的经营管理讨论较多,对其他金融机构的影响规律讨论较少;对传统货币理论介绍较多,对现代金融发展的前沿理论介绍较少。而且,"货币银行学"作为金融学专业的基础理论课,应更多讨论金融学的一般概念、原理,较少讨论具体的操作方法,以减少作为基础理论与后续课程的重复。这也是实际金融领域发展对金融教育提出更高要求的具体表现。

在理论继承上,金融学科无疑是在货币银行理论长期研究的基础上发展起来的。作为一种经济范畴,货币银行理论的发展经历了几个不同的历史阶段,在不同的历史阶段,新的社会、经济环境赋予了它新的表现形态、内涵及作用。在当代新的历史阶段中,金融学科有关货币银行理论的研究有待进一步延伸和扩展。

道路自信:中国特色金融发展之路的理论内涵和实践要求

坚定不移走中国特色金融发展之路,既遵循现代金融发展的客观规律,更具有适合中国国情的鲜明特色。《坚定不移走中国特色金融发展之路》中的"八个坚持"明确了新时代新征程金融工作怎么看、怎么干,是体现中国特色金融发展之路基本立场、观点、方法的有机整体。

1.3 金融学研究的主要内容

作为一门独立的学科,金融学主要研究货币、信贷、金融机构、金融市场的活动及其规律。它涉及国内金融、国际金融、国家金融、企业金融、个人金融。随着金融渗透到现代经济的各个方面,金融学的研究触角也就深入到社会经济的每个角落。可以说,哪里有资金运动,哪里就有金融学。

作为经济学的重要分支,对金融学的研究应该既包括以金融主体行为及其运行规律为研究对象的微观金融学的内容,又包括以金融系统整体的运行规律及其各构成部分的相互关系为研究对象的宏观金融学的内容。从微观看,金融学研究金融产品设计与定价、金融机构经营与管理、银行信贷业务、保险、证券、融资租赁、信用担保、信托、期货、国际投资、信用管理业务、金融机构风险管理、理财规划、资产管理、投资咨询顾问业务等。从宏观看,金融学研究金融与经济政治的关系、货币制度与货币体系问题、货币供给与货币需求问题、通货膨胀、汇率、金融监管、金融制度、金融风险与金融危机等问题。

金融学在某种意义上又属于综合性的经济科学。因为金融涉及国民经济的各个部门，并渗透于众多经济主体的活动与关系之中，所以要把金融问题研究透彻，就必须研究与其相关的经济部门、经济主体的行为和活动，甚至要研究相关的国家政治、社会、文化等方面的现象和问题。因此，金融学的研究对象同样具有综合性的特点。概括起来，金融学主要研究和阐述以下几个方面的内容：货币及信用原理、金融机构运作原理、金融市场与投资、金融调控及货币政策、国际收支、汇率与国际货币体系、金融发展、经济发展与金融监管等。

◉ 本章小结

金融是商品经济的产物。对金融这一概念的理解可以从以下几个方面把握：金融活动是以货币为载体的运动；金融的本质表现为信用关系；金融体现的是一种价值关系；金融体现的是一种跨期的动态关系。

作为一个经济学范畴，金融是由金融主体、金融客体、金融市场和金融制度等要素构成的。

金融学是运用现代经济理论，分析和研究金融领域内发生的经济现象和问题，发现和了解金融领域内的经济运行规律的一门部门经济类学科。从发展的观点来看，现代金融理论是在古典金融理论的基础上产生的。现代金融理论越来越多地运用数学、模型分析方法，侧重定量分析，对问题进行较严格的科学论证。

概括起来，金融学主要研究和阐述以下几个方面的内容：货币及信用原理、金融机构运作原理、金融市场与投资、金融调控及货币政策、国际收支、汇率与国际货币体系、金融发展、经济发展与金融监管。

◉ 学习建议

作为与经济发展密切相联系的一门学科，金融学处于不断发展和演变过程中。在学习中，要多关注现代金融领域、经济领域的新成果、新动向，重视学习内容与社会、生活的联系，尝试用金融基本理论分析金融现象和金融问题。

本章重点
金融的概念、金融的构成要素、金融学的演变历程以及金融学研究的主要内容。

本章难点
金融构成要素、金融学研究的主要内容。

◉ 核心概念

金融　　金融学

◉ 课后思考与练习

1. 如何理解金融的概念？

2. 金融的构成要素是什么?
3. 简述现代金融学的发展历程及趋势。
4. 金融学研究的主要内容是什么?

相关链接

了解金融信息的一些网站如下。

1. 金融时报-中国金融新闻网:http://www.financialnews.com.cn
2. 中国金融网:http://www.financeun.com
3. 和讯网:http://www.homeway.com.cn
4. 金融界:http://www.jrj.com.cn
5. 中国宏观经济信息网:http://www.macrochina.com.cn
6. 中国经济信息网:http://www.cei.cn
7. 中国金融学术研究网:http://www.cfrn.com.cn
8. 中国证券监督管理委员会网站:http://www.csrc.gov.cn
9. 国家金融监督管理总局网站:http://www.cbirc.gov.cn
10. 中国人民银行网站:http://www.pbc.gov.cn
11. 国家外汇管理局网站:http://www.safe.gov.cn
12. 国际货币基金组织网站:http://www.imf.org
13. 世界银行网站:http://www.worldbank.org
14. 中国金融信息网:http://www.cifin.com
15. 中国经济网:http://www.ce.cn
16. 国家统计局网站:http://www.stats.gov.cn

补充阅读 1-1

改革开放 40 年中国金融学理论和金融实践的发展与创新

改革开放40年来,中国的经济学理论研究取得了长足的发展,其中金融学理论的发展是最为显著的领域之一。在计划经济时期,我国的金融学只是经济学中一个相对独立的分支,而现在的金融学已完全与经济学融合在一起,成为微观经济学的重要基础和宏观经济学理论大厦的重要支柱。目前,中国的金融实践进入了一个新的阶段,面临的国际、国内环境发生了重要的变化,金融研究领域出现了许多新的课题,急需在继续解释与指导实践的基础上实现创新发展。

1. 改革开放以来中国金融学理论发展的两条线路

改革开放以来,中国金融学理论的发展与整体经济学的发展一样,是沿着两条线路进行的,一条线路是对市场经济国家现代金融理论成果的引进和吸收,另一条线路是根据我国国情和改革进程进行的理论创新。

市场经济国家的经济金融理论在20世纪有很大的发展,特别是在20世纪五六十年代,金融理论的研究出现了一个高潮。在金融理论方面,最突出的是以资本资产定价模型为代表的金融市场理论的发展；在金融机构组织理论、商业银行经营管理、通货膨胀和金融危机传导机制等方面，其研究都取得了许多进展。20世纪70年代以后，金融创新理论和应用成果不断涌现，金融工程、行为金融学研究取得了重要进展，预期理论、信息理论被更多地引入金融研究之中。进入21世纪以来，全球金融风险不断暴露，金融危机暗流涌动，金融理论研究在风险管理、金融监管和国际协调等方面取得了许多新的成果。总的来看，在我国改革开放的过程中，对于西方现代经济金融理论的发展，我国学者给予了高度关注和及时的跟踪研究，并在比较分析的基础上进行了借鉴、吸收。

更重要的是，伴随我国经济金融改革的进程，在借鉴、吸收西方现代经济金融理论成果的同时，我国也进行了一系列的理论创新。其中最主要的是从计划金融体制向市场金融体制转轨中的理论创新。比如"流动资金全额信贷"、财政基本建设资金的"拨改贷"、信贷资金的"差额管理"，1990—1993年的清理"三角债"，1998—2001年的"债转股"，资本市场发展过程中的"股权分置改革"，市场机制改革中的"利率市场化"和"汇率并轨"。一系列理论的创新有力地支持和推动了金融改革。

从金融机构体系来看，我国从"大一统"的银行改革开始，通过扩大基层银行经营自主权，提高银行的经营活力，当时叫作"搞活银行"。经过设立专业银行，建立中央银行制度；设立政策性银行，把政策性业务与经营性业务分开；设立资产管理公司，把专业银行转为商业银行；引进战略投资者，把商业银行改制为上市金融机构等阶段，实现了国有金融机构的转型。与此同时，多元化的各类金融机构也先后设立，逐步形成了与市场经济相适应的竞争性金融机构体系。

从金融市场来看，我国从发行国债和企业债开始，先后建立了同业拆借市场、债券市场和股票市场。货币市场和资本市场体系的建立，为经济体制转型提供了最基本的条件和支持。我国从"官定利率"，经过"扩大利率浮动"和分层次逐步放开利率，持续深化利率市场化改革；从"汇率双轨制"，经过"汇率并轨"和完善市场化形成机制，已实现了以市场供求为基础、参考一揽子货币进行调节、有管理的浮动汇率制度。

在转型经济理论创新发展的同时，结合中国发展实际，在金融基本理论、金融运行原理、金融宏观调控等方面，我国也取得了很多新的成果，包括货币与经济增长分析框架、金融机构经营和监测指标的分析范式、金融市场的估值与投资分析体系、货币政策和宏观审慎政策双支柱监管、防范和化解系统性金融风险理论等。其中最有代表性的是综合平衡理论，1984年黄达先生出版了《财政信贷综合平衡导论》，系统搭建了财政、信贷、物资的"三平理论"分析框架，之后又把外汇纳入，成为"四平理论"，这是我国金融学一个重要的分析框架。在货币政策工具创新方面，中国人民银行先后创设了"央行票据""常备借贷便利""中期借贷便利""抵押补充贷款"等工具。在金融发展方面，我国高度重视绿色金融、普惠金融等，并通过规定一些"不低于"指标加以保证，同时强化金融机构的社会责任。在科技与金融的融合方面，中国的理论和实践更是走在了世界的前列。

改革开放以来，金融理论的创新发展有力地推动了现实的金融改革，金融体系的改革和发展为经济体制的整体转型提供了最重要的基础条件。总体来看，经过数十年的改革发展，社会主义市场经济体制和金融体制更加成熟。

2. 金融实践的快速发展呼唤金融理论的不断创新

随着经济转型的基本完成和中国在全球经济中占比的快速提升,未来经济金融发展将会面临新的环境。在我们所面临的问题和挑战中,许多也是发达经济体所面临的共性问题。因此,就经济金融理论研究来说,我们已经走过了以引进、吸收为主的阶段,创新研究将更加重要。面对更多相同的问题,中外学者将在同一个平台上进行学术碰撞。

未来的经济金融发展,更加需要理论的创新。比如货币与经济的关系,在 20 世纪 70 年代初全球货币体系彻底与黄金脱钩以前,实物与货币的联系极为紧密,这种关系可看成是一枚硬币的两面。由于两者具有自然的内在联系,因此虽有外力影响,但两者的背离程度很低。在信用货币应用后,货币与实物的自然联系被切断,货币供应在技术上具有了无限增长的可能性。实际货币量的供应完全取决于外在的力量,也就是取决于政府和货币当局的理性判断和把控能力。另外,现代金融制度设计和庞大的金融市场体系,以及科技成果在金融领域中的广泛应用,又使货币脱离实体经济而在金融系统内自我循环成为可能。那么,在信用货币体系下,货币的基础是什么?货币对经济增长的促进作用有没有一个边界?如果有,那这个边界在哪里?这些是急需探索并会实现理论创新的重要问题。

改革开放以来,中国经济快速增长,金融在其中发挥了极大的支撑作用。经济体制从计划经济向社会主义市场经济转轨,一个重要条件和结果便是经济的货币化与金融化。

1978 年,我国的广义货币供应量(M2)为 1 159 亿元,与国内生产总值(GDP)的比率是 0.3。2017 年年末,广义货币供应量达到 167.7 万亿元,是 GDP 的 2 倍,金融机构资产总量达 252.4 万亿元,是 GDP 的 3 倍。货币总量和金融机构资产总量与经济总量(GDP)的比值比美国、欧盟等发达经济体高出许多。可以说,我国已经完成了经济货币化的过程。1978 年,我国的资本市场尚未健全。2017 年年末,我国各类债券余额 74.74 万亿元,上市公司 3 485 家,总股本 5.37 万亿股,期末市值 56.71 亿元,社会融资规模存量达到 174.6 万亿元。

近年来,中央一直高度重视防范金融风险,2018 年还把防范化解金融风险和守住不发生系统性金融风险的底线列为三大任务之首。系统性金融风险的压力一方面来自金融总量的庞大和过度的金融依赖,另一方面来自金融资源配置结构不够合理、金融运行的基本规范遵守不严、金融与实体经济的内在联系部分断裂等。这些问题都需要通过严谨细密的研究找到解决问题的理论支持,从而推动改革的进一步深化。其中最为关键的,是坚持在国家宏观指导下市场金融体制的改革方向。经济金融研究领域需要对中国特色社会主义市场经济下的金融实践做出理论上的阐释和总结,并通过进一步的理论创新,建立和完善能够解释和指导我国现实金融改革与发展的现代金融理论,为金融更好地服务经济社会发展提供理论支撑。

资料来源:王广谦. 改革开放 40 年中国金融学理论和金融实践的发展与创新 [N]. 光明日报, 2018-11-20 (11).

思考题:如何理解金融理论与金融实践之间的关系?

补充阅读 1-2

以金融强国建设推进经济高质量发展

2023 年 10 月底,中央金融工作会议在北京召开。会议总结了党的十八大以来金融工作的实践成果和理论成果,全面系统擘画了金融强国建设的宏伟蓝图,明确了当前和今后一段时间内金融高质量发展的指导思想、根本遵循和行动指南,对金融各方面工作做出了具体、精准和周密的安排部署,在中国金融发展史中具有重要的里程碑意义。

1. 马克思主义金融理论的创新发展

党的十八大以来,以习近平同志为核心的党中央把马克思主义金融理论同当代中国具体实际相结合、同中华优秀传统文化相结合,在领导中国金融发展的实践过程中不断推进马克思主义金融理论的中国化。

坚持金融工作的政治性和人民性。党的十八大以来,金融工作围绕应对经济发展面临的"三期叠加"新常态、经济从高速增长向中高速增长转换、发展动力从要素驱动向创新驱动转变以及实现经济高质量发展等目标展开,在应对百年变局中克服了诸多困难,取得了骄人成就。

坚持服务实体经济的根本宗旨。实体经济是创造财富和价值的经济部门,不论是从社会再生产的循环看还是从产业部门循环看乃至从企业资金循环看,金融的天职都在于服务实体经济。实体经济高质量发展是金融高质量发展的基础和条件,金融高质量发展以能否充分适应和满足经济高质量发展的要求为度量标准。为此,党中央坚持把防控风险作为金融工作的永恒主题。各项金融工作必须时时关注经济风险和金融风险的变化动态,守住不发生系统性金融风险的底线。

坚持在市场化法治化轨道上推进金融创新发展。经济高质量发展是一个持续创新的过程,与此对应,金融支持经济高质量发展也必须根据经济发展的新要求新情况持续展开全方位创新。市场经济是法治经济,依法治市、依法竞争是现代市场经济的基本机理,这决定了金融创新必须以法治为圭臬,不可无规矩地展开,也不可将任何调整变动都视为"创新"。

2. 金融供给侧存在的不足和面临的挑战

金融体系存在的不足和短板。金融内生于实体经济。在市场经济发展中,实体企业间建立在批发性交易基础上的赊买赊卖形成了金融信用的第一种类型,即商业信用。这种内生于实体经济的信用属于直接金融范畴。从世界范围看,19世纪以后,商业信用工具在商业票据的基础上扩展到提货单交易、仓单交易、公司债券、企业间借贷、应收账款证券化、商业信用卡、供应链金融、互联网金融等。我国改革开放以后,随着实体企业间货物批发性交易的展开,商业信用相应开展。1996年《中华人民共和国票据法》开始实施。但在实践中,银行承兑汇票占了商业票据的90%,商业承兑汇票常常缺乏商业本票,由此,中小微企业在将货物供给大型企业和投资项目建设中,货款被拖欠成为经常现象,导致中小微企业不得不从商业银行等金融机构借入信贷资金以弥补资金缺口,由此,直接金融大量向间接金融转变,货款被拖欠的风险向商业银行等金融机构集中。2006年以后,国务院出台多项法规以解决中小微企业货款被拖欠问题。2023年7月14日,《中共中央国务院关于促进民营经济发展壮大的意见》中强调,机关、事业单位和大型企业不得以各种理由拒绝或延迟支付中小企业和个体工商户款项,要强化商业汇票信息披露,加强对恶意拖欠账款案例的曝光。2023年7月24日,中央政治局会议更是直接指出:要切实解决政府拖欠企业账款问题。

金融市场功能不足。金融市场是实体企业融入资金的一个重要渠道。在以银行信用为主的间接金融体系中,各类企业可以从商业银行等金融机构获得信贷资金,真正短缺的是资本金,因此,积极发展资本市场、扩展企业的资本金来源渠道成为中国金融市场发展的重心。30

多年来,股票市场等获得长足发展,但与经济发展的要求、实体企业对资本性资金的需求相比,还存在差距。中国经济运行中并不缺乏资金。2023年9月,"住户存款"达到134.75万亿元(其中,定期存款为96.37万亿元),"非金融企业存款"达到79.07万亿元(其中,定期存款为54.56万亿元),但资本市场却因缺乏资金支撑难以发挥枢纽功能。资本金是实体企业负债和守信的基础。在资本金不足的条件下,资本无序扩张、财务造假、挪用上市公司募股资金等现象都将显现。高新技术研发、攻克关键核心技术难题需要有长期资金支持,但金融市场中却充斥着大量短期资金。由此,推进城乡居民消费剩余资金向资本金的转变,是我国金融市场必须着力破解的重要课题。

利率效应减弱。在金融活动中,利率高低影响着借款人、投资者等的利益,因此,调控利率以引导资金流向和流量是货币政策的重要抓手。但在我国具体实践中,利率效应并不明显。对大多数实体企业而言,资金的可得性比贷款利率高低更为重要,因而在信用资金借贷中,企业对利率的关注低于对资金可得性的关注。对居民而言,资金的安全性比存款利率高低更为重要,因此在存款利率下行过程中,居民的存款余额非但没有减少反而大幅增加。2022年以后,定期存款(尤其是三年期定期存款)利率多次下调,但居民定期存款余额却从71.27万亿元快速增加到96.37万亿元(增长率35.22%)。未来,提高利率效应,增强市场主体对利率变化的敏感程度,是提高货币政策效应、发挥金融市场功能需要解决的关键问题。

金融监管能力有待进一步提高。近几年新冠疫情给经济运行带来冲击,也加大了商业银行等金融机构不良贷款的处置力度,商业银行等金融机构付出了巨大努力。但贷款展期、无还本续贷等举措所引致的信贷风险,会加大金融风险的累积程度,这对金融监管提出更高要求。党的十九大以来,中央提出金融监管应从机构监管为主向功能监管为主转变,以实现对金融活动的监管全覆盖,但受制于各种因素,这项工作的推进低于预期,金融监管依然存在一些盲区和不足。

3. 加快金融强国建设

始终保持货币政策的稳健性。在加快金融强国建设中,货币政策应更加注重做好跨周期和逆周期调节,保持流动性合理充裕、融资成本持续下降,组合运用各种货币政策工具,充实货币政策工具箱中可选择的政策类型、数量和搭配机制;引导商业银行等金融机构优化资金供给结构,把更多金融资源聚焦于支持科技创新、先进制造、绿色发展和中小微企业;着力支持创新驱动发展战略、区域协调发展战略的实施,确保国家粮食和能源安全等。

充分发挥金融市场的功能。一是完善市场竞争机制,完善商业信用机制,疏通资金进入实体经济的渠道。强化市场规则,打造规则统一、监管协同的金融市场,促进长期资本的形成。二是优化金融结构,提高服务效率,做好科技金融、绿色金融、普惠金融、养老金融、数字金融五篇大文章。三是完善资本市场功能,提高直接融资比重,盘活被低效占用的金融资源,提高资金使用效率。

提高金融机构的功能。支持国有大型金融机构做优做强,发挥它们服务实体经济的主力军功能和维护金融稳定的压舱石功能;引导规范中小金融机构立足当地开展特色化经营。落实法人治理,完善中国特色现代金融企业制度,健全国有金融资本的管理机制,拓宽商业银行等金融机构的资本金补充渠道,构建产融风险隔离机制。

提高金融开放程度。坚持"引进来"和"走出去"并重,稳步扩大金融领域开放,吸引更多外资金融机构和长期资本，同时，打造具有国际竞争力的国际金融市场操作团队，为金融机构和实体企业走出去创造条件。

全面强化金融监管。切实提高金融监管效能，依法将各类金融活动全部纳入监管，实现金融监管全覆盖；着力落实机构监管、行为监管、功能监管、穿透式监管、持续监管，消除监管空白和盲区；在法治化市场化基础上及时处置中小金融机构风险；建立防范化解地方债务风险的长效机制，支持地方政府运用资产处置债务。完善金融风险处置机制，对显性风险和隐形风险应早识别、早预警、早处置，健全具有硬约束的金融风险早期纠正机制，构建金融风险的预警机制、应急机制和阻断机制。

资料来源：王国刚. 以金融强国建设推进经济高质量发展［N］. 光明日报，2023-11-08（11）.

思考题：当代大学生如何为加强金融强国建设贡献自己的力量？

第 2 章 货币与货币制度

○ 学习目标

1. 了解货币的产生及其演变、货币的职能及其相互关系；
2. 掌握货币制度的构成要素；
3. 熟悉货币制度种类及其演变过程。

○ 引言

货币的存在已有几千年的历史。在日常生活中，我们每天都与货币打交道，我们的日常生活所需要的各种商品都需要用货币购买，同时我们享受的各种服务也要支付货币。那么，货币到底从何而来？它的本质如何？这些问题长期困扰着人们。对此，马克思曾引用当时英国政治家格莱斯顿的话说："受恋爱愚弄的人，甚至还没有因钻研货币本质而受愚弄的人多。"萨缪尔森在其名著《经济学》有关货币的章节中，引用了金·哈伯特的一句名言："在一万人中只有一人懂得货币问题，而我们每天都碰到它。"由此看来，货币貌似简单，实际上却极其复杂。从某种意义上说，了解货币的起源是认识货币本质、职能与作用的起点，也是正确认识货币金融理论的起点。让我们从本章开始一起来揭开货币神秘的面纱。

2.1 货币的产生、发展及本质

2.1.1 货币的产生

作为商品交换的必然产物，货币是在商品经济的矛盾运动中产生和发展起来的。原始经济的交易方式是"物物交换"，这是至今在偏远地区和货币短缺的情况下仍然存在的交换方式。但是随着交换活动的规模和范围的扩大，物物交换的弊端自然而然地产生，这就是物物交换过程中出现的"需求的双重巧合"和"时间的双重巧合"，即必须找到某个人，他拥有自己所需要的商品和劳务，而且这个人恰好需要自己所能提供的商品和劳务。

我们知道，在具有广泛交易行为的社会中，同时满足"双重巧合"是相当困难的。这种交易方式至少存在以下四个缺点：一是"需求的双重巧合"制约了交换的顺利实现；二是参与交换的商品越多，价格关系就越复杂；三是比价的波动影响"交叉兑换比率"的实现；四是缺少普遍接受的价值储存手段。正是"物物交换"的这些缺点，给货币的产生和发展留下了空间。在人们长期的"物物交换"中，使用货币是能克服"物物交换"局限的最有效方法。

马克思在科学地考察了货币的历史后指出"货币结晶是交换过程的必然产物"，并第一次阐明了货币产生的根源是商品经济。商品是为交换而生产的产品，在商品交换中要实行等价交换原则，为此，就必须衡量商品的价值。但一种商品的价值不能由其自身来衡量，必须用其他具有相同价值的商品来表现。这种以一种商品的价值来表现另一种商品价值的方式就成为价值表现形式。在商品交换过程中，商品的价值表现经历了四个阶段，有过四种价值形式：简单的价值形式、扩大的价值形式、一般价值形式和货币形式。

1. 简单的价值形式

当人类社会开始有剩余产品时，交换只是一种偶然的行为。一种商品价值偶然、简单地表现在另一种商品的使用价值上，这就是简单的价值形式（也叫作偶然的价值形式）。简单的价值形式产生了货币的"胚胎"，如 1 只羊（使用价值、相对价值形式）= 15kg 谷子（价值、等价形式）。在以上等式中，等式两端的商品所处的地位和所起的作用是不同的。等式左端的羊处于主动地位，起着主导作用，它要求把自己的价值相对地表现在谷子上，因此处在相对价值形式上。等式右端的谷子则处于被动地位，它只是充当羊的价值的表现材料，把羊的价值表现出来，起着等价物的作用，处在等价形式上。也就是说，处于相对价值形式上的商品的价值，相对地表现在处于等价形式的商品的使用价值上。之所以能表现出来，是因为它们都是劳动产品，都是人类劳动的凝结，都具有价值。处于等价形式的商品，具有三个特点，其使用价值成为价值的表现形式，成了价值的化身；生产其使用价值的具体劳动，成为抽象劳动的表现形式或实现形式；在这种商品的生产上花费的私人劳动，直接成为社会劳动。

2. 扩大的价值形式

随着生产力水平的不断提高，剩余产品不断增多，交换变得经常而丰富，一种商品不是偶然与另一种商品交换，而是和越来越多的商品交换，由更多商品来表现自己的价值，成为扩大的价值形式，也叫作总和的价值形式。此时，货币的"胚胎"虽然开始发育、成长，但还没有分离出一种固定充当一般等价物的商品，如 1 只羊 = 15kg 谷子或 2 把斧子或 6m 布或 2.5kg 茶叶或一定量的其他商品。此时，一种商品的价值才真正表现为无差别的人类劳动的凝结。由于一种商品的价值表现在和它相交换的一系列其他商品上，这一系列商品都成为特殊等价物。同时，由于一个商品可以按不同比例和一系列其他商品相交换，就消除了价值决定的偶然性，较充分地体现了社会必要劳动量决定价值量这个规律。因此，扩大价值形式的价值表现比简单价值形式更为充分，但仍然有缺点和局限性，即一切商品还没有一个共同的统一的价值表现，还没有社会公认的共同的等价形式，商品交换还处在直接的物物交换阶段。

3. 一般价值形式

在扩大的价值形式下，由于商品的价值未能获得共同的、统一的表现形式，使得实际交换过程十分复杂，效率十分低下。为了克服上述缺点，人们开始自发地先把自己的商品交换成一种市场上最常见的、大家乐意接受的商品，然后再用这种商品去交换自己所需要的其他商品，市场上所有商品都由这一种商品表现价值，即一般价值形式，如 15kg 谷子或 2 把斧子或 6m 布或 2.5kg 茶叶或一定量的其他商品 = 1 只羊。从等式看，一般价值形式似乎只是扩大的价值形式的颠倒，但是这一颠倒反映了价值形式发展过程中的一个飞跃。在扩大的价值形式中，羊处于相对价值形式的位置上，一系列其他商品成为它的特殊等价形式。在一般价值形式中，羊处于等价形式的位置上，其他一切商品的价值都用羊来表现。在这里，羊不是某一商品的偶然的等价物，也不是某一商品的一系列特殊等价物中的一种，而是一切商品的共同的等价物。现在处在等式左端的许多种商品，都通过羊这种唯一的和统一的商品来表现它们的相对价值。这些商品从使用价值看是千差万别的，但它们的价值表现是一样的，都通过羊表现出来，因而具有一般的相对价值形式。而在等式右端同它们相对的羊，则成了一般等价物。作为一般等价物的羊，以它的自然形态成为一切商品共同的价值形式，成为人类劳动的凝结，从而生产羊的私人劳动，也就被公认为社会劳动的存在形式。

4. 货币形式

在一般价值形式下，一般等价物不固定，不利于商品交换的进一步扩大。第二次社会大分工后，手工业从农业中分离出来，产生了专门的商品生产，一般等价物的固定化就成为经济发展的客观要求。用等式表示为 15kg 谷子或 2 把斧子或 6m 布或 2.5kg 茶叶等于 1g 黄金，即主要用金银固定地作为一切商品交换的媒介。当一般等价物相对固定在某种特殊商品上后，这种从商品中分离出来、固定地充当一般等价物的特殊商品就是货币。货币形式和一般价值形式没有本质的区别，所不同的只是一般等价物已经固定在金银上。金银之所以能从其他商品中分离出来，固定地充当货币商品，并不是由于金银天然有什么神秘属性，而是由于金银的自然属性适合充当货币材料。贵金属质地均匀，便于分割，体积小而价值大，不易磨损，便于携带。因此，马克思认为，金银天然不是货币，但货币天然是金银。

货币是价值形式长期发展的结果。货币价值形式是价值形式的最高阶段。货币出现以后，不仅消除或减少了"物物交换"的缺点与交易成本，而且拓宽了人类的生产、消费、贸易等活动，极大地提高了社会的福利。

2.1.2 货币的发展

人类发展史上的货币形态十分繁杂。在古代，作为货币的有牲畜、盐、茶叶、皮革等，也有铜、铁、贝壳、银、金等。到现代，我们所熟悉的是纸币、辅币、银行存款和信用卡等。从上述货币的演变可以发现：货币是由早期的实物货币，慢慢发展为它的替代物，即代用货币，然后发展到现代的信用货币、电子货币的。

1. 实物货币

实物货币是货币最原始、最朴素的形式，它是与原始、落后的生产方式相适应的。历史上，牛、羊、米、布、木材、家畜、贝壳等都曾在不同的时期扮演过货币的角色。贝壳作为我国最早的货币，在我国货币史上有着深远的影响。汉字中许多与价值有关的字，都由"贝"构成，如"贵""贱""贷""财"等。由于许多实物货币携带不便、不能分割、质地不一、容易受损等，很难作为理想的交换媒介。金属冶炼技术的出现和发展，为实物货币向金属货币转化提供了物质条件。金属作为货币材料,有着实物货币无可比拟的优势:一是价值高;二是易分割;三是易保存;四是便于携带。历史上,曾经充当货币的金属主要是金、银、铜等。中国是世界上最早使用金属货币的国家,商代出现的铜贝是历史上最早的金属货币。

金属货币经历了两种转变。一是从质上看,经历了由贱金属到贵金属的演变;二是从形态上看,经历了由称量货币到铸币的转变。货币金属最初是贱金属,多数国家使用的是铜。随着生产力水平的提高,参加交换的商品数量增加,需要包含价值量大的贵金属充当货币,币材由铜向银、金过渡。到19世纪上半叶,世界上大多数国家处于金银复本位制度时期,货币材料为金或银。

在金属称量货币阶段中,每一次交易都必须经过称重、鉴定成色、进行分割的过程,非常麻烦,使商品交易的时间延长,成本增加,风险也增加,越来越难以适应商品交换的发展。在这种情况下,一些经常参加商品交换的商人开始在自己称量过重量、鉴定过成色的金属块上打上印记,以方便交换,从而出现了最初的铸币。当商品交换的地域范围越来越大时,单凭商人的信用并不能让异地的交易者相信金属块上的标记,于是要求更具权威的标记,而权威最大的莫过于国家。于是,国家开始充当货币的管理者,对金属货币的铸造进行管理。这种由国家印记证明其重量和成色的金属块就是铸币。铸币的出现是货币发展史上的巨大进步,它奠定了货币制度的基础。

2. 代用货币

金银充当货币固然具有许多优点,但其在数量上往往难以满足社会的需求,因而在货币史上出现了由政府或银行发行的纸币或银行券,作为金属货币的代表,即代用货币。代用货币也称可兑换纸币,这种纸币之所以能在市场上流通,是因为它有贵金属作为保证,可以自由地向发行单位兑换金属或金属货币。代用货币的这种随时可兑换性使得其迅速成为一种与金属货币一样被广泛接受的支付手段,并代表金属货币在市场上流通。代用货币本身的价值低于其所代表的货币价值。相对于金属货币,代用货币具有成本低廉、易于携带、节省稀有贵金属等优点。

代用货币虽然是在金属货币流通条件下产生的,但它产生于货币的流通手段职能,交易者关心的并不是流通手段本身有无价值,而是它能否起到媒介作用,这就产生了由价值符号或代用货币代替真实货币的可能性。代用货币的完善形式就是纸币。纸币是指代替金属货币进行流通,由国家发行并强制使用的货币符号。与金属货币相比,纸币的制作成本低,更易于保管携带和运输,避免了铸币在流通中的磨损。

> **文化自信:世界最早的纸币——交子**
> 交子是世界上最早的纸币,产生于宋代,比西方国家早了600多年。作为宋代盛极一时的货币,交子可以说得上是中国古代劳动人民在经济金融领域的一大杰出发明,它的发明大大便利了地区性的商业贸易,促进了商品流通,为人类文明做出巨大的贡献。

育人园地

3. 信用货币

信用货币是以信用为保证,通过一定信用程序发行,充当流通手段与支付手段的货币形式，是货币的现代形态。信用货币可分为辅币、纸币和银行存款等几种主要形式。1948年12月1日，中共中央在河北省石家庄市成立中国人民银行，同日发行人民币作为法定货币并延续至今。目前的人民币包含了纸币、铸币、普通纪念币与贵金属纪念币多个形式，其中，人民币纸币作为一种信用货币被广泛使用。

信用货币是代用货币进一步发展的产物。尽管信用货币也可以代替金属货币充当流通手段和支付手段，但它是不兑现的纸币制度下的产物。信用货币不是真实的货币，本身并没有内在的价值，只是货币的价值符号，作为交易媒介代替金属货币流通，也无法向发行单位兑换金属或金属货币。信用货币的基本特征是：其本身的价值低于货币价值，不再代表任何贵金属，以国家和银行的信誉作为保证。目前世界各国的货币都是信用货币，它们的价值完全取决于公众对政府的信任和信心。由此可见，信用货币只是一种符号或一种标志，它赋予持有者支取经济商品、享有服务或支配金融资产的权利。作为一种符号，它本身并不需要价值，只要有国家强制力来维护它，并且人们在观念上普遍接受它就可以了。实际上，作为价值符号的货币，本身并不能直接给人们带来效用或享受，就像你不能吞下钱来充饥，也不能将钱顶在头上来遮风避雨。我们愿意持有它，是因为当我们饥饿的时候可以用它去买一包炸薯条充饥，或在天气变冷时，可以到商场去买一件外套避寒，这是人们乐于接受它的原因。

4. 电子货币

电子货币是一种通过银行的电子计算机自动转账系统进行收付的货币。它是指在零售支付机制中，通过销售终端、不同的电子设备之间以及在公开网络上执行支付功能的"储值机制"或"预付支付机制"。电子货币具有以下特点：①以电子计算机技术为依托，进行储存、支付和流通；②可广泛应用于生产、交换、分配和消费领域；③集储蓄、信贷和非现金结算等多种功能为一体；④电子货币具有使用简便、安全、迅速、可靠的特征。

电子货币是以现有的实体货币（现金或存款）为基础存在的。大多数电子货币不能脱离现金或存款，它是用电子化方法进行资金的传递和转移以清偿债务，实现结算。

20世纪90年代，通信技术特别是互联网技术与应用获得了极大的提高和普及，电子货币开始出现并逐渐作为网上支付手段被广泛使用。最初的电子货币形式是卡，如信用卡、预付卡（储值卡）等，这些具有物理实体的卡片所代表的货币又被称为"卡基"电子货币。消费者在购买服务和商品时使用这些卡片进行支付，计算机在后台通过结算与支付网络将消费者的消费额立即或在某一时间内扣除并转账至商家账户，从而完成交易。第二种形式的电子货币被称为电子现金，特别被用于互联网上的消费活动。比如，在京东网站购入的礼品卡提供了15位数字和字母编制的充值码，消费者将其输入至自己的京东资金账户，商家即可在购物后直接从消费者的账户中扣除相应金额。这种电子货币基于数字的编排和软件的识别与传递，不需要特定的物理介质，因而又被称为"数基"电子货币。

5. 数字货币

数字货币是一种以数字形式存在的货币，通常用于电子交易和支付。它由开发者发行和管理，被特定虚拟社区的成员所接受和使用。数字货币的特点包括去中心化、安全性高和可追溯性。它通过加密技术来保证交易的安全性和不可篡改性，并利用去中心化的方式进行发行和流通。

数字货币的使用范围非常广泛，可以用于购物、投资、汇款等多种交易。它还能增加交易的匿名性和隐私保护，但同时也存在一些潜在风险，如市场风险、流通问题和储藏手段的局限性。

一切货币形态演变的逻辑都是货币本质的回归和货币职能的最优化。数字货币作为一种货币的新形态，它和历史上的货币形态和功能演进是一脉相承的。

> **货币文化：中华人民共和国成立以来五套人民币发行概况**
> 我国货币历史悠久，种类丰富，绚丽多彩。人民币在我国货币文化历史中占有重要地位。截至目前，我国已经发行了五套人民币。

育人园地

2.1.3 货币的本质

关于货币的本质，在西方货币学说史上曾存在两种不同的观点：一是货币金属论，二是货币名目论。货币金属论者从货币的价值尺度、贮藏手段和世界货币的职能出发，认为货币与贵金属等同，货币必须具有金属内容和实质价值，货币的价值取决于贵金属的价值。货币名目论者从货币的流通手段、支付手段等职能出发，否定货币的实质价值，认为货币只是一种符号、一种名目上的存在。货币金属论是货币金、银本位制的产物，随着20世纪初金本位制的崩溃，其影响力正日益减弱。目前在西方货币学说中，占统治地位的是货币名目论，这从西方经济学教科书对货币的定义中可见一斑。如美国著名经济学家米什金在《货币金融学》中就将货币定义如下："货币或货币供给是任何在商品或劳务的支付或在偿还债务时被普遍接受的东西。"

首先，货币是商品。作为商品，它同其他一切商品一样，是价值和使用价值的统一体。货币具有价值，说明它与普通商品一样，是人类劳动的凝结。正因为货币本身具有价值，它才能用来表现和衡量其他一切商品的价值，才能和其他一切商品相交换。货币具有使用价值，这是指作为货币材料的商品在它不作为货币使用时，也具有满足人们某种需要的属性，如黄金可以镶牙，贝壳可以做饰物等。货币的使用价值除了货币材料本身具有的自然属性以外，还具有和其他一切商品相交换的能力。人们之所以出售商品，取得货币，是因为能用货币买到他所需要的各种商品。

其次，货币不是普通的商品，而是一种特殊的商品。它的特殊性就在于同普通商品相比，有如下不同。

第一，货币是表现一切商品价值的材料，而普通商品则没有这种作用。自从货币产生以后，整个商品世界就被分裂为两端：一端是商品，另一端是货币。所有的普通商品都处于相对价值形式，而货币则处于等价形式。一切商品的价值必须通过货币才能表现出来。这样，各种普通商品都直接表现为满足人们某种特殊需要的使用价值，而其价值则是隐蔽的，只有通过与货币的对等才能表现出来。与此相反，货币则直接地以价值的一般代表的形式出现，从而成为表现其他一切商品价值的材料。

第二，普通商品只具有由其自然属性所决定的特定的使用价值，而货

知识拓展

关于数字人民币的思考与讨论

币商品除了同样具有这种特定的使用价值之外，还具有一般的使用价值，即具有和其他一切商品相交换的能力。人们有了货币就可以用它来购买任何商品。货币的这种一般使用价值，正是它的本质特征所在。如黄金，当它被制成某种首饰时，它就具有特定的使用价值，即能满足人们装饰的特殊需要，但此时的黄金还只是一种普通的商品而不是货币。只有当黄金被投入流通领域，在与一切其他商品相交换时，它才是货币。所以货币的使用价值，就是它能和其他一切商品相交换，而不是由货币材料的自然属性所决定的特殊使用价值。

2.2 货币的职能

马克思综合几千年来关于货币现象的各种研究，归纳了货币的五大职能：价值尺度、流通手段、支付手段、贮藏手段和世界货币。其中价值尺度和流通手段是基本职能，贮藏手段、支付手段和世界货币是基本职能的派生职能。

2.2.1 价值尺度

货币作为表现和衡量其他一切商品价值的尺度，执行价值尺度职能。货币作为价值尺度，把一切商品的价值表现为同名的量，使商品在质的方面相同，在量的方面可以比较。这是货币的第一职能，也是最基本、最重要的职能，也叫本质职能。

货币之所以能充当价值尺度，是因为货币本身就是商品，它与其他商品一样，也有价值。货币在执行价值尺度职能时，只是想象的或观念的货币，不需要人们提供真实的货币供参考。如商店货架上陈列的商品的标价，只需在标签上写上价格就一目了然，而无须放上同名的真实货币。

当商品的价值用货币来表现时，就是商品的价格。价格是商品价值的货币表现。货币执行价值尺度职能，就是把商品的价值表现为一定的价格。当一个经济体使用一种货币，通过这种货币，该经济体就会建立起一套完整的价格体系，从而便于全体商品和劳务的生产、交换、分配和消费。

在现代社会，各国都有自己的货币来行使价值尺度职能。我国的法定货币是人民币，单位是"元"。其他各国的货币分别是美国的美元、英国的英镑、日本的日元、泰国的泰铢、印度的卢比、俄罗斯的卢布、墨西哥的比索等。而目前国际上通行的货币是美元、欧元等。20 世纪 30 年代，凯恩斯在查询大量的历史和考古学的记录之后，得出一个结论：货币作为价值尺度要远比其广泛地作为交易媒介还早。

2.2.2 流通手段

在商品交换过程中，货币发挥交易媒介作用时，执行流通手段职能。它是货币的基本职能之一，货币作为流通手段是价值尺度职能的必然发展。

货币执行流通手段职能，必须是真实的货币。交易的完成要求一手交钱，一手交货，观念上的货币是买不到任何东西的，而执行价值尺度的货币可以是观念上的货币，这是二者的重要区别。作为流通手段的货币是交换的媒介，交换者卖出自己的商品取得货币，是为了用货币再去购买自己所需的商品。货币作为商品交换价值的独立表现，只是转瞬即逝的东西，因而货币所有者对货币本身的价值并不十分关心，他关心的是货币的购买力，这就产生了以价值符号代替具有内在价值的金属货币流通的可能性。从可能性变成现实性的过程表现如下：足值的金属货币逐渐被不足值的金属货币所代替，最终价值符号又代替了不足值的金属货币。作为这种现实性的典型形态，纸币的出现和发展依靠国家强力在一定范围内代替金属货币执行流通手段职能而占领货币流通领域。

我国人民币具有流通手段职能。人民币是我国合法的货币，它代表一定的价值量与各种商品相交换，使各种商品的价值得以实现。人民币的流通具有普遍的接受性、垄断性和独占性。随着信用制度的发展，货币执行流通手段职能的一些领域逐渐被支付手段所代替。

2.2.3 支付手段

当货币作为独立的价值形式进行单方面转移时，如清偿债务，支付税金、房租、水费、工资等，它起到了延期付款的作用，即执行支付手段职能。

货币作为支付手段是从货币流通手段职能中派生出来的。它起因于赊账的商品交易，当货币作为支付手段时，则是价值单方面转移，如买方凭契约或某种信用赊购商品，成为债务人，卖方成为债权人，到双方约定的交割日期，买方的货币清偿他对卖方的债务。在整个过程中，商品与货币不再同时出现在交换的两极，买方先取得商品，然后支付货币。货币只是当约定日期到来时，作为偿还债务的手段才进入流通领域，这时商品早已从流通领域进入消费领域，货币作为交换价值的绝对形式独立地结束整个交换过程。

货币作为支付手段，对经济发展有着很大的推动作用。在商品经济中，由于商品生产者的各种条件有许多差异，生产商品的种类也千差万别，距离市场远近也不同，因而相互提供商品的时间并不吻合。这种产与销在空间、时间上的差异，客观上要求商品让渡同商品价格的实现在时间上分离开来，或者赊销商品先交货，后付钱，或者预付货款，先付款，后交货。这种付款时间先后的差异，对商品经济的发展有着重要的意义。它不仅扩大了商品经济的规模，而且加强了企业之间的经济联系，加速了资金的循环与周转，促进了社会再生产的顺利进行。

2.2.4 贮藏手段

当货币被人们当作独立的价值形态和社会财富的一般代表保存起来时，它就会暂时退出流通领域，起到蓄水池的作用。此时，货币执行贮藏手段职能。

货币执行贮藏手段的职能时，最初是由商品生产者保存自己剩余产品的形式表现出来的。生产者把自己的剩余产品换成货币，停止购买，一旦需要，可以马上购买自己所需的商品，这比保存实物方便多了。随着商品经济的发展，货币贮藏除了作为社会财富的绝对化身外，其作用进一步加强，具体表现在：①作为流通手段准备金的贮藏，即商品生产经营者为了保持生产的连续性，能够在不卖商品的时候也能买商品，这就要求在平时只卖不买，并贮藏货币；②作为支付手段准备金的贮藏，即为了履行某一实际支付货币的义务，必须事前积累货币；③作为世界货币准备金的贮藏，即为了平衡国际贸易和其他收支差额而用。

信用制度发展到一定程度以后，货币贮藏手段有了更大的变化。第一，在现代社会的不兑现纸币条件下，当纸币实际代表的价值比较稳定时，纸币也可充当贮藏手段，虽然它不能如金银等贵金属那样长久地保存价值。第二，由于以银行制度为主的现代信用制度的高度发展，社会各阶层把自己持有的货币资产存入银行，使贮藏手段趋于集中。对个人而言，这是贮藏价值的可选择的形式；对社会而言，则是集中或积累资金的形式，也是纸币赖以成为贮藏手段的重要条件。

2.2.5 世界货币

当货币超越国界，在世界市场上发挥一般等价物的作用时，我们就称其为世界货币。

按照马克思对典型金本位制下世界货币的论述，货币充当世界货币，就必须脱掉自己原有的"民族服装"，还原成金银的本来面目。在金本位制崩溃以后，黄金作为货币形式已被信用货币所取代。随着经济的全球化，世界货币流通领域出现了很多新的现象。许多国家的货币，如美元、英镑、欧元、日元等，在国际市场上发挥着作为国际货币的三种效能，即支付手段、购买手段和财富转移的作用。世界货币主要用于平衡贸易差额。对外贸易带有双向的性质，每个国家既输出商品又输入商品，而且主要以信用方式进行。因此，国家与国家之间就发生了相互的债权债务关系。这些债权债务关系的结算可以利用信用工具（如汇票、支票等），通过相互抵销来进行，对于抵销后的差额利用真实的货币作为最终的结算手段来偿付。这时，世界货币就执行支付手段的效能。当货币直接被用来向国外购买商品时，它就发挥着购买手段的效能。与在国内流通中作为商品交换的中介不同，它是作为货币商品同其他商品相交换的。当把财富从一个国家转移到另一个国家去，由于各种原因，不能或不适于以商品形式实现，而要以货币形式进行时，货币就充当社会财富的化身，借以实现财富转移的效能。例如，战败国向战胜国支付货币赔款，一国向其他国家提供货币贷款，或将货币资本从国内转移到国外。

货币的五大职能有机地联系在一起，它们都体现货币作为一般等价物的本质。正是因为货币能表现一切商品的价值，具有和一切商品交换的能力，所以它具有价值尺度和流通手段的职能。当货币上述两个基本职能进一步发展时，才会出现贮藏手段职能。支付手段职能既与货币的两个基本职能密切相关，又以贮藏手段职能为前提。世界货币职能是货币前四个职能的继续和延伸。总之，五大职能是货币本质的具体体现，是随着商品流通及其矛盾发展而逐渐发展起来的。货币的各个职能之间不是孤立存在的，而是有内在联系的。

2.3 货币制度的构成及演变

2.3.1 货币制度的构成

货币制度是国家以法律形式确定的货币流通的结构、体系和组织形式。它由国家有关货币方面的法令、条例等综合构成。货币制度的构成具体包括：货币材料，货币单位，货币的铸造、发行和流通程序，货币发行准备制度。

1. 货币材料

货币材料也称币材，就是国家规定哪种材料作为货币，这是一个国家建立货币制度的首要步骤。用哪种商品作为币材，我们就称为哪种商品的本位制，比如用金、银作为货币材料就分别形成金本位制、银本位制等。虽然用什么币材是由国家法律规定的，但国家的规定仍受其客观经济条件的制约，国家不能随心所欲地指定某种商品作为货币材料，货币材料的确定必须具有客观依据，它取决于当时的生产力水平和商品经济的发达程度。随着经济的发展，货币材料必然由贱金属向贵金属递进。历史上的货币材料由铜过渡到白银再到黄金就是循着这个轨迹演进的。金本位制崩溃以后，现代各国货币都采用信用货币，选择货币材料的技术意义已超出经济意义。

2. 货币单位

货币单位的规定主要有两个方面：一是规定货币单位的名称；二是确定货币单位的值，即包含多少货币金属。例如英国的货币单位为"镑"，根据1816年《金本位制法案》的规定，1英镑等于成色11/12的黄金123.27447格令（约7.99g）。美国的货币单位为"美元"，根据1934年1月的法令规定，1美元等于0.888671g纯金。即便在现代信用货币制度下，依然可以看到货币单位与货币质量之间的关系，如英镑的单位"镑"，泰铢的单位"铢"，都是衡量货币质量的单位。很多现代信用货币制度下的货币单位不再与货币质量之间有任何联系，但它们通过政府规定的名称来表示被普遍接受的价值标准，如，美国货币"美元"、人民币的"元、角、分"等。一旦规定了货币单位，就有了统一的价格标准，货币也就能更准确地发挥流通手段的作用。现代信用货币价值的确定主要取决于购买力和与外国货币的比价。

3. 货币的铸造、发行和流通程序

货币分为本位币和辅币。本位币又称主币，是一国的基本通货。在金属货币流通的条件下，本位币是指用货币金属按照国家规定的货币单位所铸成的铸币。本位币是一种足值的铸币，其名义价值与实际价值基本相符，这是本位币的基本特征。基于这一特征，本位币有如下特点：①自由铸造。自由铸造有两方面的含义：一是每个人都有权把货币金属送到国家造币厂，请求铸成本位币；二是造币厂代替每个人铸造本位币，不收费用或只收很低的造币费。本位币的这种自由铸造可以使铸币的名义价值和实际价值保持一致，还可以自发地调节货币流通量，使流通中的货币量与货币需要量保持一致。②无限法偿。这是指本位币具有无限的法定支付能力。本位币是法定作为价格标准的基本通货。法律规定，在货币收付中无论每次支付的金额多大，用本位币支付时，收款人不得拒绝接受。③磨损公差。在金属货币流通制度下，铸币流通会有自然的磨损，不法之徒还有意削边、擦损。为了保证本位币的名义价值与实际价值相一致，从而保证本位币的无限法偿能力，各国货币制度中通常都会规定每枚铸币的实际重量低于法定重量的最大限度，即铸币的磨损公差。

辅币是本位币以下的小额货币，供日常零星交易和找零之用。辅币主要用贱金属铸造。辅币的面额较小，因此使用贱金属铸造辅币，可以节省流通费用。辅币是不足值的铸币。辅币在铸造、发行与流通程序上具有以下特点：①辅币可以与本位币自由兑换。辅币的实际价值显然低于名义价值，但法律规定，辅币可以在一定限额内按固定比例与本位币自由兑换。这样，就保证了辅币可以按名义价值流通。②辅币实行限制铸造。所谓限制铸造，即只能由国家来铸造。由于辅币的实际价值低于其名义价值，铸造辅币就会得到一部分铸造收入，所以铸造权由国家垄断，其收入归国家所有。同时，因为辅币是不足值的，限制铸造也可以防止辅币排挤本

位币。③辅币是有限法偿货币。国家对辅币规定了有限的支付能力，即在每一次支付行为中使用辅币的数量受到限制，超过限额的部分，收款人可以拒绝接受。为防止辅币充斥市场，国家除规定辅币为有限法偿货币外，还规定用辅币向国家纳税或兑换本位币时不受数量限制。

在不兑现的纸币制度下，本位币的自由铸造和辅币的有限法偿被取消了。本位币的磨损公差规定在许多国家都改为规定纸币的流通年限，如新加坡规定，新发行的货币流通3年必须收回销毁。在不兑现的纸币制度下，辅币具有无限法偿能力。

4. 货币发行准备制度

货币发行准备是指中央银行在货币发行时须以某种金属或某几种形式的资产作为其发行货币的准备，从而使货币的发行与某种金属或某些资产建立起联系和制约关系。货币发行准备制度是为约束货币发行规模、维护货币信用而制定的。

为了稳定货币，各国货币制度中都包含货币发行准备制度的内容。在金属货币制度下，货币发行以法律规定的贵金属作为发行准备。在金本位制下，准备制度是建立国家的黄金储备。黄金储备的用途有三个方面：第一，作为国际支付的准备金；第二，作为扩大或收缩国内金属货币流通的准备金；第三，作为支付存款和兑换银行券的准备金。在目前世界各国已无金属货币流通的情况下，纸币不再兑换黄金，黄金储备的后两项用途已经消失，只有第一项用途被保留。在现代信用货币制度下，各国货币发行准备制度的内容比较复杂，一般包括现金准备和证券准备两大类。现金准备包括黄金准备、外汇准备等具有极强流动性的资产准备，证券准备包括国家债券准备、短期商业票据准备等有价证券准备。

2.3.2 货币制度的演变

货币制度自产生以来，经历了一个不断发展和演变的历史过程。从其形态上来看，主要经历了银本位制、金银复本位制、金本位制和不兑现的信用货币制度。

1. 银本位制

银本位制是历史上最早出现，也是实施时间最长的一种货币制度。银本位制以白银为货币金属，以银币为本位币。在银本位制下，银币可以自由地铸造和熔化，是无限法偿货币，银币可以自由输出和输入。我国是最早以白银作为货币的国家，也是最晚放弃使用白银作为货币的国家。公元前119年，我国便开始铸造银币，但是直到公元1910年清政府颁布了《币制则例》后才正式开始银本位制。虽然当时法律实行银本位制，但实际上银圆和银两一直并用，直至1933年中华民国国民政府宣布"废两改元"，公布《银本位币铸造条例》，中国的银本位制才得以健全。1935年实行的"法币改革"取消了银本位制。银本位制适应了当时商品经济并不发达的社会需要。

19世纪后期，随着资本主义经济的发展，世界白银产量大幅度增加，白银的价格开始跌落，白银价格的起伏不定既不利于国内货币流通，也不利于国际收支平衡，加之银币体重价轻，不适合巨额支付，从而导致许多实行银本位制的国家开始用黄金取代白银作为货币使用。到20世纪初，除了中国、印度、墨西哥等少数国家仍实行银本位制外，很多国家已放弃了这种货币制度。

2. 金银复本位制

随着商品经济的发展，白银主要用于小额交易，黄金则用于大宗交易，这样就形成了白银与黄金都作为本位币流通的局面，客观上产生了建立金银复本位制的要求。在金银复本位制下，金银两种贵金属都是铸造本位币的材料，可以自由地输出、输入，金币和银币可同时流通，都可以自由地铸造，具有无限法偿能力。历史上，金银复本位制经历了三种形态：平行本位制、双本位制以及跛行本位制。

平行本位制的特点是：金币和银币同为本位币，都可以自由铸造和熔化，自由输出、输入，国家不规定两种货币的交换比率，而由市场上作为商品的金块和银块的比价确定。这样，每种商品都具有金和银表示的两种价格，金银市场比价波动必然引起商品双重价格比例波动，给商品交易带来麻烦。

为了克服平行本位制的麻烦，国家便以法律形式规定作为货币的金币和银币之间的固定比价，两者交换比率不受市场金块和银块价格波动的影响，这就是双本位制。在双本位制下，当金银的法定比价与市场比价不一致时，"劣币驱逐良币"现象就不可避免地产生了。所谓"劣币驱逐良币"现象是指当一个国家同时流通两种实际价值不同而法定比价不变的货币时，实际价值高而名义价值低的货币（良币）必然被熔化、收藏或输出而退出流通领域，实际价值低而名义价值高的货币（劣币）反而充斥市场。由于这一现象是由16世纪英国财政大臣托马斯·格雷欣发现并提出的，所以又将这一现象发生的规律称为"格雷欣法则"。这一规律告诉我们：一个国家在同一时期只能流通一种货币。如果同时使用两种货币，在金属货币流通条件下就会出现"劣币驱逐良币"现象。

为了解决劣币驱逐良币现象，一些国家采用跛行本位制，即金银币都是本位币，但金币能自由铸造，银币不能自由铸造，且限定每次支付的最高限额，金币和银币按法定比价进行交换。事实上，在这一制度下，银币已经演变成辅币，金本位制初步形成。

3. 金本位制

最早实行金本位制的是英国。1816年，英国通过了《金本位制法案》，之后，许多发达的资本主义国家也相继实行了金本位制。金本位制在发展过程中经历了金币本位制、金块本位制和金汇兑本位制三种形式。

金币本位制是典型的金本位制，其基本内容是"四自"，即规定金币为本位货币，居民可将金块自由申请铸造成金币，金币可自由熔化为金块，银行券可自由兑换为金币，黄金和金币可自由进出国境。

从1816年到1914年第一次世界大战爆发，金币本位制通行了近百年。第一次世界大战开始后，欧洲各参战国首先停止了银行券的兑现，以便把黄金集中起来购买军火，其他国家也先后宣布禁止黄金流出，停止银行券与黄金兑换。于是，金币本位制崩溃，取而代之的是金块本位制和金汇兑本位制。

金块本位制与金币本位制的显著区别是：政府停止铸造金币，不允许金币流通，代替金币流通的是中央银行发行的纸币。纸币的发行以金块为准备，金块准备得多，发行的纸币就多，反之亦然。纸币的价值与黄金保持等值关系，即一元纸币的价值等于一元纸币的含金量所具有的价值，人们持有的其他货币不能兑换成金币，但可以兑换为金块；黄金仍可自由输出与输入。由于金块价值大，所以一般人难以将纸币兑换成金块。如英国在1925年规定纸币数额在1 700镑以上方能兑换金块；法国在1928年规定至少要215 000法郎才能兑换黄金，这在当时是一笔庞大的数额。因此，人们又把金块本位制称为"富人本位制"。

金汇兑本位制也称虚金本位制，其特点是：规定纸币的含金量，国内只流通纸币，无铸币流通、无金块兑换。中央银行将黄金和外汇存放在另一个实行金本位制的国家，并规定本国货币与该国货币的法定兑换比率。本国居民可以将本国纸币兑换成外汇，再向其他相关国家兑换金块。实际上，实行金汇兑本位制的国家的居民更难将货币与黄金兑换。这种本位制在第一次世界大战前的菲律宾、印度等国实行过。1924—1928年，德国、意大利等国也实行过这种货币制度。第二次世界大战后的布雷顿森林体系也属于金汇兑本位制。

欧洲在1914年以前的100年处于相对和平时期，没有发生过大的战争，经济持续增长，但是1914年爆发的第一次世界大战中断了这一进程。战后，西欧各国政府极力想恢复金本位制，但是，由于当时黄金在各国间的分配很不平均，使传统的金币本位难以恢复。20世纪30年代的大萧条动摇了金本位制的基础，使金币的自由铸造、自由兑换、自由输出与输入遭到削弱，甚至丧失，从而使金本位制难以再维系下去，不兑现的信用货币制度已经形成。

4. 不兑现的信用货币制度

不兑现的信用货币制度是指既不规定含金量也不兑换黄金，完全取消流通货币的金银保证，流通中的货币通过中央银行的信贷程序投放出去的货币制度。当今世界各国普遍实行这种货币制度。金本位制崩溃后，信用货币成为本位币，不规定含金量，也不与任何金属保持等价关系，同时货币发行也不以黄金做保证，故这时的信用货币实质上是一种纸币，主要由现金和银行存款组成，其本身并没有实际价值，而是作为一种价值符号来充当商品交换的媒介，发挥货币的基本职能。同时，国家也发行少量金属铸币作为辅币流通，但辅币价值与用于铸造它的金属商品价值无关。

一国转向不兑现的信用货币制度一般是由中央政府赋予中央银行具有垄断发行货币的法律特权开始的。由于发行纸币是国家的特权，中央银行通过信贷程序发行纸币，所以纸币实际上是一种信用货币。在不兑现的信用货币制度下，国家对货币流通的调节日益重要起来。因为纸币的发行数量直接由政府决定，当发行量超过了流通中的商品对它的需要时，多余的纸币不能自发地退出流通，而处在流通领域中的纸币继续发挥其职能作用，就会使社会购买力大于商品可供量，达到一定程度时，必然引起物价上涨，货币贬值。因此，通货膨胀是纸币条件下的必然产物。

2.3.3 我国现行的货币制度

我国现行的货币制度是不兑现的信用货币制度。作为我国法定货币，人民币具有无限法偿能力，人民币的单位是"元"，辅币单位是"角""分"。1948年12月1日，华北银行、北海银行和西北农民银行合并成立了中国人民银行，同时正式发行人民币作为全国统一的货币。作为中国人民银行发行的信用货币，人民币没有法定含金量，也不能自由兑换黄金，国家规定了人民币限额出入国境的制度，国内不允许金银外汇计价流通，一切货币收付、结算和外汇牌价均以人民币计价。

人民币实行垄断发行、统一计划管理的制度，中国人民银行是唯一的发行机关，并集中管理货币发行基金，在国务院批准的额度内，中国人民银行组织年度货币发行和货币回笼。

据有关资料，目前在中国大陆流通的港币现金已超过150亿港元，占香港货币发行总量的30%左右。而从中国台湾涌向中国大陆和香港特别行政区的资金高达600多亿美元，其中有相当数量的新台币流入中国大陆。由于受20世纪90年代末东南亚金融危机的影响，港币、澳门元与币值稳定的人民币关系十分密切，除金融机构相互挂牌外，形成了地域性的如珠江三角洲一带互为流通使用的局面。广州、深圳、珠海等地的一些店铺接受港币或澳门元。一些中国大陆居民为了使自己拥有的货币收入分散化以及投资或收藏等原因，也都乐意持有港币、澳门元及新台币。与此同时，人民币在香港特别行政区、澳门特别行政区已进入流通领域，在这些地区，越来越多的人以人民币为"硬通货"及结算货币。在香港特别行政区或澳门特别行政区的街头，除银行外，还随处可见公开挂牌买卖人民币的兑换店。而且，香港特别行政区、澳门特别行政区的大多数商店、饭店、宾馆等消费场所都接受人民币，一些店铺门口甚至挂上"欢迎使用人民币"的牌子招揽顾客。中国台湾也同样存在人民币的流通，许多人将人民币作为坚挺的货币来看待，中国台湾警方已视伪造人民币为非法，不少台胞回中国大陆探亲后，会带一些人民币回去使用或留作纪念。

本章小结

在商品交换过程中，商品的价值表现经历了简单的价值形式、扩大的价值形式、一般价值形式、货币形式。其中，货币形式是价值形式的最高阶段。

人类发展史上的货币形态十分繁杂。其货币形式主要有：实物货币、代用货币、信用货币、电子货币和数字货币。

> **强国之路：以强大货币为基石建设金融强国**
> 2024年1月，习近平总书记在省部级主要领导干部推动金融高质量发展专题研讨班开班式上发表重要讲话，指出金融强国应当具备一系列关键核心金融要素，强大的货币就是其中之一。

育人园地

货币的五大职能是价值尺度、流通手段、支付手段、贮藏手段和世界货币。其中价值尺度、流通手段是基本职能，贮藏手段、支付手段和世界货币是基本职能的派生职能。

货币制度的构成主要有：货币材料，货币单位，货币的铸造、发行和流通程序，货币发行准备制度。货币制度自产生以来，经历了一个不断发展和演变的历史过程。从其形态上来看，货币制度主要经历了银本位制、金银复本位制、金本位制和不兑现的信用货币制度。

我国现行的人民币制度是不兑现的信用货币制度。作为我国法定货币，人民币具有无限法偿能力。

学习建议

货币及货币制度的产生及演变是与一定的生产力水平及商品经济的发展相适应的。因此在学习中，应把握这一脉络，来理解货币的产生、货币形态的演变及货币制度的发展过程。

本章重点

货币形式的演变、货币职能、货币制度演变。

本章难点

货币制度演变、劣币驱逐良币现象。

核心概念

货币职能　　　　货币制度　　　　本位币　　　　辅币　　　　金本位制

劣币驱逐良币现象　不兑现的信用货币制度

课后思考与练习

1. 货币是如何产生的？货币形态经历了哪几种演变形式？
2. 简述货币的职能。
3. 简述货币制度的构成。
4. 试述货币制度的演变过程。

补充阅读 2-1

比特币及其发展

2008年，一位自称中本聪的人发表了一篇论文，论文描述了一种叫比特币的数字货币系统。一年后，中本聪发布了第一个比特币客户端程序，比特币就此诞生。与传统货币不同，比特币基于一套密码编码，通过复杂的运算产生。一方面，比特币不依靠特定货币机构发行，任何人都可以下载并运行比特币客户端而参与制造比特币，这种方式被称为"挖矿"，然后用户利用电子签名的方式来进行交易。基于密码学的设计可以使比特币只能被真实的拥有者转移或支付，这确保了货币所有权。另一方面，为了证明交易的真实性，程序设计了使用者的钱包中会保存一份从开始比特币交易以来的列表，通过彼此验证来避免重复消费的情况。比特币的数量非常有限，可以称得上稀有。根据市场计算，基本可以确定直到2140年之前，比特币的数量将限制为2 100万个。

比特币具有以下基本特征。一是非主权超国家性。比特币是全球网络发展的产物，不属于某个国家所有。二是去中心化。比特币的发行和支付不受中央银行等管理，其转账支付由网络节点集中管理。比特币系统通过整个网络的分布式数据块来记录其交易，并由整个比特币系统共同承担交易风险。三是匿名性。从技术上讲，比特币的交易各方可以通过随意变化收款地址来隐藏自己的真实身份。比特币通过公开密钥技术，不再依赖账号系统，交易双方可以随意生成自己的私钥，随后将与私钥对应的公钥告知付款人即可收到款项。下次再使用时，可以重新生成一对公私钥进行交易。这种"一次一密"的做法可以做到完全匿名交易，难以跟踪。四是具有网络稳健性。比特币完全依赖点对点网络，无发行中心，这意味着除非全球持续断电或屏蔽掉整个互联网，否则外部世界无法对其实施关闭。五是非唯一性。作为一种无准入门槛的虚拟货币，由于比特币的源代码对外公开，经过参数修改，可以制造出功能类似的其他网络虚拟货币。

随着接受主体和范围的不断扩大,比特币的货币属性正不断增强。自诞生以来,比特币在全球的接受程度和交易范围显著扩大,目前已有 200 多个国家的商户接受比特币,数十个交易平台遍布全世界。由于具有便利、廉价的支付特点,在某些国家的程序员群体中用比特币购买商品、偿还债务已成为时尚。比特币正逐渐具备一般媒介物的功能。当前比特币充当货币媒介主要存在以下风险。

一是法律地位不明确。在世界范围内,比特币可以被认定为一种虚拟商品而受到法律的保护,但比特币作为"货币"的法律地位尚未在任何国家确立。美联储前主席伯南克在某个致参议院听证会的信中指出,比特币属于虚拟货币,美联储无权直接监管。欧洲央行将比特币归为具有双向流动特征和买卖价格,可用来购买虚拟或实体商品和劳务的第三类虚拟货币,并认为虚拟货币与电子货币的最大区别在于是否具备法偿货币地位。德国认为比特币既非电子货币,也不是法定支付手段。德国财政部承认比特币为"记账单位",作为记账单位的比特币与外汇一样,具有结算功能,但不能充当法定支付手段。法国央行指出,比特币作为一种有代表性的虚拟货币,迄今尚未被列入监管范畴。我国香港金融管理局指出,比特币不受金融管理局监管,不是货币,也没有条件成为支付媒介或电子货币。韩国金融监管委员会日前表示,比特币属于虚拟货币,其价值缺乏稳定性,并不具备"固定价值"。

二是交易平台存在脆弱性。比特币交易平台通常是一个网站,一旦遭到黑客攻击,可能给比特币持有人和交易者造成巨大损失。2011 年 6 月 19 日,Mt. Gox 比特币交易中心的安全漏洞导致 1 比特币价格一度从 15 美元跌至 1 美分。2014 年 2 月由于丢失了价值 4 亿多美元的约 85 万个比特币,Mt. Gox 在日本和美国提交了破产申请。该公司曾是全球最大的比特币交易平台。如果网络与技术安全得不到保障,比特币发展将面临致命瓶颈。

三是缺乏货币锚,价格波动大且存在庞式骗局风险。比特币缺乏国家信用的支撑,其价值完全取决于参与主体的信任,缺乏价值设定的锚,容易被市场炒作,引发庞式骗局。

随着比特币在网络乃至实体经济中的用途日益扩大,吸引了大批炒家介入,导致比特币兑换现金的价格如过山车一般起伏,使其更适合投机,而不适合投资。2009 年诞生之初,比特币价格非常低廉,仅 3 美分左右,而截至 2024 年 10 月,比特币的价格超过 65 000 美元。

围绕比特币的投资是否构成庞式骗局一直存在争论。欧洲央行的研究报告指出,比特币用户如果要变现,就必须有新的比特币需求出现,这很像一个庞氏骗局。投资比特币最大的问题在于信息不对称。它非常复杂,可能导致潜在用户难以理解。一旦用户试图变现而网络流动性不足时,整个系统可能会坍塌。

2021 年 9 月,中国人民银行、中央网信办等十部门联合发布《关于进一步防范和处置虚拟货币交易炒作风险的通知》,明确要建立健全应对虚拟货币交易炒作风险的工作机制。中国人民银行有关负责人表示,要构建中央统筹、属地实施、条块结合、共同负责的长效工作机制,始终保持高压态势,动态监测、及时处置相关风险,坚决遏制虚拟货币交易炒作风气,严厉打击虚拟货币相关非法金融活动和违法犯罪活动,全力维护经济金融秩序和社会稳定。

资料来源:2014 年 10 月 27 日,《温州商报》;2014 年 1 月 17 日,《中国经济时报》;世界各国政府对比特币的态度、法律与政策,简书网,2018-03-07;投睿报告:2019 全年比特币价格表现回顾,金色财经,2020-01-27。

思考题: 你如何看待比特币?

补充阅读 2-2

区块链打造金融新业态

区块链技术是近年来出现的一种将共识算法、密码学算法、点对点网络、智能合约等多种计算机技术有机融合为一体的创新模式,具有去中心化、可追溯、难篡改、公开透明等特点,被著名杂志《经济学人》称为"创造信任的机器"。随着区块链技术路径的演进以及应用场景探索的铺开,区块链有望成为未来产业变革的重要引擎。

金融行业是中心化程度最高的行业之一,现有金融交易参与方之间往往存在信息不对称的问题,导致无法建立有效的信用机制,需要大量信用中介和信息中介的介入。传统金融行业存在诸多业务痛点亟待解决,包括信任成本高、业务流程链条长、系统运作效率低、风险控制代价高以及数据安全隐患大等。区块链去中心化、可追溯等技术特点使其在促进数据共享、优化业务流程、降低运营成本、提升协同效率、建设可信体系等方面具有天然优势,因此金融行业被认为是区块链技术最适用的应用领域之一,实际上金融行业也是最先开展区块链研究及应用的先锋。

区块链自身的技术特点为解决金融领域诸多业务痛点提供了创新解决思路,在金融领域的适用场景非常广泛。

在支付结算领域,特别是跨境支付业务,高度依赖第三方中介机构解决参与方之间缺乏信任的问题。例如,基于 SWIFT 等的跨境支付业务采用代理行模式,各机构的系统架构不同,跨机构、跨系统之间的交易信息转发、对账流程繁复,涉及很多手工操作,业务处理效率低、交易成本高,通常需要数天时间才能完成一笔跨境汇款业务,对于小额交易不友好。基于区块链技术构建银行间分布式跨境支付平台,参与机构之间可实现安全互信和实时信息共享,部分网络瘫痪不会影响系统正常运行,交易双方可进行全天候点对点实时转账,从而有效地降低了业务流程的复杂性、交易成本和账务处理差错率,大幅提升了支付效率。典型案例包括支付宝与渣打银行基于区块链技术联合推出全球首个电子钱包跨境汇款服务,中国香港与菲律宾的汇款交易耗时仅 3 秒;Finastra 与 Ripple 合作探索在其支付解决方案中整合区块链技术来支持快速跨境支付,等等。

在供应链融资领域,除了交易双方之外,还涉及资金提供方、融资中介等多个角色,物流、资金流、信息流往往不同步,业务数据分散存储,难以保证真实性,导致中小企业存在融资难、融资贵问题。借助区块链技术,各参与方将订单、物流、资金流等数据上链进行实时共享,能够打破信息孤岛,同时基于区块链可追溯、难篡改等特性有效提升业务数据的真实性,降低业务风险和融资成本。目前应用探索包括中国农业银行基于区块链打造的互联网电商融资服务平台;中国建设银行上线区块链贸易金融平台,实现国内信用证、福费廷、保理等全流程端到端在线处理。与此类似的应用领域是贸易金融业务,近年的探索创新包括中国人民银行牵头的粤港澳大湾区贸易金融区块链平台、中国银行业协会牵头的中国贸易金融跨行交易区块链平台等。

在资产管理领域,股权、债券、票据等各类资产由中介机构托管,交易成本高,凭证易被伪造。通过打造基于区块链的金融基础设施,可以便捷地将各类资产整合为链上数字资产,在提升资产和交易数据安全性的同时,使得所有者无须依赖中介机构直接发起交易,借助智能合约根据预设条件自动完成交易处理，更加安全、快速、智能。例如，上海票据交易所牵头运用区块链技术打造了数字票据交易平台，有效缩减了票据交易的中间环节。

从以上示例中可以看出，运用区块链技术能够实现金融服务的提质增效，打造金融产品与服务创新模式。国际、国内金融机构早就开始积极布局，开拓了区块链在众多金融业务场景中的应用探索与创新实践。目前国际金融机构在数字货币、贸易金融、供应链金融、支付结算、金融市场等领域有较为成熟的应用；国内金融机构则积极跟进、注重创新，在包括支付结算、贸易金融和供应链金融、资产证券化、托管、保险、实物资产交易、精准扶贫、智慧城市、内部治理、分布式身份认证、数字货币等诸多领域都展开了探索。

目前区块链技术已延伸到数字金融、物联网、智能制造、供应链管理、数字资产交易等多个领域。随着新一代信息技术的发展，未来区块链技术有望与5G通信、云计算、人工智能、物联网等新兴技术深度融合，互相赋能，为区块链在金融领域中的深化应用打开新的想象空间。例如，与物联网结合可使区块链触达现实世界，打造智能金融场景，利用传感器等设备采集汽车、家电等终端信息并实时上链，基于大数据自动分析处理用户行为，基于智能合约实现金融服务的智能化推送。

当今金融科技日新月异，正在以迅猛态势重塑行业生态，逐步成为全球金融发展的重要驱动力。区块链技术在推动新的技术革新和产业变革方面显示出了巨大潜能，必将成为数字经济时代未来发展的一项核心技术。金融业应顺应时代发展潮流，积极探索"区块链+金融"深度融合的创新模式为业务创新发展赋能，充分发挥区块链在解决金融行业信任、效率、成本控制、风险管理以及数据安全等问题方面的巨大潜能，进一步推动资产数字化和产业数字化转型，重构传统金融的运作方式，紧密融合实体经济和金融行业，打造行业新业态。

资料来源：中国经济网. 区块链打造金融新业态［EB/OL］.（2020-01-16）［2024-09-13］. http://www.finance-un.com/newsDetail/29996.shtml?platForm=jrw.

思考题：了解区块链的原理并举例说明区块链技术在金融领域的适用场景。

第 3 章　信用与征信

学习目标

1. 理解信用与征信的概念、信用的种类和信用产生的原因；
2. 了解信用与征信在经济生活中的作用；
3. 掌握信用工具的特征及类别。

引言

国家助学贷款是运用金融手段支持教育、资助经济困难学生完成学业的重要形式。1999年，国家助学贷款制度先在北京、上海等8个城市进行了试点，自2000年起在全国范围内全面推行。2022年全年国家助学贷款累计发放569亿元，发放591万人次，同比分别增长32.3%和10.9%。1999年实施至今，累计发放助学贷款4 000多亿元，共资助家庭经济困难学生2 000多万名。在国家助学政策的大力支持下，越来越多的学生可以实现自己的梦想。作为一名大学生，应该按时还款，维护个人的信用记录，拒绝成为失信人员。如果出现逾期还款或者欠款的情况，不仅会影响个人信用记录，还会导致银行采取一系列的追债措施，影响未来申请信用卡、贷款买车、购房等行为。因此，我们应该进一步加深对信用与征信的认识，掌握在现实经济生活中运用信用工具的能力，合理规划财务，保持良好的信用记录。

3.1　信用的产生、要素及作用

在社会学中，"信用"被用来作为评价人的道德标准和行为规范。在经济学中，信用是一种体现特定经济关系的借贷行为。换言之，信用就是一种建立在授信人对受信人偿付承诺的基础上，使后者无须支付现金就可以获取商品、服务和资金的能力。它是人们在经济交往中的基本行为准则，也是任何社会中经济实体生存与发展必不可少的一项道德资本。它的概念和作用范围也不局限于经济领域，还扩展到社会伦理、道德、正义和法律制度等领域，像日常生活中的信任、信心、信誉等也是信用关系的外在表征。广义的信用侧重于道德层面，是指参与社会经济活动的当事人之间遵守诺言的行为评价，即通常所说的"诚实守信"，讲诚信。较狭义的信用侧重于经济层面，是指经济活动中的资金借贷行为和商品赊销行为，它是一种建立在信任基础上不用立即付款即可获得资金、商品和服务的能力。

可以说，狭义的信用专指信贷，是以偿还本息为条件的价值活动的特殊形式。

> **文化自信：中国特色金融文化的思想基础、实践要求和发展方向**
>
> 推动金融高质量发展、建设金融强国，要坚持法治和德治相结合，积极培育中国特色金融文化，做到：诚实守信，不逾越底线；以义取利，不唯利是图；稳健审慎，不急功近利；守正创新，不脱实向虚；依法合规，不胡作非为。

概而言之，信用是以还本付息为条件，暂时让渡资本使用权的借贷行为。它是以偿还为条件的价值运动的特殊形式，多产生于货币借贷和商品交易的赊销或预付之中。经济学和金融学范畴中的信用，其基本特征是偿还和付息，即信用是一种借贷行为，借贷的条件是到期要按时偿还本金，并支付使用资金的代价——利息，其形式特征是以收回为条件的付出，或以归还为义务的取得；贷方之所以贷出，是有权取得利息，借方之所以可以借入，也是因为承担了支付利息的义务。信用的主要形式包括国家信用、银行信用、商业信用和消费信用等。信用是金融学研究的主要内容之一。

3.1.1　信用的产生

信用是随着人类社会分工的深化和市场的扩大，随着货币的产生与演化、交易方式与规模的变化而产生的。在原始社会末期和奴隶社会初期，出现了贫富的差别，产生了私有制家庭和阶级。在私有制下，贫困家庭缺少生产资料和生活资料，为了维持生产和生活，被迫向富裕家庭借债，这样就产生了信用。因此，剩余产品的出现和贫富差别是信用产生的前提条件。在商品经济社会中，商品和货币在各个所有者之间分布是不均衡的。一方面，生产者要卖出商品；另一方面，购买者买进商品后因为贫穷或没有货币，不可避免地产生借贷的需要，这样商品经济的产生和发展就成为信用产生的社会基础。

中国古代典籍中有不少关于借贷的记载。《管子》有一篇相当于战国时期国情调查提纲的《问》，其中有三问涉及信用："问邑之贫人债而食者几何家""贫士之受责（债）于大夫者几何人""问人之贷粟米，有别券者几何家"。把借债、放债作为国情调查的内容，这说明借贷关系在经济生活中已是相当普遍的现象。

在西方，债务问题的记载较之中国更早。公元前18世纪，古巴比伦国王编制的一部《汉穆拉比法典》，关于债务问题的规定非常具体。如贷谷的利息达本金的1/3，贷银的利息达1/5，债务人如无谷物和银子还债，应以其他动产抵押，等等。

信用和货币一样是一个很古老的经济范畴。信用的出现发展了货币的支付手段职能，使货币能在更大的范围内流通。货币因信用而发展了其形式，信用货币就是以信用活动为基础而产生的一种货币形式。信用和货币自古以来就存在着紧密的联系，以实物借贷和货币借贷两种形式存在，随着商品货币关系的发展，货币越来越成为借贷的主要对象。

3.1.2　信用的要素

信用交易或信用活动包括三个基本的要素，即信用主体、信用工具和时间间隔。信用主体是参与经济活动的市场主体,包括政府、企业、银行和个人等。信用工具是一种书面凭证。时间间隔即承诺与兑现承诺的时间差。正是因为信用具有这种时间间隔,才使得信用活动具有天然的风险性,才需要对信用进行科学的管理。

3.1.3 信用在现代经济中的作用

信用是一个社会经济构建和运作的润滑剂,是包含于交易行为的基本要素。离开人际间的基本信用,整个社会的交易维持成本将急剧上升,从而导致整个社会交易的衰落,进而带来经济的衰落。因此,信用也是保证经济增长和繁荣的重要来源。从微观上看,信用对企业和个人筹措发展资金、节约流通费用、增强竞争能力都具有十分重要的作用。从宏观上看,信用是市场经济的基石。市场经济是契约经济,契约产生预期效果的基础是信用。信用是现代市场交易的一个必备要素,它对于加速资金集中、扩大社会投资、扩大消费需求、拉动经济增长和调控宏观经济都具有重要作用。可以说,信用是企业和个人生存发展的基础和动力。

许多经济学家运用"社会资本"来描述一个社会基于人际信用的经济组织运行效率。信用是商业交易的前提,现代商业社会是一个契约社会,市场经济是信用经济。如果整个社会的信用状况良好,各自独立的市场主体之间在经济往来中都重合同、守信用,就能形成公平竞争的秩序,各种市场规则就能得以遵守,市场经济活动就能得以正常运行;同时也能提升社会整体信任度,增强全社会的凝聚力,提高劳动生产率和全社会的财富水平,调节经济结构,使全体成员共同获益。反之,如果全社会信用状况恶化,必然会导致社会凝聚力涣散,市场效率降低,交易成本增大,交易风险增加,从而降低社会整体信任度,进而导致社会不安定因素增加,"信任危机""信用危机"的出现最终会导致信用经济的崩溃。所以,信用有促进资金再分配,提高资金使用效率;加速资金周转,节约流通费用;加快资本集中,推动经济增长等作用。

> **职业素养:无甲小银 无取酒资——侨批局的诚信经营之道**
>
> 1935 年以前的侨批事务中,经常见到批局在信封上的信用戳里有这样的承诺:"送到贵家,设法异常,无甲小银,无取酒资"。在自给自足为主的农村,侨眷们翘首盼望海外来鸿,除了关切海外亲属近况,其原因还有这"雪中送炭"的救命钱。因此侨批局送来的款项是否足额、足值、保值,无论对于顾客的生活还是其自身的经营都是至关重要的。

3.2 信用形式

信用活动是通过具体的信用形式表现出来的。随着商品经济的发展,信用形式也随之多样化,如商业信用、银行信用、国家信用、消费信用、国际信用、民间信用等。各种信用特点各异,在经济中的作用各不相同,而历史上最初、最古老的信用形式是高利贷信用。

3.2.1 高利贷信用

高利贷在人类社会中存在已久,极高的利率是其最明显的特征。它是一种以通过发放实物或货币而收取高额利息为特征的借贷活动。

高利贷信用产生于原始社会末期,那时社会分工的发展,使原始公社内部产生了贫富分化。贫穷家族为了生产、生活和其他需要,不得不向富裕家族求贷,在剩余产品有限、可以贷出去的商品和货币极少的情况下,借入者只有付出高额利息才能获得自己所需的商品和货币,这就是高利贷产生的历史根源。原始社会末期产生的高利贷信用,在奴隶社会和封建社会中得到了广泛的发展,成为占统治地位的信用形式。

高利贷作为一种信用形式,除了具有信用的一般特征,还具有以下特点:高利贷的利率高、剥削重。从历史上看,高利贷的利率无最高限度。在不同国家、不同历史时期,利率水平相差很大,一般年利率超过40%,借贷习惯按月计息,例如在中华人民共和国成立前,某些地方3%的高利贷月利率是"最公道"的水平,即使不计复利,年利率也将达36%。而城市贫民中的"印子钱"月利率甚至可达35%。年利率在100%以上的高利贷俗称"驴打滚"。此外,高利贷信用主要用于非生产性用途。小生产者借高利贷是为了应付意外事件,如天灾人祸等,以维持生产和生活。

3.2.2 商业信用

商业信用是指企业之间互相提供的、与商品交易直接联系的信用。商业信用是企业在进行商品销售时,以延期付款即赊销形式所提供的信用,它是现代信用制度的基础。商业信用的具体形式包括企业间的商品赊销、分期付款、预付货款、委托代销等。由于这种信用与商品流通紧密结合在一起,故称为商业信用。商业信用最典型的形式是商品赊销。商业信用通过赊销商品、延期付款的方式解决了买卖双方暂时的矛盾。

商业信用作为商品经济社会普遍存在的信用形式,其主体是厂商。商业信用是厂商之间相互提供的信用,债权人和债务人都是厂商,客体是商品资本。商业信用提供的不是暂时闲置的货币资本,而是处于再生产过程中的商品资本。此外,商业信用与产业资本的动态一致。在繁荣阶段中,商业信用会随着生产和流通的发展、产业资本的扩大而扩张;在衰退阶段中,商业信用又会随着生产和流通的消减、产业资本的收缩而萎缩。

由于商业信用具有以上特点,因而其优点在于方便和及时。商业信用的提供,既解决了资金融通的困难,又解决了商品买卖的矛盾,从而缩短了融资和交易时间。同时,商业信用是商品销售的一个有力竞争手段。商业信用是国家信用制度的基础和基本形式之一。

商业信用虽有其优点,但由于其本身具有的特征,又决定了它的存在和发展具有局限性。

首先,规模和数量上的局限性。商业信用是企业间买卖商品时发生的信用,是以商品交易为基础的。因此,信用的规模受商品交易量的限制,生产企业不可能向对方提供超出自己拥有的商品量的商业信用。商业信用无法满足由于经济高速发展所产生的巨额资金需求。

其次,方向上的局限性。因为商业信用的需求者也就是商品的购买者,这就决定了企业只能与那些和自己的经济业务有联系的企业发生信用关系,通常只能由卖方提供给买方,而且只能用于限定的商品交易。

最后,信用能力上的局限性。相互不甚了解信用能力的企业之间一般不容易发生商业信用。另外,商业信用还存在信用期限上的局限性。商业信用期限较短,受企业生产周转时间的限制,所以只能解决短期资金融通的问题。

3.2.3 银行信用

商业信用的局限性使它难以满足社会化大生产的需要,于是,伴随着银行的产生,在商业信用广泛发展的基础上产生了银行信用。银行信用也叫金融信用,是由银行、货币资本所有者和其他专门的信用机构以货币形式提供的信用。其主要形式是吸收存款和发放贷款。金融机构作为受信者,通过吸收存款、发行债券等形式筹集资金;作为授信者,通过贷款、信用证、进出口押汇、保函、贴现、信用卡等形式向社会提供资金。银行信用是现代经济中最基本的、占主导地位的信用形式。与商业信用相比,银行信用有其自身的特点和优点。

银行信用是间接融资信用,是以货币形态提供的信用,其客体是货币资本。一方是银行和金融机构,另一方是企业和个人,其在信用活动中交替地以债权人和债务人的身份出现。银行信用与产业资本的动态不完全一致。例如,当经济衰退时,会有大批产业资本不能用于生产而转化为借贷资本,造成借贷资本过剩。这样,在产业周期的各个阶段中,对银行信用与商业信用的需求不同。在繁荣时期,对商业信用的需求增加,对银行信用的需求也增加;在危机时期,由于产品生产过剩,对商业信用的需求会减少,但对银行信用的需求有可能增加,此时,企业为了支付债务,避免破产,有可能增加对银行信用的需求。

由于银行信用具有以上特点,它克服了商业信用的局限性,成为一种良好的信用形式。其优点是:银行信用的规模巨大,这在规模和数量上克服了商业信用的局限性;银行信用的投放方向不受限制,银行信用以货币形态提供,货币具有一般的购买力,谁拥有它,谁就拥有选择任何商品的权利。因此,任何部门、企业和个人暂时闲置的货币或资本都可以被各种信用机构动员起来,投向任何一个部门和企业,以满足任何方面的需要,而不受任何方向上的限制。银行信用的期限长短均可,这就克服了商业信用在期限上的局限性。这些都使得银行信用的能力大大提高,其作用范围不断扩大,对商品经济的发展起到了巨大的推动作用,成为现代信用的主要形式。

> **制度自信:用数据说明教育的"温度"**
> 目前我国已经建立了包括国家奖助学金、国家助学贷款、勤工助学、困难补助、学费减免等多种方式的资助政策体系,实现了家庭经济困难学生全覆盖,有力支持了家庭经济困难学生顺利完成学业,促进了教育公平。

育人园地

3.2.4 国家信用

国家信用也叫政府信用,是国家和地方政府参与的一种信用形式,主要表现为国家作为债务人而形成的负债。政府信用的基本形式:一是由国家发行政府债券,包括国库券和公债券;二是政府发行专项债券,即政府特别为某个项目或工程发行债券;三是向银行透支或借款。其中最主要的形式是国家发行国库券和公债券。

国家信用在经济生活中起着积极的作用,它是解决财政困难的较好途径。解决财政困难的途径有增税、从银行透支和利用国家信用举债三种。增税不仅立法程序繁杂,而且容易引起公众不满、抑制投资和消费;从银行透支容易导致通货膨胀,而且《中华人民共和国中国人民银行法》规定,中国人民银行不得对政府财政透支;利用国家信用举债是一种信用行为,有借有还，有经济补偿，可以筹集闲置资金，改善投资环境，创造投资机会。

我国在20世纪50年代曾经6次发行公债：第一次是在1950年1月发行的"人民胜利折实公债"，1954—1958年又连续5年发行了"国家经济建设公债"。这些公债于1968年全部还清本息。后来由于片面强调"既无外债，又无内债"，在相当长的时间里没有发行国债。经济体制改革以后，为了适应国民经济发展的需要，国家从1981年起开始发行国债，在此后的40余年里，国债发行品种日趋丰富，产品结构不断优化。从发行与存量规模看，1981年发行国债不到50亿元，2023年中国国债余额达158万亿元，2023年中国国债发行11万亿元，是1981年的两千多倍，占当年全国债券发行量的15.5%。从期限结构看，恢复发行之初，国债期限结构基本为5~9年的中期债券，1994年引入期限为半年和1年的短期国债，1996年引入期限为3个月的短期国债，目前，中国国债发行期限覆盖短期、中期、长期，具有丰富的债券期限结构供投资者选择。

3.2.5 消费信用

消费信用也称个人信用，是企业、银行和其他金融机构向消费者个人提供的直接用于生活消费的信用。作为受信者，消费者个人通过借款、商品赊销等形式，向工商企业、金融机构获得自己当前所不具备的预期资本或消费支付能力进行生产投资或消费支出；作为授信者，个人通过存款、购买债券等形式，向其他市场主体提供信用。

消费信用主要有两种类型：第一类是工商企业以赊销商品（延期付款）、分期付款的方式向消费者提供的信用。第二类是银行或其他金融机构以货币形式向消费者提供的消费信用，也就是消费贷款，它属于长期消费信用，采取抵押贷款或信用贷款方式，一般用于购买汽车或住房，时间可达20~30年。

知识拓展

消费金融行业现状

消费信用的作用表现在两个方面：在一定程度上缓和消费者的购买力需求与现代化生活需求的矛盾，有助于提高消费水平；同时也可发挥消费对生产的促进作用。消费信用在现代经济中发展很快，它已经成为很多国家居民消费的重要方式。与一些发达国家相比，我国消费信用总体规模偏低。中国的消费信用始于20世纪50年代，随后消费信用一度被取消。银行以住房为突破口开展的消费信用起步于20世纪80年代，自20世纪90年代以来，我国经济快速发展，积极发展消费信用、促进居民消费，以推动经济增长，成为扩大内需政策的重要组成部分。随着买方市场的形成，消费需求不足成为制约经济增长的主要因素，政府采取多种措施扩大内需，消费信用作为刺激消费需求的有效手段得到重视和推广，各项旨在扩大消费信用的政策、法律、法规相继出台。

3.2.6 国际信用

国际信用是指一个国家的政府、银行及其他自然人或法人对别国的政府、银行及其他自然人或法人所提供的信用。国际信用是国际间的借贷行为，它本质上是资本输出的一种方式。

按领域划分，国际信用可分为贸易信用和金融信用两大类。贸易信用是与对外贸易业务联系在一起的信用。信用的提供以外贸合同的签订为条件，它只能用于为合同规定的商品交易供应资金。这种商业信用又可称为公司信用，即出口商以延期支付的方式出售商品，向进口商提供信用。金融信用是银行向进口商或出口商提供的贷款（即进出口信贷）。出口信贷是指出口方银行提供贷款，以解决出口企业资金周转需要。由于在进出口贸易中，交易规模都比较大，买方经常会没有足够的资金偿付出口商的货款，此时，如果卖方以赊销方式提供商品，而没能及时收到货款，便会使卖方的资金周转发生困难。为了鼓励本国出口商增加出口，出口方银行便向进口方或出口方提供贷款，其目的是支持本国出口商扩大出口。进口信贷是指进口方银行提供贷款，以解决本国企业资金需要，支持本国进口商购买所需的商品或技术等。另一种进口信贷是指本国进口商向国外银行申请贷款，如果进口商是中小企业，则往往还要通过进口方银行出面取得这种贷款。不管是出口信贷还是进口信贷，其提供的金额一般只占该进出口贸易总额的 85%，这是因为在国际贸易中，一般要求进口商预付 15% 的定金，所以，银行只需提供 85% 的资金贷款。

按其期限划分，国际信用可分为短期信用、中期信用和长期信用。不同国家的出口商与进口商相互提供的商业信用，通常是短期的，但在市场竞争激烈的情况下，这种信用往往也具有长期的性质。此外，商业银行对进口商和出口商提供的信用大多也是短期的。中期信用和长期信用基本上用于购买工业装备或支付技术援助等。

按贷款人划分，国际信用还可分为由私营企业、银行、经纪人等提供的私人信用，由政府直接提供或通过国营信贷机构提供的国家信用以及由国际金融组织与区域性金融组织提供的信用。

此外，还有民间信用（民间借贷）等其他信用形式。

3.3 信用工具

信用工具是具有一定格式并准确记载借贷双方的权利和义务，明确偿还日期和偿还额，经过一定的法定程序，以书面形式发行和流通，能有效约束双方行为的书面信用凭证。

信用工具是证明债权、债务关系的合法书面凭证。在早期的信用活动中，借贷双方仅凭口头协议或记账而发生信用关系，因无法律上的保障，极易引起纠纷，并且不易将债权和债务转让。信用工具的产生和发展克服了口头信用与记账的缺点，使信用活动更加顺畅，更加规范化，而且通过信用工具的流通转让形成了金融市场。在现代经济中，人们融通资金往往要借助于信用工具，因此信用工具又被称为金融工具，而金融工具对持有者来说就是金融资产。

3.3.1 信用工具的特征

信用工具种类繁多，但各种信用工具一般都具有以下四个特征。

（1）偿还性。它是指信用工具的债务人按期还本付息的特征。信用工具一般都载明期限，债务人到期必须偿还信用凭证上记载的债务。但也存在例外，如股票的偿还期是无限的。

（2）流动性。它是指信用工具在短时间内转变为现金而在价值上又不受损失的特征，又称变现能力。金融工具可以买卖和交易，可以换得货币，即具有变现能力或流通性。在短期内，在不遭受损失的情况下，能够迅速卖出并换回货币，称为流动性强，反之则称为流动性差。现金和活期存款是最具有流动性的资产。

（3）收益性。它是指信用工具（特别是有价证券）定期或不定期给持有者带来收益的特证。信用工具的收益有三种。第一种为固定收益，是投资者按事先规定好的利率获得的收益，如债券和存单到期时，投资者即可领取约定利息。固定收益在一定程度上是名义收益，是信用工具票面收益。第二种是即期收益，又叫当期收益，就是按市场价格出卖时所获得的收益，如股票买卖价格之差即为一种即期收益。第三种是实际收益，指名义收益或当期收益扣除因物价变动而引起的货币购买力下降后的真实收益。在现实生活中，实际收益并不真实存在，必须通过计算获得。投资者所能接触到的是名义收益和即期收益。

（4）风险性。它是指投资者对信用工具投入的本金和预期收益有可能遭受损失的特征。为了获得收益提供信用，同时必须承担风险。风险是相对于安全而言的，所以风险性从另一个角度讲就是安全性。任何信用工具都有风险，只是程度不同。其风险主要有违约风险、市场风险、政治风险等。违约风险一般称为信用风险，是指发行者不按合同履约或是公司破产等因素造成信用凭证持有者遭受损失的可能性。市场风险是指由于市场各种经济因素发生变化，例如市场利率变动、汇率变动、物价波动等各种情况造成信用凭证价格下跌，遭受损失的可能性。政治风险是指由于政策变化、战争、社会环境变化等各种政治情况直接或间接引起的信用凭证遭受损失的可能性。

3.3.2 信用工具的分类

在现实经济生活中，信用工具的形式多样。信用工具可以从不同的角度进行划分，按形式可分为商业信用工具、银行信用工具、国家信用工具；按期限可分为短期、长期和不定期信用工具；按所运用的市场交易范围可分为货币市场类、资本市场类、金融衍生产品类和其他类信用工具。最常见的信用工具分类是按期限长短将其分为短期信用工具和长期信用工具。

1. 短期信用工具

短期信用工具是指一年期以下的票据和信用证等信用工具。票据是具有一定格式，载明金额和日期，到期由付款人对持票人或指定人无条件支付一定款项的信用凭证。票据一般分为汇票、本票和支票。

汇票是由出票人签发的，要求付款人在见票时或在一定期限内，向收款人或持票人无条件支付一定款项的票据。按出票人不同，汇票可分成银行汇票和商业汇票。银行汇票的出票人是银行，付款人也是银行。商业汇票的出票人是企业或个人，付款人可以是企业、个人或银行。按承兑人的不同，汇票可分成商业承兑汇票和银行承兑汇票。远期的商业汇票，经企业或个人承兑后，称为商业承兑汇票。远期的商业汇票，经银行承兑后，称为银行承兑汇票。银行承兑后成为该汇票的主债务人，所以银行承兑汇票是一种银行信用。

本票是出票人签发的、承诺自己在见票时无条件支付确定金额给收款人或持票人的票据。本票按其出票人身份，可以分为银行本票和商业本票。银行或其他金融机构为出票人签发的本票为银行本票。银行或其他金融机构以外的法人或自然人为出票人签发的本票为商业本票。我国只有银行本票，没有商业本票。商业本票又叫商业期票。它和商业汇票同是商业信用的信用工具，统称为商业票据，因为商业本票是债务人对债权人签发的票据，因此无须承兑。商业本票也可经背书后转让或向银行贴现。

支票是出票人签发，委托办理支票存款业务的银行或者其他金融机构在见票时无条件支付确定的金额给收款人或持票人的票据。从以上定义可见，支票是以银行为付款人的即期汇票，可以看作汇票的特例。支票出票人签发的支票金额，不得超出其在付款人处的存款金额。如果存款低于支票金额，银行将拒付。这种支票称为空头支票，出票人要负法律责任。

开立支票存款账户和领用支票，必须有可靠的资信，并存入一定的资金。支票可分为现金支票和转账支票。支票一经背书即可流通转让，具有通货作用，成为替代货币发挥流通手段和支付手段职能的信用流通工具。运用支票进行货币结算，可以减少现金的流通量。

2. 长期信用工具

长期信用工具又称有价证券，是具有一定面额，代表财产所有权或债权，期限在一年以上，并能定期取得一定收入的凭证。长期信用工具主要有股票和债券。

股票是股份公司签发的，证明股东按其所持股份享有权利和承担义务的所有权凭证。它是股份公司发给股东的入股凭证，即持有该公司的股票，就是该公司的股东，并享有相应的权利和义务。

债券是债务人向债权人承诺在一定时期内还本付息的债务凭证。凭证上载明债券发行机构的名称、面额、期限、利率等事项。债券一般分为企业债券、政府债券和金融债券。

企业债券又称公司债券，是企业为集资而发行的债务凭证。企业债券因风险较大，故利率较高。为保证投资者的权益，企业发行债券一般要用动产或不动产做抵押，或者由第三者做担保。有时候企业也会单凭资信度发行债券。政府债券是政府为筹集资金而发行的债务凭证，它是一种国家信用工具，一般包括公债券、国库券和地方政府债券。由地方政府发行的称为地方公债券。政府债券风险较小，故利率一般都稍低于企业债券。金融债券是银行或其他金融机构作为债务人发行的债务凭证，其发行目的是筹措贷款资金来源，发行额度须经中央银行批准，利率一般略高于同等期限的定期存款，发行方式一般由金融机构的营业网点公开出售。金融债券到期还本付息，不能提前支取本金，但允许在金融市场上流通、转让。金融债券是金融机构一种较为理想的筹集长期资金的信用工具。我国金融债券的期限一般为1~5年不等。

3.4 征信与社会征信体系

社会信用表现在借贷、纳税、消费、商贸、劳务等各个方面，涉及全社会人员和经济组织，关系到各行各业，其信用度的好坏由谁来评价、如何评价是一项极其庞大而复杂的系统工程。这也就引出了"征信"的概念。

3.4.1 征信

"征"即证、验、求之意，"信"即信用、诚实、信任之意。狭义的征信，是指调查、验证、评价他人信用，而广义的征信，顾名思义，还有"求取他人对自己的信用"之意。一般所说的征信是指狭义的概念，就是以征信机关为主体所进行的对所调查主体信用信息的收集、利用、提供、维护和管理的活动，也指信用信息的征集、披露和使用。征信活动是将经济主体的信用信息进行搜集、整理和加工，对其信用状况进行客观的描述、分析、评价和预测，供有关方面进行参考的一种行为。

征信是伴随着社会信用经济的发展而产生的，其基本功能是了解、调查、验证他人的信用，使赊销和信贷活动中的授信方能够比较充分地了解信用申请方的真实资信状况和如期还款能力。征信服务既有防患未然、降低信用风险、确保授信人合法权益的作用，也有提高社会道德水准、发挥社会表扬与社会制裁的力量、维护市场秩序和社会稳定的功能，防范经济犯罪；同时可以活跃金融经济，促进生产、消费的增长，提高政府的工作效率。

1. 信用与征信的关系

信用主要是指借钱还钱、先消费后付款等经济活动；征信则是指专业化的信用信息服务，为了让大家更方便地借钱，通过第三方机构将每个人的信用信息集中起来，在需要的时候供信贷机构及各相关主体使用。这是信用与征信的主要区别。

信用是一种能力，它是可以度量的，我们必须对其进行科学的度量和评价，使信用交易各方权利得到保障，维护健康的经济秩序和社会稳定，因此有必要建立一套完善的社会信用体系。征信体系则是其中最重要也是最关键的一个组成部分。反过来，完善的征信体系和制度有助于全社会信用体系的建立和发展，维系社会各种信用关系的良性循环，而社会信用关系的和谐与改善又有助于人们之间形成更为默契的心理契约，促进互助合作，增强人际间的信任感，从而有效降低交易成本，防范投机行为，降低对未来的不确定性，促进资源合理配置。因此，这两者的关系是相辅相成、共同促进、相互影响的。

2. 大数据与征信

近年来，随着大数据、云计算、人工智能等技术的兴起，互联网金融得到快速发展。特别是大数据时代的来临，使得征信数据来源更加多元化、多维化和非机构化，促进了传统征信对数据的收集、加工，推动了传统征信与大数据征信的融合发展。大数据征信利用大数据、云计算等技术，重新设计征信评价模型和算法，实现个人征信数据的广覆盖和实时更新，在很大程度上填补了中小民营企业在个人征信建设领域的空白。图3-1给出了传统征信与大数据征信下的信用风险评估内容。

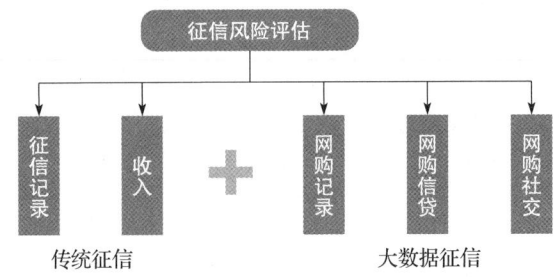

图 3-1 传统征信与大数据征信下的信用风险评估内容

资料来源：前瞻产业研究院整理。

以中国人民银行征信中心的征信数据为例，其主要来源于工资收入、社保记录、信用卡记录、贷款记录等，仅覆盖了与银行发生过信贷关系的群体，信用记录及覆盖范围有限。大数据征信由于采用了新信用评估体系，数据来源更加多元化，覆盖群体也更加广泛。大数据征信数据来源包括日常生活（交通出行、水电费、燃气费等）、社交行为（微博、微信、QQ等）、社会行为（网络购物、网络贷款、旅游住宿等）、政务办理（办税、护照签证、登记注册等）等多元化、多方位数据（见图3-2）。

图3-2　大数据征信数据来源

资料来源：前瞻产业研究院整理。

传统的征信评价模式主要是关注、分析考察贷款对象的历史数据，数据少且时效性差。大数据征信通过互联网实时抓取客户行为信息，实现征信数据库的实时更新。

以芝麻信用为例，芝麻信用是2015年蚂蚁金服推出的第三方征信机构，芝麻信用利用大数据和云计算技术大量处理庞大的用户数据，其数据除了来自支付宝、淘宝、天猫等电商平台外，还来自与外部银行、信贷机构等多个单位的合作，形成了独立的个人征信数据库，即芝麻信用分评价数据来源（见表3-1）。芝麻信用每月6日更新一次，以分数显示用户的征信健康情况，实时性、便捷性较强。

表3-1　芝麻信用分评价数据来源

数据来源	具体内容
基本信息	年龄、性别、职业、家庭状况……
注册信息	注册方式、是否实名认证、注册时长……
兴趣偏好	消费场景、消费层次、是否乐意分享……
支付和资金	信用账户历史时长、信用卡张数、银行卡类型、信用额度、是否缴纳社保和住房公积金……
人脉关系	人脉圈信用度、活跃度、"粉丝"数、影响力……
黑名单信息	是否有过作弊交易行为，是否有过欺诈行为，是否有过公检法不良记录……
外部应用	是否有信用卡逾期还款记录，是否为外部商户的恶意用户……

资料来源：前瞻产业研究院整理。

随着互联网、智能电子产品不断普及，大数据征信在生活领域的应用场景也不断延伸扩展（见图3-3）。除了在传统信贷领域得到应用外，大数据征信不断向生活领域延伸。例如，芝麻信用的应用场景已经延伸到生活的方方面面，包括神州租车、共享充电宝、未来酒店、小猪短租、花呗等场景。考拉征信也在住宿、旅游、餐饮等生活方面有所应用。

图3-3　大数据征信在生活领域的应用场景

资料来源：前瞻产业研究院整理。

3.4.2　社会征信体系

社会征信体系是指与征信活动有关的法律

规章、组织机构、市场管理、文化建设、宣传教育等共同构成的一个体系。社会征信体系的主要功能是为信贷市场服务，但同时具有较强的外延性，还向商品交易市场和劳动力市场提供服务。在实践中，社会征信体系的主要参与者有征信机构、金融机构、企业、个人以及政府。社会征信体系是市场经济发展的必然产物。随着社会信用经济的发展，征信事业在欧美发达国家已有百年的历史，形成了一套相对比较完善的社会征信体系，主要包括个人征信体系和企业征信体系两大部分。个人征信的征信对象主要针对本国公民、在该国长期活动的外国人及个人资产。个人征信体系是指能证明、解释和查验个人信用情况而建立的一系列具有法律效力的文本资料和行事规则的制度框架。它主要包括个人信用登记制度、个人信用评估制度、个人信用风险预警系统、个人信用风险管理制度、个人信用风险转嫁制度等。企业征信的征信对象是金融机构、上市公司、中小型企业及其发行的债券。企业征信体系主要为征信对象提供企业信用调查、资信评级、股票债券评级、市场调查等服务。但是，由于各国经济、文化、历史不同，各个国家的社会征信体系模式又不尽相同。

1. 社会征信体系模式

从发达国家的社会征信体系现状看，社会征信体系模式主要有三种。第一种是市场主导型模式，又称民营模式。它始于1841年，美国第一家征信所由纽约的一名纺织批发商建立。这种社会征信体系模式的特征是征信机构以营利为目的，收集、加工个人和企业的信用信息，为信用信息的使用者提供独立的第三方服务。征信业以商业性征信公司为主体，由民间资本投资建立和经营。商业性征信公司是独立于政府和金融之外的第三方征信机构（或称为私人信用调查机构），是按照现代企业制度方式建立，按照市场经济的法则和运作机制，并依据市场化原则运作的征信服务主体，以营利为目的，向社会提供有偿的商业征信服务。政府基本上处于社会征信体系之外，主要负责立法、司法和执法，建立起一种协调的市场环境和市场秩序，同时其本身也成为商业性征信公司的评级对象，这样就保证了征信公司能确保其独立性、中立性和公正性。美国、加拿大、英国和北欧国家采用这种社会征信体系模式。

第二种是政府主导型模式，又称公共模式或中央信贷登记模式。这种模式是以中央银行建立的"中央信贷登记系统"为主体，兼有私营征信机构的社会征信体系。其征信系统由两部分组成，一部分是由各国中央银行管理，主要采集一定金额以上的银行信贷信息，目的是为中央银行监管和商业银行开展信贷业务服务。另一部分由市场化的征信机构组成，一般从事个人征信业务。中央信贷登记系统是由政府出资建立的全国数据库网络系统，直接隶属于中央银行。中央信贷登记系统收集的信息数据主要是企业信贷信息和个人信贷信息。该系统不以营利为目的，系统信息主要供银行内部使用，协助商业银行防范贷款风险和央行进行金融监管及执行货币政策。据世界银行统计，法国、德国、比利时、意大利、奥地利、葡萄牙和西班牙七个国家有公共信用登记机构，即中央信贷登记系统。同时，除法国外，其他六国都有市场化运营的私人征信机构。

政府主导型模式与市场主导型模式的差别体现在三个方面：一是信用信息服务机构是被作为中央银行的一个部门建立的，而不是由私人部门建立的；二是银行需要依法向信用信息服务机构提供相关信用信息；三是中央银行承担主要的监管职能。

第三种是会员制模式。这种模式以行业协会为主建立信用信息中心，为协会会员提供个人和企业的信用信息互换平台,通过内部信用信息共享机制实现征集和使用信用信息的目的。信息中心的信息来源于会员银行,会员银行在与个人签订消费贷款合同时,均要求个人义务提供真实的个人信用信息。这些个人信息中心负责对消费者个人或企业进行征信。该中心在收集与提供信息服务时要收费,以维持中心的运行与发展,但不以营利为目的。在会员制模式下,会员向信用信息中心义务地提供由会员自身掌握的个人或者企业的信用信息,同时信用信息中心也仅限于向协会会员提供信用信息查询服务。日本是采用这种社会征信体系模式的国家。1988年日本政府统一了国内的信息中心,建立了全国银行个人信息中心,同时日本征信业还存在一些商业性的征信公司,如"帝国数据银行",它拥有日本最大的企业资信数据库。

2. 征信机构

征信机构是依法设立的专门从事信用信息服务的机构,其业务主要包括信用信息登记、信用调查、信用评分和信用评级等。信用信息登记涉及信用信息数据库和信用记录。信用信息数据库也称征信系统,是对企业和个人信用信息进行采集、存储、加工、分析和提供查询的计算机网络系统。信用记录是指征信机构利用数据库技术采集、汇总企业和个人的信用信息所形成的,供查询使用的信息记录。它以企业和个人为索引,将同一企业和个人来自不同渠道的相关信息汇总到一起,用于判别企业和个人的信用状况。信用调查是指征信机构接受客户委托,依法通过信息查询、访谈和实地考察等方式,了解和评价被调查对象的信用状况的活动。信用评分利用数学和统计方法,根据个人的信用记录等信息对其信用状况进行量化评价。信用评级是指征信机构通过定量、定性的分析,以简单直观的符号对企业主体或债项未来偿还能力的客观评价。征信机构在信用调查的基础上,对企业、个人等信用主体进行信用评分和信用评级,从而降低了整个社会的信用风险。

3. 主要国家征信法规简介

各国针对征信的法律制度存在较大差异。国外对征信行业的立法有专门立法和分散立法两种形式。北美和新兴市场国家多采用专门立法的形式,欧盟国家、部分亚洲和南美国家则多采用分散立法的形式。各国普遍注重对个人征信业务的规范,对企业征信业务的限制较少,大多明确了征信机构的信息采集范围,重视信息主体的权益保护,赋予信息主体在征信活动中的重要权利。以下对美国、英国、韩国和日本的征信法律制度做简要介绍。

(1) 美国征信法律制度。美国的征信法律制度主要是针对个人信用报告业务的法律。1970年,美国制定了世界上第一部专门针对个人信用报告业务的法律,即《公平信用报告法》(The Fair Credit Reporting Act)。该法系统规定了个人信息主体、信用信息提供者、征信机构等在征信活动中的权利义务关系,并从保护消费者隐私和信用报告准确性的角度出发,规定了信用报告的合法用途、负面信用信息的保存期限、信息主体获取和要求更正本人信息的权利、征信机构对信用报告准确性的法律责任等内容。

(2) 英国征信法律制度。英国主要从个人数据的取得和使用方面规范征信机构行为,并给予私营征信机构足够的生存空间。与征信有关的法律主要包括《消费信用法》和《数据保护法》。

(3) 韩国征信法律制度。韩国征信业法律制度规范的出发点是对企业和个人等信息主体权利的保护，同时强调对信息的科学合理使用。韩国的《信用信息使用与保护法》及其实施细则，专门对信用报告及企业和个人信用信息的传播与保护进行了全面和具体的规范，对征信业的发展起到了积极的促进作用，是韩国征信业的基本法律规范。

（4）日本征信法律制度。日本有对企业商业秘密进行保护的法律条款，因此征信立法主要以个人数据保护为目的，涉及企业征信的内容较少。

3.5 建立征信体系的必要性

在交易中，信息的获取是必要的，如果交易双方对对方一无所知，结果很可能是双方都选择违约；同时，如何保证信息的真实性、完整性、客观性，更是关系重大，因为错误的信息必然导致错误的决策，信息接收方因此遭受损失，造成社会分配的不公平。所以，市场中必须要有一个独立的第三方来扮演信息收集者和传递者的角色，比如说定期发布信用评级报告，记录交易各方的信用历史，这样交易者就可以根据这个评级报告估计对方的违约概率，并选择自己的最优策略。这里的第三方，就是社会信用体系不可缺少的一部分——征信体系。征信体系可以协助建立和维护一个有信誉的市场，它捍卫契约精神，使违约者有所忌惮，减少违约行为的发生，最终使人们自觉地坚守诚信，使经济得以健康发展。

征信制度的建立还可以最大限度地减少政府各部门管理社会的成本，提高工作效率。政府各部门掌握着大量社会信息资源，其中很多没有被充分利用。如果通过建立完善的征信制度达到资源共享，征信机构对各种信用信息进行专业分析、专业管理，使其有机结合，综合开发利用，就会极大地提高这些信息资源的使用价值。通过信用交易再提供给有关部门和需要使用信用产品的人，就会使政府各部门的工作开展得更加迅速、方便，并节省大量时间和降低劳动强度，既准确又高效，也能极大地创造社会财富。

现代经济增长以金融为中心，而金融的发展好坏与征信的发展密切联系。因为社会资金的融通以银行为核心，而银行活动则主要是在授信人与受信人之间实行资金融通。银行授信业务的资金来源，主要是接受客户的存款，因此银行运用存款的原则，应以安全为主，但如果一味顾及安全原则，银行就不能发挥货币融通功能，这不仅无法发挥银行利用存款的功能，还将导致通货紧缩现象。如果银行利用征信技术合理扩张授信业务，促使信用业务发展，则可以增加资金流通的数量，提高资金融通的速度，刺激经济发展，拉动消费和投资需求，增加国民收入，从而达到促进金融经济发展的作用。

3.6 我国的信用现状及征信体系建设

首先，信用缺失扰乱了市场经济秩序，已成为国民经济健康肌体上的毒瘤。一些信用不佳的企业在市场交易过程中，利用交易双方处于信息不对称的状况大量进行信用交易，结果造成合同违约、恶性拖欠等问题。因为缺少有效的惩戒机制，失信行为所获得的收益要远远超过其所付出的成本，这必然又造成全社会范围内失信行为的蔓延和信用环境的日趋恶化，从而进一步加剧市场秩序的紊乱。

其次，信用的严重缺失导致市场交易成本上升，资源配置效率下降。因为失信行为频繁发生，交易者不得不非常谨慎。有些企业甚至宁愿放弃大量订单，也不肯采用客户提出的信用结算方式，交易方式向现金交易、以货易货等更原始的方式退化，大大增加了市场交易的成本，降低了交易效率和经济的活力，造成资源配置效率下降。

最后，信用缺失加大了金融风险。相关数据显示，一些企业以改制、破产等理由，故意逃废银行贷款本息，造成商业银行不良贷款比例升高，增大了银行的运营风险。

我国很早就开始探索建设信用体系。上海从1999年开始对个人的信用体系进行试点。2000年7月1日，上海市个人信用联合征信数据库初步建成，并出具了我国内地第一份个人信用报告。就全国而言，2003年成立的中国人民银行征信管理局，其职责就是"推动社会信用制度及体系建设，规范和促进信贷征信业的健康发展"。自2005年7月1日起，全国个人征信系统在北京、浙江、广东、重庆、陕西、广西、四川和湖南8个省市自治区联网。根据中国人民银行的统计数据，截至2024年4月，系统已收录11.6亿人的信用资料。目前个人征信系统处于不断地扩充和完善之中，系统运作良好。但是，也遇到了相关法律法规不健全、不完善等问题，包括征信业管理法规和关于政务、企业信息披露及个人隐私保护的法规。此外，中国人民银行还将加强征信行业标准化建设工作，为各征信系统建设提供支持与服务，为各部门建立的信息系统实现互联互通、信息共享及信息安全奠定基础。

2019年7月，国务院办公厅印发《关于加快推进社会信用体系建设 构建以信用为基础的新型监管机制的指导意见》。2022年3月，中共中央办公厅、国务院办公厅印发《关于推进社会信用体系建设高质量发展促进形成新发展格局的意见》，明确了社会信用体系建设的方向指引和路径安排。2022年12月，国家发展改革委、人民银行发布《全国公共信用信息基础目录（2022年版）》和《全国失信惩戒措施基础清单（2022年版）》，进一步明确公共信用信息纳入范围并规范失信惩戒措施，保护信用主体合法权益。后又补充了《失信行为纠正后的信用信息修复管理办法（试行）》，规范了信用信息修复工作。到2023年年末，全国有多个省级行政区出台了社会信用相关地方性法规。这些地方性法规涵盖了社会信用体系建设的多个方面，包括但不限于信用信息的收集、使用、披露和管理，以及守信激励和失信惩戒措施。这些法规的实施，旨在促进社会信用体系的建设，加强信用信息的共享和应用，提高社会诚信水平，营造诚信守法的社会环境。对于推动社会信用体系建设、提高社会诚信水平具有重要意义。

2024年5月，国家发展改革委颁布《2024—2025年社会信用体系建设行动计划》，进一步推动我国社会信用体系建设高质量发展。全社会目前对征信业的重视程度已经上升到一个新的高度，推动征信业发展，为经济社会发展提供有效的信用信息支持，构建诚实守信的社会氛围和环境，成为摆在我国面前的迫切任务。

总体来说，我国征信从无到有、从薄弱到壮大，发展迅速，目前已经构建起一个覆盖面广阔、结构基本齐备、以公共征信为主导的多层次征信体系。但是，我国的征信体系建设和发达国家相比还有一定差距，学习发达国家信用制度的实践，可以对建立与完善我国社会信用体系提供有益的借鉴。对于当前我国社会征信系统的建立，关键是建好五个子系统：①信用档案系统，包括个人信用档案和企业信用档案；②信用调查系统，包括贷款信用、融资信用、合资合作信用、贸易伙伴信用调查；③信用评估系统，对企业和个人进行信用评估综合考察并客观、科学、公正地分析研究；④信用查询系统，包括企业和个人两套信息系统，个人信用查询系统的服务内容主要包括个人信用报告与个人信用评分。企业信用查询系统的服务内容主要是企业信用报告与企业信用评级；⑤失信公示系统，根据失信行为严重程度的不同，分为内部公示和外部公示。对于较轻的失信行为可以以"黑名单"的形式在部门、行业、企业等小范围内公布，为与失信者交往最密切的经济主体提供警示信息，同时给失信者以改正的机会和时间。如果失信者拒绝改正错误行为和弥补所造成的损失，或者失信行为较为严重，给社会带来恶劣影响，则要以新闻传媒、报纸杂志和互联网的形式向社会进行外部公布。

本章小结

信用是指以偿还为条件的价值运动的特殊形式，多产生于货币借贷和商品交易的赊销或预付之中。高利贷信用是促使自然经济解体和商品经济发展的因素之一，商业信用和消费信用是西方国家信用制度的基础和重要方式，而银行信用是现代信用的主要形式。国际信用是国际间的借贷行为，它本质上是资本输出的一种方式。

信用工具是证明债权、债务关系的合法书面凭证。它具有以下四个特点：偿还性、流动性、收益性和风险性。短期信用工具包括汇票、本票、支票。长期信用工具主要有股票和债券。

在信用经济中，授信人为避免受信人即债务人由于经营不善或故意赖账等原因的影响而蒙受损失，必须设法在交易之前了解对方的信用，这成为征信产生的动因。征信的基本功能是了解、调查、验证他人的信用，使赊销和信贷活动中的授信方能够比较充分地了解信用申请方的真实资信状况和如期还款能力。

学习建议

信用问题是金融学的基础内容之一。在学习过程中，结合自身的实际水平，详细阐释信用和信用分类；对于征信和征信体系，特别是征信体系的建立等相关内容，应该进行深度分析。注意归纳总结不同信用工具的特点和区别。

本章重点

信用工具的构成要素、不同信用工具的特点和区别；征信和社会征信体系。

本章难点

信用和征信的区别；征信体系。

核心概念

| 信用 | 商业信用 | 银行信用 | 国家信用 |
| 消费信用 | 征信 | 征信体系 | |

课后思考与练习

1. 经济学意义上的"信用"与日常生活中、道德规范里的"信用"有何区别？
2. 为什么说现代经济可以称为"信用经济"？请谈谈个人体会。
3. 比较商业信用和银行信用的特点，二者之间有何联系？
4. 如何正确区分信用与征信？二者对社会经济活动的影响如何？

补充阅读 3-1

三大模式共筑征信产业

近年来,普惠金融,尤其是网贷、消费金融等行业的发展,使个人征信行业蕴藏了无限的需求和潜力,也成为信用行业关注的焦点。当前我国获取主体信用信息的模式有数据中心模式、第三方征信模式、共享查询模式三类。除了获取主体信用模式外,行业内还有一些数据公司在现有数据基础上进行深度挖掘,形成了基于大数据重构的征信商业模式。

1. 数据中心模式

在数据中心模式下,业务机构产生的主体信用信息主动报送数据中心,中心对数据合并整理后,对外统一提供数据服务(见图3-4)。数据中心模式主要有以下三个特点:①业务机构主动上报、提交数据;②业务机构收集的是标准化、相对单一的主体信用数据;③数据中心一般是行政化运作、市场监管的产物。采用数据中心模式的主要是中国人民银行征信中心、中国人民银行下属子公司上海资信有限公司。

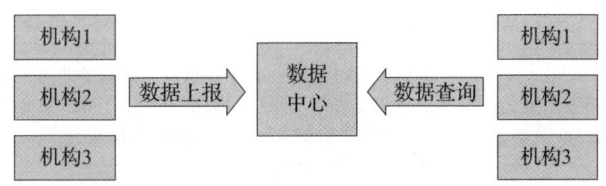

图 3-4　数据中心模式

资料来源:嘉银新金融研究院整理。

中国人民银行征信中心(简称"央行征信中心")于 2006 年 3 月经中央机构编制委员会办公室批准成立,作为央行直属事业单位专门负责企业和个人征信系统的建设、运行与维护(见图3-5)。根据中国人民银行相关负责人表示,截至 2024 年 3 月末,央行征信系统累计接入机构达到 6 100 多个,累计收录 11.6 亿自然人的相关信息,基本上实现了全覆盖,是全球规模最大的征信系统。

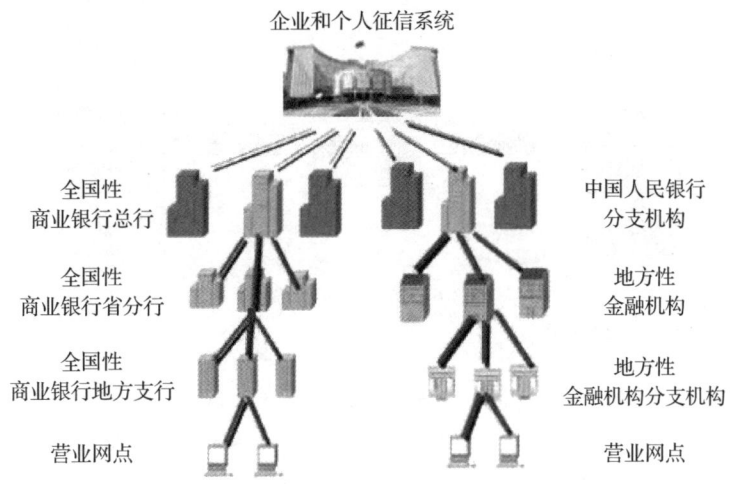

图 3-5　央行征信系统

资料来源:《征信系统建设运行报告(2004—2014)》。

央行征信中心采集的信息覆盖个人贷款、信用卡、担保等信贷信息,以及个人住房公积金缴存信息、社会保险缴存和发放信息、车辆交易和抵押信息、法院判决和执行信息、税务信息、电信信息、个人低保救助信息、职业资格和奖惩信息共 8 类公共信息,涉及数据超过80 项。

央行征信中心提供个人信用报告、个人信用提示和个人信用概要为核心的基础产品体系;以个人业务重要信息提示和个人信用报告数字解读为代表的增值产品体系(见表3-2)。央行每年提供两次免费查询信用报告的机会,超过两次,每次查询费用为 10 元。

表 3-2 央行征信中心个人征信产品

产品体系	产品名称	主要内容
基础产品体系	个人信用报告	基本信息、信息概要、信贷交易信息、公共信息、声明信息、查询记录和报告说明等
	个人信息提示	是否存在最近 5 年的逾期记录
	个人信用信息概要	面向个人信息主体服务,信贷记录、公共记录和最近 2 年内查询记录的汇总统计信息
增值产品体系	个人业务重要信息提示	面向授信机构用户服务,用户"新增逾期 61~90 天/90 天以上"、贷款五级分类"新增不良"、信用卡状态"新增呆账"、贷款或信用"新增账户""新增失信被执行人"等提示信息
	个人信用报告数字解读	0~1 000 分,分值对应一定违约率,分值越高信用风险越小

资料来源:《征信系统建设运行报告(2004—2014)》,嘉银新金融研究院整理。

数据中心是一种行政化的征信模式,获取的数据具有纯粹、完整、及时、权威等特点,是我国当前主要的征信模式。但这种初级采集方式无法形成良性竞争和数据价值最大化,不利于扩大市场和应用场景。同时,参与机构被动参与,积极性不高。

2. 第三方征信模式

第三方征信机构利用自身系统或技术优势,对主体的信息进行采集、加工和整理,使用特定的模型得出主体信用,然后向授信机构提供服务(见图 3-6)。

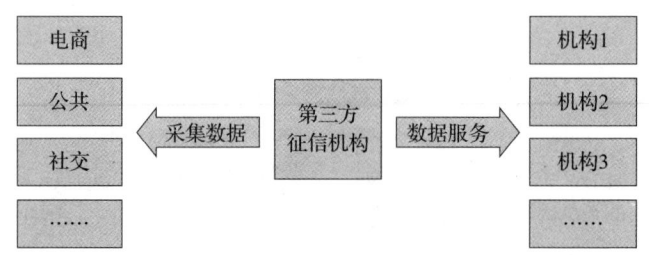

图 3-6 第三方征信模式

资料来源:嘉银新金融研究院整理。

在该模式下,第三方征信机构运用技术手段,通过各种途径,采集多类数据,并对数据进行加工后对外提供服务。目前,国内采用第三方征信模式的主要有芝麻信用、腾讯信用、中诚信征信、鹏元征信、中智诚征信等。这些个人征信机构的相关简介如表 3-3 所示。

表 3-3　个人征信机构简介

征信机构	主要股东及背景	数据来源	产品及服务	用户
芝麻信用	蚂蚁金服	阿里电商、蚂蚁金服、用户上传、合作互联网平台、金融机构、公共机构	• 芝麻分 • 信用报告 • 反欺诈 • 行业关注名单	C 端
腾讯征信	腾讯	QQ 和微信用户、财付通、用户上传、京东等第三方合作平台	• 腾讯信用分 • 金融反欺诈 • 信用报告 • 人脸识别	C 端
中诚信征信	中诚信，老牌征信机构	银行、保险公司、合作的中小金融机构和企业平台	• 万象分 • 信用体系建设 • 信用报告 • 信用信息验证	B 端
鹏元征信	鹏元，老牌征信机构	合作的金融机构、各级政府、公共事业单位	• 身份认证 • 个人反欺诈分析 • 贷中风险监控 • 失联修复 • 用户画像 • 企业推送	B 端 C 端
中智诚征信	阿米巴资产管理、盛希泰	合作的 P2P 平台和其他第三方机构	• 个人征信评分 • 反欺诈 • 身份信息认证	B 端

资料来源：嘉银新金融研究院整理。

第三方征信模式具有数据获取方式、数据维度多样的特点，但也存在一些问题：①受外部采集的局限，信息的完整性和及时性不足；②信息维度多，混杂了无效信息，信用模型有待市场检验；③同质化严重。公开数据易获取，非公开数据获取不足。

3. 共享查询模式

在共享查询模式下，业务机构无须事先将数据上报给共享中心，数据由业务机构自行管理（见图 3-7）。当业务机构需要获取数据时，通过共享中心将需求发送到其他业务机构，有数据

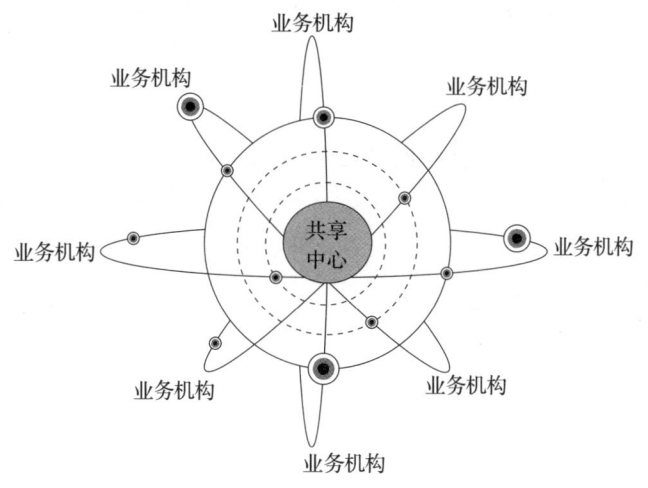

图 3-7　共享查询模式

资料来源：嘉银新金融研究院整理。

的业务机构回应信息，返回查询数据的机构。

国内共享查询模式的代表企业是华道征信。

华道征信以人工智能、云计算、大数据三大核心技术体系为基础，将机器学习、深度学习等领先技术与业务场景深度融合，为金融、保险、互联网、零售、物流等行业提供智能分析与决策技术支持服务。在风险管理、欺诈预防、模型构建、运营优化等环节提供优选的技术解决方案。华道征信采取差异化的经营策略，作为央行征信系统的有益补充，在消费信贷、租赁等细分市场领域深耕细作，提供针对性、低成本、高效率、高质量的信息共享服务。

共享查询模式的好处是，可以直接交流同业业务数据，数据具有及时、高效、完整、无重复、价值高的特点；各家数据自行保管，不会产生风险，机构参与性高；查询信息，只会单个调出，不会读取整个信息。但这种数据共享要求机构自行汇总信息，接入机构存在不应答的投机行为，也存在共享中心留存信息的风险，最终形成数据中心模式，机构数据价值下降。

4. 基于大数据重构的征信商业模式

大数据的出现深刻地改变着每一个领域，通过大数据进行业务决策分析的功能逐渐显现。如何在数据种类庞杂的情况下对数据进行探索？云计算和大数据分析技术将交易过程、产品使用和人类行为都数据化，然后进行深度数据挖掘，从而在某些情况下通过模型模拟来判断不同变量下何种方案投入回报最高。在实际应用中，这可以帮助企业通过流程优化来提高获利能力，或者通过预测市场环境变化来节省成本、提高效率等。具体来讲，大数据能：①对客户群体进行细分；②发掘新的需求和提高投入的回报率；③对原有数据整合分析应用，如欺诈检测、风险管理等；④帮助企业精准营销。

总体来说，采用数据中心模式的主要是传统征信机构，传统征信数据也掌握在这些机构手中。出于对个人信息的保护，中国人民银行也会审慎从严下发个人征信牌照。因此，在个人征信行业，新晋参与主体的采用模式主要是后两种。非持牌征信机构利用数据优势，切入征信产品或应用等环节。

资料来源：http://www.sohu.com/a/222489514_100010411.

思考题：个人征信对于完善我国社会信用体系的作用是什么？

补充阅读 3-2

征信行业的未来发展趋势分析

关于征信行业的未来发展趋势，预计制度和法律保障层面将更加完善，行业层面将更加细分化，数据等基础资源供给将趋于优化，应用场景方面将更为延伸。

1. 制度和法律保障层面将更加完善

任何创新行业在发展初期，都会面临乱象丛生的阶段，那就需要从制度上规范，制定完善的法律和政策进行引导，推动行业形成良性发展秩序。

美国征信行业也是自19世纪末经历萌芽初创期、快速发展期后，在20世纪70年代至80年代初，迎来法律完善期。这一时期是美国征信行业最重要的时期，相继出台了17部法律，对征信需求方、授信方、消费者和行业自身进行了全方位立法，为征信行业的健康发展奠定了坚实基础。

2016年被称为互联网金融的"监管元年",政府对于互联网金融行业尤其是网贷领域的监管力度加大,监管政策接连出台。由于目前在个人数据采集和应用方面存在的乱象,征信行业对于立法立规的迫切性也正在加强。

预计未来征信行业的顶层设计将更为完善,将在个人信息采集与使用的边界、数据拥有者和数据使用者各自的责任和权利、保护个人隐私、合理使用数据等方面更加明晰,行业发展将更有章法和更加稳健。

同时,这是一个循序渐进的过程,各征信机构还应将保护信息安全和用户隐私作为生命线,建立完善的信息安全体系,促进行业形成良性竞争。

2. 行业将更加细分化

美国征信行业在发展过程中不断细分,最终目前行业主要分为四种类别。一是个人征信机构,包括三大巨头 Experian、Equifax、Trans Union,进行个人数据配对、特征变量生成处理,还包括很多中小型个人征信公司及数据服务商,为巨头提供数据服务。二是用于个人的信用评分公司,FICO 基本垄断了这一领域。三是企业征信机构,龙头是邓白氏(Dun & Bradstreet)。四是信用评级机构,主要用于商业公司,最典型的为标准普尔、穆迪和惠誉国际等三家。

因此,参照美国征信行业的发展路径,未来中国征信行业也将不断细化,各征信机构的差异化优势和聚焦定位将更加突出,最终行业将形成泾渭分明、各司其职的格局。

同时,未来中国征信行业也必然像国外巨头鼎立的格局一样,行业集中度不断提高,经历大浪淘沙、优胜劣汰的过程,最终在当前众多参与者中出现如美国三大征信巨头那样的行业领军者。

3. 基础数据资源供给将趋于优化

目前中国征信行业在基础数据采集环节中存在数据获取渠道有限、强相关数据缺失、数据源质量不高等问题,而数据是征信的基础,要构建征信稳固的基石,必然要解决源头问题。

优化基础资源供给,主要是解决数据源存在的两大问题。一方面是数据多元化问题,美国征信结构涵盖多维度数据,不仅包括金融维度,还有社会信息、网络行为和社交信息等,全面的数据源为征信机构开展后续环节提供了基础保障。

对于中国的征信机构来说,由于数据孤岛、客户很难反馈数据等,数据并不能保持全面性,但同时互联网金融机构面临的最大风控问题便是欺诈风险以及多头借贷的问题,而解决这些最有效的方法是推进共享机制建设,实现数据的互通互联。

在行业不同机构之间建立数据共享机制,有利于打破数据孤岛,使数据形成闭环,带来协同效应,真正防范"一头多贷"欺诈行为。同时,这样征信机构的数据才能得到反馈和更新,进而模型可以不断优化和迭代,也会使征信机构不再将占有基础数据视为关键优势,而把更多的注意力放在征信产业链的其他核心环节上。

另一方面是数据质量问题,如前面所讲源头在于数据提供方提供的数据,并没有经过统一处理,即使清洗过后也难以为征信所用。目前国内大数据技术已经趋于成熟,但是数据采集和有用数据识别仍有一定提升空间。

从源头上解决这类问题,关键还在于采取统一的数据采集标准和录入格式,最大限度地保证原始数据的真实性,提升数据处理和清洗的效率,避免资源浪费。

4. 应用场景将更为延伸

在海外成熟的征信行业中，征信应用场景不仅局限于金融场景，而且已覆盖到生活的方方面面，除覆盖信用卡、消费金融、融资租赁、抵押贷款以外，还包括酒店、租房、租车、婚恋、签证、分类信息、学生服务、公共事业服务等，可以说征信存在于社会的方方面面。

各个场景对于征信的需求在不断提升，中国征信产品应用的未来必将不断向金融以外的领域延伸。另外，未来征信产品的应用场景将更为广阔，也将会为机构收入来源多元化、构建诚信社会体系带来巨大的空间。

总之，中国征信行业前路漫漫，市场对于信用的需求非常强烈，未来不仅需要解决具体政策落地、数据获取等瓶颈，还要看市场能否进一步放开，以保证更多的民营征信机构参与进来，推动征信市场化取得实质性进展。

资料来源：薛凯丽. 征信行业的两大现状及四大趋势分析［EB/OL］.（2017-03-20）［2024-09-19］. https://www.iyiou.com/p/41313.html.

思考题：征信业对我国经济发展的意义何在？

第 4 章 利息与利率

- 学习目标

1. 了解利息的含义、实质；
2. 学会利息的计算方法；
3. 掌握利率的种类、决定因素和决定理论；
4. 了解我国利率市场化的步骤和内容。

- 引言

在中世纪，放贷获取利息被认为是邪恶的，甚至是一种犯罪行为，因此教会坚决反对收取利息。受此影响，有时政府也明令禁止收取利息。那么，为什么人们会憎恨放贷者？为什么借用货币要支付利息？利息从何而来？如何论证利息的正当性？借用货币支付利息的高低又是由什么决定的呢？

4.1 利息与利率

4.1.1 利息及其本质

利息是在信用的基础上产生的，只要有信用关系存在，就必然存在利息。所谓利息，是贷款者放弃获取投资收益的补偿，是一个时期内放弃货币流动性的报酬；或者说，是贷款者因暂时让渡货币资金使用权，从借款者那里取得的超过借贷货币金额的报酬。对于借款者来说是借用本金应付出的代价。由于利息产生于货币的借贷，所以借贷货币额被称为"母金"或"本金"，利息则被称为"子金"或"利金"。

随着时间的推移，货币因贷放而增值的概念深植于人们的观念之中，那么利息究竟来源于何处，其本质是什么？以下介绍马克思和其他一些西方学者的观点。

1. 马克思关于利息本质的观点

马克思认为：利息是财富的分配形式。在一定意义上利息可以称为是借贷资本这种特殊商品的价格，任何时候都由供求决定。利息的本质取决于利息的来源。利息来源不同，则本质不同。在前资本主义社会中，利息来源于小生产者与奴隶的劳动，本质是其创造的剩余劳动产品甚至是必要劳动产品，它反映着高利贷者与奴隶主或封建主共同剥削小生产者与奴隶的生产关系。在资本主义社会中，利息来源于雇佣工人的劳动，本质是雇佣工人创造的剩余价值的一部分，是职能资本家因使用借贷资本而让渡给借贷资本家的那部分利润即剩余价值，它反映着借贷资本家和职能资本家共同剥削雇佣工人的生产关系。

2. 其他一些西方学者关于利息本质的观点

其他一些西方学者通过对利息本质的深入研究从不同角度形成了不同的观点。英国古典政治经济学的创始人威廉·配第认为，利息是由于地租存在而产生的，是因为暂时放弃货币的使用权而获得的报酬，这就是所谓的"利息报酬论"。纳索·威廉·西尼尔认为利息是借贷资本家节欲的结果。欧文·费雪认为利息是不耐程度的指标，是倾向于借债的不耐程度、时间偏好高的人与倾向于放款的不耐程度、时间偏好低的人进行充分活动的结果。约瑟夫·马西认为利息直接来源于利润，并且是利润的一部分。亚当·斯密对利息实质有了较为深刻的认识，提出了"利息剩余价值学说"，认为利息具有双重来源：当借贷资本用于生产时，利息来源于利润；当借贷资本用于消费时，利息来源于借款者的收入。20世纪30年代，凯恩斯提出了"流动性偏好理论"，认为利息来源于一定时期内人们放弃货币的灵活偏好的报酬，利率并不由储蓄和投资决定，而是由货币存量的供求和人们对流动性偏好的强弱决定。

4.1.2 利率的表示方法

利息水平的高低是由利率表示的。利率是指借贷期内所获得的利息额与借贷资本金额的比率。利率的计算公式为

$$利率 = \frac{一定时期借贷货币取得的利息额}{一定时期借贷的资本金额} \times 100\%$$

利率的表示方法有：年利率、月利率、日利率。

年利率一般以本金的百分之几表示，通常称为年息几厘。例如年息10厘，就是指本金为100元时，每年利息为10元。月利率一般以本金的千分之几表示，通常称为月息几厘。例如月息10厘，就是指本金为1 000元时，每月利息为10元。日利率一般以本金的万分之几表示，通常称为日息几厘。例如日息10厘，就是指本金为10 000元时，每日利息为10元。中国过去习惯以月利率为主，而西方发达国家则习惯以年利率为主。年利率、月利率与日利率可以相互换算，通常换算公式是：年利率÷12＝月利率；月利率÷30＝日利率；年利率÷360（或365）＝日利率。把当期收益率（日利率、周利率、月利率）换算成年收益率（年利率）后所得的这种理论收益率通常称为年化收益率，它并不是真正已取得的年收益率。

4.1.3 利息的计算方法

利息的计算有两种基本方法：单利计息法和复利计息法。

1. 单利与复利

单利是指在计算利息时，不论借贷期限的长短，仅按本金计算利息，所生利息不再加入本

金重复计算下期利息的方法。单利计算公式为

$$I = P \times r \times n$$

$$S = P \times (1 + n \times r)$$

式中，I 表示利息额；P 表示本金；r 表示利率；n 表示借贷年限；S 表示本金和利息之和。

复利是指在计算利息时，将本期所生利息加入本金计算下期利息的方法，即第一年按本金计算利息，第二年将第一年的利息计入本金，计算出第二年的利息，以后各年依此类推。复利计算公式为

$$S = P \times (1 + r)^n$$

$$I = S - P$$

例如：某人存款 10 000 元，存期为 5 年，年利率为 3%，按单利和复利分别计算到期的利息与本金和利息之和如下。

单利：利息 = 10 000×3%×5 = 1 500

本金和利息之和 = 10 000+1 500 = 11 500

复利：利息 = 10 000×(1+3%)^5-10 000 = 1 592.74

本金和利息之和 = 10 000+1 592.74 = 11 592.74

存期为 5 年的存款复利计息比单利计息多 92.74 元，如果存期为 10 年甚至 20 年呢？可见，同一笔款项，在利率和计息期相同的情况下，用复利计算出来的利息比用单利计算出来的利息要多。如果本金越多，利率越高，计息期越长，那么二者的差距就越大。

使用单利计算利息，简单方便，有利于减轻借款人的利息负担。但是，单利计息缺少货币的时间观念，未能使资金得到最佳生息，存在约束能力软化，在资金供求紧张的状况下，贷款不还的罚息不能超过利率的增幅。使用复利计算利息，计算复杂，但有利于加强资金的时间观念，促使企业关心资金的周转速度，提高资金的使用效率。

2. 现值与终值

在货币经济条件下，货币是商品的价值体现，现在的货币用于支配现在的商品，将来的货币用于支配将来的商品，所以现在货币的价值自然高于将来货币的价值。利率是资金稀缺性的反映，是衡量货币时间价值的标准。由于信用货币有增加的趋势，所以货币贬值、通货膨胀成为一种普遍现象，现有货币也总是在价值上高于未来货币，货币价值随时间的推移而不断降低。为了计算货币时间价值，一般是用"现值"和"终值"两个概念表示资金的时间价值，这两个概念是投资决策中的基本概念。

现值是指在一定的利率条件下，将未来某一时点或某一时期的货币金额（现金流量）折算至基准年的价值，也称为折现值（present value，PV）。将前述复利公式进行一般化处理，则得到以年为时间单位计算的现值公式：

$$PV = FV / (1 + i)^n$$

终值是指在一定的利率条件下，将现在的一笔资金经过若干期后包括本金和时间价值在内的未来价值（future value，FV），就是前面提到的"本金和利息之和"，终值公式为

$$FV = PV \times (1 + i)^n$$

例如，如果年利率为 3%，5 年后资金金额 11 592.74 元，相当于现在的多少钱？计算

如下：

$$PV = FV/(1+i)^n = 11\,592.74/(1+3\%)^5 = 10\,000(元)$$

例如，某公司拟在5年后获得资金10 000元，假设投资回报率为10%，那么公司现在应投入多少元？

$$PV = FV/(1+i)^n = 10\,000/(1+10\%)^5 = 6\,209.21(元)$$

即该企业应投入6 209.21元。

4.2 利率的种类、决定因素及其变动对经济的影响

4.2.1 利率的种类

利率可以从在借贷期内是否调整、形成方式、性质以及所处的地位等多个角度进行分类，主要有以下几种。

1. 根据利率在借贷期内是否调整，分为固定利率与浮动利率

固定利率是指在整个借贷期内固定不变、不随资金供求状况而变动的利率。在一年以上的贷款业务中，贷款合同往往要规定一个借贷双方都同意的利率标准来计算利息，该利率标准被称为该项贷款的固定利率。例如，国际上中长期的出口信贷均按签订合同时的经济合作与发展组织所规定的统一利率对整个贷款期间支取的款项或贷款余额计算利息。固定利率在稳定的物价背景下便于借贷双方进行经济核算，能为微观经济主体提供较为确定的融资成本预期。但若存在严重的通货膨胀，固定利率有利于借款人而不利于贷款人。

知识拓展

LPR：贷款市场报价利率

浮动利率是指利率随市场利率的变化而定期调整的利率。浮动利率相比固定利率更具有灵活性，可以根据市场利率变化而随时调整。浮动利率一般比固定利率低，对于借款人而言，可以节省一部分利息支出。但是浮动利率不稳定，贷款利率的不断变化会给借款人带来一定的不确定性。借贷期内如果利率调整可能会带来较大的资金压力，如果利率大幅上升，借款人的负担会明显增加。浮动利率一般适用于短期贷款和大额贷款。短期贷款由于贷款时间短暂，利率波动对借款人的影响较小。而对于大额贷款，利率的浮动可能会带来较大的资金压力，但是可以根据市场变化进行调整，相对来说更灵活。

2. 根据利率的形成方式，分为官定利率、市场利率与公定利率

官定利率是指由一国政府金融管理部门或中央银行确定的要求强制实施的利率，也叫法定利率，是国家为实现政策目标采取的一种经济手段。货币当局为中央银行或有实际金融管理职能的政府部门。官定利率包括存款准备金率、再贴现率、再贷款率、公开市场操作利率。

市场利率是指由货币资金的供求关系所确定的竞争性利率。市场利率因资金市场的供求变化而经常变化。当市场机制起作用时，信贷资金的供求因自由竞争而逐步趋向均衡，这种状态下的市场利率就是"均衡利率"。

公定利率是指由非政府部门的民间金融组织如银行业协会等确定的利率。它只对民间金融

组织的会员有约束作用。公定利率的决定和变化，反映了政府在不同时期的经济政策和货币政策的目标及意向。但是，一国公定利率的制定，不能脱离市场利率，而应把市场利率作为重要的依据，因为市场利率的变化能及时反映借贷资金的供求，甚至生产流通总过程的状况。国家只有根据货币政策目标要求和市场利率变化趋势，调整公定利率以调节货币供应量，才能实现利用利率调节经济运行和发展的目标；公定利率对市场利率又有着重要的影响，市场利率随公定利率的变化而变化，由于影响市场利率的因素较多，市场利率尽管会随公定利率的变化而变动，但这种变动不一定是同步的。

3. 根据利率的性质，分为名义利率与实际利率

名义利率是以名义货币表示的利率，即银行的挂牌利率。它是指在通货膨胀情况下没有剔除通货膨胀率的利率。例如，王某在银行存入 100 元的一年期存款，一年到期时获得 3 元利息，这里的利率 3% 就是名义利率。

实际利率是指在物价不变、货币购买力不变的条件下的利率，在通货膨胀情况下则是名义利率剔除通货膨胀率后的利率。若用 i 表示实际利率，r 表示名义利率，p 表示通货膨胀率，则实际利率的计算公式为：

$$i = r - p$$

若 $r>p$，则实际利率为正数，表明有利息，借贷资金增值；若 $r=p$，则实际利率为零，表明无利息，借贷资金保值；若 $r<p$，则实际利率为负数，表明无利息，借贷资金贬值。

4. 根据利率所处的地位，分为基准利率与市场其他利率

基准利率是指带动和影响其他利率的利率，也叫中心利率。基准利率的变动是货币政策的主要手段之一，是各国利率体系的核心，主要包括再贷款率、再贴现率、存款准备金率。其基本特征是：（1）市场化。基准利率必须由市场供求关系决定，而且不仅反映实际市场供求状况，还要反映市场对未来的预期。（2）基础性。基准利率在利率体系、金融产品价格体系中处于基础性地位，它与其他金融市场的利率或金融资产的价格具有较强的关联性。（3）传递性。基准利率所反映的市场信号，或者中央银行通过基准利率所发出的调控信号，能有效地传递到金融市场和金融产品价格上。中央银行改变基准利率，直接影响商业银行的借款成本的高低，从而对信贷起着限制或鼓励的作用，并同时影响金融市场中的其他利率的水平。

市场其他利率是指除基准利率以外的其他利率，如存款利率、贷款利率等。通常市场的其他利率水平或金融资产价格均可根据基准利率水平来确定。

中国的基准利率

4.2.2 利率的决定因素

不同国家、不同时期决定与影响利率的因素各有不同。一国的利率水平高低受特定的社会经济条件制约，主要有以下几个方面。

1. 平均利润率

决定利率水平高低的首要因素是利润。根据利息的本质可以知道，利息是利润的一部

分，当资金借贷者从资金贷出者处借入资金，从事生产经营活动后，将所得利润的一部分作为使用资金的代价支付给资金贷出者，另一部分作为自身的利润。借贷者付出的代价不可能高于平均利润率，如果利率高过平均利润率，其从事的生产经营活动就不能获得剩余价值，资金借贷者将无利可图；一般情况下，利率也不会低于零，如果低于零，资金贷出者借出资金不能获得剩余价值，资金贷出者也将无利可图。因此，一般情况下，利率高于零且低于平均利润率，在零和平均利润率之间波动。

2. 借贷资金的供求关系

利率在零和平均利润率之间波动，但总是处于不断变动之中。利率变动的主要原因是由市场借贷资金的供求状况造成的。当借贷资金的供给小于需求时，市场利率会呈现上升的压力，利率上升；当供给大于需求时，市场利率会呈现下降的压力，利率下降。当然，利率也反作用于资金的供求状况。提高利率会减少借贷资金的需求并相应增加借贷资金的供给；降低利率会刺激借贷资金需求的增加，相应减少借贷资金的供给。

3. 宏观经济政策

利率是调节社会经济生活的重要杠杆，又是受国家宏观经济政策影响的外生变量。当宏观经济形势过热时，货币当局就会采取紧缩性的货币政策，提高利率，以减少货币供应量；当宏观经济萧条时，货币当局就会采取扩张性的货币政策，降低利率，以增加货币供应量。国家以调整优惠利率的方式实现产业结构调整，达到扶优限劣的目的；以规定利率上限的方式实施对利率、物价及其他经济活动的管理。

4. 通货膨胀和通货紧缩

在不兑现的信用货币制度下，通货膨胀是一种普遍的经济现象。通货膨胀使货币贬值，物价水平普遍、持续上涨，影响企业的正常生产和人们的正常生活。为避免损失，有些资金贷出者往往在银行公布的利率的基础上加上一定的通货膨胀率。在通货紧缩时期，政府通常会降低利率，以刺激人们消费和企业增加投资，推动经济走出低谷。

5. 汇率水平

通常情况下，本币贬值会刺激本国出口的增加和外国资金的流入，进而增加国内资金市场上的资金供给，带来利率下降的压力；反之，本币升值会刺激进口的增加和资本的外流，从而减少国内市场上的资金供给，产生利率上升的压力。

6. 国际利率水平

在开放经济下，国际利率水平会影响本国利率水平。若国际利率水平高于本币利率水平，会刺激资本外流，增加套汇、逃汇活动，导致基础货币回笼，货币供应量减少，本币利率面临上升压力；反之，若国际利率水平低于本币利率水平，会刺激资本流入，导致基础货币投放增加，货币供应量增加，本币利率面临下降压力。

此外，利率水平的高低还会受到利率管制、经济周期、借贷期限等因素的影响。

4.2.3 利率变动对经济的影响

利率是货币当局调节宏观经济、实现货币政策目标的重要手段,利率变动对整个经济运行有一定程度的影响,具体表现在社会总供求、物价水平、投资与国际收支等方面。

1. 利率变动对社会总供求的影响

利率作为一个重要的经济杠杆,可调节社会总供求。一般情况下,利率与货币供给成正比,与货币需求成反比。利率的变动一是影响储蓄者对货币的供给,二是影响筹资者对货币的需求。降低利率可减少储蓄者的利息收入和筹资者的融资成本,有助于减少储蓄者对货币资金的供给量,增加其对货币资金的需求量,进而带动消费、投资、进出口的增长。提高利率可增加储蓄者的利息收入和提高筹资者的融资成本,有助于增加储蓄者对货币资金的供给量和减少筹资者对货币资金的需求量,能有效抑制通货膨胀,减缓总需求的过快增长。

2. 利率变动对物价水平的影响

利率是借贷资金的价格,利息作为借贷资金的成本,也是商品价格的组成部分。在经济过热时期,商品价格水平较高时,可提高利率,增加人们的货币储蓄量,抑制人们的当期消费,并提高企业借款的成本,减少企业的当期投资,以使商品的价格下降;反之,在经济萧条时期,商品价格水平较低时,可降低利率,减少人们的货币储蓄量,刺激人们的当期消费,并降低企业借款的成本,推动企业的当期投资,以使商品的价格上升,拉动经济走出低谷。

3. 利率变动对投资的影响

投资可分为实物投资和证券投资。就实物投资而言,利率提高意味着筹资成本增加,投资后的相对收益减少,这会抑制投资;反之,利率降低会减少投资的利息负担,会刺激投资的增长。

利率对证券投资的影响主要是调节银行储蓄与有价证券的结构,以及影响投资者对不同有价证券的选择。利率降低,使证券投资变得有利可图,证券投资需求增加,证券价格上涨;利率提高,证券投资吸引力减弱,证券投资需求减少,证券价格下跌。因此,一般来说,银行利率与有价证券价格成反比。

4. 利率变动对国际收支的影响

对资本可以自由流动的国家来说,一国提高利率,产生国际间利差(本国利率高于外国利率),会促使外国资本流入,可改善该国国际收支逆差或加大国际收支顺差;降低利率,产生国际间利差(本国利率低于外国利率),会促使本国资本外流,改善国际收支顺差或加剧国际收支逆差。但是,提高(降低)利率产生的资本流入(流出)会带来国内基础货币投放增加(减少)、货币供应量上升(下降)的效应,这会减弱提高(降低)利率、紧缩银根(扩张信用)的效果。

4.3 西方利率理论

4.3.1 古典利率理论

古典利率理论流行于19世纪80年代至20世纪30年代,是一种实物利率理论,代表人物有亚当·斯密、庞巴维克、马歇尔和费雪等经济学家。该理论认为利率决定于资本的供给和需求,这两种力量的均衡决定了利率水平。资本的供给来源于储蓄,利息是对推迟消费储蓄行为的补偿,它取决于人们的"时间偏好""节欲""等待"等因素。当上述因素既定时,利率越高,储蓄带来的收益就越多,储蓄就会增加;反之则减少。因此,储蓄(S)是利率(i)的递增函数。对资本的需求主要来自投资,投资量的多少主要取决于投资预期收益率和利率的关系。一般而言,投资(I)是利率(i)的递减函数。

如图4-1所示,S曲线为储蓄曲线,曲线向上倾斜,表明储蓄是利率的递增函数;I曲线是投资曲线,曲线向下倾斜,表明投资是利率的递减函数;当$S>I$时,利率会下降;当$S<I$时,利率会上升;当$S=I$时,利率处于均衡状态。当投资增加,I曲线右移时,形成新的曲线I_1,I_1曲线与S曲线的交点即为新的均衡利率水平,所以当投资增加、储蓄不变时,利率水平就会上升;当储蓄增加时,S曲线右移,形成新的曲线S_1,S_1曲线与I曲线的交点即为新的均衡利率水平,所以当储蓄增加、投资不变时,利率水平就会下降。

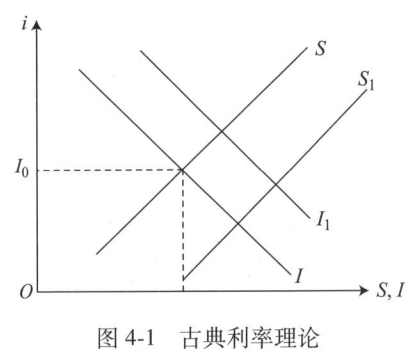

图4-1 古典利率理论

只要货币利率与投资预期收益率存在差异,资本就会在储蓄和投资之间发生移动,只有当货币利率等于新形成的投资预期收益率、资本的总供给等于总需求时,经济才能达到均衡状态。

4.3.2 流动性偏好理论

20世纪30年代,西方国家爆发了大萧条,以利率自动调节经济为核心的古典利率理论不能对这一现象做出令人信服的解释。随着凯恩斯主义的盛行,流动性偏好理论逐渐成为这一时期的主要理论。1936年,凯恩斯在《就业、利息和货币通论》中,阐明了他的流动性偏好理论。

凯恩斯认为,利率是纯粹的货币现象,古典利率理论将储蓄与投资看作两个对立的因素,并认为由这两个因素相互作用而决定利率的观点是错误的。他认为储蓄主要取决于收入,而收入又取决于投资,所以,储蓄与投资是两个相互依赖的变量。储蓄与投资两者之间只要有一个变量发生变动,收入必定会发生变动。凯恩斯指出,货币最富有流动性,在任何时候都能转化成任何资产而不遭受损失。利息就是在一定时期内放弃货币、牺牲流动性所得到的收益。凯恩斯认为,人们通常以货币和债券两种形式储藏资产。货币的收益率为零,债券是除货币之外的唯一资产,其收益率等于利率。债券可以给投资者带来一定的收益,但缺乏流动性,变现能力较差,变现时有本金损失的风险;货币则具有很高的流动性,可随时转变为任何一种商品而没有风险,作为财富的真正代表,货币得到了社会的承认和人们的喜爱。因此,当人们选择资产时,往往偏好货币,如果想要人们在一定时期内放弃货币、牺牲流动性,则应该支付给货币持有者一定的利息作为放弃流动性的补偿,补偿数额的多少即利率水平的高低主要取决于货币数量与人们对货币的偏好程度,即由货币供给与货币需求所决定。

凯恩斯认为,货币供给是外生变量,由中央银行直接控制,因此货币的供给独立于利率;货币需求是内生变量,取决于人们的流动性偏好。人们的流动性偏好强,愿意持有的货币数量就多,而流动性的强弱取决于人们的交易动机、预防动机和投机动机,其中交易动机和预防动机是收入的递增函数,投机动机是利率的递减函数。以 L_1 表示交易动机和预防动机,以 L_2 表示投机动机,货币总需求可表示如下:$L = L_1(Y) + L_2(i)$。

如图 4-2 所示,M_S 表示货币供给,由于货币供给由中央银行直接控制,所以 M_S 是一条垂直于横轴的曲线,表示货币供给固定;$L_1(Y)$ 表示货币总需求,由于投机动机是利率的递减函数,因此 L 是一条斜率为负、向原点凸出的曲线,当 M_S 和 L 曲线相交于点 i_1 时,这时为均衡的利率水平。当中央银行的货币供应量增加时,M_S 曲线右移至 M_{S_1},与 L 曲线相交于点 i_2,利率下降,为新的利率均衡点。

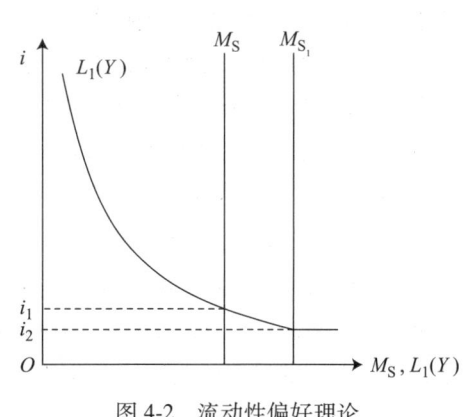

图 4-2 流动性偏好理论

4.3.3 可贷资金理论

古典利率理论过分强调实物因素的作用,认为利率完全是由实物因素决定的,而凯恩斯将利率完全视为货币现象,忽略了储蓄、投资等实物因素对利率的影响。这些单纯从某一方面分析利率决定的观点受到了其他一些经济学家的质疑。1937 年,罗伯逊在古典利率理论的基础上,对凯恩斯的流动性偏好理论进行修正,提出了可贷资金理论。

可贷资金理论在利率决定问题上既考虑了凯恩斯的货币因素,又考虑了古典学派的实物因素。该理论认为,利率是由可贷资金的供给和需求的均衡点所决定的。可贷资金的供给主要有两个来源:一是当前的储蓄 S;二是实际货币供应量的变动,即新增发的货币 ΔM_S,这两个方面都是利率的增函数。可贷资金的需求主要也有两个方面:一是当前的投资需求 I;二是货币贮藏的需求即净窖藏 ΔH,这两个方面是利率的减函数。

如图 4-3 所示,当可贷资金的供给等于需求的时候,即 $S + \Delta M_S = I + \Delta H$ 时,形成均衡的利率水平。

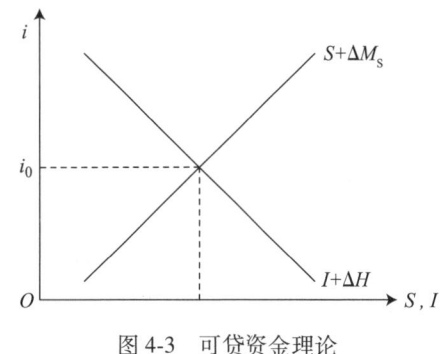

图 4-3 可贷资金理论

4.3.4 IS-LM 分析的利率理论

可贷资金理论试图克服古典利率理论和凯恩斯的流动性偏好理论的局限性,把商品市场和货币市场结合起来,来说明利率的决定,但是这种理论没有认识到货币市场上的均衡利率会影响投资和收入,商品市场上的均衡收入又会影响货币需求和利率,没有用一种模型把上述四个变量联系在一起,而汉森和希克斯这两位经济学家则用 IS-LM 模型把这四个变量放在一起,构成一个商品市场和货币市场之间相互作用、共同决定国民收入与利率的理论框架,从而使凯恩斯的有效需求理论得到较为完善的表述。

IS 曲线是指商品市场均衡时,表示产出 Y 和利率 i 之间关系的曲线,是利率达到均衡时投资和储蓄的供求,其中利率决定于收入的情况。由于利率影响投资,投资进而决定收入,因此只有当投资等于储蓄时,收入水平才是确定的。均衡时,投资应该等于储蓄,由此得到一条利率-收入曲线,即 IS 曲线。如图 4-4 所示,纵轴为利率 i,横轴为产出 Y。IS 曲线向下倾斜,因为利率越高,现有的消费、投资需求都会减少,使产出 Y 减少。

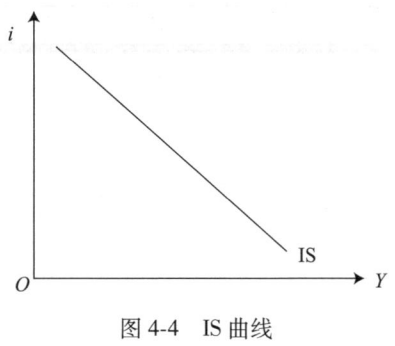

图 4-4　IS 曲线

LM 曲线是指货币市场均衡时,表示产出 Y 和利率 i 之间关系的曲线,是利率达到均衡时货币的供求,其中收入决定利率的情况。收入通过货币需求来决定利率,只有当货币供求达到均衡时,才能得到确定的利率。因此,可以在货币供求平衡条件下由一系列不同收入出发得到一条收入-利率的组合曲线,即 LM 曲线。如图 4-5 所示,纵轴为利率 i,横轴为产出 Y。LM 曲线向上倾斜,因为利率越高,对货币的需求越小,而给定价格水平和货币供给,就需要更高的产出来冲抵利率升高对货币需求减小的影响。

当 IS、LM 曲线相交时,表明商品市场和货币市场同时达到均衡状态,其交点决定了均衡的产出和利率。如图 4-6 所示,如果货币市场的货币供应量增加,则利率下降,产出增加,如果商品市场的商品需求增加,则利率上升,产出增加。IS-LM 模型从商品市场和货币市场的全面均衡状态阐述了利率的决定机制,该机制所决定的利率既满足了储蓄等于投资,又满足了货币供给等于货币需求。此时的 i_0 与 Y_0 是使整个经济处于一般均衡状态的唯一的收入水平和利率水平。

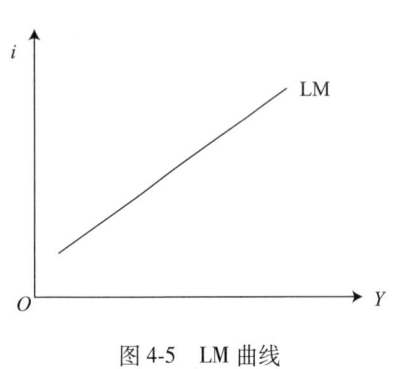

图 4-5　LM 曲线

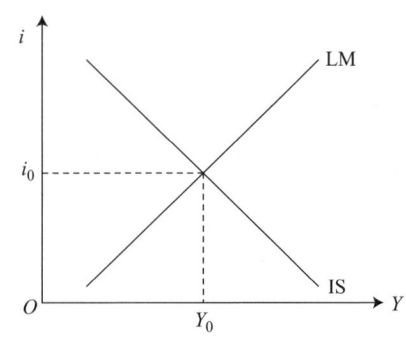

图 4-6　IS-LM 分析的利率理论

4.3.5　利率的期限结构理论

无论是古典利率理论、流动性偏好理论还是 IS-LM 分析的利率理论,都能说明利率水平的高低是如何决定的，但并不能说明利率在不同期限上的关系，或者说长期利率和短期利率是如何形成的。以下主要讲述不同的期限对利率水平的影响，从而形成了利率的期限结构理论。

利率的期限结构是指不同期限债券的收益率与期限之间关系的理论，研究的重点是期限不同的债券的收益关系，即短期利率与长期利率的关系，可用债券的收益率曲线表示。债券的收益率曲线是指把期限不同，但风险、流动性和税收等因素都相同的债券的收益率连成的一条曲线。根据长期利率与短期利率到期给债券带来的收益不同，可以把收益率曲线分为向上倾斜、水平、向下倾斜，以及先向上再向下倾斜四种类型，如图4-7所示。

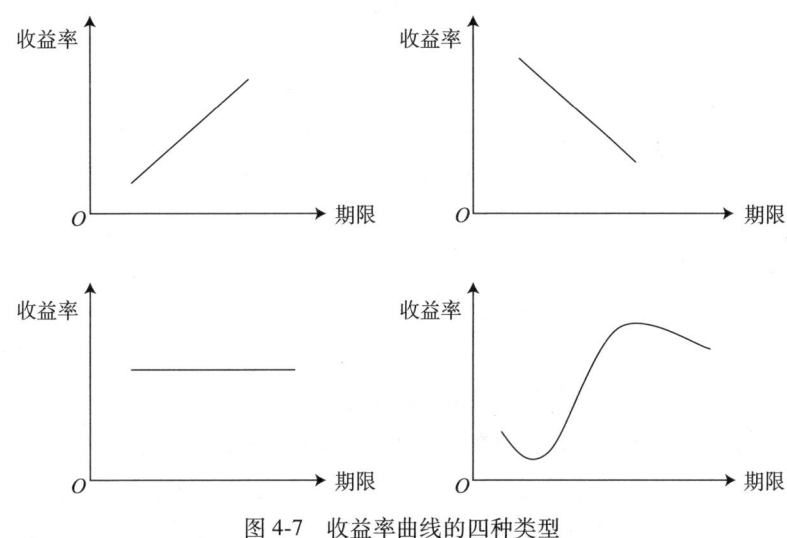

图4-7 收益率曲线的四种类型

从图4-7可以看出，债券的期限越长，并不意味着收益率越高，收益率可随着期限的增长而下降，也可随着期限的增长而不变，还可随着期限的增长先上升后下降，利率的期限结构为什么会出现这几种形状甚至更为复杂的形状？经济学家对这些不同的现象进行分析的过程中形成了预期假说理论、市场分割理论和风险溢价理论。

1. 预期假说理论

预期假说理论是利率期限结构理论中最主要的理论。该理论假定整个证券市场是统一的，不同期限的证券之间具有完全的可替换性，即证券购买者在不同期限的证券之间没有任何特殊的偏好。这一理论之所以称为预期，是因为它认为任何证券的利率都同短期证券的预期利率（预期短期利率）有关。按照这种理论，长期利率是该期间内人们所预期短期利率的平均数值。该理论认为到期期限不同的债券之所以具有不同的利率，在于在未来不同的时间段内，短期利率的预期利率是不同的。预期假说理论表明，长期利率的波动小于短期利率的波动。

这里需要了解两个关于利率期限结构的重要概念，即期利率（spot rate）与远期利率（forward rate）。即期利率就是目前借贷市场上不同期限的债权债务所标示的利率，或者说在当前市场上进行借款所通行的利率。而远期利率则是指从未来某个时点开始借款所使用的利率，也就是未来某个时点上的即期利率。由于远期利率是发生在未来的、目前尚不可知的利率，远期利率通常是从即期利率中推导得出的，是一个理论值。

例如，人们预期在未来的 5 年中，1 年期的短期利率分别是 5%、6%、7%、8%、9%，那么：

2 年期债券利率为：$\dfrac{5\%+6\%}{2}=5.5\%$

3 年期债券利率为：$\dfrac{5\%+6\%+7\%}{3}=6\%$

4 年期债券利率为：$\dfrac{5\%+6\%+7\%+8\%}{4}=6.5\%$

5 年期债券利率为：$\dfrac{5\%+6\%+7\%+8\%+9\%}{5}=7\%$

从上面的例子可以看出，2 年期的债券利率等于当前的 1 年期债券利率和预期的一年后债券利率的平均值。以此类推，可以得到 n 年期债券的利率等于在其期限内可能出现的 n 个 1 年期利率的平均值。

预期假说理论假设：①金融市场是完善和有效的。②投资者主要追求利润。③市场对未来利率的预期是一致的。④没有交易成本，因此可以考虑无成本地自由进出金融市场和自由转让、替代不同期限的证券。⑤债券市场的债券存在完全的可替换性。因此预期假说理论的基本结论是：证券的长期利率是短期利率的函数，特别是在平均水平上更是如此。因此，长期利率同现在的短期利率之间的关系依赖于现在的短期利率同预期短期利率之间的关系。它们的关系具体表现如下。

（1）如果未来每年的短期利率一样，那么，即期长期利率就等于即期短期利率。收益线表现为一条水平线。

（2）如果未来的短期利率预期要上升，那么，即期长期利率将大于即期短期利率。收益线表现为一条向上倾斜的曲线。

（3）如果未来的短期利率预期要下降，那么，即期长期利率将小于即期短期利率。收益线表现为一条向下倾斜的曲线。

预期理论的政策含义是：货币管理当局除非影响预期，否则它不能影响利率的期限结构。如果中央银行想改变长期利率水平而不改变利率的期限结构，并且不影响短期利率水平，那么，中央银行只需改变短期债券供给，而不需要改变长期债券的供给。

预期假说理论将不同期限的债券看成一个密切联系的统一体，从而为证券市场上不同期限的证券利率的同向波动提供了解释。但是，若用预期假说理论来解释市场上的长期证券的利率一般要高于短期证券，这是否意味着人们总是倾向于相信未来的利率会高于现在的利率呢？没有理由可以这样认为，因为人们预期的利率变化方向不可能是不变的。为此，有人提出了利率期限结构的市场分割理论。

2. 市场分割理论

市场分割理论假定，各种期限的证券之间毫无可替换性，它们的市场是相互分割、彼此独立的，因而每种证券的利率都只是由各自的供求状况决定的，彼此之间并无交叉影响。

市场分割理论认为产生市场分割的原因有以下几点。

（1）投资者可能对某种期限的证券具有特殊的偏好，例如注重未来收入稳定性的投资者可能倾向于选择长期证券。

（2）投资者不能掌握足够的知识，只对其中的某些证券感兴趣。

（3）不同的借款人往往也只对某种期限的证券感兴趣，例如零售商往往只需要借入短期资金，而地产商则要借入长期资金。

（4）某些机构投资者的负债结构决定了它们在短期证券与长期证券之间的选择。例如保险公司或养老基金等金融机构的负债多是长期的，所以它们以购买长期证券为主；而商业银行往往以购买短期证券为主。

（5）缺少易于在国内市场上销售的统一的债务工具。

市场分割理论的政策含义是：中央银行可以通过改变长期和短期证券的相对供给来改变利率的期限结构，但不能通过单方面的改变短期证券的供给来影响长期利率，这和预期假说理论的政策含义不一样。

市场分割理论认为收益率曲线通常向上倾斜，即长期利率高于短期利率的现象能够被直接解释，那就是人们一般更愿意持有短期证券，而不愿持有长期证券，因而短期利率相对较低。但是这种理论将不同期限的证券市场看成是分割的，随着金融市场的一体化程度越来越深，这个假定与现实有很大差距，它也无法解释为什么不同期限的证券利率往往是同向波动的，因此这一理论也有局限性。

3. 风险溢价理论

风险溢价理论认为，金融市场是有风险的，人们不可能完全预期未来利率。利率期限越长，利率变动的可能性越大，利率风险也就越大。投资者为了减少风险，偏好流动性较高的短期证券。而筹资者希望长期使用资金，偏好期限长的长期债券，而且期限越长越好。为了吸引投资者购买长期债券，必须支付流动性溢价才能使他们愿意持有长期债券。因此，长期利率高于短期利率，一方面是作为对风险的补偿，另一方面也是对放弃流动性的补偿。该长期债券的收益率是包含了风险溢价的收益率，并且随着期限的延长，风险溢价也会随之增大。该理论还认为只有当预期未来利率下降，而且预期降幅将因期限增加和风险增加而支付溢价时，长期利率才有可能小于短期利率，此时收益率曲线向下倾斜。除此种情况之外，收益率曲线都是向上倾斜的。

4.4 我国的利率市场化改革

4.4.1 利率市场化的含义

利率市场化是指将利率的决定权交给市场，由市场主体自主决定利率的过程。在利率市场化的条件下，如果市场竞争充分，任何单一的经济主体都不可能成为利率的单方面制定者，只能是利率的接受者。利率市场化的目的是提高金融市场资金配置的效率，促进经济增长，提高人民的福利。它是相对于利率管制而言的。利率管制在一定程度上支持了经济的高速增长。但从 19 世纪 70 年代开始，各国利率管制的弊端逐渐显现，20 世纪 80 年代以来，利率市场化开始成为世界性潮流。一些国家如美国和日本，分别于 1986 年和 1994 年全面实现了利率市场化。许多发展中国家为适应宏观经济环境的变化和宏观调控的需要，更好地发挥利率作为资金价格引导和调节资金配置的作用，通过建立市场机制，规范金融机构行为等措施，逐步或完全放弃对利率的直接管制，转向由市场决定利率水平。

4.4.2 我国利率市场化改革的背景

1. 改革开放以前的利率

改革开放以前，我国实行低利率政策。中国人民银行统一规定各种贷款利率的上限，以保证物价回归到基本稳定的水平；对不同企业规定不同的存款和贷款利率。低利率政策有政府补贴的再分配功能，用来扶植工商业、促进企业生产。

2. 改革开放以后的利率

1978 年改革开放后，我国从计划经济转向市场经济，经济发展日新月异。党的十一届三中全会之后，利率管理出现了转折性变化，利率作为调节经济的重要作用也逐渐凸显。由于经济形势的好转，居民收入水平不断上升，出现了投资过热的现象。国家多次提高存贷款利率水平，回笼资金，缓解通货膨胀。我国在此时期初步建立起中央银行基准利率体系，为间接宏观调控做好了准备。

1979 年 4 月 1 日，中国人民银行进行了改革开放后的首次利率调整，这是利率市场化改革突破性的第一步。虽然幅度较小，但这是政府利用利率影响经济活动的重要一步。随后在 1980—1989 年，金融机构先后针对当时的经济形势 9 次调高存贷款利率，对当时的利率扭曲做了一定程度的校正。

1990—1995 年，我国经济增长和物价水平出现了较大的波动。根据经济发展状况，中国人民银行开始利用利率来间接调控国民经济。在 1993 年党的十四届三中全会上，我国正式确立了利率市场化的改革目标，并成立了三家政策性银行进行外汇和财税改革，为利率的改革创造了良好的环境。

4.4.3 我国利率市场化改革的进程

我国利率市场化的进程从改革开放以来稳步进行。早在 19 世纪 80 年代，国务院就授予中国人民银行在基准贷款利率基础上可以进行上下各 20% 的利率浮动权利。1993 年，党的十四届三中全会《中共中央关于建立社会主义市场经济体制若干问题的决定》提出了利率市场化改革的基本设想，这是最早在正式文件中提及利率市场化改革。正式起步是 1996 年我国放开同业拆借利率。1996 年以来，我国利率市场化改革借鉴和吸收发达国家利率市场化的实施战略和经验教训，结合我国的实际，取得了重要进展。我国利率市场化改革从目标的提出到逐步实施，进程如下。

1) 1996 年 6 月放开银行间同业拆借市场利率，1997 年 6 月放开银行间债券市场债券回购和现券交易利率。

2) 1998 年 3 月改革再贴现利率及贴现利率的生成机制，放开了贴现利率和再贴现利率，9 月放开了政策性银行发行金融债券的利率。

3）1999 年 9 月实现了国债在银行间债券市场利率招标发行，10 月对保险公司大额定期存款实行协议利率。

4）2000 年 9 月 21 日，实行外币利率管理体制改革，放开了外币贷款利率，简化贷款利率种类，探索贷款利率改革的途径。

5）2002 年 3 月实现了中外资金融机构在外币利率政策上的公平待遇，统一中外资金融机构外币利率管理政策。

6）2002 年，中国人民银行开始对县市级农村信用联社进行浮动利率试点，存款利率最大幅度限制是 30%，贷款利率最大幅度限制是 100%。

7）2004 年 1 月，中国人民银行扩大贷款利率浮动区间。商业银行、城市信用社贷款利率浮动区间的上限扩大到贷款基准利率的 1.7 倍，农村信用社贷款利率浮动区间的上限则扩大到贷款基准利率的 2 倍。

8）2004 年 10 月 29 日，不再设定金融机构人民币贷款利率上限及贷款利率下限。

9）2005 年 9 月 20 日，商业银行被允许决定除定期存款和活期存款外的 6 种存款的定价权。

10）2006 年 8 月，我国将商业性个人住房贷款利率浮动扩大至基准利率的 0.85 倍。

11）2008 年 10 月，我国将商业性个人住房贷款利率下限扩大至基准利率的 0.7 倍。

12）自 2012 年 7 月 6 日起，我国将金融机构贷款利率浮动区间的下限调整为基准利率的 0.7 倍。

13）自 2013 年 7 月 20 日起，我国全面放开金融机构贷款利率管制。一是取消金融机构贷款利率 0.7 倍的下限，由金融机构根据商业原则自主确定贷款利率水平。二是取消票据贴现利率管制。三是取消农村信用社贷款利率 2.3 倍的上限，由农村信用社根据商业原则自主确定对客户的贷款利率。

14）2015 年 5 月，我国将金融机构存贷款利率浮动区间的上限进一步上调为 1.5 倍；同年 6 月，推出大额存单业务；同年 8 月，放开 1 年期以上定期存款的利率浮动上限；同年 10 月，中国人民银行放开 1 年期及以上存款利率浮动上限，标志着我国利率市场化改革"放得开"迈出至关重要的一步。在利率市场化改革过程中，货币政策调控经历了从"数量型"为主向"数量、价格双型"并举，再到"价格型"为主的转变，中国人民银行关键政策利率对部分期限市场利率的引导作用不断提高，初步构建起隐性的利率走廊调控框架，取得了较好的效果。

15）2019 年 8 月，中国人民银行完善 LPR 报价形成机制。改革后的贷款市场报价利率（LPR）由报价行根据对最优质客户实际执行的贷款利率，综合考虑资金成本、市场供求、风险溢价等因素，在中期借贷便利（MLF）利率的基础上形成市场化报价。

16）中国人民银行 2015 年 10 月取消金融机构存款利率上浮幅度限制，理论上利率市场化改革基本完成。但是，存款利率仍然存在窗口指导和市场利率定价自律机制的软性管制。2020 年 6 月，市场利率定价自律机制（简称利率自律机制）工作会议审议通过了优化存款利率自律管理方案和《关于加强公开信息发布管理的自律倡议》，推动将商业银行存款利率上限定价方式由原来的"基准利率乘倍数"改为"基准利率加基点"。采取新的定价方式后，各家银行活期存款利率上浮幅度一致，均为 20 个基点（bp），而中资中小银行以及外资银行等定期存款利率调整为基准利率上浮 75bp，高于中资大行的上浮幅度上限。

17）2022 年 4 月，中国人民银行指导成立的市场利率定价自律机制建立了存款利率市场化调整机制，自律机制成员银行参考以 10 年期国债收益率为代表的债券市场利率和以 1 年期 LPR 为代表的贷款市场利率，合理调整存款利率水平。同年 5 月 9 日，中国人民银行在发布的一季度中国货币政策执行报告《建立存款利率市场化调整机制》专栏中披露，这一机制的建立，可促进银行跟踪市场利率变化，提升存款利率市场化定价能力，维护存款市场良性竞争秩序。

表 4-1 给出了我国利率市场化进程的概要情况。

表 4-1 我国利率市场化进程概要

时间	改革内容
1996 年 6 月	放开银行间同业拆借利率
1997 年 6 月	放开银行间债券回购利率和现券交易利率
1998—1999 年	中国人民银行连续三次扩大金融机构贷款利率浮动区间
2000 年 9 月	放开外币贷款利率和 300 万美元以上的大额外币存款利率
2003 年 11 月	对美元、日元、港元小额存贷款利率实行上限管理，商业银行可根据国际金融市场利率变化，在不超过上线的前提下自主确定
2004 年 1 月	再次扩大金融机构贷款利率浮动区间，贷款利率浮动区间不再根据企业所有制性质、规模大小分别制定
2004 年 10 月	上调金融机构存贷款基准利率，并放宽人民币贷款利率浮动区间和允许人民币存款利率下浮
2007 年 1 月	推出上海银行间同业拆借利率
2012 年 7 月	下调金融机构人民币存款基准利率，并调整利率浮动区间
2013 年 7 月	全面放开金融机构贷款利率管制，取消金融机构贷款利率 0.7 倍的下限，取消票据贴现利率管制，取消农村信用社贷款利率 2.3 倍的上限
2013 年 9 月	提出有序推进利率市场化工作的三项任务：一是建立市场利率定价自律机制；二是开展贷款基础利率报价工作；三是推进同业存单发行与交易
2013 年 10 月	贷款基础利率集中报价和发布机制正式实行
2014 年 11 月	将金融机构存款利率浮动区间的上限由存款基准利率的 1.1 倍调整为 1.2 倍
2015 年 3 月	将金融机构存款利率浮动区间的上限由存款基准利率的 1.2 倍调整为 1.3 倍
2015 年 5 月	将金融机构存款利率浮动区间的上限由存款基准利率的 1.3 倍调整为 1.5 倍
2015 年 6 月	推出大额存单业务
2015 年 8 月	放开 1 年期以上定期存款的利率浮动上限
2015 年 10 月	对商业银行和农村合作金融机构等不再设置存款利率浮动上限
2019 年 8 月	对贷款市场报价利率改革，优化贷款利率报价方式
2021 年 6 月	推动商业银行存款利率上限定价方式由原来的"基准利率乘倍数"改为"基准利率加基点"
2022 年 4 月	市场利率定价自律机制建立了存款利率市场化调整机制

资料来源：根据中国人民银行网站内容整理。

深化改革：重点领域改革稳步推进，推动金融高质量发展迈上新台阶

利率市场化改革牵一发而动全身，是金融领域最为核心的改革之一。2015 年 10 月 24 日，中国人民银行宣布不再对金融机构设置存款利率浮动上限，实现了利率管制的基本放开。这在利率市场化进程中、在整个金融改革的历史上，都具有重要的里程碑意义。

4.4.4 我国利率市场化改革的意义

利率市场化是由我国市场经济本质所决定的，也是我国加入 WTO 的需要。它的方向就是国家控制基准利率，其他利率则基本放开，形成一个相对独立的、以基准利率为中心的、多层次的、充分体现和反映市场经济特点及要求的利率控制系统。利率市场化是我国建设社会主义市场经济体制、优化资源配置的需要，是顺利实施货币政策目标的内在要求，是我国金融间接调控的关键，也是完善金融机构自主经营机制、提高竞争力的必要条件。因此，结合我国的实际，提出进一步深化我国利率市场化改革的措施，具有重要的理论意义与现实意义。

（1）有利于形成比较规范的金融市场环境。我国金融市场尚处于发育和形成之中，全国统一的金融市场还没有完全建立起来。由于我国金融市场总体规模不大，市场主体单一，融资工具比较少，市场机制相对不健全，运转效率低下，造成金融市场的垄断和分割，资金不能完全在地区之间、行业之间、银行之间以及各金融子市场之间有效进出和自由流动。特别是货币市场和资本市场的分割与脱节，打断了资金在社会再生产各个环节的有效循环，造成金融资源的刚性配置、结构性失衡和寻租行为。在加快我国统一金融市场建设、促进货币市场和资本市场的协调发展中，利率的市场化具有决定性的作用。

（2）有利于促进国有银行经营机制的根本性转变。我国资金流通和运作的中心是银行，银行改革的成功与否对整个金融改革具有决定性的影响。我国银行改革的总体目标是商业化经营和企业化管理，这就要求在银行体制改革方面合理界定中央银行与商业银行的职能，并按照现代企业制度要求构建相应的产权制度和治理结构，使商业银行成为真正自主经营、自负盈亏、自我约束、自我发展的法人实体和市场竞争主体；在银行经营机制转换方面，强化中央银行对金融业的宏观调控，实现由行政管理向市场导向管理的转变，推动银行经营理念、经营目标、经营行为、经营方式创新，以效率最大化为目标，以市场化发展为导向。在这种情况下，利率对银行的特殊重要性更加明显。

（3）有利于完善货币政策的微观传导机制。金融机构参照中央银行的基准利率掌握一定的存款利率浮动权是货币政策顺畅传导的条件之一。在市场经济条件下，国家对国民经济的宏观调控是以经济手段为主的间接调控，其中又主要依靠财政政策和货币政策的运作来实现。利率作为货币政策的主要工具和经济杠杆，对国家有效行使宏观调控职能具有不可替代的

知识拓展

利率自律机制十年

作用。没有利率市场化，就不可能真正形成连接个人、企业、银行、财政等金融市场主体的有效途径，也不可能产生利率的形成机制、传导机制和反馈机制，利率的杠杆作用就会完全失效，政府很难获得真正的市场价格信号，任何间接的宏观调控政策都可能遭受失败。

◎ 本章小结

利息是贷款者因暂时让渡货币资金使用权，从借款者那里取得的超过借贷货币金额的报酬。马克思认为利息的本质是剩余价值。

利率是指借贷期内所获得的利息额与借贷资本金的比率。影响利率的因素有平均利润率、

借贷资金的供求关系、宏观经济政策、通货膨胀和通货紧缩、汇率水平、国际利率水平等。

古典利率理论认为利率由资本的供给和需求决定，这两种力量的均衡决定了利率水平。凯恩斯的流动性偏好理论认为货币供给由中央银行直接控制；货币需求取决于人们的流动性偏好，而流动性的强弱取决于人们的交易动机、预防动机和投机动机，其中交易动机和预防动机是收入的递增函数，投机动机是利率的递减函数，货币供给曲线和需求曲线的交点即均衡利率。IS-LM 模型从商品市场和货币市场的全面均衡状态阐述了利率的决定机制，该机制所决定的利率既满足了储蓄等于投资，又满足了货币供给等于货币需求。

利率的期限结构是指不同期限债券的收益率与期限之间关系的理论，研究的重点是期限不同的债券的收益关系，即短期利率与长期利率的关系。经济学家对不同的现象进行分析的过程中形成了预期假说理论、市场分割理论和风险溢价理论。

利率市场化是指将利率的决定权交给市场，由市场主体自主决定利率的过程。我国利率市场化改革的思路是先外币、后本币，先贷款、后存款，先长期、后短期。

学习建议

利息和利率是金融学的重点章节之一。学生应针对自己的实际水平，详细阐释马克思关于利息的本质的观点和其他一些西方学者关于利息的本质的观点。学生应重点掌握利率的种类和利率的变动对经济的影响，建议在学习过程中搜集关于我国利率市场化的内容、步骤的资料，以便进一步理解利率市场化对我国的现实意义。

本章重点

马克思关于利息的本质和其他一些西方学者关于利息本质的观点；利率的决定因素；利率变动对经济的影响。

本章难点

单利计息和复利计息的计算方法以及实际运用；西方利率决定理论中的古典利率理论和凯恩斯的流动性偏好理论。

核心概念

利息	利率	名义利率	单利与复利
实际利率	市场利率	官定利率	公定利率
固定利率	浮动利率		

课后思考与练习

1. 经济学界关于利息本质的观点主要有哪几种？对此你是如何认识的？
2. 什么是单利，什么是复利？我国金融机构采取那种计息方式？在什么情况下用单利，什么情况下用复利？
3. 影响利率的因素有哪些？
4. 简述凯恩斯的流动性偏好理论。
5. 什么是利率市场化？我国利率市场化的主要思路和内容是什么？

补充阅读 4-1

LPR 新机制诞生：利率市场化改革踏入最后一公里

在我国利率市场化改革的进程中，"两轨合一轨"是公认的最难啃的"硬骨头"、最难走的"最后一公里"。2019 年 8 月 17 日央行发布公告，决定完善 LPR 形成机制，并披露了具体做法。从改革角度来看，完善 LPR 形成机制可以促进贷款利率并轨，疏通货币市场利率向贷款利率的传导；从调控角度来看，可以达到降低贷款实际利率的目的，至于效果如何，尚待观察。

百舸争流，奋楫者先。利率市场化改革是金融领域最核心的改革之一，牵涉的市场主体多、影响面广，可谓牵一发而动全身。处于其中的金融机构尤其是商业银行，能否尽快夯实自身资产负债管理能力，提高市场化定价能力，在利率市场化改革的浪潮中乘风破浪，而不被历史的洪流淹没，这也是下一步行业发展尤其需要重视的问题。

1. 之于改革：LPR"四新"助贷款利率并轨

经过多年来利率市场化改革的持续推进，目前我国的贷款利率上限、下限已经放开，但仍保留存贷款基准利率，存在贷款基准利率和市场利率并存的"利率双轨"问题。

"银行发放贷款时大多仍参照贷款基准利率定价，特别是个别银行通过协同行为，以贷款基准利率的一定倍数如 0.9 倍设定隐性下限，对市场利率向实体经济传导形成了阻碍，是市场利率下行明显但实体经济感受不足的一个重要原因，这是当前利率市场化改革需要迫切需要解决的核心问题。"中国人民银行有关负责人指出。

找准痛点，方可对症下药，此次开出的改革药方就是完善 LPR 形成机制。LPR 集中报价和发布机制于 2013 年 10 月 25 日正式运行，经过近 6 年的发展，已成为金融机构贷款利率定价的重要参考。进一步提高 LPR 市场化程度，发挥好 LPR 对贷款利率的引导作用，可以促进贷款利率"两轨合一轨"，提高利率传导效率，推动降低实体经济融资成本。

新的 LPR 由各报价行于每月 20 日（遇节假日顺延）9 时前，以 0.05 个百分点为步长，向全国银行间同业拆借中心提交报价，全国银行间同业拆借中心按去掉最高和最低报价后算术平均，向 0.05% 的整数倍就近取整计算得出 LPR，并于当日 9 时 30 分公布。

与原有的 LPR 形成机制相比，新的 LPR 主要有以下几点变化。

一是报价方式改为按照公开市场操作利率加点形成，公开市场操作利率主要指中期借贷便利（MLF）利率，加点幅度主要取决于各行自身资金成本、市场供求、风险溢价等因素。

二是在原有的 1 年期一个期限品种基础上，增加 5 年期以上的期限品种，为银行发放住房抵押贷款等长期贷款的利率定价提供参考，也便于未来存量长期浮动利率贷款合同定价基准向 LPR 转换的平稳过渡。

三是报价行范围代表性增强，在原有的 10 家全国性银行基础上增加城市商业银行、农村商业银行、外资银行和民营银行各 2 家，扩大到 18 家。

四是报价频率由原来的每日报价改为每月报价一次。

2. 之于市场：实际利率降幅尚待观察

央行有关负责人指出，通过改革完善 LPR 形成机制，可以起到运用市场化改革办法推动降低贷款实际利率的效果。前期市场利率整体下行幅度较大，LPR 形成机制完善后，将对市场利率的下降予以更多反应。

确实，简单对比利率传导的路径可发现，原先为"贷款基准利率—贷款利率"，现在则为"MLF 利率—LPR—贷款利率"。在新路径中，货币市场利率向贷款利率传导的渠道更为顺畅，有利于降低小微企业融资成本。

"目前，我国 1 年期 MLF 利率为 3.3%，低于现有的贷款基准利率（4.35%）和 LPR（4.31%），能在一定程度上引导贷款利率下行。"中国人民银行调查统计司原司长盛松成预计。这也意味着，MLF 利率在政策传导中的地位和意义变得更为重要。

交通银行原首席经济学家连平指出，企业信贷融资成本的高低，最终取决于企业自身基本面、信用质量、盈利能力等因素，短期内贷款锚定标的转换，并不会对信贷市场形成较强的冲击。新报价方式，可能对于资信等级高的大企业而言，有了与银行更大的议价空间，而对于中小企业来说，银行对于信用风险的担忧是决定其融资成本的根本。

3. 之于银行：打铁还需自身硬

中国人民银行公告称，自即日起，各银行应在新发放的贷款中主要参考 LPR 定价，并在浮动利率贷款合同中采用 LPR 作为定价基准。各银行不得通过协同行为以任何形式设定贷款利率定价的隐性下限。

这使得银行苦练内功的必要性更高了。盛松成指出，因为商业银行资产端的定价与负债端的成本是联动的，所以两者需要协调推进。若取消贷款基准利率，对资产端采用市场化定价，而负债端仍根据存款基准利率进行定价，这就对商业银行自身的资产负债管理提出了更高要求。

LPR 新机制下仍需关注中小银行的流动性状况和经营稳健性。中小银行原本在定价能力方面就比大银行弱，获取优质客户的能力相对不足。由于资产端定价受到约束，再加之相对较高的负债成本，中小银行净息差所受到的影响显然会超过大银行。尽管目前银行体系整体流动性较为充裕，然而新机制叠加尚未完全消除的信用分层压力，可能对中小银行带来不同程度的压力。因此，在配合 LPR 新机制的组合政策中，可适当采取差异化的手段，给予中小银行定价相对灵活但适度的空间，以确保其逐步适应新规则。

此次，为确保平稳过渡，存量贷款的利率仍按原合同约定执行。对此，华泰证券原首席宏观分析师李超认为，存量信贷是一个逐渐替代的过程，主要目的是缓释对银行经营的负面影响，防止对银行产生过大冲击，央行充分考虑了银行需适应利率市场化的影响。

全国银行间同业拆借中心 17 日公布了 18 家 LPR 报价行。其中，西安银行、台州银行、上海农村商业银行、广东顺德农村商业银行、渣打银行（中国）、花旗银行（中国）、微众银行、网商银行为此次报价行扩围后的最新成员。

"新增加的报价行都是在同类型银行中贷款市场影响力较大、贷款定价能力较强、服务小微企业效果较好的中小银行，能够有效增强 LPR 的代表性。"中国人民银行有关负责人指出。

与此同时，中国人民银行将指导市场利率定价自律机制加强对 LPR 的监督管理，对报价行的报价质量进行考核，督促各银行运用 LPR 定价，严肃处理银行协同设定贷款利率隐性下限等扰乱市场秩序的违规行为。中国人民银行还将银行的 LPR 应用情况及贷款利率竞争行为纳入宏观审慎评估（MPA）。

资料来源：新浪财经。

思考题：试分析 LPR 新机制运行以来利率市场的走势及其对商业银行的影响。

补充阅读 4-2

"利率并轨"的国际经验、国内实践及相关借鉴意义

1. "利率并轨"的国际经验

（1）美国利率市场化发展进程。美国利率市场化大体经历了三个主要阶段：准备期、发展期和完成期。其中 1970—1977 年是美国利率市场化的准备期。1978 年美国利率市场化进程进入发展期，存款利率的管制开始放松，6 个月期限定期存单的利率上限可以浮动。1983 年美国推出超级可转让支付账户（Super NOW），标志着彻底放开对 NOW 账户的限制，同年 10 月放开所有定期存款的利率上限。1986 年 4 月美国放开所有利率上限，意味着基本完成了利率市场化改革。1986 年以后美国利率市场化进入完成期。美联储在 1994 年将联邦基金利率看作公开市场操作短期目标，通过调整联邦基金利率的方式达到调控目的，标志着基准利率的成功设置。2013 年随着货币政策正常化，美联储调整利率走廊的上下限，其中推出隔夜逆回购利率作为下限，超额准备金利率作为上限，有效引导基准利率准备抬升，使利率走廊调控机制进一步完善。随着利率市场化的完成，货币市场利率与存款利率趋同的特征较为显著。存贷利差作为商业银行盈利的基础，在利率市场化过程中表现出较大的波动，不过随着利率市场化完成后，存贷利差开始稳步提高，较利率市场化之前的利差水平有显著差异。

首先，从美国的利率市场化过程来看，长期性、阶段性、顺序性、金融创新的推动以及成熟的金融市场和公认的基准利率是利率市场化改革成功的重要特征。美国自 1970 年启动利率市场化以来，直至 1986 年基本完成利率市场化，历时近 17 年，其发展历程时间之长、过程之缓慢，表明利率市场化的进程无法一蹴而就，需要做好长期计划。其次，利率市场化进程对于取消利率管制的措施是逐步进行的。先从解除大额存单的利率管制出发，逐步提高存款利率的上限范围，到最后取消所有利率的上限管制，而且是先定期后活期，先贷款后存款，这表明进程需要选择适合的路径，渐进改革，才能够较好地完成利率市场化的改革。最后，金融创新的推动，特别是 ATS 账户、NOW 账户以及 MMDA 和 Super NOW 账户的出现推动利率市场化的进程。此外，基准利率的广泛认可也是改革成功的重要条件。风险一定会存在于利率市场化过程当中，特别是银行等金融机构之间的竞争加剧，缺少公认的基准利率，则会使资金价格成为竞争的焦点，导致负债成本上升，引起金融机构的系统性风险，进而导致利率市场化改革失败。

（2）日本的利率市场化。日本的利率市场化开始于 1977 年，首先是国债管制放松，随后形成并发展银行间短期金融市场，依次放开大额及小额存款利率，最终在 1996 年 10 月实现了利率的完全市场化。

观察日本存贷款利差近 20 年的走势（见图 4-8），可以看出 1996 年之后日本银行业利差确实小幅收窄，当时出现了大中型银行价格竞争，致使部分小银行拖累倒闭的现象。然而存贷款利差的明显收缩出现在 2008 年以后，这也是金融危机后货币当局出台量化宽松政策造成的影响。日本利率市场化并未造成存贷款利率大幅攀升，相反存贷款利率同步下降，存款利率常年徘徊在"零利率边缘"，很难从数据上验证利率市场化必然造成银行业利差缩小的经营困境，但日本的经验表明市场化将加剧行业竞争，部分定价能力差的银行可能遭受明显冲击，而客户基础广泛或中间业务良好的银行受影响较小。

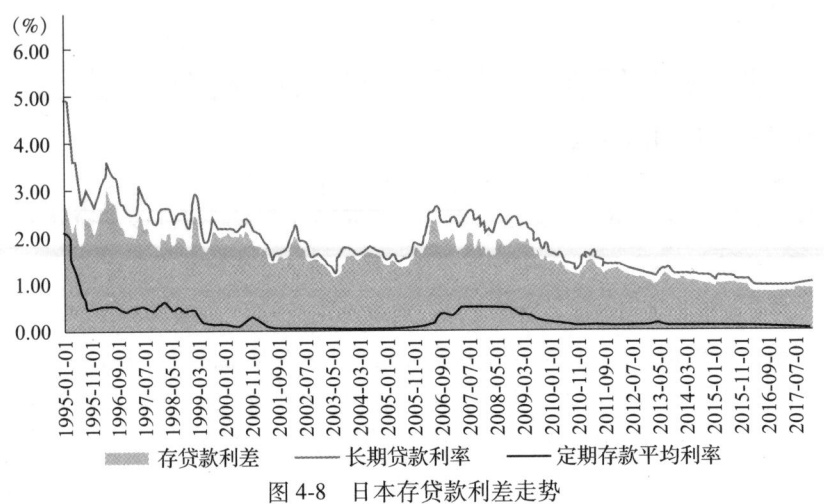

图 4-8 日本存贷款利差走势

2. 我国台湾地区的实践

我国台湾地区在银行业利率市场化之前，经济保持了连续约 30 年年均 9.8% 的高速增长，与大陆改革开放后的经济背景类似。台湾地区利率市场化进程也与大陆相似，都是遵循先放开银行间同业拆借利率，再逐步放宽存贷款利率限制，最终完全放开上下限的思路。台湾地区利率早在 1989 年 7 月就实现了市场化，银行需要根据市场资金供求情况调整其水平。台湾地区存贷款利率在市场化完成前后的走势，为大陆利率市场化提供了有益的经验参考。

如图 4-9 所示，台湾地区在 1989 年完成利率市场化后，存款利率急剧上涨，贷款利率紧随上升，存贷款利差仅出现小幅波动，波动并不大。在随后的 10 年里，存贷款利率逐渐下调到原来水平，利差虽比市场化前略有收窄，但长期保持稳定，并没有出现所谓的"利率市场化将带来利差大幅收缩"的现象。而且，这几年的波动也未必完全归因于利率市场化改革，与货币政策变化有更大的关系。直至 2001 年国际金融市场震荡，我国台湾地区货币当局实施宽松的货币政策，存贷款利差才开始明显收缩。我国台湾地区的经验表明，决定存贷款利差的重要因素是货币政策，利差缩小与利率市场化改革关联不大。

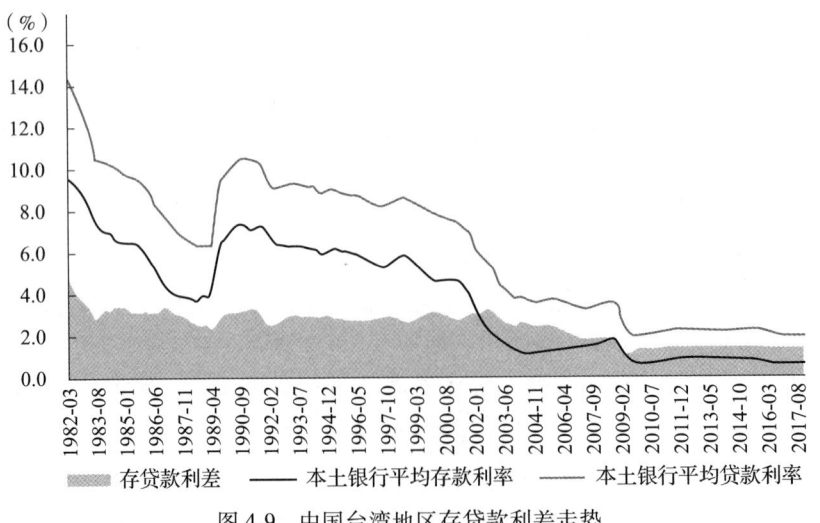

图 4-9 中国台湾地区存贷款利差走势

日本和我国台湾地区的案例足以说明，利率市场化之后，当局对利率也不是彻底放任，不必担心最终完成时点上存款利率过高，导致银行业利差缩小、经营难以为继。事实上，经济金融危机或银行业过度竞争，导致银行放款质量下降，才是银行业经营陷入不利结局的主因。

3. 借鉴意义

首先，我国利率市场化改革仍需要进一步深化。尽管 LPR 制度已经实施，但离利率的完全市场化还需要一段过渡时间，特别是市场主体和监管部门都需要相应的时间深化对利率市场定价的理解，并且需要及时识别和处置利率市场化改革过程所积累的风险与问题，降低发生银行危机的可能性。美国在利率市场化完成后，出现了储贷协会危机并非偶然事件，历史上也有众多国家在利率市场化完成后或者尚未完成时，银行业陷入较为明显的危机。金融危机史表明，银行部门在自由的金融体制下比在金融抑制体制下更为脆弱，以利率市场化为代表的金融自由化过程常常被认为是危机爆发的根源之一。政策制定者不能只关注利率市场化所带来的利益，而忽视了其引起短期失衡和危机的可能性，需要对利率市场化后的深化改革给予足够重视，留出充足的政策工具储备应对可能的金融风险。

其次，要充分发挥基准利率的利率锚作用。要结合市场利率自律定价机制，有效规范市场上的利率定价行为，减少非理性竞争行为对金融体系稳定性的冲击。从美国储贷协会的竞争行为来看，利率管制的放开会导致在一段时间内存贷利差条件的恶化，对银行机构的传统业务造成影响，令银行的盈利水平下滑。这将迫使银行进入更多业务领域参与竞争，包括高风险业务和高成本的吸储活动等。这些因素都会使得竞争程度显著加剧，增加道德风险。特别是在宏观经济环境不稳定时，金融体系的稳定性和银行机构个体的风险控制能力会进一步削弱，可能导致银行危机。

最后，公认的市场基准利率需要逐步培育。利率管制取消只是利率完全市场化的前半部分，还需要较多的政策空间才能真正实现利率的自由化，市场基准利率的构建是非常重要的一个环节。市场基准利率波动过大会对货币市场造成显著冲击，同时也会影响货币政策意图的贯彻。因此，利率走廊机制在一定程度上有助于降低短期基准利率的过度波动，引导市场利率平稳运行，并降低公开市场操作成本，提高货币政策传导的效力。此外，选择合适的走廊宽度及有效的上下限利率对于利率走廊的有效运行具有积极意义，从而加快利率市场化改革的推进过程。

资料来源：根据 https://www.sohu.com/a/238448448_313170 等网络资料整理。

思考题：我国应如何借鉴利率并轨的国际经验进一步完善利率市场？

第 5 章 金融机构体系

○ **学习目标**

1. 了解金融机构种类及其功能；
2. 理解西方金融机构体系的构成与发展趋势；
3. 熟悉中国现阶段金融机构体系的构成。

○ **引言**

明清时期纵横海内外的山西晋商创造了中国金融的奇迹，"日升昌"票号就是晋商发展到极致的标志之一，当时的山西票号建立了令世人瞠目的"金融帝国"。如今，以美国为代表的西方国家建立了庞大的金融机构体系，各类金融机构一应俱全，令人目不暇接，也造就了当代金融市场的辉煌。然而，自2008年以来，美国金融系统面临前所未有的危机。全美第四大投资银行雷曼兄弟（Lehman Brothers）公司申请破产保护、美林（Merrill Lynch）被美国银行（Bank of America）收购，而全球最大的保险公司美国国际集团（AIG）则需要售出资产求存。这次"百年一遇"的金融危机也引发了人们对金融机构的再认识和思考。第5章将转入对金融机构的学习和了解。

5.1 金融机构体系概述

5.1.1 金融机构及其类型

金融机构泛指从事金融业务、协调金融关系、维护金融体系正常运行的机构。金融机构体系又称为金融体系，是一个由经营和管理金融业务的各类金融机构组成的整体系统。为适应经济发展的要求，很多国家都有一个规模庞大的金融体系，一般包括：货币金融政策及制度的制定和执行机构、金融业务的经营机构和金融活动的监管机构，这三类机构构成了完整的金融机构体系。其中，除金融业务的经营机构外，其他都是政府的职能机构，负责金融政策、制度、法规的制定与执行，金融业务活动的监督与管理。在现阶段世界各国的金融机构体系中，起着举足轻重作用的几乎无一例外是银行金融机构。

金融机构按活动的领域分为直接金融机构和间接金融机构。前者是指活跃于证券市场并为筹资者和投资者牵线搭桥，提供策划、咨询、营销、经纪、登记、保管、清算、资信评级等一系列相关配套服务的中介机构，各种证券经营公司大都为直接金融机构。后者是指活动于间接金融领域，在最初的资金提供者和最终的资金使用者之间进行债权债务转换的中介机构。它一方面以债务人的身份从资金盈余各处筹集资金，另一方面又以债权人的身份向资金赤字者提供资金，从而使资金由最初的资金提供者手里转移到最终的使用者手里。商业银行是最典型的间接金融机构。直接金融机构与间接金融机构最明显的区别是，前者在中介融资过程中一般不发行以自己为债务人的融资工具，只是协助筹资者将发行的融资工具（股票、债券等）销售给投资者，完成筹资目标，而后者则发行以自己为债务人的融资工具来筹集资金，然后又以各种资产业务分配这些资金。

按职能作用，金融机构有中央银行（或其他一些专业金融领域的监管机构，如证监会之类）与一般金融机构之分。前者承担宏观金融调控、进行金融监管的重任，不以营利为目的；后者则进行商业化经营，通过向社会提供特种金融产品和服务取得收入。显然，市场经济条件下绝大部分金融机构都属于一般金融机构。中央银行处于一国金融机构体系的核心地位，代表国家对全国的金融业进行调控和管理，而其他金融机构是它的调控和监管对象。纵观当今各个国家，大都建立起了以中央银行为核心、商业银行为主体、多种金融机构并存的金融机构体系。

按业务特征，金融机构有银行与非银行金融机构之分。凡是被称为银行的金融机构，一般都以存款、放款、汇兑结算等传统而典型的银行业务为其主要经营内容，如商业银行就是典型例子，即使在如今商业银行实行综合经营的趋势下，"存、放、汇"作为最为核心的业务，其地位并没有改变。中央银行无论是从历史还是现实的角度看，其业务主要也还是存、放、汇，只不过它经营的对象是政府、一般银行等金融机构。其他所谓的专业银行，也大都以存款、贷款为主要业务。投资银行的名字里虽然包括"银行"，但它并不经营"存、放、汇"业务，而专注于证券以及资本市场的重组、并购等业务。非银行金融机构是一个庞杂的体系，它包括保险、证券、信托、租赁、投资等机构。

5.1.2　金融机构的功能

形形色色的金融机构所经营的范围和领域是有所不同的，其提供给社会的具体产品和服务也有差异。这里我们主要从间接金融机构与直接金融机构的角度，探讨金融机构的功能。

1. 间接金融机构的功能

在间接金融市场上，金融中介机构作为一个独立的交易主体，发挥着吸收资金和分配资金的功能。在世界上的很多国家，直接融资没有间接融资来得重要。那么，为什么间接金融机构和间接融资在金融市场上如此重要呢？这是因为间接金融机构可以有效地降低交易成本和信息成本。首先，金融中介机构能够大大降低交易成本。所谓交易成本是指从事金融交易所需花费的时间和资金。银行等金融中介机构可以通过规模经济降低单位资金的交易成本，也可以通过开发专门技术来降低交易成本。其次，金融中介机构可以防范由于信息不对称所带来的逆向选择和道德风险问题。所谓信息不对称，是指在金融市场上，交易的一方对交易的另一方并不充分了解，因而影响其做出正确决策的一种现象。例如，对于贷款项目的潜在收益和风险，借款者通常比贷款者要了解得多。这种信息不对称而造成的问题可能发生在两个阶段中：交易之前和交易之后。在交易之前，信息不对称造成的问题是会导致逆向选择。逆向选择是指这样一种情况：那些最可能造成信贷风险的借款者，常常就是那些寻找贷款最积极，而且是最可能得到贷款的人。在交易之后，信息不对称造成的问题是道德风险。道德风险是指借款者可能从事贷款者不希望看到的那些活动所带来的风险。因为这些活动可能使得这些贷款不能归还。无论是逆向选择还是道德风险，都降低了贷款归还的可能性。因此，贷款人可能决定根本不向任何人提供贷款，而是把钱存入可信赖的金融中介机构。金融中介机构之所以能够防范这些问题，是因为相对于个人而言，它们在甄别贷款风险、防范由逆向选择造成的损失方面，其经验和办法要丰富得多。此外，它们还在监督借款者方面有专长。

2. 直接金融机构的功能

直接金融机构，如证券经纪人、证券交易商、投资银行以及证券交易所等虽然并不提供以出售负债凭证来获取资金，然后运用这些资金去购买金融资产的金融中介服务，但他们对于证券市场的顺畅运行起着重要的作用。证券市场区分为一级市场和二级市场。投资银行在一级市场上帮助企业完成证券的发行，证券经纪人和证券交易商则在二级市场上协助证券的交易，证券交易所提供了有价证券交易的有组织的市场。直接金融机构虽然必须通过自身的资产负债业务实现社会资金从盈余者手里向赤字者手里的转移，但是，它们往往居于证券的发行者（资金需求者）和投资者（资金提供者）之间，在自身承担了相应的收益和风险的同时，使双方更有效地进行直接的投融资。因此，从这个意义上说，以投资银行为代表的直接金融机构在融资双方之间也起了一种十分重要的中介作用。

5.2 西方金融机构体系的构架

西方金融机构体系主要由中央银行、商业银行、专业银行和非银行金融机构等组成。

5.2.1 中央银行

中央银行是银行业发展到一定阶段的产物，并随着国家对经济生活干预的日益加强而不断发展和强化。中央银行最初由商业银行演变而来，如1656年成立的瑞典银行和1694年成立的英格兰银行，最初都是商业银行，后来分别被政府改组为中央银行。但多数国家的中央银行是政府直接建立的，例如美国的美联储和第二次世界大战后许多发展中国家建立的中央银行。中央银行是各国金融机构体系中的中心和主导环节，对内代表国家对整个金融体系实行领导和管理，维护金融体系的安全运行，实施宏观金融调控，是统制全国货币金融的最高机构；对外则是一国货币主权的象征。一个世纪以前，全世界只有18家中央银行，而目前几乎所有国家或地区都设立了中央银行或类似中央银行的金融机构。

5.2.2 商业银行

商业银行是最早出现的现代金融机构。"商业银行"一词，早期习惯上用来指那些与工商企业发生短期存贷款关系的银行。现代商业银行以吸收存款、发放贷款、办理结算为基本业务，并为顾客提供多种服务，业务范围不断扩大，通过办理转账结算实现国民经济中的绝大部分货币周转，起着创造存款货币的作用。商业银行因其资本最雄厚、体系最庞大、业务范围最广、存贷款数额最多、对经济影响最大而成为金融机构体系的主体，始终居于其他金融机构所不能代替的重要地位。当前，世界上大多数国家的商业银行成为综合性、万能式银行，有"金融百货公司"之称。商业银行与其他专业银行及非银行金融机构的基本区别在于商业银行是唯一能接受、创造和收缩活期存款的金融机构。

5.2.3 专业银行

专业银行是指专门经营指定范围的金融业务和提供专门性金融服务的银行。其特点是：①专门性。专业银行体现了社会分工的发展，其业务具有专门性，服务对象通常是某一特定的地区、部门或专业领域，并具有一定的垄断性。②政策性。专业银行的设置往往体现了政府支持和鼓励某一地区、部门或领域发展的政策导向，尤其是开发银行和进出口银行等专业银行的贷款，具有明显的优惠性，如设有政府贴息和保险、借款期限和还款期限均较长等。③行政性。专业银行的建立往往有官方背景，有的本身就是国家或代理国家银行。

1. 开发银行

开发银行是专门为满足经济、社会发展对长期投资的需要而设立的银行。这类投资项目具有投资量大、周期长、见效慢、风险高等开发性特点，一般商业银行不愿意承担。开发银行多为国家或政府创办，不以营利为目的。像新产业的开发、新经济区的基础建设以及全国性公共设施的建设等都属于投资多、见效慢、周期长的工程，所产生的社会效益高，但是否能获利则难以预计，所以这些工程的贷款往往由国家创办的开发银行承担。

2. 储蓄银行

储蓄银行是指专门吸收居民储蓄存款并为居民提供金融服务的银行。这类银行的服务对象主要是居民消费者，资金来源主要是居民储蓄存款，资金运用主要是为居民提供消费贷款和抵押贷款，投资政府公债、公司债券以及转存商业银行等。为了保护众多小额储蓄者的利益，许多国家对储蓄银行的业务活动制定了专门的法规加以约束，限定其所募集资金的投向，如不得经营一般工商信贷等，但近些年来这些规定已有所松动，储蓄银行的业务正在向商业银行靠近。

储蓄银行在各国的名称有所不同，在美国被称为互助储蓄银行、信贷协会、储蓄贷款协会等，在英国被称为信托储蓄银行，在日本被称为储蓄银行。许多国家的邮政储蓄系统也属于储蓄银行的性质。由于储蓄银行直接服务于广大居民，因而其数量在各国都比较多。

3. 抵押银行

抵押银行是指专门办理以不动产作为抵押物的长期贷款业务的银行。抵押银行的资金来源主要是通过发行不动产抵押债券筹集到的长期性资金。其长期贷款业务主要包括两类：一是以土地为抵押物的贷款，贷款对象是土地所有者或农场主；二是以城市不动产为抵押物的贷款，贷款对象主要是房屋所有者和建筑商。抵押银行也经营以股票、债券和黄金为抵押物的贷款。

4. 进出口银行

进出口银行是为通过金融渠道支持对外贸易、开拓国际市场而设立的一种专业银行。创建进出口银行的宗旨是推动本国进出口贸易，特别是大型机电设备的进出口贸易，加强国际间金融合作，广泛吸引国际资本，搜集国际市场信息。进出口银行的资金来源除自有资金外，还可以向财政部、中央银行借款或发行金融债券。进出口银行的主要业务是提供各种进出口信贷，为经营进出口信贷的商业银行提供票据贴现的便利，为从事进出口信贷的金融机构提供信用担保等。这类银行一般是官方或半官方的金融机构，例如美国进出口银行、日本国际协力银行。

5. 外汇银行

外汇银行是专门经营外汇业务和国际结算的银行。外汇银行的资金来源除自有资金外，还可以吸收存款、发行债券。外汇银行的主要业务有以下几类。①外汇业务。除了外汇买卖和外汇存款外，外汇银行还从事外国汇款和进出口货物的货款结算等。②贸易融资业务。外汇银行对进出口贸易结算所需的资金提供融通。③对内融资业务。它是指对居民提供外币贷款。④对外融资业务。外汇银行或其海外分支机构对非居民提供用外币或本币标价的贷款。⑤国际证券业务。外汇银行在海外证券市场上主要从事债券承购业务、证券投资、外国证券的买卖以及咨询服务等；在国内证券市场上主要从事接受非居民的证券委托、证券保管和买卖业务等。⑥外币资金的筹集。这类业务的主要手段有向外国银行借款、向欧洲货币市场借款和向美国联邦基金市场或伦敦同业拆借市场进行短期外币拆借等。

6. 农业银行

农业银行是指在政府的指导和资助下，专门为农业发展提供金融服务的银行。这是许多以农业为基础的国家普遍设立的一类，由政府出资并管理的政策性农业金融机构。一方面，农业受自然因素影响较大，使得农业对资金的需求具有明显的季节性，农业资金的运用具有一定的风险性；另一方面，农村地域广阔、资金需求分散、占用时间长。此外，由于农业贷款中的抵押品管理困难，使得许多贷款的发放主要取决于农户的信誉。所有这些都表明，经营农业信贷具有风险大、期限长、收益低等特点，一般商业银行和其他商业性金融机构不愿或不宜承做这类业务，所以许多国家成立相关农业银行以支持农业发展，如美国联邦土地银行、日本政策金融公库等。农业银行的资金来源主要是政府拨款、发行债券以及根据有关法规出资团体的缴纳款等；资金运用主要是向农牧渔民创业和发展生产提供低息贷款。农业银行本质上是政策性银行。

5.2.4 非银行金融机构

一般将中央银行、商业银行、专业银行以外的金融机构称作非银行金融机构。非银行金融机构种类繁多，下面简要介绍主要的几种。

1. 保险公司

保险公司是市场经济国家中最重要的非银行金融机构。它的业务主要是依靠投保人缴纳保险费筹集资金，并对发生意外灾害和事故的投保人予以经济赔偿，是一种信用补偿方式。保险公司的资金运用是保险公司获利的主要途径。西方国家的保险业十分发达，保险业务渗透到社会生活的方方面面，保险公司也因所设立保险种类的不同而形式多样，如人寿保险公司、财产保险公司、灾害和事故保险公司、老年和伤残保险公司、信贷保险公司、存款保险公司、再保险公司等。以美国为例，保险公司分为两大类：人寿保险公司和财产保险公司。由于保险公司资金来源稳定，其所聚集的大量货币资本成为西方国家金融体系长期资本的重要来源。保险公司筹集的资金除了一部分用于对受益人的赔偿外，其余部分主要投向具有稳定收益的政府债券、企业债券和股票，以及发放不动产抵押贷款、保单贷款等。

2. 投资银行

这类金融机构是指专门为工商企业提供证券投融资服务和办理长期信贷业务的金融机构，因此具有专业银行的某种特征，但严格意义上的投资银行属于非银行金融机构。它在美国和欧洲大陆被称为投资银行，在英国被称为商人银行，在日本和我国被称为证券公司。

投资银行的业务从广义上说，是指所有的资本市场业务，包括在一级市场上为融资者服务和在二级市场上充当证券买卖的经纪人和交易商。从狭义上来说，它仅是指传统的投资银行业务，即在一级市场上为融资者提供服务的业务。除了传统的证券承销和融资业务外，现代投资银行业务涵盖了证券经纪、证券交易、投资管理、收购兼并、财务顾问、金融创新、衍生工具、项目融资、杠杆租赁等广泛的领域。

3. 退休或养老基金会

退休或养老基金会是一种类似于人寿保险公司的专门金融机构。这类机构的业务是让雇主或雇员按期缴付工资的一定比例，在退休后可取得一次付清或按月支付的退休养老金。它是作为社会保障制度的补充而发展起来的。其资金来源由雇员和雇主共同出资积聚而成，即雇主的缴款以及雇员工资中的扣除及自愿缴纳。此外，资金运用的收益也是重要的资金来源。退休或养老基金会的资金运用以长期投资为主，主要投向政府债券、公司债券、不动产抵押债券、股票、投资基金等。

4. 投资基金

投资基金是指通过发行基金股票或基金受益凭证将众多投资者的资金集中起来，直接或委托他人将集中起来的资金投资于各类有价证券或其他金融商品，并将投资收益按原始投资者的基金股份或基金受益凭证的份额进行分配的一种金融机构。投资基金本质上是一种金融信托，其优点在于分散风险、管理人专业度高、具有规模效应等。投资基金在美国被称为共同基金，在英国被称为单位信托基金，在日本被称为证券投资信托基金。

5. 信用合作社

信用合作社是在市场经济国家普遍存在的一种互助合作性金融组织，由同一地区、同一工会或在同一公司工作的职工等特定范围的成员组成，如农村的农民信用合作社、城市的手工业者信用合作社等。信用合作社一般规模不大，其资金主要来源于合作社成员缴纳的股金和吸收的存款，资金运用主要是向信用合作社的成员发放贷款。最初，信用合作社主要发放短期生产贷款和消费贷款。现在较大的信用社已开始为解决生产设备更新、改进技术等提供中长期贷款。

6. 邮政储蓄机构

邮政储蓄机构是一种与邮政部门关系密切的非银行金融机构。邮政储蓄机构主要经营小额存款，其吸收的存款一般不用缴存准备金，其资金运用情况一般是存入中央银行，或购买政府债券。这种金融机构的设立最初是为了利用邮政部门分布广泛的分支机构，提供廉价、有效的邮政汇款服务，提高结算速度，加速资金周转，因此在各国普遍存在。据万国邮政联盟统计，全世界有80多个国家和地区的邮政部门经办了邮政储蓄业务。近年来，邮政储蓄机构正在朝两个方面发展：一是逐步回归到商业银行性质；二是在政府的支持下，变成一种公用事业，为社会提供各种服务，方便人们的生活。

5.3　我国金融机构体系的构成

我国目前仍然是新兴市场经济国家，金融体系也明显具有转轨及新兴市场经济体系的特征。

在计划经济下，我国实行的是单一银行制，除了中国人民银行外，几乎没有其他金融机构，企业的主要融资来源是国家预算拨款，只有临时性周转资金才通过中国人民银行的短期信贷解决。20世纪70年代末，我国开始金融体制改革，中国农业银行、中国银行、中国建设银行和中国工商银行先后从中国人民银行中分离出来。除全国性专业银行外，还建立了多种形式的银行和非银行金融机构。从1987年起，我国逐步成立了交通银行、中信银行、光大银行、华夏银行、广东发展银行、浦东发展银行、深圳发展银行、招商银行和福建兴业银行等多家股份制商业银行。1995年，我国又成立了以民营经济为服务对象的中国民生银行和面向海南经济特区的海南发展银行。非银行金融机构主要有金融信托投资公司、财务公司、融资租赁公司、农村信用社和城市信用社等。1980年，中国人民保险公司恢复了国内保险业务，后来又成立了中国平安保险公司。1990年12月，上海证券交易所和深圳证券交易所开始营业，标志着中国证券集中交易市场的形成。目前，我国已形成了以中央银行为核心，商业银行为主体，政策性金融机构、其他非银行金融机构等多种金融机构并存，分工协作，相对完整的金融机构体系。

到2022年年末，我国银行业金融机构达到4 567家，其中开发性金融机构1家、政策性银行2家、国有大型商业银行6家、股份制商业银行12家、城市商业银行125家、农村商业银行1 606家、农村合作银行23家、农村信用社548家、村镇银行1 645家、农村资金互助社37家、外资法人银行41家、民营银行19家、信托公司67家、金融租赁公司71家、企业集团财务公司252家、汽车金融公司25家、住房储蓄银行1家、消费金融公司30家、金融资产管理公司

5 家、贷款公司 4 家、货币经纪公司 6 家及其他金融机构 41 家。我国金融业机构总资产为 419.64 万亿元,其中,银行业机构总资产为 379.39 万亿元;证券业机构总资产为 13.11 万亿元;保险业机构总资产为 27.15 万亿元。金融业机构负债为 382.33 万亿元,其中,银行业机构负债为 348 万亿元;证券业机构负债为 9.89 万亿元;保险业机构负债为 24.45 万亿元。

5.3.1 中国人民银行

中国人民银行作为我国的中央银行,是国务院的组成部分,是制定和执行货币政策、维护金融稳定、提供金融服务的宏观调控部门。中国人民银行的活动不以营利为目的,不经营普通银行业务,只与政府和商业银行等金融机构发生资金往来关系。1998 年以前,中国人民银行的分支机构按行政区划设置,1998 年之后撤销省级分行,按经济区域设立了天津、沈阳、上海、南京、济南、武汉、广州、成都、西安 9 个跨省(自治区、直辖市)的大区分行,并设中国人民银行营业管理部和中国人民银行重庆营业管理部,实行总行、大区分行、中心支行和县市支行 4 级管理体制。在总行和分支机构之间,银行业务和人事安排实行垂直领导、统一管理。为了更好地围绕金融中心改进中央银行总行的调节功能和服务功能,2005 年 8 月 10 日,以中国人民银行上海分行为基础组建了中国人民银行上海总部,作为中国人民银行总行的有机组成部分。中国人民银行上海总部在总行的领导和授权下开展工作,主要承担部分中央银行业务的具体操作职责,同时履行一定的管理职能。

中国人民银行的主要职责如下。

(1)拟订金融业改革和发展战略规划,承担综合研究并协调解决金融运行中的重大问题、促进金融业协调健康发展的责任,参与评估重大金融并购活动对国家金融安全的影响并提出政策建议,促进金融业有序开放。

(2)起草有关法律和行政法规草案,完善有关金融机构运行规则,发布与履行职责有关的命令和规章。

(3)依法制定和执行货币政策;制定和实施宏观信贷指导政策。

(4)完善金融宏观调控体系,负责防范、化解系统性金融风险,维护国家金融稳定与安全。

(5)负责制定和实施人民币汇率政策,不断完善汇率形成机制,维护国际收支平衡,实施外汇管理,负责对国际金融市场的跟踪监测和风险预警,监测和管理跨境资本流动,持有、管理和经营国家外汇储备与黄金储备。

(6)监督管理银行间同业拆借市场、银行间债券市场、银行间票据市场、银行间外汇市场和黄金市场及上述市场的有关衍生产品交易。

(7)负责会同金融监管部门制定金融控股公司的监管规则和交叉性金融业务的标准、规范,负责金融控股公司和交叉性金融工具的监测。

(8)承担最后贷款人的责任,负责对因化解金融风险而使用中央银行资金机构的行为进行检查监督。

(9)制定和组织实施金融业综合统计制度,负责数据汇总和宏观经济分析与预测,统一编制全国金融统计数据、报表,并按国家有关规定予以公布。

(10)组织制定金融业信息化发展规划,负责金融标准化的组织管理协调工作,指导金融业信息安全工作。

（11）发行人民币，管理人民币流通。

（12）制定全国支付体系发展规划，统筹协调全国支付体系建设，会同有关部门制定支付结算规则，负责全国支付、清算系统的正常运行。

（13）经理国库。

（14）承担全国反洗钱工作的组织协调和监督管理的责任，负责涉嫌洗钱及恐怖活动的资金监测。

（15）管理征信业，推动建立社会信用体系。

（16）从事与中国人民银行业务有关的国际金融活动。

（17）按照有关规定从事金融业务活动。

（18）承办国务院交办的其他事项。

5.3.2　其他金融监管机构

自 20 世纪 80 年代以来，我国金融监管体系逐渐由单一全能型的监管结构走向多重机构的分业监管。根据分业经营、分业监管的原则，我国先后成立了中国证券监督管理委员会（1992 年 10 月）、中国保险监督管理委员会（1998 年 11 月—2018 年 3 月）和中国银行业监督管理委员会（2003 年 4 月—2018 年 3 月），分别对证券、保险和银行业进行监管，金融监管体系逐步建立和完善起来。"三会"连同中国人民银行一起，形成"一行三会"金融监管格局，实行"分业监管"。

近年来，我国金融业的混业经营趋势日益明显，不同行业间的业务界限逐渐变得模糊。包括商业银行在内的多数金融机构都往综合化、多元化方向发展，跨市场、跨行业的业务链条延长。在当前分业监管的体制下，各监管部门无法监测真实资金的流向，易导致危机跨市场、跨行业传染，引发系统性风险。近年来，互联网金融、资管产品的监管都出现过这类情况。由于"一行三会"的行政级别相同，相互之间都只有建议权而无行政命令权，导致长期以来，"一行三会"在监管过程中沟通不足现象较为严重，沟通效率低下，监管信息的分享机制不够畅通。2018 年 3 月，国务院宣布将中国银行业监督管理委员会（即"银监会"）和中国保险监督管理委员会（即"保监会"）的职责整合，组建中国银行保险监督管理委员会（即"银保监会"），作为国务院直属事业单位，将银监会和保监会拟订银行业、保险业重要法律法规草案和审慎监管基本制度的职责划入中国人民银行，不再保留银监会、保监会。这意味着，中国金融监管体制形成新的格局，即中国人民银行、中国证监会、中国银保监会"一行两会"。

2023 年 3 月 7 日，根据国务院关于提请审议国务院机构改革方案的议案，组建国家金融监督管理总局。2023 年 5 月 18 日，国家金融监督管理总局在北京金融街 15 号揭牌，与此同时，"国家金融监督管理总局"官方网站也正式启用。2024 年 4 月 8 日，国家金融监督管理总局县域监管支局统一挂牌，标志着国家金融监督管理总局系统"四级垂管"架构正式建立，金融监管组织体系进一步完善，金融管理体制改革取得重要进展。至此，中国金融监管体系从"一行两会"迈入"一行一局一会"新格局。

1. 国家金融监督管理总局的主要职责

（1）依法对除证券业之外的金融业实行统一监督管理，强化机构监管、行为监管、功能监管、穿透式监管、持续监管，维护金融业合法、稳健运行。

（2）对金融业改革开放和监管有效性相关问题开展系统性研究，参与拟订金融业改革发展战略规划。拟订银行业、保险业、金融控股公司等有关法律法规草案，提出制定和修改建议。制定银行业机构、保险业机构、金融控股公司等有关监管制度。

（3）统筹金融消费者权益保护工作。制定金融消费者权益保护发展规划，建立健全金融消费者权益保护制度，研究金融消费者权益保护重大问题，开展金融消费者教育工作，构建金融消费者投诉处理机制和金融消费纠纷多元化解机制。

（4）依法对银行业机构、保险业机构、金融控股公司等实行准入管理，对其公司治理、风险管理、内部控制、资本充足状况、偿付能力、经营行为、信息披露等实施监管。

（5）依法对银行业机构、保险业机构、金融控股公司等实行现场检查与非现场监管，开展风险与合规评估，查处违法违规行为。

（6）统一编制银行业机构、保险业机构、金融控股公司等的监管数据报表，按照国家有关规定予以发布，履行金融业综合统计相关工作职责。

（7）负责银行业机构、保险业机构、金融控股公司等的科技监管，建立科技监管体系，制定科技监管政策，构建监管大数据平台，开展风险监测、分析、评价、预警，充分利用科技手段加强监管、防范风险。

（8）对银行业机构、保险业机构、金融控股公司等实行穿透式监管，制定股权监管制度，依法审查批准股东、实际控制人及股权变更，依法对股东、实际控制人以及一致行动人、最终受益人等开展调查，对违法违规行为采取相关措施或进行处罚。

（9）建立除货币、支付、征信、反洗钱、外汇和证券期货等领域之外的金融稽查体系，建立行政执法与刑事司法衔接机制，依法对违法违规金融活动相关主体进行调查、取证、处理，涉嫌犯罪的，移送司法机关。

（10）建立银行业机构、保险业机构、金融控股公司等的恢复和处置制度，会同相关部门研究提出有关金融机构恢复和处置意见建议并组织实施。

（11）牵头打击非法金融活动，组织建立非法金融活动监测预警体系，组织协调、指导督促有关部门和地方政府依法开展非法金融活动防范和处置工作。对涉及跨部门跨地区和新业态新产品等非法金融活动，研究提出相关工作建议，按要求组织实施。

（12）按照建立以中央金融管理部门地方派出机构为主的地方金融监管体制要求，指导和监督地方金融监管相关业务工作，指导协调地方政府履行相关金融风险处置属地责任。

（13）负责对银行业机构、保险业机构、金融控股公司等与信息技术服务机构等中介机构的信息科技外包等合作行为进行监管，依法对违法违规行为开展调查，并对金融机构采取相关措施。

（14）参加金融业相关国际组织与国际监管规则制定，开展对外交流与国际合作。

（15）完成党中央、国务院交办的其他任务。

2. 中国证监会的主要职责

（1）研究和拟订证券期货市场的方针政策、发展规划；起草证券期货市场的有关法律、法规，提出制定和修改的建议；制定有关证券期货市场监管的规章、规则和办法。

（2）垂直领导全国证券期货监管机构，对证券期货市场实行集中统一监管；管理有关证券公司的领导班子和领导成员。

（3）监管股票、可转换债券、证券公司债券和国务院确定由证监会负责的债券及其他证券的发行、上市、交易、托管和结算；监管证券投资基金活动；批准企业债券的上市；监管上市国债和企业债券的交易活动。

（4）监管上市公司及其按法律法规必须履行有关义务的股东的证券市场行为。

（5）监管境内期货合约的上市、交易和结算；按规定监管境内机构从事境外期货业务。

（6）管理证券期货交易所；按规定管理证券期货交易所的高级管理人员；归口管理证券业、期货业协会。

（7）监管证券期货经营机构、证券投资基金管理公司、证券登记结算公司、期货结算机构、证券期货投资咨询机构、证券资信评级机构；审批基金托管机构的资格并监管其基金托管业务；制定有关机构高级管理人员任职资格的管理办法并组织实施；指导中国证券业、期货业协会开展证券期货从业人员资格管理工作。

（8）监管境内企业直接或间接到境外发行股票、上市以及在境外上市的公司到境外发行可转换债券；监管境内证券、期货经营机构到境外设立证券、期货机构；监管境外机构到境内设立证券、期货机构，从事证券、期货业务。

（9）监管证券期货信息传播活动，负责证券期货市场的统计与信息资源管理。

（10）会同有关部门审批会计师事务所、资产评估机构及其成员从事证券期货中介业务的资格，并监管律师事务所、律师及有资格的会计师事务所、资产评估机构及其成员从事证券期货相关业务的活动。

（11）依法对证券期货违法违规行为进行调查、处罚。

（12）归口管理证券期货行业的对外交往和国际合作事务。

（13）承办国务院交办的其他事项。

5.3.3 商业银行

我国的商业银行主要有：国有商业银行、股份制商业银行、城市商业银行、农村商业银行、外资银行、民营银行等。1995年5月，我国颁布了《中华人民共和国商业银行法》，原来的中国银行、中国建设银行、中国农业银行和中国工商银行等四大国有专业银行逐步过渡为国有商业银行，实行企业化经营，同时打破了原来业务分工的界限，可以经营多种金融业务。经过多年的改造，四大商业银行的经营机制发生了很大的变化，内部管理得到加强，较好地满足了社会主义市场经济建设对银行融资的需求。

我国邮政储蓄业务于1986年恢复，并在邮政总局下设立邮政储汇局。依照规定，邮政网点吸收的储蓄全部缴存中国人民银行，邮政储蓄存款成为中国人民银行的一项信贷资金来源业务。随着邮政储蓄业务的发展，部分邮政储蓄网点还经办国债发行和兑付的代理业务以及保险的代理业务等。发展中的邮政储蓄银行将在保留利用邮政网络基础功能的基础上，充分发挥其网络优势，完善城乡金融服务功能，以零售业务和中间业务为主，面向普通大众，特别是为城市社区和广大农村地区居民提供基础性金融服务，并与其他商业银行形成良好的互补关系。传统的邮政储蓄不论是在管理体制、运行机制方面，还是在业务经营方面都亟待改革和完善。按照金融体制改革的方向和现代企业制度的要求，建立起符合市场经济规律和金融企业内部风险控制要求的管理体制和运行机制，实现邮政金融业务的规范化经营和可持续发展，成为中国邮政储蓄改革的必然要求。根据国务院金融体制改革的总体安排，在改革原有邮政储蓄管理体制基础上，2007年3月中国邮政储蓄银行有限责任公司正式成立。2012年1月21日，经国务院同意并经中国银行业监督管理委员会批准，中国邮政储蓄银行有限责任公司依法整体变更为中国邮政储蓄银行股份有限公司。

目前由国家直接管控的大型国有商业银行有6家，分别是：中国工商银行、中国农业银行、中国银行、中国建设银行、交通银行、中国邮政储蓄银行。5家银行2023年进入《财富》世界500强，其中中国工商银行排名第24位、中国建设银行排名第30位、中国农业银行排名第35位、中国银行排名第43位、交通银行排名第162位。利息净收入仍然是大型国有商业银行的主要收入，2023年前三季度，六大行共计实现利息净收入约2.13万亿元，占整体营业收入的75.13%。手续费及佣金净收入包括支付结算及银行卡、理财托管及代理、投行咨询及其他业务净收入，是占比第二大的收入。2023年年末，国有大行中仅中国银行手续费及佣金净收入同比有所增长，其他均为负增长。其中，工商银行2023年手续费及佣金净收入降幅最高，同比下降7.7%，但该行仍是六大行中此项收入最多的银行。

随着金融体制改革的不断深化，我国陆续组建和成立了一批股份制商业银行。这些商业银行的共同特点是：并非国家所有，而是以股份形式组成，产权关系明晰，实行董事会领导下的行长负责制；初步建立了自主经营、自负盈亏、自担风险、自求平衡、自我约束、自我发展的经营机制。

城市和农村商业银行是在原有的城市或农村信用社的基础上发展起来的，有时冠以"合作"两字，但实际上也属于股份制商业银行，适用于《中华人民共和国商业银行法》。1995年，国务院决定在城市信用社基础上组建了城市合作银行和城市商业银行。通过改革，农村信用社治理模式已经发生了根本性变化，长期存在的内部人控制的问题得到了有效解决，机构自身已经形成了深入推进深层次体制机制改革的内生动力。

1998年，从北京开始，陆续出现以城市命名的商业银行。它们由各城市原来的城市合作银行合并组建而成。目前，城市合作银行的改革进一步深化，很多城市的合作银行已转变为城市商业银行。这些城市商业银行是由城市企业、居民和地方财政投资入股组成的地方性股份制商业银行，主要功能是为本地区的经济发展融通资金，重点为城市中小企业的发展提供金融服务。

根据《中华人民共和国商业银行法》（2015年版）规定，设立商业银行应当经国务院银行业监督管理机构审查批准。未经国务院银行业监督管理机构批准，任何单位和个人不得从事吸收公众存款等商业银行业务，任何单位不得在名称中使用"银行"字样。设立商业银行，应当具备下列条件：①有符合本法和《中华人民共和国公司法》规定的章程；②有符合本法规定的注册资本最低限额；③有具备任职专业知识和业务工作经验的董事、高级管理人员；④有健全的组织机构和管理制度；⑤有符合要求的营业场所、安全防范措施和与业务有关的其他设施。此外，设立商业银行，还应当符合其他审慎性条件。其中，设立全国性商业银行的注册资本最低限额为10亿元人民币。设立城市商业银行的注册资本最低限额为1亿元人民币，设立农村商业银行的注册资本最低限额为5 000万元人民币。注册资本应当是实缴资本。国务院银行业监督管理机构根据审慎监管的要求可以调整注册资本最低限额，但不得少于前款规定的限额。

截至2023年年底，外资银行在中国共设立41家法人银行、116家外国及我国港澳台银行分行和132家代表处，营业性机构总数888家，总资产达3.86万亿元人民币。2023年100强银行中，有7家外资银行上榜，总资产增长1.84%，净利润增长21.58%，展现了较强的获利能力。

2014年7月25日，银监会正式批准三家民营银行的筹建申请，它们分别是：以腾讯、百业源、立业为主发起人，在深圳市设立深圳前海微众银行；以正泰、华峰为主发起人，在温州市设立温州民商银行；以华北集团、麦购集团为主发起人，在天津市设立天津金城银行。2014年9月30日，银监会批复同意浙江网商银行筹建，同时获批的还有上海华瑞银行。至此，首批5家民营银行全部获批筹建。

截至2022年年末，共19家民营银行，整体资产规模1.78万亿，同比增长8.53%，整体净利润176亿同比增长29.3%。资产规模破千亿的有4家，分别如下：微众银行4 738.62亿元、网商银行4 410.89亿元、众邦银行1 077.88亿元、苏宁银行1 042.89亿元。资产规模增速排名前3位的是：新网银行48.5%、华通银行40.48%、民商银行25.53%；排名后3位的是：三湘银行-1.71%、华瑞银行-7.73%、亿联银行-10.44%；营业收入规模排名前3位的是：微众银行353.64亿元、网商银行156.86亿元、苏宁银行40.65亿元；营业收入规模增速排名前3位的是：金城银行146.54%、华通银行78.27%、客商银行74.91%；净利润排名前3位的是：微众银行89.37亿元、网商银行35.38亿元、苏宁银行10.05亿元；净利润增速排名前3位的是：金城银行893.18%、华通银行573.08%、客商银行155.73%；不良率最高的银行分别是：网商银行1.94%、华瑞银行1.86%、新网银行1.73%，最低的是：民商银行0.35%、客商银行0.46%、锡商银行0.82%、华通银行0.83%；资本充足率最高的银行分别是：新安银行24.29%、裕民银行18.46%，最低的是：众邦银行10.76%和苏宁银行11.2%。

5.3.4 政策性银行

政策性银行是由政府设立，根据政府的决策和意向专门从事政策性金融业务的非营利性金融机构。1994年以前，我国没有专门的政策性金融机构，国家的政策性金融业务分别由4家国有专业银行承担。1994年，为了加快专业银行商业化改革的进程，实现银行政策性业务与商业性业务的分离，我国正式成立了3家政策性银行：国家开发银行、中国进出口银行和中国农业发展银行。

系统重要性银行及其影响

1. 国家开发银行

国家开发银行（简称"国开行"）于1994年正式成立，直属国务院领导。其总部设在北京，目前在全国设有多家分行。同其他商业性金融机构相比，国家开发银行有如下特点。一是任务特殊。国家开发银行成立之初，按照国务院的规定，其主要任务是集中资金支持基础设施、基础产业和支柱产业大中型基本建设、技术改造项目及其配套工程建设，并对所投资项目在资金总量和资金结构配置上负有宏观调控职责。二是经营目标特殊。它不以营利为目的，而是以增强国家竞争力为使命，主要从经济发展角度来评价和选择项目。三是融资原则特殊。它不吸收居民储蓄存款，主要资金来源是国家财政拨款和其他财政性资金，向金融机构发行债券，向社会发行有财政担保的建设债券和经批准在国外发行债券等。

2015年3月，国务院明确国开行定位为开发性金融机构。国开行主要通过开展中长期信贷与投资等金融业务，为国民经济重大中长期发展战略服务。国开行贯彻国家宏观经济政策，筹集和引导社会资金，缓解经济社会发展的瓶颈制约和薄弱环节，致力于以融资推动市场建设和规划先行，支持国家基础设施、基础产业、支柱产业以及战略性新兴产业等领域发展和国家重点项目建设，促进区域协调发展和城镇化建设，支持保障性安居工程、中小企业、"三农"、教育、医疗卫生以及环境保护等领域的发展，支持国家"走出去"战略，拓展国际合作业务，以此增强国力，改善民生，促进科学发展。

国开行目前是全球最大的开发性金融机构、中国最大的中长期信贷银行和债券银行。截至2022年年末，其资产总额达18.24万亿元，贷款余额为14.47万亿元；净利润为843亿元，平均资产回报率（ROA）为0.48%，平均净资产收益率（ROE）为5.37%，资本充足率达11.37%，可持续发展能力和抗风险能力进一步增强。穆迪、标准普尔等专业评级机构，连续多年对国开行的评级与中国主权评级保持一致。

2. 中国进出口银行

中国进出口银行成立于1994年，是直属国务院领导的、政府全资拥有的国家银行。目前，中国进出口银行拥有标准普尔、穆迪和惠誉的评级，这些评级分别是A+、A1、A+，与中国国家主权信用评级一致。中国进出口银行总部设在北京。截至2023年年末，中国进出口银行在国内设有30余家营业性分支机构；在境外设有巴黎分行、东南非代表处、圣彼得堡代表处、西北非代表处、波兰代表处和智利代表处；与1 000多家银行的总分支机构建立了代理行关系。

中国进出口银行的主要职责是为扩大我国机电产品、成套设备和高新技术产品进出口，推动有比较优势的企业开展对外承包工程和境外投资，促进对外关系发展和国际经贸合作，提供金融服务。

中国进出口银行主要业务范围如下：办理出口信贷和进口信贷，办理对外承包工程和境外投资贷款，办理中国政府对外优惠贷款，提供对外担保，转贷外国政府和金融机构提供的贷款，办理本行贷款项下国际国内结算业务和企业存款业务，在境内外资本市场、货币市场筹集资金，办理国际银行间贷款，组织或参加国际、国内银团贷款，从事人民币同业拆借和债券回购，从事自营外汇资金交易和经批准的代客外汇资金交易，办理与本行业务相关的资信调查、咨询、评估和见证业务，经批准或受委托的其他业务。

截至2022年年末，中国进出口银行资产总额为5.94万亿元，同比增长9%，不良贷款率为1.36%，为2015年以来最低；负债总额为5.55万亿元，同比增长9.57%。税前利润为10 875亿元，同比增加3.32亿元。投放基础设施基金684亿元；用于对外贸易领域业务贷款余额为

26 442.58 亿元，较年初增加 4 570.36 亿元；跨境投资领域业务贷款余额为 2 101.76 亿元，较年初减少 77.26 亿元；对外合作领域业务贷款余额为 9 378.23 亿元，较年初减少 22.42 亿元。发放小微外贸政策性贷款余额 191.39 亿元，较年初新增 190.17 亿元；向定点帮扶县和对口支援县捐赠资金 2 575 万元，开展帮扶项目 39 个。

3. 中国农业发展银行

中国农业发展银行是直属国务院领导的我国唯一的一家农业政策性银行，1994 年 11 月挂牌成立。其主要职责是按照国家的法律、法规和方针、政策，以国家信用为基础，筹集资金，承担国家规定的农业政策性金融业务，代理财政支农资金的拨付，为农业和农村经济发展服务。截至 2022 年 9 月，全系统共有 31 个省级分行、309 个地市级分行和 1 686 个县级支行，服务网络遍布中国各地。

建行以来，中国农业发展银行在探索中前进，在改革中发展，坚决服从和服务于国家宏观调控，全面落实国家各项强农惠农政策，把实现良好的社会效益作为最重要的价值追求。目前，形成了以支持国家粮棉购销储业务为主体，以支持农业产业化经营和农业农村基础设施建设为两翼的业务发展格局，初步建立了现代银行框架，经营业绩实现重大跨越，有效发挥了在农村金融中的骨干和支柱作用。

中国农业发展银行主要办理粮棉油收储贷款、农村基础设施建设贷款、农业综合开发贷款、新农村建设贷款、县域城镇建设贷款、农业产业化龙头企业贷款、农产品加工企业贷款、农业科技贷款、农村流通体系建设贷款、农业小企业贷款、农业生产资料贷款等业务。

截至 2022 年年末，中国农业发展银行总资产达 9.09 万亿元，较 2021 年增幅达 13.91%。累计发放贷款 1.08 万亿元，贷款余额为 7.44 万亿元，较 2021 年增幅达 15.67%。其中，全年投放精准帮扶贷款 6 363.05 亿元，贷款余额为 18 561.53 亿元；累计投放中央事权粮油储备轮换及调控贷款 2 395 亿元，同比多放 226 亿元；累计投放地方事权粮油储备轮换及调控贷款 1 395 亿元，同比多放 179 亿元。实现净利润 310.55 亿元，所有者权益为 2 537.23 亿元。

5.3.5 非银行金融机构

1. 保险公司

保险公司是经营保险业务的经济组织。它的主要经营活动包括财产、人身、责任、信用等方面的保险与再保险业务及其他金融业务。其资金来源为以保险费形式聚集起来的资金以及投资收益。资金运用则为保险赔付、政府公债、市政债券、公司股票等。我国保险业于 1980 年恢复，此后得到飞速发展，主要经历了以下三个发展阶段。

（1）恢复阶段（1980—1985 年）。这一阶段保险市场由中国人民保险集团股份有限公司一家垄断，统一经营财产险和人身险，险种单一，且保费收入中财产险份额大大高于人身险。

（2）平稳发展阶段（1986—1991 年）。这一阶段的突出特征是出现了包括中国太平洋保险（集团）股份有限公司、中国平安保险（集团）股份有限公司等在内的 4 家保险公司。中国保险市场由中国人民保险集团股份有限公司独家垄断的格局在形式上被打破。

（3）快速发展阶段（1992年以后）。这一阶段以1992年中国人民银行批准首家外资保险公司——美国友邦保险公司上海分公司的成立为标志。这是迄今为止中国保险市场发展最为重要的阶段，明显区别于前两个发展阶段的特点集中在：市场主体不断增加，多元化的市场格局初步形成，保险业实现产寿分业经营，保费收入结构发生变化，人身险份额超过财产险，保险险种迅速增加，保险服务得以改善，保险监管的组织体系和法规体系逐步建立。截至2022年年末，我国共有保险机构法人237家，其中，人身险公司92家，财产险公司88家，较上年各增加1家；保险集团（控股）公司13家，再保险公司7家，政策性保险公司1家，保险资产管理公司33家，其他机构3家。保险业总资产为27.15万亿元，其中，人身险公司总资产为23.37万亿元，财产险公司总资产为2.67万亿元，再保险公司总资产为6719亿元。保险业务规模实现正增长，保险保费收入为4.70万亿元；偿付能力保持在合理区间，纳入偿付能力监管委员会审议的181家保险公司平均综合偿付能力充足率为196%。

2. 证券公司

证券公司是以经营证券业务为主的金融机构。我国证券公司的业务范围有：代理企业发行各种有价证券、代理客户买卖证券、证券自营、代办股票红利支付和债券的还本付息、证券的代保管、证券投资咨询等。我国的证券经营机构在最初发展时分成两大类：一类是由若干金融机构和非金融机构投资组建的股份制证券公司；另一类是由银行、信用社、企业集团、租赁公司和信托公司等金融机构设立的证券营业部。随着规范证券公司发展工作的落实，证监会在要求证券机构彻底完成与其他种类金融机构脱钩的同时，鼓励经营较好的证券公司通过增资扩股、收购和兼并业务量不足的证券机构，组建较大规模、更为规范的现代证券机构。我国现有的证券公司可分成两大类：一类是综合类证券公司，可以从事证券承销、经纪、自营业务；另一类是经纪类证券公司，只能从事证券经纪类业务。截至2022年年末，我国共有证券公司140家，其中上市证券公司42家（不含集团、母公司上市）。证券公司资产总额11.06万亿元；净资产总额2.79万亿元。证券公司服务投资者数量达2.1亿，服务经纪业务客户资金余额1.88万亿元，代理客户证券交易额733.25万亿元，代理销售金融产品保有规模2.75万亿元，受托管理客户资产规模9.76万亿元。证券经纪业务是券商第一大收入来源，占比为32.55%；投行业务、资本中介业务、证券投资业务紧随其后，占比分别为16.69%、16.03%、15.4%；资管业务收入占比较为稳定，为6.86%。

2022年，证券行业充分发挥资本市场在促进资本形成、价格发现、资源配置、风险管理等方面的重要功能，服务实体经济实现直接融资5.92万亿元；其中，通过IPO、增发、配股等股权工具实现融资1.37万亿元；通过公司债、资产支持证券等债权工具实现融资4.54万亿元，引导金融资源流向经济社会发展的重点领域和薄弱环节。当年证券行业共服务124家企业在科创板上市，实现融资2520.44亿元；服务150家企业在创业板上市，实现融资1796.36亿元；服务83家企业登陆北交所，实现融资164.77亿元；上述三个市场IPO上市的企业数量与融资金额分别占全市场的83.41%、76.36%，展现了资本市场对科技创新企业的支持力度持续加大。

3. 投资基金

投资基金作为金融机构在我国是指基金公司，即经中国证券监督管理委员会批准，在中华人民共和国境内设立，从事证券投资基金管理业务的企业法人。公司董事会是基金公司的最高权力机构。基金公司的发起人一般是从事证券经营、证券投资咨询、信托资产管理或者其他金融资产管理的机构。

证券投资基金（一般称基金），是基金公司发行的产品。在与基金相关发行、管理、托管、注册登记、销售等环节中，与基金管理人（即基金公司）相关的包括基金的发行和管理、登记注册、部分销售业务（直销）。这里要着重说明的是，基金财产独立于基金管理人的固有财产。也就是说，一方面，基金公司不得将基金财产归入其固有财产，在基金公司破产清算或追债的时候，基金不在此列；另一方面，投资者购买基金的行为不属于购买基金公司资产的行为。

基金公司发行的证券投资基金由专业人士管理，所投资的证券都是经过专业人士的多方面分析而最终决定的。我国规范的基金管理公司历史很短暂。1998年3月，国泰基金管理有限公司和南方基金管理股份有限公司成立。截至2022年年末，基金管理公司及其子公司、证券公司、期货公司、私募基金管理机构资产管理业务总规模约为66.74万亿元。其中，公募基金规模为26.03万亿元，证券公司及其子公司私募资产管理业务规模为6.87万亿元，基金管理公司及其子公司私募资产管理业务规模为7.12万亿元，基金公司管理的养老金规模为4.27万亿元，期货公司及其子公司私募资产管理业务规模约为3 147亿元，私募基金规模为20.28万亿元，资产支持专项计划规模为1.95万亿元。

2023年1月，施罗德基金获中国证监会核准设立。6月8日，施罗德基金管理（中国）有限公司成立，注册资本为2.6亿元，成为在中国开展公募基金管理业务的外商独资基金管理公司之一。同年3月3日，证监会核准设立联博基金管理有限公司。该公司由美国联博集团（以下简称"联博"）旗下联博香港有限公司100%控股，注册资本为1亿元人民币，注册地为上海市，经营范围为公开募集证券投资基金管理、基金销售、私募资产管理和中国证监会许可的其他业务。自此，外商独资公募布局中国脚步加快。路博迈基金、富达基金的首只债券型基金已发售。此外，上投摩根基金、摩根士丹利华鑫基金等多家基金公司也通过股权转让的形式在2023年成为外商独资公募基金公司。

4. 信托投资公司

信托投资公司是受人之托、代人理财的金融机构。1979年10月，我国第一家信托投资公司——中国国际信托投资公司（现中国中信集团有限公司）作为国家的一个重要对外窗口组建成立。此后随着商品经济的发展，社会预算外资金的积累不断扩大，信托投资业快速发展。以后我国又陆续设立了一批全国性信托投资公司以及为数众多的地方性信托投资公司与国际信托投资公司。我国的信托投资公司一般是由银行系统、国务院各部委和各级地方政府出资组建的。我国信托投资公司虽然数量不少，较分散，但由于这些公司都有复杂的地方行政背景，因此缺乏竞争性，业务重心又存在商业银行化和向证券业倾斜的发展趋势。因此，虽然经历过多次整顿，我国信托投资公司的业务发展仍处于变革和探索之中。

> **绿色金融：美丽中国"含绿量"升级**
> 目前我国已形成以绿色贷款、绿色债券为主，绿色基金、绿色保险、绿色信托等为辅的多层次绿色金融市场，为服务实体经济绿色低碳发展提供了强大动力。未来在绿色金融的大力支持下，我国经济社会绿色低碳发展将迈上新台阶，美丽中国"含绿量"也将进一步提升。

育人园地

5. 城市商业银行

20 世纪 70 年代后期，伴随着中国经济的开放和发展，为了补充、完善国有专业银行的金融功能，解决城市街道和个体工商企业结算、融资问题，全国各地县市纷纷组建城市信用社并在十几年的时间里得到快速发展。其后根据金融业规范化发展的需要，在国家的统一安排和部署下，城市信用社进行了大规模的清理整顿和撤并重组，并在城市信用社的基础上组建城市合作银行及后来的城市商业银行。城市商业银行作为我国金融体系的重要组成部分，在我国的城市金融中发挥了重要的作用。近年来，随着社会经济一体化的发展以及自身实力的壮大，城市商业银行原来仅仅服务于地方城市金融的功能定位已经悄然发生了变化。一些经营情况较好的城市商业银行开始了新一轮的重组改造，引进战略投资者，谋求在资本市场上市，完善法人治理结构，并开展跨区域经营。从 2007 年下半年开始，多家城市商业银行又掀起了一轮更名热潮，尽管这些银行更名后还保留着地方区域特色，但已经明显地体现出淡化地方城市金融的特点以及逐步成为全国性的股份制商业银行的趋势。

6. 农村信用社

我国的农村信用社经历了一个曲折多变的发展过程。1951 年 5 月，中国人民银行总行召开第一次全国农村金融工作会议，决定大力发展农村信用社，由村民自愿入股组建。到 1957 年年底，全国共有农村信用社 88 368 个。这一时期的农村信用社，资本金由农民入股，干部由社员选举，基本保持了合作制的性质。1959 年至 1976 年，农村信用社先后下放给人民公社、生产大队管理，后来又交给贫下中农管理，成为基层社队的金融工具。党的十一届三中全会后，农村信用社逐渐走上由农业银行进行管理的"官办"轨道，成为农业银行的"基层机构"。1995 年，中国首家农村商业银行——安徽省淮南市农村信用合作联社成立，标志着农商银行的诞生。随后，全国范围内相继设立了众多农商银行。1996 年以后，农村信用社脱离农业银行管理，中国人民银行直接负责对其进行监管。此次体制改革后，国有商业银行为降低成本纷纷退出农村，农业银行也逐步取消县以下网点。农村信用社一方面成为农村金融唯一的支柱，另一方面又面临资金投入严重不足的尴尬局面。

在过去的几十年里，农村信用社始终坚持为"三农"服务，起到了不可低估的作用。特别是 1997 年全国金融工作会议后，农村金融体制发生了重大变革，农村信用社支持"三农"，促进农村产业结构调整的作用愈加明显。但是，由于产权制度、监管体制、内控制度等环节存在着诸多问题，农村信用社的发展也受到了很大限制，从而束缚了其服务"三农"的实践。农村信用社改革正是在这样的背景下迈出步伐的。从 2000 年，经国务院同意在江苏省实行以县为单位统一法人，组建省联社试点工作开始，农村信用社的深化改革拉开了新的历史序幕。2003 年 6 月 27 日,国务院印发《深化农村信用社改革试点方案》,进一步确立了农村信用社定位为农民、农业和农村经济发展服务的社区性地方金融机构;积极探索和分类实施股份制、股份合作制、合作制等各种产权制度,使信用社真正成为"自主经营、自我约束、自我发展、自担风险"的市场主体新的改革方向,并把信用社的管理交给省政府负责,通过省级联社,对信用社实施管理、指导、协调、服务。试点范围扩大至吉林、山东、江西、浙江、江苏、陕西、贵州、重庆。2006 年,银监会监管工作会议提出用 5~10 年时间将农村合作金融机构逐步过渡到符合现代金融企业制度要求的、有特色的社区性农村银行。

农村信用社通过公司制改革改制为农村商业银行是当前农村信用社的改革方向。农村信用社为合作制经营,在治理结构和抗风险能力等方面难以满足现代金融发展的要求。通过公司制改革,改善治理结构,提高抗风险能力,有利于发挥农村金融机构普惠金融的作用。改制后的农村商业银行按照《中华人民共和国商业银行法》监督管理,按照公司制治理运营,随着经营水平的提高,开展业务的资质也相应增多,如随监管评级水平的提高,可以获得更广泛的投资资格等。截至 2023 年年底,全国农信机构共计 2 129 家,包括农村商业银行、农村合作银行和农村信用社。具体来说,农村商业银行有 1 607 家,农村合作银行有 23 家,农村信用社有 499 家。此外,我国还有 1 636 家村镇银行和 5 500 家小额贷款公司。

7. 财务公司

我国的财务公司即企业集团财务公司,是指以加强企业集团资金集中管理和提高企业集团资金使用效率为目的,为企业集团成员单位提供财务管理服务的非银行金融机构。财务公司在业务上接受银保监会领导、管理、监督与稽核,在行政上隶属于各企业集团,是实行自主经营、自负盈亏的独立法人企业。企业集团财务公司不是商业银行,它的业务限制在本集团内,不得从企业集团之外吸收存款,也不得对非集团单位和个人发放贷款。根据中国银行保险监督管理委员会 2022 年 10 月公布的《企业集团财务公司管理办法》,财务公司可以经营下列部分或者全部本外币业务:①吸收成员单位存款;②办理成员单位贷款;③办理成员单位票据贴现;④办理成员单位资金结算与收付;⑤提供成员单位委托贷款、债券承销、非融资性保函、财务顾问、信用鉴证及咨询代理业务。符合条件的财务公司,可以向中国银行保险监督管理委员会及其派出机构申请经营下列本外币业务:①从事同业拆借;②办理成员单位票据承兑;③办理成员单位产品买方信贷和消费信贷;④从事固定收益类有价证券投资;⑤从事套期保值类衍生产品交易;⑥银保监会批准的其他业务。财务公司不得从事除中国人民银行或国家外汇管理局政策规定之外的离岸业务或资金跨境业务。

金融监管机构高度重视包括财务公司在内的金融机构公司治理改革和监管。2021 年,原中国银行保险监督管理委员会(以下简称"银保监会")发布《银行保险机构公司治理准则》;2022 年,银保监会修订发布《银行保险机构公司治理监管评估办法》,将财务公司等非银机构纳入监管评估范围。2022 年 10 月,银保监会发布新修订《企业集团财务公司管理办法》,缩减了财务公司业务范围,提高财务公司申设门槛、限制业务范围、增设监管指标以及强化风险管理和合规要求;实施有限牌照,进一步强化财务公司主责主业,专注服务集团内部,行业监管明显趋严,合规经营要求提高。也是在 2022 年,国务院国资委发布《关于推动中央企业加快司库体系建设 进一步加强资金管理的意见》,进一步强调财务公司作为集团资金集中管理平台的功能定位，对财务公司提出了更高的要求。

截至 2022 年年末，全国财务公司法人机构数量为 252 家，有下降趋势，主要原因如下：一是集团间的合并重组，一个企业集团只允许保留一家财务公司；二是部分财务公司因母公司经营不善，受不利影响被注销。

> **金融支农：农村金融在新一轮千亿斤粮食产能提升中大有可为**
> 新时代，农村金融机构要坚持金融服务国家粮食安全主力银行的职责定位，全方位支持提升粮食产能。

育人园地

本章小结

金融机构泛指从事金融业务、协调金融关系、维护金融体系正常运行的机构。金融机构体系又被称为金融体系，是一个由经营和管理金融业务的各类金融机构组成的整体系统。

西方国家的金融体系主要由中央银行、商业银行、各种专业银行和非银行金融机构等组成。专业银行种类繁多，名称各异，包括开发银行、储蓄银行、抵押银行、进出口银行、外汇银行、农业银行等。

一般将中央银行、商业银行、专业银行以外的金融机构称为非银行金融机构。非银行金融机构种类繁多，包括保险公司、退休或养老基金会、投资基金、信用合作社、邮政储蓄机构等。

目前，我国已形成了以中央银行为核心，商业银行为主体，政策性金融机构、其他非银行金融机构等多种金融机构并存，分工协作，相对完整的金融机构体系。

学习建议

本章是对金融机构体系构成的总体介绍。对这一章的学习，应主要把握金融机构体系的各个组成部分，尤其是西方专业银行与我国政策性银行的异同，以及我国非银行金融机构与西方非银行金融机构的差异。建议学生对我国金融机构体系的构成进行实地调查，以分析各自的功能和作用。

本章重点

西方金融体系的构成、专业银行的构成、非银行金融机构的构成、我国政策性银行的构成、我国金融监管体系的架构。

本章难点

西方专业银行与我国政策性银行的差异、我国金融机构体系与西方国家的异同。

核心概念

金融机构	金融机构体系	中央银行	商业银行
专业银行	非银行金融机构	投资银行	保险公司
政策性银行			

📍 课后思考与练习

1. 简述金融机构的分类及其功能。
2. 专业银行包括哪些银行？其特点是什么？
3. 西方非银行金融机构主要包括哪些？其主要特点是什么？
4. 我国政策性银行包括哪些？其主要职能是什么？
5. 我国金融监管机构是哪些？

📍 补充阅读

在开放中变革、融合与创新的金融机构体系：
40年中国金融改革开放的基本经验

金融是现代经济的核心。这一核心作用主要通过两条渠道体现：一是宏观渠道，货币、信贷和外汇政策对增长、物价、就业和国际收支的影响，主要体现在需求侧；二是微观渠道，金融机构和金融市场配置金融资源的效率与效果，主要体现在供给侧。金融改革之所以复杂，就在于其必须在需求和供给两条线上同时发力，往往错综交织。因此，在改革开放40年中，金融业的改革开放是一项系统工程，涉及货币调控体系改革、外汇管理体系改革、金融市场制度设计、金融机构改革以及金融业对外开放等。但是从理论研究和政策制定角度出发，我们始终面临一个方法论的基本问题：作为现代经济的核心，金融改革是否存在一个"牛鼻子"？这决定了改革的操作取向是多条战线同时推进，还是存在一个"一着棋活、全盘皆活"的"题眼"？

1. 金融机构体系改革创新是全部金融改革的核心要义

金融的原始功能是配置资源，附带功能是风险管理。理论上，资源配置都具有跨期性，因而都存在风险；在实践中，我国金融改革起点在于且仅在于要为经济发展提供不同于计划体制的资金来源，显然这属于资源配置。走过40年改革开放，我们发现一个基本事实：在发达与欠发达区域之间，以及市场经济国家与转型经济体之间，金融机构体系仍然存在显著差异性。但各国几乎有类似的货币当局、规则相同或相近的金融监管、层次近似的金融市场（货币市场、外汇市场、资本市场）、功能一致的金融工具和产品。那么，什么因素导致了差异？显然，微观主体——金融机构的差异决定了各个经济体金融机构体系的差异。

第一，体制传承决定了金融机构。改革开放前，与计划经济体制相适应，中国建立了高度集中的、单一的国家银行体制。1978年党的十一届三中全会开启了我国改革开放的历史序幕，金融改革开放提上日程：从陆续恢复或分设工、农、中、建四大国有银行，设立全国或区域性股份制银行以及各类其他金融机构开始，到中国人民银行专门行使中央银行职能，再到1987年10月党的十三大提出我国社会主义有计划商品经济的体制的运行机制总体上是"国家调节市场，市场引导企业"，明确了金融体制改革的市场化方向；1993年党的十四届三中全会明确提出要在20世纪末初步建立起社会主义市场经济体制，并要求加快金融体制改革；1993年国务院《关于金融体制改革的决定》的出台，明确提出建立政策性金融与商业性金融分离，以国有商业银行为主体、多种金融机构并存的金融组织体系，强调了金融组织体系在金融改革中的基础性作用。这些改革举措的成绩是显著的。2003年银行业和农村信用社改制造就了我国高达13%以上的银行业资本充足率和170%以上的拨备覆盖率，四大银行先后入列全球系统重要性银行，农村信用社从97.8%的机构资不抵债到资本充足率达到12%、累积盈利1.4万亿元。然而，中国金融业仍然面临法人治理变革问题，其中的关键问题是预算软约束和道德风险的残余；基于对系统性风险这不可承受之重的预期，"大而不倒"的问题始终存在并演化为机构竞相做大，且发展表外或资产管理业务导致影子银行风险突出；"一放就乱、一收就死"与负赢不负亏现象在金融创新、综合跨界经营和资本补充等领域中普遍存在。在现代金融市场环境下，上述现象依然困扰决策和监管层如何管理系统性风险，如何在巴塞尔协议等框架下操作。因此，机构的运行特征决定了资源配置方式，这一领域的改革任务仍然具有挑战性。

第二，宏观面金融改革的有效性取决于金融机构运行方式。经济体制改革初期，曾存在是以价格改革为主还是企业改革为主的重大争论。作为定价机制改革，价格改革具有瞬时转轨特征。但中国走渐进式改革路径，一个很重要的客观因素在于，企业作为价格信号接受者、市场价格制定者，应当具有自主活力和风险承担能力。这一因素决定了金融领域市场化改革首先是金融机构改革。1993年中国提出利率市场化改革构想，1996年6月起放开同业拆借利率上限，2000年起按照"先贷款后存款、先大额后小额、先外币后本币"的思路全面推进利率改革，2013年7月20日和2015年10月24日放开贷款利率下限和存款利率上限。价格只有对真正自负盈亏的市场主体才能完全发挥资源配置的引导作用，问题是，金融机构行为往往具有不完美性质，即利差要能够覆盖风险，否则就一定会导致资金内部循环。于是，问题自然演化为，一方面立足于支持实体经济的货币传导机制因风险溢价而效能不足；另一方面金融机构的顺周期操作，泡沫化现象在很多领域中出现。

因此，学习和引进现代宏观金融调控方式相对较为容易，但真正改革金融运行内在机理，金融机构现代化是无法绕过的环节，也是货币政策、金融监管是否有力、有效的决定性因素。

2. 金融机构改革的必要条件是开放

一个值得深入思考的问题是，为什么我国金融体系改革取得了历史性成就，实现了历史性变革，得到了世界范围的认可？其中固然有不懈探索，但更重要的是以开放促进改革。改革意味着深刻的利益重组进而会形成内生动力不足的问题，因此，开放就成为推动甚至倒逼改革的先决条件。开放促使了中国金融体系自身进行变革，走向与世界的融合。开放的基本含义有三点：一是引进规则，二是引进制度，三是引进竞争。

首先是规则。过去30年间中国积极引进国际金融业标准和准则，提高会计审计标准，实施《巴塞尔协议Ⅱ》《巴塞尔协议Ⅲ》等国际金融监管标准和准则。我国总体上按照市场规则和经济规律逐步引入并建立既符合我国国情，又体现市场原则的规律法律、制度规则、计量标准和实践准则。有了这套制度标准，改革的进程更加规范，我国金融业能够更好地与国际接轨。以我国商业银行为例，拨备计提不足使得消化不良贷款能力较低，采用更高的会计准则和更高的贷款分类标准，商业银行可自主进行不良贷款拨备，保障对损失类不良资产核销有较大自主权；通过实施《巴塞尔协议Ⅱ》和《巴塞尔协议Ⅲ》保证商业银行拥有较大空间应对金融风险。对于金融机构而言，作为高负债企业，其经营成败具有极强的外部性，因而不仅要谋求自我发展，更要有充分的自我约束，而资本充足率和偿付能力正是这种约束，即一定规模的资本金只能维持一定规模的业务量。

其次是制度。中国通过对外开放实现了全球范围内的产权融合和法人治理现代化，呈现中资机构向世界金融业"收敛"的基本趋势。改革初期，国有银行改革经历了艰难探索，从20世纪70年代末立足办成专业银行，到90年代初把政策性业务剥离给政策性银行，力求把国有银行办成真正的商业银行，改革方向明确，改革决心坚决，改革举措精准。事实证明，如不转变公司治理结构和经营机制，国有商业银行不可能成为真正意义上的商业银行。封闭的银行体系和旧体制机制仍然不断产生新的不良资产。在历经曲折，付出巨额改革成本后，我们意识到，开放可以引进制度，制度可以带来新生。整部金融改革史最伟大的篇章之一，是2003—2006年中资银行引进境外机构投资者的战略决策，股权合作成为境外金融机构进入中国的新方式，推动了银行业快速变革，使中国银行业从问题金融机构演变为全球最具活力和影响力的市场主体。其中中国建设银行、中国银行、交通银行、中国工商银行先后引进境外战略投资者并在境内外成功上市，是改革开放相互促进的成功案例。可以说，通过引进战略投资者，才有今天蓬勃发展的中国银行业。

最后是竞争。1994年中国颁布的全面规范外资银行的第一部法规《中华人民共和国外资金融机构管理条例》，规定了外资银行在华设立外商独资银行、中外合资银行和外国银行分行的市场准入条件和监管标准。这是引进竞争的开始，实际上，保险业是开放、竞争和繁荣的最佳实践，比其他金融行业提前两年全面对外开放。2003年年底，中国取消了对外资非寿险公司在华设立机构形式的限制，并向外资非寿险公司开放所有业务。从2004年12月11日开始，中国根据加入WTO的承诺全面放开保险业对外资的业务和地域限制，进一步取消了外资保险公司机构设立的地域限制，除有关法定保险业务外，进一步向外资参股或合资寿险公司开放了所有业务。中国除了对寿险公司有外资比例不超过50%及设立条件限制外，对外资没有其他限制；对非寿险公司则除了设立条件以外，没有其他限制，将法定再保险比例降为5%。2005年年底，中国取消了法定分保政策，保险业商业化运行程度进一步提升。

3. 当前的核心问题是金融机构在资源配置中的作用

当前的金融改革从表面上看是防控系统性风险，促进金融服务实体经济，而实质性问题涉及金融资源配置主体及其渠道。改革开放的基本经验和教训或可供未来的金融改革设计参考。

第一，货币是总闸门，但货币当局不是金融资源直接配置者。这是自1979年以来的改革中被反复证明的真理，但国家很容易在金融危机后过度赋予中央银行结构调整职能。实际上，中央银行可以在事前或事后纠正金融机构和金融市场的资源错配，但它绝非直接配置者。特别是，当我们较多考虑普惠金融、绿色金融等具有社会价值的问题时，激励应严格优先于政府直接配置金融资源，否则势必形成极高的道德风险。

第二，杠杆率是风险总源头，但解决杠杆问题应该更多地从机构的资本约束出发，发展直接融资机构。中国金融改革不缺资金来源，但缺乏正确的金融资源配置形式，否则必然是日益提高的负债率与快速膨胀的金融资产并存。降低杠杆率和提高金融服务实体经济的效率必须依靠发展直接融资与股权投资机构，而不再依赖以银行业为主导的金融体系"增加总资产—追加资本金"的膨胀循环。在这个意义上，我们还需要更多地向全球金融市场开放，持续借鉴"金融市场—金融机构—实体经济"良性互动的得失成败，科学谋划下一阶段金融改革。

第三，风险是金融的永恒命题，单体风险永续存在，但系统性风险都来源于道德风险。的确，开放会因机构间资产负债连接促发跨境风险传染，开放也会因学习新业态形成新增风险。

当前对移动支付、网络信贷、区块链等金融科技的快速引进导致了跨市场、跨行业风险冲击。但从18世纪以来历次金融危机历史纵深看，金融危机源于系统性资源错配，全局性错配源于全行业道德风险蔓延。因此，在金融市场高度关联的今天，针对跨市场、跨行业金融行为要有更清晰的判断，既要建立宏观审慎制度框架控制系统性风险，也要避免从管理走向管制的体制复归。毕竟，金融配置资源效率很大程度上决定了实体经济的投入-产出效率。这是"金融是现代经济的核心"的基本含义，也是检验一个经济体能否走向现代化、迈向中高端的重要标尺。

资料来源：陆磊. 在开放中变革、融合与创新的金融机构体系：40年中国金融改革开放的基本经验 [EB/OL]. (2018-12-19) [2024-09-24]. http://m.sohu.com/a/283137912_184783.

思考题：如何理解金融机构的现代化？

第 6 章 商业银行与中央银行

○ 学习目标

1. 了解商业银行和中央银行的产生与发展过程；
2. 理解商业银行和中央银行的职能与组织形式；
3. 掌握商业银行和中央银行的资产负债业务与经营管理模式。

○ 引言

银行是目前所有金融机构中最大和最古老的金融机构。银行决定着一个国家的经济命脉，而中央银行和商业银行则在金融体系中占有主体地位。在很多国家，中央银行是最高金融机构，它监督、管理着各类银行和其他金融机构以及金融市场，控制和防范各种金融风险，同时还担负着发行货币、实施货币政策、进行宏观调控、保持经济稳定、促进经济增长的使命。商业银行是银行体系的支柱，它通过吸收存款、发放贷款、积少成多、以短贷长的方式为政府、企业、居民提供可贷资金，支持整个国民经济的发展。那么，中央银行是怎样产生的？其职能又是什么？商业银行的性质和职能是什么？商业银行是如何开展资产负债业务，如何促进经济发展的？这些将是本章重点讲述的内容。

6.1 商业银行

6.1.1 商业银行概述

1. 商业银行的概念

商业银行是现代金融体系的主体，距今已有 300 多年的历史，是一国银行体系中最重要的金融机构。早期的商业银行主要吸收短期存款，并相应发放短期商业贷款，商业银行由此而得名。随着资本主义经济的发展，商业银行也在不断发展演变，其经营对象远远超出了传统的业务范畴，现代意义上的商业银行是具有信用创造功能，以经营存放款和办理结算为主要业务，以获取利润为主要经营目标的综合性金融机构。

在西方金融体系中，商业银行是某一类银行的抽象化的一般概念，具体到某一家银行时一般并不直接被称为"商业银行"，如美国的国民银行、英国的存款银行、日本的城市银行、法国的信贷银行等都属于商业银行，但都没有被直呼为商业银行。可见，商业银行是一个总体抽象概念，它不是指某一家或某几家银行，而是指具有某种共同职能和特征的一类银行。

知识拓展

平遥日升昌票号的前世今生

2. 商业银行的性质

商业银行是以追求最大利润为经营目标，以多种金融资产和金融负债为经营对象，为客户提供多功能、综合性服务的金融企业。商业银行的性质主要体现在以下三点。

（1）商业银行属于企业。商业银行的经营目标与一般企业一样，以追求利润最大化为目标，其获取最大利润既是其经营与发展的基本前提，也是发展的内在动力。

（2）商业银行属于金融企业。商业银行是一种特殊企业，即金融企业。与一般企业相比，商业银行这种金融企业的特殊性具体表现为以下几点。①商业银行经营的商品特殊。商业银行是以金融资产和金融负债为经营对象，从事包括货币收付、借贷以及各种与货币有关的或与之相联系的金融服务，经营的是特殊商品，即货币和货币资本。②商业银行对社会的影响特殊。商业银行的经营好坏可能影响到千千万万的家庭、企业的利益乃至整个社会的稳定。因此，商业银行对社会的影响比一般企业要大得多。③国家对商业银行的管理特殊。由于商业银行对社会的特殊影响，国家对商业银行的管理要比对一般企业严格得多，管理范围也要广泛得多。

（3）商业银行是一种特殊的金融企业。商业银行不仅不同于一般企业，与其他金融机构相比，其业务更综合、功能更齐全，经营的既有零售业务，又有机构业务；既有传统的银行业务，又有金融创新业务。它为客户提供的金融服务更全面、范围更广，而其他金融机构只能提供一个方面或几个方面的金融服务。因此，在现代金融体系中，商业银行占有特别重要的特殊地位。

3. 商业银行的职能

商业银行的特殊性质决定了商业银行的基本职能，一般来说，商业银行有以下几个主要职能。

（1）信用中介。信用中介职能是指商业银行通过负债业务，将社会上的各种闲散资金集中起来，通过资产业务，将所集中的资金运用到国民经济各部门中去。作为存款金融中介机构，银行对资金多余单位和资金短缺单位都提供金融服务，为借贷活动充当信用中介，这是银行最基本的职能。银行的信用中介职能对经济的发展，起着极大的推动和促进作用，它将社会各方面的闲置货币集中起来，并把它转化为现实的生产和流通资本，使之得到充分有效的运用，从而减少闲置货币资本在社会总资本中的份额，促进经济的发展。

（2）支付中介。支付中介职能是指商业银行利用活期存款账户，为客户办理各种货币结算、货币收付、货币兑换和转移存款等业务活动。在执行支付中介职能时，商业银行是以企业、团体或个人的货币保管者、出纳或支付代理人的资格出现的。由商业银行充当支付中介，为客户进行非现金结算，大大减少了现金的使用，节省了社会流通费用，加速了结算过程和货币资金的周转，起到了促进扩大再生产的作用。借助于支付中介职能，商业银行成为国民经济活动中的现金出纳中心和转账结算中心。

（3）信用创造。信用创造职能是指商业银行利用其吸收活期存款的条件，通过发放贷款、从事投资业务而衍生出更多的存款，从而扩大货币供应量。商业银行的信用创造包括两层意思：首先，现代商业银行产生后，打破了贵金属的垄断，创造了银行券和支票等信用流通工具，既节省了流通费用，又能及时满足经济发展对于流通手段和支付手段的需要。其次，借助于支票流通和非现金结算制度，银行的信用活动还可以创造出大量的派生存款，从而使银行可以超过自身资本和吸收的存款数额来扩大贷款规模。通过其信用创造的制约机制，商业银行成为调节宏观经济的杠杆。中央银行可以通过货币政策工具的使用，有力地影响商业银行信用创造的规模，从而有效地调控全社会的货币供应量，影响整个社会的经济活动水平。

（4）金融服务。商业银行的金融服务职能是指商业银行通过自身的业务活动为满足全社会对货币的各种需要而提供多样化的服务。商业银行联系面广，信息灵通，特别是互联网的广泛应用，使其具备了为客户提供更便捷金融服务的条件。社会化大生产和货币流通专业化程度的提高，又使原本属于企业自身的货币业务也交由银行代理，如发放工资、催收货款、代理支付等。因此，随着商业银行业务领域的不断拓展，与客户的联系日益密切，商业银行在整个国民经济中的影响也越来越大。

4. 商业银行的组织制度

商业银行的组织制度是一个国家用法律形式所确定的该国商业银行体系、结构及组成这一体系的原则的总和。目前，各国商业银行产生和发展的经济条件不同，因而组织形式也存在一定的差异。世界上商业银行的组织制度主要有以下四种类型。

（1）单元银行制。单元银行制又称单一银行制，是指商业银行业务由各个相互独立的银行本部经营，不设立或不允许设立分支机构。每家商业银行既不受其他商业银行的控制，也不得控制其他商业银行。

这种银行制度的优点是：有利于自由竞争，防止银行垄断；有利于银行和地方经济的融合；银行具有较高的独立性和自主性，业务经营的灵活性也较大；银行管理层次少，有利于银行内部的经营管理。其缺陷是：银行规模较小，经营成本高，不易取得规模经济效益，抗风险能力差；该制度使银行易受该地区、该行业经济发展状况的影响；业务发展和金融创新受限制；作为金融监管部门，要面对大量的金融机构，从而削弱了金融监管的效果。

（2）总分行制。总分行制是指法律上允许在总行以外、在国内外其他地区设立分支机构的一种银行制度。这种银行一般在大城市设立总行，在中心城市设立分支机构，所有分支机构统一由总行领导。

与其他银行制度相比，总分行制优点十分明显：分支机构多，分布广，便于吸收存款、扩大经营规模、增强银行实力；大量的分支机构，便于资产在地区和行业上的分散，降低放款的平均风险，提高银行的安全性；银行规模较大，易于采用现代化设备，提供多种便利的金融服务，取得规模效益；由于银行总数少，便于金融监管当局的监管。

当然，总分行制也有一定缺点：不利于自由竞争。该制度容易造成大银行对小银行的吞并，形成金融垄断，使小银行处于不平等的竞争地位；银行规模过大，内部层次结构较多，加大了银行内部的控制难度。但总的来看，总分行制更能适应现代经济发展的需要，因而成为目前各国普遍采用的一种银行制度。

（3）持股公司制。持股公司制又称集团银行制，是指一个集团成立持股公司，再由该公司收购或控制两家以上独立的银行而建立的一种银行制度，这些独立银行的业务和经营决策由持股公司控制。

持股公司制的优点是：能够有效地扩大资本总量，增强银行的实力，提高抵御风险和参与市场竞争的能力，弥补单元银行制的不足。但实行持股公司制容易形成银行业的集中和垄断，不利于银行之间开展竞争，并在一定程度上限制了银行经营的自主性，不利于银行的创新活动，阻碍了银行业的发展。

中国金融控股公司
发展历程及前景

（4）连锁银行制。连锁银行制又称联合银行制，是指由一个人或某一个集团购买若干独立银行的多数股份，进而控制这些独立银行的业务和经营决策。这种控制可以通过持有股份、共同指导或法律允许的其他方式完成。连锁银行的每个成员都有自己的独立法人地位，具有自己的董事会，但由于受控于同一人或集团，因此还有统一的决策机构。

连锁银行制与持股公司制具有一定相似之处，但也有其区别：连锁银行制不设置持股公司，而是通过若干家银行互相持有对方股票，互相成为对方股东的方式结成连锁关系。连锁银行虽然表面上是独立的，但在业务上互相配合、互相支持，常常调剂余缺、互通有无，而且其控制权往往掌握在同一财团手中，成为实质上的分支银行制。这两种银行制度都以美国最为典型。

6.1.2　商业银行的主要业务

商业银行在金融机构中经营范围最广泛、业务量最大、业务种类最丰富。总的来看，商业银行的业务可分为负债业务、资产业务和中间业务三大类。

1. 商业银行的负债业务

商业银行的负债业务是银行融通资金、筹措经营资本和资金的业务，也就是形成其资金来源的业务。它决定商业银行资金来源的规模和结构，从而决定商业银行资金运用的规模和结构。负债业务是资产业务的基础和前提。商业银行的负债主要有自有资本、存款负债和借入负债三种类型。

（1）自有资本。自有资本又称银行资本或资本金，是指银行为了正常营运而自行投入的资金，它代表股东对银行的所有权。自有资本是商业银行实力强弱的标志之一，也是商业银行经营发展和业务扩展的基础。自有资本的多少还体现商业银行资本实力对债权人的保障程度。在现代商业银行中，自有资本往往是其资金来源的一小部分，但其作用巨大，它可以减少商业银行的经营风险，维持商业银行业务的正常经营和使商业银行保持适度的资产规模。自有资本包括股本、储备资本和未分配利润。

《商业银行资本
管理办法》

股本是在有价证券市场上用出售股票的方式筹集起来，或由一些大公司共同出资合股形成的，是商业银行最原始的资金来源，也是商业银行开业的前提条件之一，是银行资本中最基本、最稳定的部分。

储备资本是指在商业银行保留的收益中专门用于应付意外事件或预料中突发事件的准备金。

未分配利润是指银行税后净利在分配给股东后的余额，它是商业银行增加自有资本的主要来源。

(2) 存款负债。存款是商业银行最主要的资金来源，也是商业银行最主要的负债。任何商业银行在经营中总是千方百计地设法增加存款，只有增加资金来源，才能扩大放款和投资规模，增加利润收入。按照传统的存款划分方法，商业银行的存款分为：活期存款、定期存款和储蓄存款。

活期存款是存款人可以随时存入和提取的存款，存款人可以在自身的存款额度内随时签发支票，或进行日常支付和结算。活期存款存取数量大、流通速度快、支付频繁，银行需要付出大量的人力物力，因此，很多国家的商业银行对活期存款一般只支付很少的利息。活期存款是商业银行的"专利"业务，是商业银行创造存款货币的基础。

定期存款是指存款人在银行存款时先约定存款期限，到期才能提取本金和收取利息的存款。若存款人提前支取必须承担相应的利息损失。定期存款一般采用记名存单方式存取。定期存款具有较高的稳定性，是商业银行吸收外来资金中较可靠的部分，可用于中长期贷款业务，所以各国商业银行均给予较高的利息。

储蓄存款一般是个人或非营利单位为积蓄货币，取得利息收入而采用的一种凭存折或存单提取的存款方式，包括活期储蓄存款、定期储蓄存款等。商业银行对储蓄存款一般要支付利息。在商业银行负债业务中，居民储蓄存款是最普遍、最重要的业务之一，其特点是易变性强，对于通货膨胀等经济环境的变化敏感性高，如果出现银行挤兑，容易引发信心危机。

(3) 借入负债。商业银行在自有资本和存款不能满足放款需求时，或银行资金的流动性不足时，可以通过各种借款主动寻求资金，因此借款是商业银行的主动负债。商业银行借入资金主要有以下一些渠道。

1) 向中央银行借款。商业银行向中央银行借款的形式主要有两种：一是直接借款，即再贷款；二是间接借款，即再贴现。在市场经济发达的国家，由于商业票据和贴现业务的广泛流行，再贴现成为商业银行向中央银行借款的主要渠道；在商业票据信用不普及的国家，商业银行主要通过再贷款的形式向中央银行借款。

2) 向其他金融机构借款。向其他金融机构借款又称为同业拆借，它是指金融机构之间的短期资金融通，主要用于日常资金周转，它是解决短期资金余缺、调剂法定准备头寸而相互融通资金的重要方式。

3) 向国际金融市场借款。国际金融市场特别是欧洲货币市场交易量大，资金来源充裕，借款手续简单，资金流动性强，受政府管制少，调拨资金灵活，利差小。商业银行很愿意选择这种借款渠道，尤其是在国内信贷资金紧张时，它是商业银行重要的资金来源。

4) 向社会公众借款。商业银行发行中长期金融债券借入资金，主要是适应中长期投资和放款的资金需要或作为附属资本的来源。它是商业银行以发行人的身份直接向货币所有者举借债务并承担债券利息的融资方式。这种渠道获得的资金来源稳定，但资金成本较高，增大了银行经营的风险。

2. 商业银行的资产业务

商业银行的资产业务是商业银行通过各种不同渠道运用资金创造收益的业务。按资金运用方式可分为现金资产、贷款、票据贴现和证券投资。

（1）现金资产。现金资产是商业银行应付客户随时提现的资产准备，通常被称为存款准备金。它包括库存现金、存放在中央银行的准备金、存放同业的现金和结算中占用的现金。现金主要为满足商业银行日常管理工作中客户提存、营业支出等需要，是商业银行经营中必不可少的资产组成部分，是银行信誉的基本保证。现金资产不能给银行带来收益，且保管费用较高，所以一般都把它控制在法律规定的最低标准。

（2）贷款。贷款是指商业银行将组织来的资金以货币资金的形式，按照一定的利率贷放给客户并约期偿还的一种资金运用方式。贷款是商业银行取得利润的主要途径，是商业银行与客户保持良好关系的重要条件，也是商业银行最主要的资产，一般占商业银行总资产的50%~70%。

> **普惠金融：小微企业发展迎来新的春天**
> 金融监管政策的松绑为小微企业贷款带来了积极的信号。通过明确尽职免责的范围和条件，金融机构在信贷审批中将更加大胆，从而提升小微企业的融资能力。

育人园地

商业银行贷款业务活动十分复杂，为了便于经营，通常依据贷款期限、贷款用途、贷款保障程度和贷款质量等对其分类。①按贷款期限划分，贷款可分为短期贷款、中期贷款和长期贷款。短期贷款是指贷款期限在1年以内的贷款；中期贷款是指贷款期限在1~5年的贷款；长期贷款是指贷款期限在5年以上的贷款。②按照贷款用途不同，贷款可分为工商贷款、不动产贷款和消费贷款。工商贷款是指发给工商企业的贷款，是商业银行最主要的贷款；不动产贷款是以土地、房地产等不动产作抵押而发放的贷款；消费贷款是贷放给个人消费者满足其消费需求（大多为高档耐用消费品）的贷款，消费贷款按用途可分为住房贷款、汽车贷款、助学贷款和度假旅游贷款等。③按照贷款的保障程度不同，贷款可分为信用贷款、担保贷款和抵押贷款。信用贷款是指银行完全凭借客户的信誉、无须提供抵押物或第三者保证等任何担保而发放的贷款；担保贷款是指商业银行凭借客户与担保人的双重信誉而发放的贷款；抵押贷款是指商业银行凭借客户提供的一定的有价值的资产作为抵押而发放的贷款。④按照贷款质量分类，可分为正常贷款、关注贷款、次级贷款、可疑贷款和损失贷款五类。正常贷款是指借款人能够履行借款合同，有充分把握按时足额偿还本息的贷款；关注贷款是指贷款的本息偿还仍正常，但是存在一些可能对偿还贷款产生不利影响的贷款；次级贷款是指借款人的还款能力出现明显问题，依靠正常收入已无法保持足额偿还本息的贷款；可疑贷款是指借款人无法足额偿还本息，即使执行抵押或担保，也肯定要造成一部分损失的贷款；损失贷款是指采取了所有可能的措施和一切必要的法律程序之后，本息仍无法收回，或只能收回极少部分的贷款。

知识拓展

我国商业银行贷款损失准备金

（3）票据贴现。票据贴现是指商业银行买入尚未到付款日期的票据，借以收取一定利息的业务。商业银行根据票据面额，扣除从贴现日至到期日的利息，以现款支付给客户，或转入其活期存款账户，并在票据到期时向票据债务人收取票款，商业银行此时向客户收取的利息叫贴息或折扣。贴息与票据面额之比为贴现率。票据贴现实质上也是一种贷款。贴现公式如下：

$$银行利息 = P \times r \times \frac{n}{360}$$

$$银行贴现额 = P \times \left(1 - r \times \frac{n}{360}\right)$$

式中，P 表示票据面额；r 表示贴现率；n 表示自贴现日至到期日的天数。

例如：某公司持有一张票据面额为 50 000 元的商业承兑汇票，出票日为 2 月 1 日，到期日为 5 月 1 日，该公司于 3 月 1 日向银行请求贴现，年贴现率为 4%，银行利息和银行贴现额分别是多少？

$$n = 31（3 月）+ 30（4 月）= 61（天）$$

$$银行利息 = 50\,000 \times \frac{4\%}{360} \times 61 = 338.89（元）$$

$$银行贴现额 = 50\,000 - 338.89 = 49\,661.61（元）$$

知识拓展

商业汇票贴现

那么：如果贴现日为 3 月 21 日，银行利息和银行贴现额又分别是多少？

（4）证券投资。证券投资是商业银行购买有价证券来获取一定收益的资产业务。证券投资的目的或是为了以后按高价出售谋取投机利润，或是为了获取利息、股利和取得对企业的控制权，还可能是为了增加银行资产的流动性，降低风险性。因此，商业银行持有的短期证券资产又被称为"第二准备金"。

3. 商业银行的中间业务

中间业务是指商业银行不动用或较少动用自己的资金，以中间人的身份替客户办理收付和其他委托事项，提供各类金融服务并收取手续费的业务。商业银行的中间业务主要包括结算业务、代理业务、信息咨询业务、信托业务、租赁业务、资产管理业务和银行卡业务。

（1）结算业务。支付结算是商业银行代客户清偿债权债务、收付款项的一种传统的中间业务。其特点是业务量大、风险小、收益稳定。现代结算业务主要有代收业务、汇兑业务、信用证业务和信用卡业务。

代收业务是商业银行受客户委托，代替客户收进货币凭证和商品结算凭证的业务。商业银行办理该业务时，只收取一定的佣金。当客户从他人手中收到其他银行的支票时，客户可以转交给自己的开户行，委托其从付款行代收。客户也可以将有价证券交给商业银行，委托其代收利息和股利等。在异地或国际贸易中，商品发售者可以将凭证交由商业银行，委托其代理收款。

汇兑业务是客户把款项交付商业银行，再由商业银行将款项支付给异地收款人的一种业务。银行在汇兑业务中可以占用客户一部分资金，因为从客户把款项交给银行起，到外地银行把款项付给收款人止，中间总有一段时间间隔。在这段时间内，银行就可占用汇款，尽管占用的时间一般较短，但汇兑周转额通常很大，银行还是能有一定收益的。

信用证业务是顾客委托商业银行根据其所指定的条件，向卖主支付货款的业务。该业务主要为异地买卖，特别是国际贸易领域中使用最为广泛的一种中间业务。

信用卡是指商业银行签发的证明持有人信誉良好，可以在指定的场所进行记账消费的一种信用工具。银行作为发卡人时，信用卡消费的操作程序是：银行与商场约定，接受持卡人凭信用卡购物；持卡人刷卡消费后，由商店向银行收款；银行于每个月内的固定日期向持卡消费者收款。信用卡业务具有"先消费、后存款"的特点。发卡银行通常还为持卡人规定一个透支限额。信用卡业务的推广，不仅可以提高银行信誉，而且可以吸收大量低成本的存款，推动了个人金融服务的中间业务的发展。由于信用卡业务还能增加银行手续费收入并从特约商场处收取销售回扣，只要业务有一定规模，就能为商业银行带来源源不断的收益。

（2）代理业务。代理业务是指商业银行接受政府、企业、其他银行或非金融机构以及居民公认的委托，以代理人的身份代表委托人办理一些经双方议定的经济事务的业务。银行经营代理业务一般不动用自己的资产，不垫付资金，不参与收益分配，只收取手续费，因而风险度较低。代理业务种类繁多，包括代理融通、代理行等。

代理融通是指商业银行接受客户委托，以代理人的身份代为收取应收账款，并为委托者提供资金融通的一种中间业务。代理行业务是商业银行的部分业务由指定的其他商业银行代为办理的一种业务。国内、国际间的商业银行都可成为代理行。由于代理行业务和设立分支机构差不多，因而可以避免地域和法规的限制。代理行关系一般是双向的，即两家商业银行之间互为代理关系。

（3）信息咨询业务。信息咨询业务是商业银行以转让、出售信息和提供智力服务为主的中间业务。一般而言，商业银行的分支机构多，网络覆盖面广，拥有业务规模和业务范围的优势，在信息获取方面具有得天独厚的条件。商业银行通过所持有的大量账户，对资金流量的信息进行分析，因此，对市场商情变化有着灵敏的反应，再加上商业银行先进的计算机设备和齐备的人才，使得其成为一个名副其实的信息库。商业银行可以根据客户的需要，提供各种咨询服务，并视情况收取服务费用。信息咨询业务充分发挥了商业银行所固有的资源优势，极大地拓宽了银行的业务范围，增加了银行收入。

（4）信托业务。信托业务是商业银行作为受托人，为了委托人的利益，代为管理、营运或处理托管财产的业务。商业银行受委的财产十分广泛，包括资金、遗产、公益金、有价证券、动产和不动产等。商业银行信托部虽然是商业银行的一个业务部门，但委托财产并非商业银行的资产，商业银行在其业务中仅仅收取手续费和佣金。商业银行通过开展信托业务可以实现对巨额资本的控制，并把信息集中于商业银行。

（5）租赁业务。租赁业务是指商业银行不通过货币借贷，而是通过出租昂贵设备等生产资料来开展信用业务，其实质是所有权和使用权之间的一种借贷。租赁主要分为两大类：经营性租赁和融资性租赁。商业银行从事的多为融资性租赁，即客户需添购或更新大型设备、仪器，因资金不足，由商业银行出资购买这些设备，客户使用它们并按时缴纳租金，商业银行通过租金逐步收回资金。在租赁期间，物品所有权属商业银行，使用权归承租人。租赁期满，承租人对租赁物品可做退租、续租或留购的选择。由于租期大致相当于设备折旧寿命，租金总额相当于设备价款、贷款利息和管理手续费之和，承租人通常在租期满后象征性付款取得设备的所有权。租赁业务很复杂，只有较大的商业银行才有实力经营，但其发展较为迅速。

（6）资产管理业务。资产管理业务是指银行、信托、证券、基金、期货、保险资产管理机构、金融资产投资公司等金融机构接受投资者委托，对受托的投资者财产进行投资和管理的金融服务。金融机构为委托人利益履行诚实信用、勤勉尽责义务并收取相应的管理费用，委托人自担投资风险并获得收益。金融机构可以与委托人在合同中事先约定收取合理的业绩报酬，业绩报酬计入管理费，应该与产品一一对应并逐个结算，不同产品之间不得相互串用。资产管理业务是金融机构的表外业务，金融机构开展资产管理业务时不得承诺保本保收益。出现兑付困难时，金融机构不得以任何形式垫资兑付。金融机构不得在表内开展资产管理业务。

我国 2018 年发布的《关于规范金融机构资产管理业务的指导意见》规定：资产管理产品包括但不限于人民币或外币形式的银行非保本理财产品，资金信托，证券公司、证券公司子公司、基金管理公司、基金管理子公司、期货公司、期货公司子公司、保险资产管理机构、金融资产投资公司发行的资产管理产品等。

（7）银行卡业务。银行卡是指由商业银行向社会发行的具有消费信用、转账结算、存取现金等全部或部分功能的信用支付工具。银行卡按是否可以透支分为信用卡和借记卡。

信用卡按是否向发卡银行交存备用金分为贷记卡、准贷记卡两类。贷记卡是指发卡银行给予持卡人一定的信用额度，持卡人可在信用额度内先消费、后还款的信用卡。准贷记卡是指持卡人需要先按发卡银行要求交存一定金额的备用金，当备用金账户余额不足支付时，可在发卡银行规定的信用额度内透支的信用卡。

借记卡按功能不同分为转账卡（含储蓄卡）、专用卡、储值卡。借记卡不具备透支功能。转账卡是实时扣账的借记卡，具有转账结算、存取现金和消费功能。专用卡是具有专门用途、在特定区域使用的借记卡，具有转账结算、存取现金功能。专门用途是指在百货、餐饮、饭店、娱乐行业以外的用途。储值卡是发卡银行根据持卡人要求将其资金转至卡内储存，交易时直接从卡内扣款的预付钱包式借记卡。联名/认同卡是商业银行与营利性机构/非营利性机构合作发行的银行卡附属产品，其所依附的银行卡品种必须是已经中国人民银行批准的品种，并应当遵守相应品种的业务章程或管理办法。发卡银行和联名单位应当为联名卡持卡人在联名单位用卡提供一定比例的折扣优惠或特殊服务；持卡人领用认同卡表示对认同单位事业的支持。

国内银行卡市场快速发展，对便利社会生产生活、扩大内需、促进消费和经济发展发挥了积极作用。1999 年，为进一步规范银行卡业务管理，维护银行卡市场秩序，中国人民银行发布《银行卡业务管理办法》，在规范银行卡发卡业务、强化银行卡风险管理、严格银行卡收单业务管理等方面做出规定。2017 年 8 月 1 日起，银行卡年费管理费取消，暂停商业银行部分基础金融服务收费。2019 年 12 月 2 日，最高人民法院审判委员会通过《最高人民法院关于审理银行卡民事纠纷案件若干问题的规定》，明确规定用户银行卡遭盗刷，并证明自己无责，可向银行索赔。2020 年 8 月 15 日，百度公司、百信银行联合中国银联推出国内首款数字银行卡——百度闪付卡。同年 8 月 31 日，中国银联发布首款数字银行卡"银联无界卡"。截至 2023 年年末，全国共开立银行卡 97.87 亿张。其中，借记卡 90.20 亿张，信用卡和借贷合一卡 7.67 亿张。

6.1.3 商业银行的经营管理

1. 商业银行经营管理的原则

（1）安全性原则。所谓安全性，主要是指商业银行的资产、收入、信誉以及所有经营生存发展条件免遭损失的可靠性程度。商业银行的特点在于其经营资金极其依赖于从外部借入，因此安全性对于商业银行非常重要。它既体现在全部资产负债的总体经营上，也体现在每项个别业务上。安全性不仅关系到商业银行的盈利，而且关系到商业银行的存亡。商业银行倒闭往往不是因为盈利不足，而是因为其安全性遭到破坏。

（2）流动性原则。流动性是指商业银行的资产在不损失价值的情况下的变现能力和足以应付各种支付的能力。商业银行的流动性体现在资产和负债两个方面。资产的流动性是指商业银行持有的资产能够随时得以偿付或在不贬值的条件下确有销路。负债的流动性是指商业银行能够轻易地以较低成本随时获得所需要的资金。

（3）盈利性原则。商业银行的盈利性是指商业银行盈利能力的大小。与其他股份制企业一样，商业银行需要尽可能提高它赚取利润的能力才能满足股东的要求。商业银行盈利能力的强弱，不仅会直接影响股东红利的分配以及股票市场价值的变动，而且对商业银行的信誉和实力有着明显的影响。能否盈利直接关系到商业银行的生存与发展，是商业银行从事各种活动的动因。充足的盈利可以扩充商业银行资本，扩大经营，增强商业银行信誉，提高商业银行的竞争实力。如果商业银行无法盈利，投资者将丧失信心，商业银行的信誉将下降，可能引发商业银行的信用危机，导致客户挤兑，危及商业银行的生存。

商业银行经营管理的这三个原则既有统一的一面，又有矛盾的一面。一般来说，安全性与流动性是正相关的：流动性较强的资产，风险较小，安全有保障。但它们与盈利性往往有矛盾：流动性强，安全性好，盈利性一般较低；盈利性较高的资产，往往流动性较差，风险较大。因此，商业银行在其经营过程中，经常面临两难选择：为增强经营的安全性、流动性，就要把资金尽量投放在短期周转的资金运用上，这就会影响到商业银行的盈利水平；为了增加盈利，就要把资金投放于周转期较长但收益较高的贷款和投资上，这就会使流动性和安全性下降。对于这三个原则的矛盾和统一，商业银行经营的总方针就是谋求这三个原则尽可能得到合理的搭配、协调。这三个原则的相对地位是：盈利性为银行的目标，安全性是一种前提要求，而流动性是银行的操作性或工具性要求。商业银行经营的总方针，就是在保证安全性的前提下，通过灵活调整流动性来提高盈利性。

2. 商业银行的资产负债管理

实现流动性、安全性和盈利性三个原则的协调，既是商业银行要解决的一个经营管理的实际问题，也是商业银行经营管理需要解决的理论问题。随着各个历史时期经营条件的变化，西方商业银行经营管理理论经历了资产管理、负债管理和资产负债管理的三个阶段。资产管理理论产生于商业银行建立初期，一直到20世纪60年代，它都在银行管理领域中占据着统治地位。资产管理理论是以商业银行资产的安全性和流动性为重点的经营管理理论。这一理论的核心是认为商业银行的利润主要来源于资产业务，商业银行的负债主要取决于客户的存款意愿，并且其只能被动地接受负债。因此，商业银行经营管理的重点是资产业务，通过资产结构的安排，求得安全性、流动性、盈利性的统一。

负债管理理论盛行于20世纪五六十年代。它是以负债为经营重点来保证流动性的经营管理理论，在一定程度上缓解了商业银行流动性与盈利性的矛盾。该理论认为银行资金的流动性不仅可以通过强化资产管理获得，还可以通过灵活地调剂负债达到目的。商业银行保持资金的流动性无须经常保有大量的高流动性资产，通过发展主动型负债的形式，扩大筹集资金的渠道和途径，也能够满足多样化的资金需求，并且以向外借款的方式也能够保持银行资金的流动性。

20 世纪 80 年代初，由于市场利率大幅上升，负债管理在负债成本及经营风险上的压力越来越大，迫切需要一种新的、更为有效的经营管理指导理论。而在此时，大脑技术有了很大的发展，在银行业务与管理上的运用越来越广泛，银行经营管理的观念逐渐改变，由负债管理转向更高层次的系统管理——资产负债综合管理。资产负债管理理论认为，在商业银行经营管理中，不能偏重资产和负债的某一方，高效的银行应该是资产和负债管理并重。这一理论的基本要求是，通过资产、负债结构的共同调整，协调资产、负债项目在利率、期限、风险和流动性方面的合理搭配，以实现安全性、流动性、盈利性的最佳组合。

（1）资产负债管理的基本原理。

1）对称性原理。对称性原理是指资产与负债在规模、结构和偿还期限上相互对称与统一平衡，双方保持一定的对称关系。比如长期负债用于长期资产，短期负债用于短期资产。这里所说的对称是一种原则上和方向上的对称，不是要求银行的资产与负债逐笔对应。具体来看，主要有两种对称：一是总量对称，即要求资产规模与负债规模相互对称，实现总量平衡；二是结构对称，即要求资产与负债在期限上相互匹配。

2）目标替代原理。目标替代原理是指商业银行在经营实践中，不应固守某个目标，而应将流动性、安全性和盈利性三个经营目标合理选择、相互补充、相互替代，最终使银行总效用保持最大。

3）适度规模原理。适度规模原理是指商业银行规模必须适度，以获取规模经济效益。当商业银行处于最合理规模时，它产生的管理费用是最低的，同时又能提供质优价廉的服务。

4）分散化原理。商业银行主要依靠负债经营，其资本金比重比较小，这就要求银行在经营时只有在保证资金安全的基础上才能取得利润和发展，否则就有亏损倒闭的危险。为此，银行在经营时，必须遵循资产分散化原理，不能"把鸡蛋放在一个篮子里"，而要把资产分散于相互独立或相关性极小的短期贷款、长期贷款和证券投资等，并规定某一特定对象贷款不能超过其自身资本的一定比重。

（2）资产负债管理的主要内容。资产负债管理的内容有广义和狭义之分。广义的资产负债管理的内容是指商业银行管理者对所有的资产负债的类型、数量以及资产负债的总量及其组合同时做出决策的一种综合性资金管理方法。其实质是对商业银行资产负债表中各项目的总量结构进行计划、安排、控制，从而实现利润最大化。

狭义的资产负债管理的内容是指利差管理，具体地说，就是商业银行管理者控制利息收入与利息支出的差额，使其大小及变化与银行总的风险-收益目标相一致。一般来说，收益与风险是衡量商业银行经营管理水平的重要标志。商业银行的收益主要来自利差，而利差大小又是商业银行资产负债结构是否合理的反映，是资产负债综合作用的结果。风险则表现为利差的敏感性或波动性，利差大小及其变化决定了商业银行总的风险和收益状况。资产负债管理的目标就是要在股东、金融法规等条件约束下，使商业银行利差最大化、波动幅度最小化，以保持利差高水平的稳定，从而使商业银行的盈利持续、稳定地增长。

6.2 中央银行

中央银行是在一个国家金融体系中居于主导地位,负责制定和执行国家的金融政策,管理、监督和控制全国的货币流通与信用活动的金融中心机构。与其他银行不同,中央银行不与企业和个人发生信用往来关系,它是发行的银行、政府的银行和银行的银行。

6.2.1 中央银行的产生与发展

在银行的发展历史上,首先出现的是商业银行,而中央银行是在商业银行的基础上产生和发展起来的。从商业银行的发展到中央银行的产生,经历了一个较长的历史演变过程,反映了经济发展的客观要求和必然结果。

从历史上看,中央银行的产生主要有两条途径:一是由信誉好、实力强大的大银行逐步演变而成。在逐步演变的过程中,政府根据客观需要不断赋予大银行某些特权,使其逐步具有某些中央银行的特征,最终成为中央银行。二是政府直接组建中央银行。

建立于1694年的英格兰银行,被西方国家称为近代中央银行的先驱。它的设立在中央银行制度的发展史上是一个重要的里程碑,标志着现代中央银行的产生。英格兰银行成立时是一家私人合股形式的商业银行,最初也是为政府筹募经费,从而获得代理国库、以政府债券作为抵押发行货币的权利。正是这些特权,一方面使英格兰银行在从事商业银行业务的同时,初步具有中央银行的性质;另一方面也使英格兰银行的业务竞争能力大大超过其他商业银行,实力的增强使之在商业银行中的信誉和地位日益突出。与政府间的密切关系,为其日后演变成真正的中央银行奠定了基础。1833年,英国国会通过法案,规定只有英格兰银行发行的纸币具有无限法偿资格。1844年,英国国会通过《银行特许条例》,规定英格兰银行自1844年8月31日起,划分为银行部和发行部,从而奠定了现代中央银行的组织模式,同时该条例还限制其他银行发行货币的数量,这无形中赋予英格兰银行独占货币发行的权力。1854年,英格兰银行取得清算银行的地位,成为银行的银行。而在1847—1866年几次周期性的金融危机期间,英格兰银行已充当商业银行"最后贷款者"的角色,并进一步垄断了全国货币发行权。

到19世纪中期,英格兰银行已成为中央银行的典范,各国纷纷效仿。在整个19世纪到第一次世界大战爆发前的100多年里,世界上约有29家中央银行相继设立,出现了成立中央银行的第一次高潮,法国的法兰西银行、德国的普鲁士银行和美国的联邦储备系统(美联储)等都是在这一时期成立的。目前,世界上大多数国家都设立了中央银行。

6.2.2 中央银行的职能

一般来说,中央银行具有发行的银行、政府的银行和银行的银行三大基本职能。

1. 发行的银行

发行的银行是指中央银行是全国唯一的货币发行机构。它集中货币发行权,统一全国的货币发行。目前,几乎所有国家的现钞都是由中央银行发行的。辅币的铸造、发行,也多由中央银行经营。

中央银行垄断货币发行权是中央银行发挥其职能的基础。只有垄断货币发行权，才能统一国内的通货形式，避免由于多头发行造成的货币流通混乱；才能根据经济形势的需要，灵活地调节流通中的货币量；才能有效地制定和执行货币政策。因为中央银行统一货币发行，使中央银行的负债成为支撑流通中各种货币的基础，从而有效控制商业银行的信用扩张能力，为社会总量平衡创造良好的金融环境。

2. 政府的银行

所谓政府的银行是指中央银行无论其表现形式如何，都是管理全国金融的国家机构，是制定和贯彻国家货币政策的综合部门，是国家信用的提供者，并代理国家执行国库出纳职能。

作为政府的银行，中央银行主要有以下职责。①代理国库。中央银行通过代理政府的财政收支，执行国库出纳职能，管好政府资金，为政府服务。这一职责具体包括收受国库的存款，为国库办理支付和结算，代理国库办理代收税款以及公债的认购、推销、还本、付息等。②向政府提供信用。国家为了应付因财政支出急剧变动而出现短期财政收入不足以抵补财政支出的状况，往往借助于向中央银行借款来解决困境。这样，中央银行就成为弥补国家财政赤字的资金供应者。③代表政府管理国内外金融事务。中央银行代表政府，制定货币金融政策，并以此来加强对金融的管制，即中央银行一方面通过宏观金融管理来强化对经济的干预，求得物价和汇率的稳定；另一方面代表政府检查和监督各金融机构的业务活动，即有权检查、监督各金融机构的业务经营和信用分配。

3. 银行的银行

所谓银行的银行是指中央银行的地位处于银行和其他金融机构之上，即中央银行代表政府管理和监督其他金融机构的金融活动。

中央银行一般不与工商企业和个人发生信用往来，只与商业银行和其他金融机构直接发生业务关系，具体表现在如下几个方面。①集中存款准备金。按法律规定，商业银行和其他金融机构都要按法定比例向中央银行交存存款准备金，即中央银行具有为各经营存款业务的金融机构集中保管一部分准备金的特权。中央银行集中保管存款准备金的目的是加强金融机构的清偿能力，增加货币供给的弹性。当金融机构资金周转困难时，通过中央银行加以调剂，既能保障存款人的安全，又能防止银行发生挤兑而倒闭。随着中央银行作用的强化，存款准备金更重要的作用是通过中央银行在规定的幅度内变更法定存款准备金率，控制商业银行的信贷规模，进而控制全国货币供应量。②最后贷款人。当商业银行或其他金融机构急需资金时，也可以向中央银行寻求帮助，这时中央银行就可为商业银行或其他金融机构提供资金，充当最后贷款人的角色。③组织全国的清算。中央银行通过票据交换所为各商业银行及金融机构相互间应收应付的票据进行清算时，就成了作为最后清算人的银行。这一职能是由于中央银行掌握货币发行权，集中保管准备金，所以各银行和金融机构都在中央银行开设有存款往来账户，这为中央银行主持银行间的票据交换和差额清算提供了条件。中央银行通过结算轧差直接增减各银行的准备金，手续简便，有利于加速资金周转，从而成为全国的票据清算中心。

6.2.3 中央银行的组织形式

中央银行是一个复杂的组织控制系统,它通过一定的组织形式与组织机构来履行职能和发挥作用。根据世界范围内中央银行的发展历程,其组织形式主要有四种类型:单一中央银行制、多元中央银行制、跨国中央银行制、准中央银行制。

1. 单一中央银行制

单一中央银行制是指一个国家只建立一个单独的中央银行机构,并根据需要下设若干分支机构,全面、纯粹地行使中央银行职能,并领导全国金融事业的中央银行制度。单一中央银行制权力集中、组织完善、机构健全、业务多样,是比较成熟的中央银行组织形式。目前世界上100多个国家和地区都采用这种形式,典型的有英国、日本、法国和印度等国家。

2. 多元中央银行制

多元中央银行制是指在一个国家,中央和地方都设立中央银行机构,并按规定共同执行货币的发行,为政府服务、制定和推行货币政策,以及对金融机构实行监督管理等中央银行的职能。采用这种形式的主要是一些联邦制国家,较为典型的是美国。

3. 跨国中央银行制

跨国中央银行制是指两个以上的主权国家共同拥有一家中央银行或由参加某一货币联盟的所有成员联合组成的中央银行制度。其主要职能有:发行共同的货币、为成员方政府服务、执行共同的货币政策及其成员方政府一致决定授权的事项。其特点是跨国界行使中央银行的职能。世界上实行这种制度的有欧洲中央银行、西非国家中央银行等。

4. 准中央银行制

准中央银行制是指在国内或某个地区没有建立起真正专业化的、具备完全职能的中央银行,而只设履行有限中央银行职能的类似于中央银行的机构,或由政府授权某个或某几个商业银行行使部分中央银行职能的制度。采用这种形式的主要有新加坡、马尔代夫、利比里亚等国家。

6.2.4 中央银行的业务

1. 中央银行的资产与负债业务

中央银行的资产是指中央银行在一定时点所拥有的各种有价物,中央银行的负债是指社会各经济活动单位在一定时点所拥有的对中央银行的债权。中央银行的资产负债表是反映其基本业务活动的综合会计记录,是中央银行发挥职能的基本体现。中央银行资产负债业务的种类、规模和结构,都综合地反映在一定时期的资产负债表上。因此,我们可以从中央银行的资产负债表来了解中央银行的业务活动和资产负债情况。

各国中央银行在编制资产负债表时主要是参照国际货币基金组织的格式和口径来编制。各国中央银行资产负债表的主要项目如表6-1所示。

（1）资产项目。

1）贷款。它们包括中央银行对商业银行的再贴现和再贷款，以及对财政及国内外其他金融机构、经济单位的放款。其中最主要的是对商业银行的再贴现和再贷款。

表6-1 各国中央银行资产负债表的主要项目

资产项目	负债项目
贷款	流通中的通货
有价证券	金融机构存款
黄金和外汇储备	财政和其他存款
其他资产	其他负债
	自有资本

2）有价证券。它主要是指中央银行持有的本国政府债券、外国政府债券以及高质量的商业票据等。它来源于中央银行在公开市场上的买进。该项目在资产项目中所占比重最大。

3）黄金和外汇储备。这是中央银行购买黄金、白银、外汇、国际货币基金组织的特别提款权而形成的资产。中央银行担负着为国家管理外汇和黄金储备的责任，而黄金和外汇储备要占用中央银行资金，因此，它构成中央银行资产项目。

4）其他资产。它是指除上述以外的、未列入的资产项目，如应收账款、房屋、设备等。

（2）负债项目。

1）流通中的通货。它主要是指社会公众手中持有的和各金融机构库存的现钞与铸币。中央银行一般是一国通货的唯一发行银行，因此，流通中的通货是中央银行负债的一个主要项目，该项目在负债项目中所占比重最大。

2）金融机构存款。它主要包括商业银行和其他金融机构的各类存款。

3）财政和其他存款。财政存款主要包括财政部和其他政府部门存在中央银行的款项。其他存款主要包括国际金融机构存款等。

4）其他负债。除上述之外的负债。

5）自有资本。它是指中央银行的自有资金，包括股本金、盈余结存和财政拨款。

2. 中央银行的中间业务

中央银行的中间业务主要是资金清算业务，执行"银行的银行"这一职能。中央银行的资金清算业务是中央银行集中票据交换及办理全国金融机构间资金清算的业务，也是中央银行金融服务职能的具体反映。中央银行的资金清算业务主要有三个方面。

一是集中办理票据交换。票据交换是指在同一地区范围内将所有金融机构的应收应付票据进行交换，仅就其差额在中央银行的存款账户进行划转结清的一种清算方式。同一地区商业银行之间的票据通常是在票据交换所进行的。而票据交换所作为各银行清算应收应付款项的集中场所，是中央银行的重要业务部门。集中办理票据交换，大大提高了票据清算效率，加速了资金流动。

二是结清交换差额。参加票据交换所交换票据的银行或金融机构被称为"清算银行"。各清算银行均在中央银行开设活期存款账户，存有一定数额的备付金，票据交换出现的应收或应付的差额通过中央银行的存款账户间的划转即可完成。

三是办理异地资金转移。办理异地资金转移是指通过中央银行清算中心，结算异地各金融机构之间资金划拨的清算业务。对于异地银行间远距离资金的划拨，各国均由中央银行统一办理。只是由于各国使用的票据和银行组织的形式不同，异地资金转移的具体做法也不一样。一般主要有两种做法：一种是先由各商业银行通过内部联行系统划转，然后由其总行通过中央银行办理转账清算；另一种是把不同银行的异地票据统一集中到中央银行总行，一并办理轧差转账。

本章小结

商业银行是以追求最大利润为经营目标，以多种金融资产和金融负债为经营对象，为客户提供多功能、综合性服务的金融企业。商业银行一般有信用中介、支付中介、信用创造和金融服务等几个主要职能。

商业银行的业务可分为负债业务、资产业务和中间业务三大类。商业银行的组织制度主要有单元银行制、总分行制、持股公司制、连锁银行制。商业银行经营遵循安全性、流动性、盈利性原则。

中央银行是在一个国家金融体系中居于主导地位，负责制定和执行国家的金融政策，管理、监督和控制全国的货币流通与信用活动的金融中心机构。

中央银行具有发行的银行、政府的银行和银行的银行三大基本职能。中央银行是一个复杂的组织控制系统，其组织形式主要有四种类型：单一中央银行制、多元中央银行制、跨国中央银行制、准中央银行制。

学习建议

银行金融机构是经济生活中极为常见的经济主体之一，由于目前银行种类繁多，建议在学习中深入实践进行考察，对当地银行进行分类、总结，以便于理解和记忆，同时可以模拟银行的业务流程及运作方式。

本章重点

商业银行和中央银行的性质、职能、组织形式以及主要业务。

本章难点

商业银行和中央银行的主要业务。

核心概念

商业银行　　　发行的银行　　　信用中介　　　信用创造　　　存款负债

课后思考与练习

1. 阐述商业银行的基本职能。
2. 简述商业银行的资产负债业务。
3. 论述商业银行经营管理的基本原则。
4. 中央银行的组织形式有哪几种主要类型？
5. 论述中央银行的基本职能。

补充阅读

中国的存款保险制度

存款保险是指投保机构向存款保险基金管理机构缴纳保费，形成存款保险基金，存款保险基金管理机构依照《存款保险条例》的规定向存款人偿付被保险存款,并采取必要措施维护存款以及存款保险基金安全的制度。这一制度在国际上被普遍应用,目前世界上已有超过110个国家建立了存款保险制度。

1993年,《国务院关于金融体制改革的决定》指出"要建立存款保险基金,保障社会公众利益"。党的十八届三中全会和2014年《政府工作报告》明确将"建立存款保险制度"列为深化金融改革的一项重要任务。2015年3月31日,《存款保险条例》正式公布,自2015年5月1日起施行,这标志着我国存款保险制度的成立。

根据《存款保险条例》,符合条件的所有存款类金融机构都应当参加存款保险。除少数特定存款外,存款保险覆盖存款类金融机构吸收的人民币和外币存款,包括个人储蓄存款和企业及其他单位存款的本金与利息。我国存款保险实行限额偿付,最高偿付限额为50万元,同一存款人在同一家投保机构所有被保险存款账户的存款本金和利息合并计算的资金数额在最高偿付限额以内的,实行全额偿付;超出最高偿付限额的部分,依法从投保机构清算财产中受偿。存款保险制度作为国家金融安全网的一项基础性制度安排,其资金来源主要是金融机构按规定缴纳的保费,存款人不需要缴纳保费。存款保险费率由基准费率和风险差别费率构成。各投保机构的适用费率,由存款保险基金管理机构根据投保机构的经营管理状况和风险状况等因素确定。

截至2023年年末,全国3 939家吸收存款的银行业金融机构按规定办理了投保手续。存款保险对存款人的全额保障水平持续保持高位,50万元保护限额能够为全部投保机构99.5%的存款人提供全额保护,有效维护了银行体系稳定运行。银行业存款格局总体保持稳定,中小银行存款占比稳中有升。按照《存款保险条例》规定,投保机构每6个月缴纳一次保费。截至2023年12月31日,存款保险基金专户余额810.123亿元。

存款保险制度并不是新生事物。在1929—1932年的金融危机中,美国先后有近万家商业银行受到冲击而倒闭,存款人损失严重。1933年,美国通过《银行法》,据此设立了美国联邦存款保险公司,为已投保银行和储蓄机构的存款人提供保护,目前为大多数存款账户提供10万美元全额保险,为部分退休账户提供高达25万美元的保险,超出限额的按比例赔付。

在我国,国家一直作为金融机构的最后担保人,实行的是隐性存款保险制度,这也是老百姓对银行有天然信任感的原因所在,但这并不代表金融机构就不存在经营危机,1998年受亚洲金融危机冲击,海南发展银行因支付能力严重不足而关闭,境内居民在该银行的储蓄存款本金及合法利息,最后由中国人民银行指定中国工商银行保证支付。此后发生在河北省肃宁县的尚村农村信用社破产案,最后同样由央行指定其他商业银行予以救济。

在存款保险制度下,金融机构将自身兑付风险转嫁给存款保险机构,必须支付一定的保险金。

值得注意的是,存款保险制度在全球通行的一种做法是,只对自然人存款承担赔付责任,企业存款不在赔付范畴之内。此外,随保对象是储户的各类存款,但不包括在银行购买的理财产品或其他投资产品。

存款保险制度有利于防范金融风险,稳定一国金融体系;有利于保护广大存户利益,总体上能增强银行信用;有利于革新传统观念,提高公众风险意识;有利于加强中央银行的监管力度,减轻中央银行的负担。存款保险制度也有其消极影响,其中最根本的问题在于它可能诱发道德风险。一方面，存款保险制度的存在使得存款者风险意识下降，特别是在利率市场化实现以后，他们就可能不顾银行经营风险，将钱存到愿意支付最高存款利息的银行；另一方面，商业银行的风险约束机制也会弱化，在经营活动中就可能为追求高额利润而过度投机。存款保险制度有可能会使银行铤而走险。也就是说，存款保险制度刺激银行承受更多的风险，鼓励银行的冒险行为。因为银行知道，一旦遇到麻烦，存款保险机构会挽救它们。特别是当一家银行出现危机而又没被关闭时，所有者便可能用存款保险机构的钱孤注一掷，因为这时全部的风险由承保人承担。这样，那些资金实力弱、风险程度高的金融机构会得到实际的好处，而经营稳健的银行会在竞争中受到损害，从而给整个金融体系注入了不稳定因素并增大了银行体系的经营风险。这与建立存款保险制度的本来目的是背道而驰的。

资料来源：根据网络资料整理。

思考题：存款保险制度的建立对我国银行业的发展有何影响？

第 7 章　非银行金融机构

○ 学习目标

1. 理解投资银行与保险公司的含义和类型；
2. 了解其他非银行金融机构如投资基金、信托投资公司的相关知识；
3. 掌握投资银行与保险公司、投资基金的主要业务。

○ 引言

一般我们将中央银行、商业银行和专业银行以外的金融机构称作非银行金融机构。非银行金融机构种类繁多，包括投资银行、保险公司、退休或养老基金会、投资基金、信用合作社、邮政储蓄机构等，在现代金融机构体系中占据越来越重要的地位，对世界经济的发展也起着至关重要的作用。本章将主要介绍投资银行、保险公司、投资基金和信托投资公司等主要非银行金融机构。

7.1　投资银行

7.1.1　投资银行的内涵

投资银行是金融市场（特别是资本市场）中最重要的金融机构之一，早期的投资银行主要从事证券发行、承销和证券交易业务，而目前的投资银行业务已经涉及几乎全部的资本市场业务、部分货币市场业务以及金融衍生产品市场业务。目前人们对投资银行的定义并没有一个严格、一致的结论。

知识拓展

投资银行的
产生与发展

国际著名投资银行家和学者对投资银行的定义有以下几个方面。

1）狭义的投资银行。它一般仅指传统意义上的投资银行，是发行和承销证券，从事证券交易业务的金融机构。

2）较狭义的投资银行。它是指经营部分资本市场业务的金融机构，其主要业务包括证券发行与承销、证券交易、企业兼并与收购及企业融资相关的其他业务。

3) 较广义的投资银行。它是指经营所有资本市场业务的金融机构，其主要业务包括证券发行与承销、证券交易、兼并与收购、企业融资、基金与资产管理、研究与咨询顾问、风险资本运作管理以及金融衍生产品开发与创新等业务。

4) 广义的投资银行。广义的投资银行经营在混业经营背景下的几乎所有的金融市场业务，涵盖证券业务以及与银行、保险业相关联的业务，同时也包含部分不动产投资、个人金融零售及投资业务等综合性的金融服务。

综上，投资银行就是主要从事证券发行、承销、交易、企业重组、兼并与收购、投资分析、风险投资、项目融资等业务的非银行金融机构，是资本市场上的主要金融中介。投资银行之所以称之为投资银行，一方面是因为其本身就是金融体系中的重要组成部分，另一方面也在于其历史上从商业银行中分离出来的渊源。尽管如此，投资银行只是理论上的称呼，不同国家和地区有不同的称谓，美国和欧洲大陆称其为投资银行，英国称其为商人银行，日本则称其为证券公司。

中国第一家投资银行的诞生：中金公司

7.1.2 投资银行的性质与特点

投资银行属于非银行金融机构，是资本市场上的主要金融中介。投资银行是证券和股份公司制度发展到一定阶段的产物，是发达证券市场和成熟金融体系的重要主体之一。与其他相关行业相比，它的性质和特点有：①投资银行属于金融服务业，这是区别一般性咨询、中介服务业的重要标志。②投资银行主要服务于资本市场，这是区别于商业银行的重要标志。③投资银行业是一个智力密集型行业，投资银行家的智力因素带来的无形资产，是投资银行最重要的资产，是创造超额利润的第一要素。能否拥有一流或超一流的投资银行家，是衡量其是不是一流或超一流投资银行的最重要标志之一。④投资银行业是一个资本密集型行业，现代投资银行涉足大资本的运作，在资本市场上呼风唤雨，业务范围已远远超出了传统投资银行的概念，资本实力的强弱直接影响着投资银行的运作能力，同时也体现了抵御市场风险的能力。⑤投资银行是一个富于创新性的行业，投资银行的生命力就在于创新。因为投资银行的收益最终来自技术创新、市场创新、金融创新所带来的超额利润，投资银行的创新价值是任何机构都不可实现的。

雷曼兄弟公司破产的原因分析

7.1.3 投资银行的主要业务

1. 证券发行与承销业务

证券发行与承销业务是投资银行最根本、最基础的业务活动，是投资银行为公司或政府机构等筹资的主要手段之一。投资银行的该类业务范围很广，包括本国中央政府、地方政府、政府机构发行的债券，企业发行的股票和债券，金融机构发行的债券，以及国外政府和公司在本国与世界发行的证券，国际金融机构发行的证券等。

投资银行在承销证券过程中，一般要按照承销金额及风险大小来权衡是否要组成承销团和选择承销方式。通常的承销方式有证券包销和余额包销、证券代销、投标承购等几种形式。

2. 证券交易业务

证券交易同样是投资银行最根本、最基础的业务活动，投资银行在二级市场中扮演着证券经纪商、证券交易商和证券做市商三重角色。

作为证券经纪商，在证券承销结束之后，投资银行代表买卖双方，按照客户提出的价格代理进行交易，这种证券经纪行为是最传统的证券交易业务。作为证券交易商，投资银行有自营买卖证券的需要，这是因为投资银行接受客户的委托，管理着大量的资产，必须保证其保值增值。作为证券做市商，投资银行有义务为该证券创造一个流动性较强的二级市场，并维持市场价格的稳定。此外，投资银行还在二级市场上进行无风险套利和风险套利等活动。

3. 公司收购与兼并业务

公司并购与资产重组是资本市场永恒的主题，也是资本市场不断发展的根本动力所在。在全球 100 强企业中，通过自身滚雪球式发展起来的并不多见，多数大企业都是借助资本市场的动力，通过兼并与收购发展壮大起来的。从 19 世纪末至今，美国一共发生了若干次大规模的兼并收购浪潮，直接导致了大型公司与跨国公司的产生。并购本身就是产业和经济结构的调整，对美国经济产生了深远的影响。投资银行在历次并购浪潮中都发挥了关键作用，特别是 20 世纪 70 年代以后，企业收购与兼并业务得到长足发展，越来越成为投资银行的核心业务和主要收入来源之一。

4. 财务顾问业务

投资银行主要是以财务顾问的身份参与公司的资产重组和并购的策划与实施过程，通过收取财务顾问费取得收益。在一项公司并购事件中，投资银行既可以是收购方的财务顾问，也可以是被收购方的财务顾问。

投资银行财务顾问的服务对象通常既可以是公司也可以是政府机构，主要是为融资者提供服务。公司的财务顾问业务是指以公司的融资为主体的一系列资本运营的策划和咨询业务的总称，主要是投资银行在公司的股份制改造、上市、二级市场再筹资（或投资管理）以及发生兼并与收购、出售资产等交易活动时提供的专业性财务意见。政府机构的财务顾问业务主要体现在为政府的经济改革政策提供咨询，特别是在经济发展战略与规划、对外开放政策、产业结构布局和调整、国有企业改革深化等方面。

5. 风险投资业务

风险投资是指对新兴科技企业创业期进行投资。投资银行涉足风险投资时分为不同的层次：第一，在公司设立初期用私募的方式为其筹集资本；第二，对某些潜力高的公司有时也进行直接投资，拥有股权成为其股东；第三，设立"风险基金"或"创业基金"向这些公司提供资金来源。

投资银行有时作为新兴企业的顾问，帮助它们进行股权融资策划、规范公司治理结构和经营管理，在公司发展到一定规模时作为主承销商和上市保荐人，推动公司在创业板市场上市。投资银行也可以作为风险资本和投资机构的顾问，协助它们寻找优秀的风险投资项目和科技企业。投资银行有时也直接投资于新兴科技企业，成功实现上市后，在二级市场上变现，实现高额回报。

6. 项目融资业务

项目融资是指对一个特定的经济单位或项目策划安排的一揽子融资的技术手段，借款者可以只将该经济单位的现金流和所获收益作为还款来源，并以该单位的资产作为借款担保。投资银行在项目融资中的作用主要表现为以下几点：①对项目的可行性与风险的全面评估；②确定项目的资金来源、承担的风险、筹措成本；③估计项目投产后的成本超支及项目完成后的投产风险和经营风险；④通过贷款人或从第三方获得承诺，转移或减少项目风险；⑤以项目融资专家的身份充当领头谈判人，在设计项目融资方案中起关键作用。

7. 金融衍生工具业务

金融活动的永恒主题是流动、获利和避险，而这三个目标往往是矛盾的，特别是获利与避险，但它们又不是互相绝对排斥的。投资银行所提供的金融服务主要就是围绕这三个目标进行优化组合。投资银行灵活使用金融衍生工具进行套期保值和投机套利，是投资银行金融工程的主要内容。事实证明，投资银行可以通过金融工程为客户提供更加令人满意的服务，因为金融工程可以通过金融衍生工具的组合创新使金融活动最大程度地满足上述三个目标。因此，从20世纪末期开始，投资银行的金融衍生工具业务得到了快速发展。

8. 研究开发与投资咨询业务

研究开发与投资咨询是现代投资银行不可或缺的重要业务。研究开发是投资银行内部为其他各业务部门提供技术支持平台、不能直接创造利润的业务。研究开发部门往往是投资银行的成本中心而非利润中心，其准确的定位是服务性而非盈利性功能。投资咨询则基本上是一种纯粹的中介服务，包括普通的证券投资咨询和面向特定客户的专项投资咨询。与主要面向融资者服务的财务顾问业务不同，投资咨询业务主要面向的对象是投资者。

投资咨询业务包括证券投资咨询和专项投资咨询，主要是面向特定或不特定的投资者提供的服务，服务的对象可以是机构投资者，也可以是个人投资者。投资咨询业务是联结一级和二级市场，沟通证券市场投资者、经营者和证券发行者的纽带与桥梁。习惯上，人们常将投资咨询业务的主要范畴定位在对参与二级市场的投资者提供投资意见和理财服务。

9. 资产证券化

资产证券化是将资产原始权益人或发起人（卖方）不流通的存量资产或可预见的未来现金流量，构造和转变成为资本市场可销售和流通的金融产品的过程。资产证券化是一项以提高流动性和融资为目的的金融创新，是对一组原本流动性较差的金融资产进行组合，使其产生长期稳定的现金流收益，再配以相应的信用担保，把这种未来现金流的收益权转变为可在金融市场上流动、信用等级较高的证券。可以看出，这种资产证券化的实质就是将金融资产的未来现金流收益权进行转让的交易。

知识拓展

香港投资银行业务

在资产证券化中，投资银行可以担任不同的角色，从而起到不同的作用。它既可以作为特设信托机构，也可以作为资产担保证券的承销者。

7.2 保险公司

保险公司是为社会经济的安全而组织起来的一种机构，其业务经营是根据风险分散的原理，将社会上个别的风险通过保险，分散于多数人，以利于社会大众经济生活的稳定。保险业不仅为社会安全服务，而且在整个金融体系中充当极为重要的角色。

7.2.1 风险概述

1. 风险的概念

风险是一种客观存在的、可能发生损失的不确定性。对这一概念，我们可以从以下三个方面来理解：首先，强调风险是一种客观存在的状态，无论人们是否认识到，是否意识到，它都是客观存在的，是不以人的主观意志为转移的。其次，风险是与损失相伴随的状态。任何风险都与损失相联系，只有与损失相联系，才可被称为风险。最后，风险具有不确定性。虽然风险是客观存在的，但风险事故的发生具有不确定性，可能发生，也可能不发生。

2. 风险的构成要素

风险的基本构成要素包括风险因素、风险事故和风险损失。

（1）风险因素。风险因素是指引起或增加风险事故发生的机会或扩大损失程度的原因和条件。风险因素根据性质通常分为实质风险因素、道德风险因素和心理风险因素三种类型。

实质风险因素是有形的并能直接影响事物物理功能的因素，又称物理风险因素，属于有形的因素，如干燥的天气、积雪的路面等。

道德风险因素是与人的品德修养有关的无形因素，即是由于个人的不诚实、不正直或不轨企图促使风险事故发生，以致引起社会财富损毁或人身伤亡的原因或条件，如纵火、人为造成人身伤害或财产损失等。

心理风险因素是与人的心理状态有关的无形的因素。它是由于人们主观上的疏忽或过失，以致增加风险事故发生的机会或扩大损失程度的因素，如缺乏责任心、粗心大意、上班打瞌睡等。

（2）风险事故。风险事故是造成生命财产损失的偶发事件。风险事故一般是由风险因素引发的，但二者的区分也不是绝对的，主要看是否直接构成损失。

（3）风险损失。风险损失是指非故意的、非预期的和非计划的经济价值的减少。

风险是由风险因素、风险事故和风险损失三者构成的统一体。三者的关系为：风险因素是引起或增加风险事故发生的机会或扩大损失幅度的潜在原因；风险事故是造成生命财产损失的偶发事件，是造成风险损失的直接的或外在的原因，是风险损失的媒介。

3. 风险的特征

（1）客观性。无论是何种风险，都是独立于人的意识之外的客观存在。人们只能在有限的空间和有限的程度上减少风险，而不能完全消除风险。正是风险的客观性，决定了保险的必要性。

（2）普遍性。自从人类出现，就面临着各种各样的风险，如自然灾害、疾病、战争等。人类为了生存和发展，在不断地与风险做斗争。但是随着科学的不断进步，新的风险也在不断产生。因此，人类今天所面临的风险不是比过去减少了，而是增加了。也就是说，无论从空间还是时间上来说，风险都是普遍存在的。

（3）可变性。科学在改善人类生活环境的同时，也增加了风险。因此，风险本身就是在不断地变化和发展，这也为风险管理和保险提供了更为广阔的发展空间。

（4）具体风险发生的偶然性。风险虽然具有客观性，但对每一个具体风险事故来说，它的发生则是偶然的，是一种随机现象。也就是说，在风险事故发生之前，人们无法准确预测何时会发生，后果会怎样。

（5）大量风险发生的必然性。具体风险事故的发生具有偶然性、无序性，是人们无法预测的，然而运用统计学对大量风险事故研究后表明，其发生却呈现出明显的规律性。这在实践中具有重大的意义，正是由于大量风险事故发生的必然性，使得在一定条件下，对大量独立风险事故进行统计处理，其结果会比较真实地反映风险的规律性，人们也就可以对风险事故进行较为准确的预测。这就是保险赖以存在的数理基础。

7.2.2 保险的概念与本质

1. 保险的概念

从个人的角度来看，保险是以个人小额成本（保险费）替代大额不确定损失（意外事故的损失），而这种损失在没有保险的情况下依然会存在。因而保险最主要的功能就在于创造了风险的对立面——安全（确定性）。保险并不能减少事件是否发生的不确定性，也不能改变事件发生的概率，它所减少的是与事件相关的经济损失。因此保险是损失分担机制。对个人而言，天大的灾难，通过适当的方式则可以把损失分散到集合体的全体成员中。也正是在此基础上，保险才得以存在。

从社会的角度来看，除了通过转移来消除个人的风险外，保险机制还通过以某种成本替代不确定性损失，来减少经济体中的风险总量。这些成本是在大数定理的基础上进行预测后估算得到的。所以从社会角度来说，保险是通过将数量足够多的同质风险集中到一起，将该集合体视为一个整体进行损失预测，以此来减少、消除风险的经济机制。

虽然从社会角度而言，保险并没有降低整个社会的损失成本，但是通过这种损失分担和降低不确定性的机制，为社会成员带来了安定，使成本更加确定，为资本提供了最佳的使用途径。

2. 保险的本质

随着保险的产生与发展，人们对保险本质的认识日趋丰富和完善。作为一个经济机制，保险不仅包括风险转移，而且包括风险共担和风险降低，即损失分担，因此保险具有两个最本质的特征。

（1）风险转移。为了确保经济生活的稳定、分散风险，保险把集中在某一单位或个人身上的因偶发的灾害事故或人身伤亡事件所致的经济损失，通过直接摊派或收取保费的办法平均分摊给所有被保险人，这就是保险的风险转移。通过风险转移，风险在空间上和时间上都可以达到充分分散。

（2）损失分担。损失分担即被保险人通过缴纳一定的保险费，将某些风险转移给了整个团体，以较少的支出避免潜在的、巨大的且不确定的损失。保险机制把集中起来的保险费用以补偿被保险人合同约定的保险事故或人身伤亡事件，使得保险具有损失分担的本质。

风险转移与损失分担是保险统一的两个方面，是保险本质最基本的反映，也是保险最基本的两个职能。风险转移是前提条件，损失分担是风险转移的目的。

7.2.3 保险的原则

1. 赔偿原则

赔偿原则是指在保险标的遭受保险责任范围内的损失时，保险人应按照合同规定，以货币形式赔偿被保险人所受的损失，但赔偿金额只能使被保险人在经济上恢复到受损前的同等状态。赔偿原则是许多险种，尤其是财产保险最为重要的原则之一。根据这一原则，某一个被保险人所获得的赔偿，不可能超过由于被保灾祸的发生所造成的实际损失。这一原则有助于控制可能存在的道德风险。因为保险原本只是用于赔偿，或者说只是将被保险人恢复到损失发生以前的状态，所以故意造成损失的可能性就大大降低了。不管已经购买了多少保险，对损失的赔付绝不会超过被毁财产的价值。赔偿原则的另一个重要结果是，在财产保险合同中通常包含涉及其他保险的相关条款。其目的是防止被保险人向不同的保险公司购买多份保单，以期获得大于实际损失的赔偿。

2. 可保利益原则

对赔偿原则形成有力支持的一个保险原则是可保利益原则，是指投保人或被保险人对保险标的因具有各种利害关系而享有的经济利益。这一原则规定被保险人必须证明发生了个人损失，否则被保灾祸发生且导致损失后，被保险人将不能获得相应赔付。如果被保险人没有可保利益即可获得赔付的话，就可能产生道德风险。可保利益原则能够防止保险诱发违法犯罪，例如，人寿保险中要求可保利益的重要原因就是消除可能的谋杀动机。

3. 代位追偿原则

代位追偿原则是由赔偿原则派生的。在这一原则下，保险公司在对保险人所遭受的保险事故所致的损失予以赔偿后，依法取得向对财产损失负有责任的第三者进行追偿的权利。

代位追偿就是为了强化赔偿原则，也就是为了防止被保险人获取大于实际损失的补偿。如果保险公司没有代位追偿权，那么被保险人在从保险单上获得补偿后，可能再通过诉讼，从第三者责任人那里重新获得赔偿。这样，被保险人就获得了两次赔款，违背了赔偿原则。被保险人还有可能与第三者故意安排一次事故，获得两次赔偿，平分从中获得的利润。

4. 最大诚信原则

最大诚信原则是指保险双方在签订和履行保险合同时，必须保持最大的诚意，双方都应恪守信用，互不欺骗和隐瞒，投保人应向保险人如实申报主要风险情况，否则合同无效。保险合同被称为一种最大诚信合同，因为其对保险协议当事人的诚实程度的要求远远高于一般商业合同。最大诚信原则对保险实务有巨大影响，也使对保险合同的解释有别于许多人通常的设想。

最大诚信原则在保险过程中通常体现在告知、保证、隐瞒及差错等几个方面。①告知。保险人与投保人在订立保险合同过程中，投保人应把自己知道的或应该知道的有关保险标的的重要事实尽量告知保险人，以便保险人判断是否接受承保者或者决定承保的条件。②保证。保证是指在保险公司承担责任以前，必须有一些影响风险的事实、条件或情况存在。这些条款构成了承保的条件，并发挥保证的作用。保证又构成了合同的条件，任何对保证的违反，即使是非关键性的，都将使合同失效。③隐瞒。隐瞒是指有义务声明时却保持沉默。隐瞒具有与重要事实不实告知相类似的法律后果。隐瞒也就是申请人未能提示对风险而言很重要的事实。因为保险是最大诚信合同，在合同生效前申请人只实事求是地回答保险公司提出的所有问题还是不够的，还应主动揭示一些重要事实，即使揭示这些事实会使申请被拒绝，或需支付更高的保险费。④差错。如果在书面保险合同中出现了差错，签发保单后还可以采取措施改正。一般而言，如果可以证明双方都有差错，或者一方知道另一方有差错，但在协议签订时并未提及，保单即可改写。此处差错的意思并不是指一方判断中的错误，而是指合同中所述协议与实际达成的协议不同的情况。

5. 近因原则

近因是指造成保险标的损失的最主要、最有效的原因。按照近因原则，当被保险人的损失是直接由于保险责任范围内的事故造成的，保险人才予以赔偿，即保险事故的发生与损失事实的形成这两者之间必须有直接因果关系的存在，才能构成保险赔偿的条件。近因原则是保险理赔过程中必须遵循的原则。

7.2.4 保险的种类

按保险标的或事故对象标准，保险大致可分为人身保险、财产保险、责任保险、保证保险及信用保险。人身保险是以人的生命、身体或健康作为保险标的的保险。保险人对被保险人在保险期间遭受人身伤亡，或者在保险期满后不论是否伤亡均给付保险金。人身保险可分为人寿保险、人身意外伤害保险、健康保险。

财产保险是以物或其他财产利益为标的的保险。广义的财产保险包括有形财产保险和无形财产保险。保险人承保各种标的包括因自然灾害或意外事故造成的物质的或其利益的损失。

责任保险是指以被保险人对第三者依法应付的赔偿责任为保险标的的保险。

保证保险是一种以经济合同所规定的预期应得的有形财产或预期应得的经济利益为保险标的的保险，是被保证人根据权利人的要求，要求保险人担保自己的信用的保险。

信用保险是保障债权人因债务人不能履行偿付或拒绝偿付时，所遭受的损失由保险人负责赔偿的一种保险，是权利人要求保险人担保对方（被保证人）的信用的保险。

按被保险人,保险可分为个人保险和商务保险两类。个人保险是以个人或家庭的财产、生命、健康等作为保险标的的保险。它包括个人或家庭所面临的各种财产、生命和责任赔偿等损失。

商务保险是指以工厂、企业等经营单位的财产、责任等作为保险标的的保险。

按保险实施形式,保险可分为强制保险和自愿保险两类。强制保险又称法定保险,它是由国家颁布法令强制被保险人参加的保险。只要在保险范围内,不管被保险人是否愿意,都必须参加保险。如在我国实行的机动车交通事故责任强制保险,凡是属于正常行驶的机动车,都要投保,而且保险金额由国家法律规定统一的标准,而不是由投保人自行确定。

自愿保险是投保人和保险人在自愿协商的基础上,由当事人订立保险合同而实现的保险。目前大多数商业保险属于自愿保险。

7.2.5 保险公司经营

1. 保险产品的定价

保险费率是指每份保险的价格。如同其他商品价格一样,保险费率是保险产品成本的体现。然而保险业有不同于其他行业的特点,在保险合同签订时并不知道保险产品的成本,而且有时直至保单期满也不能确定。保险定价和定价机制与其他行业的一个根本区别就是保险价格必须建立在预测的基础之上。

除了不能过高、必须充分,而且不可以有不公正的差别对待的法定要求以外,保险费率还有其他一些要求,如应保持相对的稳定,在损失情况加重条件下,费率应有足够的弹性以应对费率不足问题,费率水平必须让被保险人有防止损失的动机。

2. 展业

展业是指保险公司进入市场营销的过程,即向客户提供保险商品和服务。一个保险公司的展业部门有时被称为代理部,是其销售或市场策划部门,该部门负责外部的销售环节,换句话说,该部门就是负责保险产品的营销。

展业直接影响保险的业务经营量,因此,业务人员在深入企业单位、家庭个人进行展业之前,必须做好各项准备,掌握一些必要的情况。在掌握必要的信息资料后,保险公司就要进行保险宣传,只有使更多人了解和认识保险,才能吸引更多的企业、家庭和个人投保,从而扩大保险的影响,提高保险的社会地位。

3. 承保

承保是保险经营的重要环节,是指保险人对被保险人的选择,即保险人决定接受还是拒绝客户的投保。

承保一般包括以下一些程序:①接受投保单;②审核校验,保险人收到投保单后,应详细审核投保单的各项内容,如保险标的、存入地点、保险期限等;③接受业务,保险人按照规定的业务范围和承保权限,在审核验险之后,有权做出拒保或承保的决定;④缮制单证。

4. 保险理赔

保险索赔是指被保险人在保险标的遭受损失后或保险期满时，按保险单有关条款的规定，向保险人要求赔偿或给付保险金的行为。保险理赔是指保险人接到被保险人的索赔要求，根据保险合同的规定，对保险事故的发生以及造成的物质损失或人身伤害进行一系列调查审核，并予以赔偿的行为。

理赔的基本程序一般包括五个环节：①接受出险通知；②现场勘察；③责任审核；④损余物资处理；⑤损失核算。

5. 保险资金的运用

保险资金运用也称为保险投资，是指保险公司为取得预期收益而垫付保险资金以形成保险资产的经济活动过程。在现代保险经营中，保险公司的业务大体分为两类：一类是承保业务；另一类是投资业务。作为保险经营业务两大支柱之一的保险资金运用，已经成为保险公司生存和发展的重要因素。

保险资金的运用应根据资金的不同性质、用途和结构，遵循资金运用的安全性、盈利性和流动性原则，合理选择投资对象和投资结构。保险资金的运用一般有购买债券、投资股票、投资不动产、发放贷款和银行存款等一些形式。

知识拓展

保险公司关键功能识别的实践和最新进展

7.3 其他非银行金融机构

7.3.1 投资基金

1. 投资基金的概念与特征

投资基金是通过发行基金股份（或受益凭证），将投资者分散的资金集中起来，由专业管理人员投资于股票、债券或其他金融资产，并由投资者承担投资风险，享受投资收益的一种集合投资制度。

投资基金具有以下几个特征。①经营成本低。投资基金将小额资金汇集起来，其经营具有规模优势，可以降低交易成本；对于筹资方来说，也可降低其发行费用。②分散投资降低了投资风险。投资基金可以将资金分散到多种证券或资产上，通过有效组合最大限度地降低非系统风险。③专家管理增加了投资收益机会。投资基金由具有专业化知识的人员进行管理，特别是精通投资业务的投资银行的参与，能够更好地利用各种金融工具，抓住各个市场的投资机会，创造更好的效益。④服务专业化。投资基金从发行、收益分配、交易、赎回都由专门的机构负责，特别是可以将收益自动转化为再投资，使整个过程轻松、简便。⑤投资者按比例享受投资收益。

2. 投资基金的种类

（1）按组织形式，投资基金可分为契约型基金和公司型基金。契约型基金是根据信托契约组成的投资基金。契约型基金无法人资格，基金经理公司通常是基金的发起人，发行受益凭证筹集资金，并负责基金的投资营运。基金经理公司作为委托人，将基金资产交由基金保管公司（一般是银行、信托公司或其他金融机构）保管。基金保管公司作为受托人，负责保管基金资产，办理与基金资产管理运作有关的各项代理业务及会计核算业务等，并监督基金经理人的投资行为，编制基金业绩报告。受益凭证的持有者是受益人，享有基金投资收益的分配权。三方当事人的关系由信托契约界定，作为彼此权利义务的依据。

公司型基金是依法成立的以营利为目的的股份有限公司，拥有独立法人资格。这种基金在美国被称为投资公司。公司发行的基金证券实际上是公司的股票，投资者购买证券后即成为公司的股东，享有基金收益的索取权。公司的最高权力机构是股东大会，由股东选举成立董事会。基金公司聘请一家基金管理公司作为投资顾问，与之签订管理契约，由管理公司来管理和运作基金资产。不过，有关资金运用和证券买卖的重大事项仍由基金公司董事会决策。同时，基金公司指定一家银行或信托公司作为基金资产的保管人，双方签订保管契约。

（2）按基金规模的变动情况，投资基金可分为封闭型基金和开放型基金。封闭型基金发行总额是限定的，在达到了预定发行计划后，基金即宣告成立，并进行封闭，基金规模在一定时期内不再扩大或缩减。基金一般都在交易所上市，投资者要买卖该基金单位，可以在二级市场上竞价交易。

开放型基金规模不是固定不变的，基金组织者可以根据经营策略和实际需要发行新的基金单位，投资者可以随时购买基金单位，并随时将其持有的基金单位卖给基金组织者，以赎回现金。开放型基金一般不在交易所上市。由于开放型基金的开放性，其规模可随投资者的追加认购和赎回不断变化，能够形成对基金的优胜劣汰机制。

（3）按投资目标，投资基金可分为成长型基金、收入型基金和平衡型基金。成长型基金是以追求资本的长期增值为主要目标的，风险较大，可能获取的收益也较大，适合能承受高风险的投资者。

收入型基金的主要目标是获取当期最大收入，优点是损失本金的风险较小，不过基金的成长潜力也有限。它又可分为固定收益基金和权益基金。前者的主要投资对象是债券和优先股，后者主要投资于普通股。收入型基金较适合保守的投资者和退休人员。

平衡型基金将资金分散投资于股票和债券，是以基金净资产的稳定、一定的收益及适度的成长为目标的投资基金，具有双重投资目标，谋求收入和成长的平衡，故风险适中。

（4）按投资对象，投资基金可分为货币市场基金、股票基金、债券基金、衍生基金与杠杆基金、对冲基金与套利基金。货币市场基金投资于存款、短期票据等货币市场工具，属于货币市场范畴。

股票基金投资对象主要是普通股。按其分散投资的程度可分为一般股票基金和专门化基金。前者是指基金必须将大部分资金分散投资于各类股票，后者是指将资金专门投资于某部门、行业、地区的股票或某些特殊的股票。

债券基金是指主要投资于各类债券的基金。这类基金按所投资债券的种类又有多种类型。

衍生基金与杠杆基金，这两类实际上是同类基金，投资对象是金融衍生产品，如认股权证、股票指数期货等。衍生基金强调其投资对象是衍生产品，杠杆基金表示其投资对象有杠杆作用。

对冲基金最初是指在金融市场上进行套期保值交易，运用对冲技巧来避免风险的基金。不过，在其发展过程中，对冲基金已经变成从事高杠杆、高收益、高风险投资业务的投资机构。

套利基金是利用金融资产在不同市场上的价格差异进行套利的基金。

（5）按募集方式，投资基金可分为公募基金和私募基金。公募基金是指以公开方式向社会公众投资者募集资金并以证券为投资对象的证券投资基金。公募基金是以大众传播手段招募，发起人集合公众资金设立投资基金，进行证券投资的。这些基金在法律的严格监管下，有着信息披露、利润分配、运行限制等行业规范。目前的公募基金是最透明、最规范的基金。公募基金对基金管理公司的资格有严格的规定，对基金资产的托管人也有严格的规定，基金托管人在中国实际上就是银行，因为它的注册资本必须达到80亿元。封闭式公募基金每周还要公布一次资产净值，每季度还要公布投资组合。

知识拓展

我国公募基金
发展史

私募基金是私下或直接向特定群体募集的资金。广义的私募基金除了是指证券投资基金外，还包括私募股权基金。在中国金融市场中常说的"私募基金"或"地下基金"，往往是指相对于受中国政府主管部门监管的，向不特定投资人公开发行受益凭证的证券投资基金而言，是一种非公开宣传的，私下向特定投资人募集资金进行的一种集合投资。其基本方式有两种，一是基于签订委托投资合同的契约型集合投资基金，二是基于共同出资入股成立股份公司的公司型集合投资基金。

知识拓展

私募基金行业发展
格局、政策走向及
影响分析

3. 投资基金的交易

基金的交易方式有两种：对于封闭型基金，基金管理人不负责基金单位的赎回，而是申请基金单位在证券交易所上市交易或在指定证券商处进行柜台交易；对于开放型基金，除非特殊情况，基金管理人在每一个交易日都有责任以每一个基金单位资产净值的价格赎回投资者出售的基金交易。

（1）封闭型基金的转让。基金证券的转让是针对封闭型基金而言的，与其他证券的转让类似。按国际惯例，封闭型基金的投资者不能向基金管理人申请赎回基金证券，但可以将基金证券拿到证券市场上自由买卖。封闭型基金一般是在其正式成立后3个月才允许按一定的交易规则上市交易。投资者转让封闭型基金证券的方式与股票转让方式一样，可以通过证券商在二级市场上随行就市，进行转让交易。

（2）开放型基金的赎回。基金证券赎回是针对开放型基金而言的。基金发行成立，在封闭期结束后，投资者才能要求赎回。申请赎回的投资者，可以在任何营业日向基金管理人提出全部或一部分赎回申请。基金管理人收到赎回申请时，应及时办理赎回。基金证券每一单位的赎回价格，一般以赎回日的基金净值为基础计算。

7.3.2 信托投资公司

1. 信托投资公司概述

信托投资公司是专门办理委托、租赁、签证、担保、咨询等信托业务的金融机构。所谓信托业务是指信托公司以营利为目的,以受托人身份承诺信托和处理信托事务的经营行为。由于各国金融体制不同,信托机构在各国的名称也不尽相同。有的称之为信托银行,有的称之为信托公司,在我国信托机构一般被称为信托投资公司。

2. 信托投资公司的职能

(1) 财产管理职能。信托投资公司最基本的职能是为经济主体提供财产管理服务。相对于较为简单的委托代理制度,信托以其更加完备的法律保障和更高的独立性使其更易于大规模商业化发展。随着社会的不断发展和社会分工的进一步细化,"代人理财"的信托投资公司也将有更为广阔的发展前景。

(2) 金融职能。金融职能是信托投资公司必然的、最主要的衍生职能。随着现代社会货币化程度的不断加深,交由信托投资公司行使财产管理职能的财产也日益增加,并越来越以货币资产为主。信托投资公司管理、运用这些货币资产所采用的方式和业务(如贷款、购买有价证券或投资于某些行业)都属于金融业务的范畴,金融职能由此衍生。

> **知识拓展**
>
> 黑石房地产投资信托违约的原因分析

(3) 社会中介与咨询职能。社会中介与咨询职能是通过信托投资公司的财产管理职能衍生出来的,是信托投资公司作为非存款货币银行类金融机构的一种职能。信托业务是一种多边经济关系,信托投资公司在处理信托业务中,必然要成为委托人、受益人以及信托业务的交易方之间的桥梁和纽带,因此信托投资公司自然而然地发挥社会中介和咨询职能。

3. 信托投资公司的主要业务

由于信托制度本身具有高度的灵活性和广泛的适应性,信托业务可以变化出多种形式。

(1) 个人信托业务。个人信托业务是指信托投资公司以自然人为服务对象的信托业务,其主要目的是信托投资公司为自然人提供财产管理服务。由于信托投资公司可以针对个人需求提供相应的服务,因此个人信托业务种类繁多。目前开展比较广泛的有合同信托、遗嘱信托、财产监护信托及人寿保险信托等。

(2) 法人信托业务。法人信托业务是指信托投资公司以法人为服务对象,为其提供专业的财产或者事务管理服务的信托业务。对于一般的财产管理,法人信托与个人信托并无很大差异,比较有特色的法人信托业务主要有抵押公司债信托、商务管理信托等。

此外,信托投资公司还经营一些介于法人信托和个人信托之间的业务与其他信托类型,比如投资基金信托、集合资金信托、职工持股信托、公益信托、房地产投资信托等。

本章小结

投资银行是指经营所有资本市场业务的金融机构,主要业务包括证券发行与承销、证券交易、公司收购与兼并、财务顾问、风险投资、项目融资、金融衍生工具、研究开发与投资咨询以及资产证券化等业务。投资银行属于非银行金融机构,是资本市场上的主要金融中介。

保险公司是基于社会经济安全而组织起来的一种机构,其业务经营是根据风险分散的原理,将在社会上个别的风险通过保险,分散于多数人,以利于社会大众经济生活的稳定。

投资基金是通过发行基金股份（或受益凭证），将投资者分散的资金集中起来，由专业管理人员投资于股票、债券或其他金融资产，并由投资者承担投资风险，享受投资收益的一种集合投资制度。

信托投资公司是专门办理委托、租赁、签证、担保、咨询等信托业务的金融机构。所谓信托业务是指信托公司以营利为目的，以受托人身份承诺信托和处理信托事务的经营行为。

学习建议

非银行金融机构在整个金融机构体系乃至经济生活中极为活跃，尤其是投资银行和保险公司发展与创新极为迅速。建议在学习中投入实践，到相关金融机构实习，切身体会与学习相关业务，便于学习和加深了解本章的知识。

本章重点
投资银行的主要业务、保险的原理及其种类、投资基金的分类。

本章难点
投资银行的主要业务、保险的原理。

核心概念

投资银行　　　保险　　　投资基金

课后思考与练习

1. 简述投资银行的性质与特点。
2. 阐述投资银行的主要业务。
3. 保险的本质是什么？
4. 论述保险的基本原则。
5. 简述投资基金的类型。

补充阅读 7-1

如何理解中国的影子银行

影子银行是理解中国过去若干年宏观经济、金融风险和政策制定的核心逻辑。国际货币基金组织（2014）从三个维度界定了影子银行：行为（activity）、实体（entity）以及二者的混合。其中，基于行为的界定方法比较流行，即所有从事类似银行业务的资金中介，但又处于监管范畴之外的金融活动。但是，不同国家的影子银行体系有较大差异。中国影子银行又被称为"银行的影子"，表明传统银行机构是影子银行活动的中枢，这与美国影子银行体系有较大差异。这是由中美各自的金融体系结构决定的，中国仍然是主银行的金融市场结构，而美国的直接融资市场更加发达。这就造成了中美影子银行体系在资金链条的长短、投融资渠道和复杂性等方面都有显著差异。但随着结构化产品和资产负债管理技术的创新越来越流行，中国影子银行的资金链条越来越长，投融资渠道更加多样化，复杂度也在提高，与美国的影子银行越来越像，这也给金融监管提出了挑战。

1. 崛起：背景及原因

2008年美国金融危机是打开影子银行"魔盒"的钥匙。改革开放以来，特别是自20世纪90年代市场化改革以来，中国与世界的关系更加紧密。2001年加入WTO使中国正式加入全球产业链，国内和国外两个市场成就了中国"世界工厂"的地位，GDP增速领先全球。但2008年金融危机折了"三驾马车"中的出口，提振内需成为当务之急。2008年12月，国务院制定了财政刺激计划，重点支持基础设施建设、支柱型产业建设等。社会融资规模从2008年的7万亿元激增至2009年和2010年的14万亿元和17万亿元，仅2009年就同比增加100%。广义货币M2从2008年的47万亿元增加到2009年和2010年的61万亿元和72万亿元，2009年同比增幅达27.86%。

货币是内生的，货币创造是资金需求驱动的，但为什么是影子银行充当资金媒介？答案在于金融抑制以及监管政策的不对称性。金融抑制的一个最主要体现在于利率决定的非市场化。2015年10月24日，中国人民银行决定对商业银行和农村合作金融机构等不再设置存款利率浮动上限，完成了形式上的利率市场化。但由于存贷款基准利率仍然由中国人民银行决定，而且由于各种"潜规则"的存在，实质上的利率市场化远未实现。信贷资源短缺是信贷市场的常态，但为了控制融资成本，存贷款利率长期处于均衡位置以下，这实际上是储蓄者补贴借款人。更精确来说，这主要是给国有企业和其他大企业"输血"，中小企业和民营企业不得不依赖于内源融资。而且，非市场化的存贷款利差也为金融套利提供了广阔的空间，但在分业监管框架下，不同性质的金融机构受到不同监管机构和条例的约束，而且即使在银行业范围内也存在类似的差异。

在资金供求和监管约束长期不对称的情况下，利润动机驱使下的金融创新就是必然了。商业银行通过"储备节约型"融资工具和"监管规避型"投资渠道（如银行理财产品、同业存单、银信合作）"另起炉灶"，其结果就是形成了中国式的影子银行。

宏观经济波动与金融监管的松紧是理解影子银行发展的两大视角。由于消费需求在短期内难以提振，投资成为政策发力点，而我国的主银行金融结构又决定了银行信贷成为投资资金的主要渠道。经济下行时，投资驱动的经济增长模式在金融抑制的环境下，必然推动影子银行膨胀。一旦经济过热，收缩货币与信贷的结果就是影子银行发展受限。然而，收得过紧又会影响经济增速。当影子银行规模膨胀之后，如果不加强监管，就容易引发系统性金融风险，对实体经济造成更加负面的冲击。所以，经济增长、宏观调控和金融监管的平衡点也是决定影子银行生态的中心。

粗略来说，中国影子银行从无到有、从小到大经历了两个周期。第一个周期为2009—2014年，周期的顶点为2010年。经过2009年和2010年两年的"财政货币化"，2010年开始出现经济过热的迹象，当年7月CPI同比超过3%，11月达到5.1%，其中食品CPI同比增幅达11.7%。为此，2010年我国开始收缩信贷，金融监管政策也密集出台。在第一个周期，中国影子银行从无到有，发展速度较快，但由于基数较小，总体规模适度。从资金来源看，银行理财拓展了商业银行的融资渠道，成为商业银行"揽存"的角力点，同时又满足了储户高收益、低风险的诉求。所以，理财余额迅速上升，从2009年的1.7万亿元增至2014年年底的15万亿元。从资金运用来看，社会融资规模的结构也有所变化，信托贷款和委托贷款增速较快，构成了影子银行的核心范畴。

第二个周期为2015年至2018年，周期的顶点为2016年年中。影子银行的规模继续膨胀，但发展模式有所变化。针对个人客户的传统理财产品继续发展，银行间同业理财从无到有，2015年年初仅5 600亿元，但年底就达到了3万亿元，到2016年，同业理财占理财产品余额的比重也超过15%；同时，2013年年底开始发行的同业存单与同业理财一道，成为中小商业银行主动负债管理的新手段，大型商业银行和广义基金成为流动性供给的"影子央行"（冯煦明，2017）。央行推行同业存单业务，本意是推动金融市场利率市场化定价，但金融机构的操作偏离了既定轨道。2014年同业存单规模较小，仅为8 976亿元。但2015年和2016年新增发行量呈井喷式增长，规则分别增至5.3万亿元和13万亿元，同比增幅分别为490%和145%。

从同业存单发行者结构来看，股份制银行占53%，城市商业银行占46%，国有商业银行仅为1%，这种失衡的结构也是"权利"不对称的流动性"科层制"导致的结果。2014年，外汇占款投放的基础货币急剧萎缩，央行通过创新工具——短期流动性调节工具（SLO）、常备借贷便利（SLF）、中期借贷便利（MLF）、抵押补充贷款（PSL）进行流动性管理，但交易对手方仅限于大型商业银行。同时，大型商业银行在负债方的天然优势使得其在传统理财产品市场上也有较强的竞争力。这样就形成了金融市场内部流动性的金字塔结构，资金链条进一步拉长。再加上结构化产品的金融创新，影子银行体系更加复杂化。资金在影子银行体系内部"空转"，形成了一个独立的闭环，金融支持实体经济的职能得不到应有的发挥，同时还增加了金融体系的风险。

2. 规模、结构与动态演化路径

从整体来看，发端于2009年的中国式影子银行，发展速度在经历过2009—2014年和2015年至今的两个周期之后，特别是自2016年10月以来为金融去杠杆而打出"组合拳"以后，影子银行规模膨胀的速度快速下滑，但在这个过程中，其产品和活动的丰富度与复杂性在提升。

资金从供给侧到需求侧的移动大体可以分为如下4个渠道：第一，传统信贷渠道，即各类商业银行从事吸收存款、发放贷款业务，不属于影子银行范畴。但大型商业银行在资产端与负债端都有明显优势，存贷款市场份额都较高，而且贷款主要集中于大型国企和地方政府，缺少抵押物的中小企业和居民很难获得贷款支持。

第二，影子银行的主体，即大型商业银行设立子公司，或与信托和广义基金的合作模式。这些非银行金融机构的融资有两个来源：一方面它们可以发行财富管理类产品融资，比如信托公司发行的信托产品；另一方面大型商业银行也可以为它们"导流"。由于约束不一样，信托和广义基金可以将资金配置到收益与风险较高的中小企业或者是资本市场。比如，财富管理资金就被大量配置到标准化的固定收益产品和其他非标产品。据中央结算公司的数据和国际清算银行的测算，2016年年底，财富管理资金流向债市和货币市场占比为56.9%，相比2013年提高了18.3个百分点，投资于非标产品的比例为17.5%。而且，自2015年开始，发行人结构从大型商业银行向股份制和城市商业银行倾斜。截至2016年年底，股份制商业银行占比为42%，高于大型商业银行的32%。这些财富管理产品一般是借短投长，存在明显的期限错配风险。由于政府对股份制商业银行和城市商业银行的"担保"力度相对较低，投资者面临的金融风险逐步提高。正是通过第二个渠道，金融机构的监管套利行为得以实施，银行、信托、广义基金等金融机构通过各种通道业务和结构化产品串联在一起，资金链条得以拉长，形成了"太关联而不能倒"的刚兑怪圈。

第三，委托贷款。由于非金融企业之间不能进行信贷业务，银行就扮演着中间人角色。这也是理解企业"存款搬家"的一个思路。随着金融监管的加强和投资不确定的增加，企业将更多的利润留在内部，或者以活期存款的形式存在银行（形成 M1 与 M2 的剪刀差）。为了弥补收益差，企业一方面购买"收益权证"，另一方面通过银行开展委贷业务。从规模上来讲，新增委托贷款占社会融资规模的比重在 2013—2014 年较高，比如 2014 年 1 月就占到了 15%。根据国际清算银行测算的数据，截至 2016 年年底，委托贷款存量为 13.2 万亿元，同比增幅为 19.8%，占 GDP 的比重为 17.7%，相比 2011—2015 年 25.7% 的平均增速有所放缓。委托贷款是影子银行的核心组成部分，但它也游离于存款保险的范畴之外，所以其风险相对于传统存贷款而言相对较高。

第四，互联网金融。主要参与者如腾讯旗下的理财通以及雨后春笋般涌现的 P2P 金融平台。由于发展时间较短，以及 P2P 模式自身的局限性，截至 2020 年 11 月中旬，国内 P2P 金融平台的数量由高峰时期的 5 000 多家降至 0。

中国的影子银行是在 2008 年金融危机的冲击下，决策层被动采取逆周期调控的背景下产生的，但金融抑制政策和特殊的金融市场结构为其发展壮大提供了得天独厚的环境。它的产生并非全是负面的，但随着其壮大和更加复杂，它对金融市场和实体经济的负面作用愈加凸显，金融对实体经济的支撑作用却越来越弱。除了金融与实体的循环，金融机构内部形成了另一个循环，且后者越来越大，这实际上是在抽实体经济的"血"，各种违规操作只是资本的游戏，对增加社会福利并无多少直接或间接作用。所以，打好风险防范攻坚战，重要的是要深入影子银行这个风暴的中心。

资料来源：根据网络资料整理。

思考题：影子银行带来的金融风险有哪些？如何加强对影子银行的监管？

补充阅读 7-2

关于分业经营和混业经营的三个认识误区

近年来金融机构表外业务泛滥、同业业务异化是金融乱象的重要表现。对此，有观点认为，这些乱象的症结就在于混业经营，所以监管改革的方向就应当在于对混业势头进行打压，甚至回到分业老路上去。这种看法本质上仍是"分业经营等同于金融安全，而混业经营等同于金融危机"传统观念在作祟，根源基于三个常见的认识误区。

第一个误区，混业经营是金融危机的"原罪"。分业、混业之争，最早始于美国 20 世纪 30 年代大萧条时期。在政治诉求和社会诉求的共同作用下，有关混业经营是金融危机"原罪"的观点占据上风，最终促成了以分业经营为主的《格拉斯-斯蒂格尔法案》（以下简称《格法》）的诞生。然而，越来越多的证据显示，该法案实际上误读了金融危机。诺贝尔经济学奖得主默顿·米勒（1996）就认为，分业经营要求是基于对历史事实完全错误的解释而做出的规定，削弱了银行业通过提供多元化服务降低风险的能力，也损害了投资者利益。事实上，混业经营是金融体系发展的必然结果，与大多数其他行业一样，是规模经济和范围经济的内在要求，其内在动力源于科技进步，是顺应历史发展潮流的必然选择，是科技促进金融体系不断从量变到质变的时代产物。自 20 世纪 80 年代以来，科技发展日新月异，利率市场化改革大幅推进,金融市场的产品、工具、组织结构也得以进一步优化,创新步伐不断加快,信息化、综合化经营渐成趋势。与此同时,随着经济全球化不断加深,为适应激烈的全球竞争环境,也需要给跨国经营企业提供全方位金融服务。由此可见,混业经营是经济全球化发展和科技进步促进金融机构经营效率提高的结果,这一趋势本身自然是金融深化和效率提升的集中体现,关键在于金融监管制度框架设计与人才队伍建设是否能跟得上金融体系的时代发展步伐。

第二个误区,分业经营有助于将风险"分而治之",从而提高金融竞争力以及维护金融安全。然而事与愿违的是,尽管《格法》出台的初衷是通过严格分业降低风险,但事实证明,这样做并未给美国银行业带来安全,反而由于其业务被长期束缚而加剧了风险。20世纪80年代发生了储贷协会危机,其破坏性仅次于大萧条和此次金融危机。这次危机表面上是在利率市场化背景下利差收缩导致其风险偏好上升,过度涉足房地产。但当时的另一个重要背景是面对货币基金大量分流储蓄以及证券公司事实上经营放贷业务的冲击,储贷机构作为受《格法》限制最多的银行业机构,无法对客户提供综合性服务以减缓利差收缩冲击,最终走向高风险房地产融资这一不归路。事实上,《格法》实施后的年代,美国金融业并不太平,几乎每隔20~30年就有一次银行业系统性危机,1984年银行倒闭数量达到大萧条之后的最高峰。不仅如此,分业经营也压抑了美国银行业国际竞争力,使得国际大银行在20世纪七八十年代主要集中于日本、德国,这也是美国1999年最终废除《格法》,以《金融服务现代化法案》取而代之的重要背景。

第三个误区,从历史发展周期来看,简单认为此次危机后的国际金融监管改革,是再次进入"分业—混业—分业"的轮回。事实上,危机后美国出台的《多德-弗兰克华尔街改革与消费者保护法案》,除了"沃尔克规则"对自营交易限制与隔离的规定与《格法》有些相通外,看不到其他重回20世纪30年代大萧条之后的分业经营趋势。伯南克在《行动的勇气》中指出,混业经营不是问题,美国碎片化的分业监管才是真正的问题。盖特纳在《压力测试》中更为尖锐地指出:"美国的分业监管体系,充斥着各种漏洞和各种势力的角逐,充满着若隐若现的钩心斗角,然而却没人会为整个系统的稳定性负责。"

就我国而言,分业监管同样存在一些问题。

一是从我国实践看,分业监管体制与混业经营发展趋势不适应,较之其他国家,除了分业监管体制下功能相同但规制不同产生的套利外,由于一些客观原因,我国的监管套利更为严重。虽然很多金融创新产品本质上是一致的,在功能相同的金融产品业务交叉领域中出现监管竞争,这原本并不一定是坏事,但是在"重发展、轻监管"倾向下,对同样的金融产品缺乏统一规制前提下监管竞争,容易演变成竞相降低监管标准,导致"劣币驱逐良币",损害监管的有效性和金融的稳定性。以资产管理业务为例,信托公司的信托计划和券商、基金等金融机构的资产管理计划在本质上都是"受人之托,代人理财"的类信托业务,但其面临的市场准入条件和监管标准有较大的差异。就通道类业务而言,信托公司要扣减1‰~3‰的风险资本,券商资产管理计划只要扣减万分之几的风险资本,而基金子公司没有净资本要求。

二是分业监管体制造成市场分割,导致市场竞争并不充分,影响了资源配置效率。以债务融资工具发行为例,国际市场上一般要求公募发行由政府予以注册或审核,私募则可豁免注册。而我国目前由多个部门对债务融资工具进行注册或审核,既未区分公募与私募发行的管理严格程度,又因多个部门的具体规则不统一且穿透式监管难以有效实施,降低了市场资源配置效率。

三是分业监管体制人为造成了监管人员知识体系和专业技能的割裂，不利于提高监管专业性和有效性。在20世纪八九十年代将金融监管与中央银行相分离的改革浪潮中，最常见的支持论点就是分业监管有助于提高监管人员的专业性。从我国金融监管队伍建设历程来看，1998年从中国人民银行分设出保监会和2003年从中国人民银行分设出银监会的初衷都是强化行业监管，具体说是避免中国人民银行货币政策（救助能力）和金融监管之间的目标冲突，但这种观点是具有历史阶段性的。近20年的实践表明，由于中国人民银行没有监管权，但事实上承担救助责任，权责不对等，难以有效应对监管宽容和道德风险问题，导致处置成本高昂，无法及时防范和有效化解金融风险。从监管专业化的角度讲，专业化并不等于专门化，各历史阶段对专业化的要求也是与时俱进的。面对金融业进入混业经营的现实背景，监管人员专业化不仅是指要具有针对特定金融领域的专业知识，同时也要求具有系统掌握市场动态和监管规则的能力。从目前我国监管队伍来看，这样的人才是相对缺乏的，监管人员的知识体系也还在逐步完善的过程中。与之形成鲜明对比的是，市场机构人员已对分业监管重心和运作模式了如指掌，能够在不同行业之间套取资金，进行监管套利。无论是引发2015年股市震荡的场外配资业务，还是导致2015年"险灾"和2016年"债灾"的各类资管计划，背后都与之紧密相关。

资料来源：http://www.sohu.com/a/222277487_169747.

思考题：如何看待我国金融业发展的趋势？目前的趋势对金融监管提出了哪些要求？

第 8 章 货币市场

○ **学习目标**

1. 理解货币市场的相关概念、特征及其分类；
2. 掌握同业拆借市场、银行承兑汇票市场、商业票据市场的含义、特点及交易环节；
3. 了解大额可转让定期存单市场、证券回购市场以及短期政府债券市场的运行特征。

○ **引言**

2023年10月31日，我国银行间资金市场出现局部高利率成交，引发各界关注和热议。隔夜质押式回购利率报价从10%升到20%，尾盘时甚至到50%。由于当天头寸未平的情况较多，中国外汇交易中心（以下简称"交易中心"）前台系统及时在当天下午6时重新开放，其间质押式回购成交额达2 184亿元。此次流动性扰动对市场造成了一定的影响，资金市场的各个参与方不得不思考，流动性扰动为什么会发生？是否还会再次发生？又该如何监测和应对此类情况？银行间资金市场是典型的货币市场，很多消费者和企业支付的贷款利率都是参照货币市场利率制定的，货币市场对国家经济金融的影响非常大。从本章开始，我们将转入对金融市场的学习。本章将介绍货币市场。

8.1 货币市场概述

货币市场又称为短期资金交易市场，是指交易期限在1年以内的短期金融交易市场。相对于资本市场来说，货币市场有着鲜明的特点。其一，货币市场的交易对象是短期金融工具，流动性、安全性较高。其二，这些各式各样的金融工具不属于所有权凭证，而是债权债务凭证。其三，货币市场主要面对机构投资者，每笔交易金额较大，且交易频繁，个人投资者一般难以涉足。机构投资者的资金实力雄厚，深谙投资技巧，能够在巨额交易中利用瞬息万变的行情获利。其四，货币市场交易的目的主要是解决短期资金周转的供求需要。

8.1.1 货币市场在金融市场中的地位

货币市场是整个金融市场体系中最基本的市场，其作用不容忽视。熊彼特说："无论过去、现在还是未来，货币市场永远都是资本主义经济体系的司令部。货币市场发出的各种指令，传递到资本主义经济的各个部门。货币市场里所激烈争辩和最终拍板的事项，本质上就是决定经济未来发展的宏伟大计。"熊彼特的论断对于我们认识当今货币市场的本质和运行机制，具有十分重要的启发意义。货币市场的本质功能，是为实体经济的发展创造信用资源，它不能脱离实体经济，成为套利交易和买卖操纵的赌场，否则就会偏离和扭曲货币市场的本质作用。

首先，货币市场的存在和发展对于融通短期资金、缓解经济运行及短期资金供求的矛盾是十分重要的。由于生产经营的季节性和周期性，以及资金周转中各环节的衔接有松有紧，有的企业短期内资金短缺，而有的则资金过剩。前者可利用货币市场解燃眉之急，后者可以使闲置资金生息。金融机构也可以在货币市场上灵活调剂资金头寸或者是投资于低风险、高流动性的货币市场工具，实现资产的最佳组合。

其次，货币市场利率在利率体系的构造中占有十分重要的基础地位。由于货币市场工具期限短、交易量大且交易频繁，具有低风险、高流动性的性质，因此，货币市场成为基准利率的生成渠道。更为重要的是，货币市场的完善程度直接决定了中央银行实施货币政策的有效性。在现代高度发达的市场经济中，货币市场的"传导作用"十分突出，中央银行控制货币供应量的主要工具如调整贴现率和公开市场操作，都是通过影响货币市场的资金总量和基础利率，从而影响长期利率、货币总量和总投资来实现的。

8.1.2 货币市场的交易主体

货币市场的交易主体主要是各种机构包括商业银行、中央银行、非银行金融机构等；也包括货币市场中介如经纪商、交易商和承销商等；同时包括政府、企业和个人。他们共同创造了内容丰富、多层次的短期资金市场。其中，商业银行在货币市场上交易频繁、交易量大，是货币市场上最重要的交易主体。商业银行参与货币市场的目的在于灵活调剂资金头寸，而中央银行参与货币市场交易则主要是实施宏观货币调控。

8.1.3 货币市场分类

根据交易对象的不同，货币市场可以分为同业拆借市场、票据市场、其他货币市场。下面我们将分别讲述。

8.2 同业拆借市场

8.2.1 同业拆借市场的产生及发展

同业拆借市场也叫同业拆放市场，是银行及其他金融机构之间短期资金融通的市场，主要用于解决金融机构之间资金临时不足或多余的调剂问题。

同业拆借市场产生于存款准备金制度的实施。根据存款准备金制度，商业银行必须按存款金额计提一定比例的存款准备金作为不生息的支付准备存入中央银行。但商业银行并不能时刻都保留恰好为中央银行所规定比例的存款准备金，有时有超额准备金，有时又不足。这样，有超额存款准备金的商业银行为了获利需要把多余的资金投放出去，而存款准备金不足的商业银行则需要借入资金以补充准备金。正是在这种情况下，出现了同业拆借市场。

随着金融业的发展，同业拆借业务已不仅仅是调剂商业银行存款准备金的办法，其无论是在内容上还是在规模上都发生了很大的变化。在内容上，同业拆借业务正日益成为银行资产负债管理的重要工具。有些银行利用同业拆借来尽量减少持有短期性、高流动性、低收益的资产。当清偿能力出现不足时，就到同业拆借市场借入资金来补充，或者采取循环拆借的方式，获取稳定的长期资金。而有些谨慎的小银行则经常保有超额准备，把这些超额准备金投放出去以获取收益。从规模上来说，同业拆借市场的参加者种类大大增加了，不仅有商业银行而且有各种非银行金融机构，每天拆借金额日益增多。

另外，同业拆借市场已成为中央银行检测银根状况、进行金融调控的重要窗口。中央银行货币政策工具的使用会直接影响商业银行的准备金余额，进而影响同业拆借利率。同业拆借利率便成为及时反映银根松紧的敏感指标，并对其他资金市场利率的变化提供依据。因此，一些国家的中央银行选择将同业拆借利率作为货币政策的操作目标。

8.2.2 同业拆借的种类

同业拆借市场的主要交易是头寸拆借和同业拆借。这里我们将详细阐述同业拆借，同业拆借的期限是同业拆借业务要考虑的重要问题之一。按拆借资金的时间长短划分，拆借期限有半日拆借、日拆借和指定日拆借等。半日拆借是同业拆借市场期限最短的拆借方式，须在当日偿还结清。一般是上午借入下午偿还，也有午后借入同一个营业日终了之前偿还，期限只有几小时，流动性强，但金额巨大。一日拆借是同业拆借的主要形式。一般是前日清算时借入，次日清算前偿还。这类拆借属于事实上的信用放款。指定日拆借是在拆借资金时即协商确定偿还日期，期限一般为2天以上、30天以下，也有超过30天的。指定日拆借期限较长，一般要提供担保，担保品通常为各种债券以及信用较高的票据等有价证券。

8.2.3 同业拆借市场的特点

1. 市场准入较为严格

对进入同业拆借市场的主体，各国都有严格的规定和准入限制。通常，进入同业拆借市场的主体必须是金融机构甚至只能是指定的某类金融机构。非金融机构甚至非指定的金融机构，均不能进入此市场。

2. 融资期限较短，基本是信用拆借，一般不需要担保

同业拆借一般是1天、2天或1个星期，最短为几小时或隔夜。严格的市场准入条件使金融机构可以凭借其信誉参与拆借交易，在同业拆借市场上进行资金借贷，没有单位交易额限制，一般也不需要担保或抵押，完全是一种信用交易，双方都以自己的信用担保，都严格遵守交易协议，通常也不限制资金的用途。

3. 交易手段先进，交易手续简便

参与拆借的金融机构基本上都在中央银行开立存款账户，拆借双方主要是通过电话、互

联网等通信方式进行联系、协商,达成协议后,就可以通过各自在中央银行的存款账户自动划账清算;或者向中介机构提出供求并进行报价,中介机构进行撮合成交,并进行资金交割划账。

4. 利率较低,由供求双方议定

一般来说,同业拆借利率是以中央银行再贷款利率和再贴现率为基准,再根据社会资金的松紧程度和供求关系由拆借双方自由议定的。由于拆借双方都是商业银行或其他金融机构,其信誉比一般工商企业要高,拆借风险较小,加之拆借期限较短,因而利率水平较低。同业拆借利率是市场化程度最高的利率,能够充分灵敏地反映市场资金供求的状况及变化。国际金融市场上所形成的著名的同业拆借利率有英国伦敦银行间同业拆借利率(LIBOR)、新加坡银行间同业拆借利率(SIBOR)和中国香港银行间同业拆借利率(HIBOR)等。

永别了,LIBOR

5. 我国同业拆借市场的历史沿革

我国同业拆借市场经历了一个曲折的发展过程。1984年,中国人民银行专门行使中央银行职能后,鼓励金融机构利用资金的行际差、地区差和时间差进行同业拆借。1986年1月,国务院颁布《中华人民共和国银行管理暂行条例》,规定专业银行之间的资金可以相互拆借。其后,同业拆借市场开始发展起来。1990年,中国人民银行下发了《同业拆借管理试行办法》,第一次用专门的法规形式对同业拆借市场管理做了比较系统的规定,拆借市场有了一定的规范和发展。

1996年1月中国人民银行建立了全国统一的银行间同业拆借市场,同年6月放开了对同业拆借利率的管制,拆借利率由拆借双方根据市场资金供求状况自行决定,初步形成了全国统一的同业拆借市场利率(CHIBOR)。随着全国银行间同业拆借市场的建立和逐步完善,金融机构直接进行拆借交易的渠道已经开通,1997年下半年中国人民银行决定停办各地融资中心业务,清理收回逾期拆出资金,撤销相应的机构。

2007年,为培育中国货币市场基准利率体系,提高金融机构自主定价能力,指导货币市场产品定价,完善货币政策传导机制,中国人民银行推出上海银行间同业拆放利率(Shanghai Interbank Offered Rate, Shibor)。Shibor由位于上海的全国银行间同业拆借中心计算发布,是由信用等级较高的18家银行组成报价团,自主报出人民币同业拆出利率计算确定的算术平均利率,是单利、无担保、批发性利率,期限包括隔夜、1周、2周、1个月、3个月、6个月、9个月及1年,于每个交易日11:00对外发布。2013年,秘书处设在全国银行间同业拆借中心的市场利率定价自律机制成立Shibor工作小组,依据《上海银行间同业拆放利率(Shibor)实施准则》确定和调整报价银行团成员、监督和管理Shibor运行、规范报价行与指定发布人行为,有效保证了Shibor的报价质量。

截至2023年7月,银行间人民币市场以拆借、现券和回购方式合计成交209.55万亿元,日均成交9.98万亿元。其中,同业拆借日均成交同比下降0.9%,现券日均成交同比增长16.3%,质押式回购日均成交同比增长27.2%。7月份同业拆借加权平均利率为1.49%。质押式回购加权平均利率为1.53%。

改革创新：银行间市场奋进三十年——高质量发展引领利率市场化进程

银行间市场迈过三十年的光辉历程，从无到有、由小到大，日趋成熟。市场法制和基础设施不断完善，交易规模持续扩大，交易品种日益多样，参与主体逐渐多元化，对外开放稳步推进。银行间市场的繁荣发展既推动了我国多层次资本市场的构建，同时也为各类政策的传导提供了更为充分的市场保障，推动了利率市场化改革的实施，并为我国经济的高质量发展提供了坚实的金融支持。

育人园地

8.3 票据市场

8.3.1 票据市场分类

票据有广义和狭义之分。广义的票据是指商业上的权利单据，是持有人对不在其实际占有下的货币或商品的所有权的证据。狭义的票据则是以支付资金为目的的证券。狭义的票据可分为汇票、本票和支票三种。如无特殊说明，本书所谈及的票据是指狭义的票据。票据市场是指在商品交易和资金往来过程中产生的以汇票、本票和支票的发行、担保、承兑、贴现、转贴现、再贴现来实现短期资金融通的市场。

按票据发行主体来划分，票据市场可以分为银行票据市场、商业票据市场；按交易方式来划分，可以将票据市场分为票据发行市场、票据承兑市场和票据贴现市场；按票据的种类划分，有商业票据市场、银行承兑汇票市场、银行大额可转让定期存单市场、融资性票据市场等。

作为货币市场的子市场，票据市场是短期资金融通的主要场所，是直接联系产业资本和金融资本的枢纽。票据市场可以把"无形"的信用变为"有形"，把不能流动的挂账信用变为具有高度流动性的票据信用。票据市场的存在与发展不仅为票据的普及推广提供了充分的流动性，还集中了交易信息，极大地降低了交易费用，使得票据更容易为投资者所接受。

由于银行承兑汇票和商业票据是投资者进行短期投资和金融机构进行流动性管理的重要工具，银行承兑汇票市场和商业票据市场成为票据市场最主要的两个子市场。

8.3.2 银行承兑汇票市场

汇票是由出票人签发的，要求付款人在见票时或在一定期限内，向收款人或持票人无条件支付一定款项的票据。在商品交易活动中，售货人为了向购货人索取贷款而签发的汇票，经付款人在票面上承诺到期付款的"承兑"字样并签章后，就成为承兑汇票。由购货人承兑的汇票被称为商业承兑汇票；由银行承兑的汇票即为银行承兑汇票。由于银行承兑汇票由银行承诺承担最后付款责任，实际上是银行将其信用出借给企业，因此，企业必须缴纳一定的手续费。这种情况下，银行是第一责任人，而出票人则只负第二责任。以银行承兑汇票作为交易对象的市场即为银行承兑汇票市场。

1. 银行承兑汇票的发行和流通

银行承兑汇票最常见的期限有 30 天、60 天和 90 天等几种，也有期限为 180 天和 270 天的。交易规模一般为 10 万美元和 50 万美元。银行承兑汇票的违约风险较小，但有利率风险。

银行承兑汇票被创造后，银行既可以自己持有当作一种投资，也可以拿到二级市场上出售。如果出售，银行有以下两种方法：一是利用自己的渠道直接销售给投资者；二是利用货币市场交易商销售给投资者。因此，银行承兑汇票二级市场的参与者主要是创造承兑汇票的承兑银行、市场交易商及投资者。

二级市场上的银行可分为五个层次。第一层次是若干家最大的国内银行，它们创造的银行承兑汇票最安全、市场性最强，因而利率（贴现率）最低。第二层次是略逊于最大银行的银行，它们创造的银行承兑汇票的利率通常接近第一层次的银行的承兑汇票的利率。余下的国内银行属于第三及第四层次，它们的利率远高于前两层次的银行承兑汇票的利率。第五层次的银行为外国银行的分支机构，它们创造的承兑汇票利率要高出国内承兑汇票很多，主要是因为投资者对它们的信誉缺乏足够的信任。

2. 银行承兑汇票市场的主要环节

出票、承兑、背书及贴现（转贴现、再贴现）是银行承兑汇票市场所涉及的主要环节。其中，出票与承兑属于发行市场，而背书与贴现属于流通市场。

（1）出票。出票是指出票人签发汇票并将汇票交付给收款人的行为。出票是最基本的票据行为。

（2）承兑。承兑是指银行作为汇票的付款人明确表示同意按出票人的指示，于到期日付款给收款人或持票人的行为。由于银行承兑汇票以银行信用代替商业信用，在安全性、流动性等方面都大大高于一般的商业票据，因此成为短期资金融通市场上一种优良的金融工具。经过承兑的汇票，具有法律效力，付款人到期必须足额支付票款。

（3）背书。背书是指持票人将票据权利转让给他人的票据行为。背书时背书人要在汇票背面或黏附于汇票背面的粘单上签字，以承担保证后手所持汇票承兑和付款的责任，同时证明前手签章的真实性和背书的连续性，以证明票据权利的正当。如果被背书人向付款人要求付款时遭到拒绝，有权向背书人追索还款，因此，汇票的背书人越多，责任人就越多，持票人的权利就越有保障。

（4）贴现。贴现是指汇票持有人以未到期的票据向银行换取现金，并贴付自贴现日至汇票到期日的利息的一种票据行为。从性质来看，贴现是银行以现款买入未到期票据上的债权，等票据到期后再获得买入票据日至票据到期日这一段时间的利息。因此，对银行来讲，贴现实质上是一种票据买卖行为，也是银行向持票人融通资金的一种方式。

转贴现和再贴现也属于贴现。转贴现是指商业银行在资金临时不足时，将已经贴现但仍未到期的票据，交给其他商业银行或贴现机构给予贴现，以取得资金融通。再贴现是指中央银行通过买进商业银行持有的已贴现但尚未到期的商业汇票，向商业银行提供融资支持的行为。

3. 银行承兑汇票的作用

同其他货币市场信用工具相比，银行承兑汇票在某些方面更能吸引储蓄者、银行和投资者，因而它是既受借款者欢迎又为投资者青睐，同时也受到银行认可的信用工具。

从借款人角度看，首先，借款人利用银行承兑汇票进行融资时，较传统银行贷款的利息成本及非利息成本之和低。要求银行承兑汇票的企业实际上就是借款者，它必须向银行交付一定的手续费。当它向银行贴现后，又取得现款，故其融资成本为利息和手续费之和。传统的银行贷款，除必须支付一定的利息外，借款者还必须在银行保持超过其正常周转资金余额的补偿性最低存款额，这部分存款没有利息，构成企业的非利息成本。对比而言，使用传统银行贷款的成本比运用银行承兑汇票的成本高。

其次，借款人运用银行承兑汇票筹资比发行商业票据筹资有利。能在商业票据市场上发行商业票据的都是规模大、信誉好的企业，许多借款人都没有足够的规模和信誉以竞争性的利率发行商业票据筹资，这部分企业却可以运用银行承兑票据来解决资金上的困难。即使是少数能发行商业票据的企业，其发行费用和手续费加上商业票据利息成本，总筹资成本也高于运用银行承兑票据的成本。

从银行角度看，首先，银行运用承兑汇票可以增加经营效益。银行通过创造银行承兑汇票，不必动用自己的资金即可赚取手续费。当然，有时银行也用自己的资金贴进承兑汇票。但由于银行承兑汇票拥有规模巨大的二级市场，很容易变现，因此银行承兑汇票不仅不影响其流动性，而且提供了传统的银行贷款所无法提供的多样化的投资组合。

其次，银行运用其承兑汇票可以增加信用能力。一般地，各国银行法都规定了其银行对单个客户提供信用的最高额度。通过创造、贴现或出售符合中央银行要求的银行承兑汇票，银行对单个客户的信用可在原有的基础上增加 10%。

最后，银行法规定出售合格的银行承兑汇票所取得的资金不要求缴纳准备金。这样，在流向银行的资金减少的信用紧缩时期，这一措施将刺激银行出售银行承兑汇票，引导资金从非银行部门流向银行部门。

从投资者角度看，投资者最重视的是投资的收益性、安全性和流动性。投资于银行承兑汇票的收益同投资于其他货币市场的信用工具，如商业票据、大额可转让定期存单等的收益不相上下。银行承兑汇票的承兑银行对汇票持有者负不可撤销的第一责任，汇票的背书人或出票人承担第二责任，即如果银行到期拒绝付款，汇票持有人还可向汇票的背书人或出票人索款。因此，投资于银行承兑汇票的安全性非常高。一流质量的银行承兑汇票具有公开的贴现市场，投资者可以随时转售，因而具有高度的流动性。

8.3.3　商业票据市场

商业票据是企业为了筹措资金，以贴现方式出售给投资者的一种短期无担保承诺凭证。美国的商业票据属于本票性质，英国的商业票据则属汇票性质。由于商业票据没有担保，仅以发行者的信用做保证，因此能够发行商业票据的一般都是规模较大、信誉卓著的大公司。商业票据市场就是对这些大公司所发行的商业票据进行交易的市场。

1. 商业票据市场的参与者

在商业票据市场上,商业票据的发行者大多是资力雄厚、信誉卓越、经过资信评级的各种大企业,包括金融性公司和非金融性公司。金融性公司包括一些大型公司附属的金融公司和财务公司、银行控股公司以及独立的金融公司,它们发行商业票据,或为自己或为母公司筹集资金,或为支持母公司的销售业务。非金融性公司包括各类生产企业、服务企业、公用事业单位以及境外企业。非金融性公司发行商业票据主要是为满足本企业生产经营或临时性资金周转需要,有的企业把发行商业票据作为发行长期债券之前的过渡手段,也有的企业运用循环发行的办法将其作为长期资金使用。

商业银行在商业票据市场上扮演着极其重要的角色,它们为发行者提供可循环使用的信贷额度,或者对票据持有者签发备用信用证等对商业票据发行提供担保,增强了商业票据的信用等级,极大地促进了商业票据的发行。同时,商业银行还开展代理发行商业票据、代保管商业票据等业务,也为商业票据的流通提供较为良好的市场环境。商业银行在历史上曾是商业票据的主要购买者,但自20世纪50年代初期以来,由于商业票据的许多优良特性,许多一般工商企业开始购买商业票据。现在,商业票据的主要投资者是保险公司、非金融机构、银行信托部门、地方政府和养老基金等,个人投资者很少。

2. 商业票据的发行方式

商业票据的发行方式有两种:一是发行者直接将商业票据销售给最终投资者;二是通过商业票据交易商承销发行。非金融性公司的短期信用需求通常具有季节性和临时性,建立自己的商业票据销售网络不合算,因此主要通过商业票据交易商间接销售,为此发行者需按一定的比例向票据交易商即承销商支付手续费。一些附属于大公司的金融公司,承担着为母公司发行商业票据、提供金融服务的职能,由于其规模较大,发行次数频繁,它们大多建有自己的商业票据销售网络,直接面向市场发售商业票据,以节约发行费用。

3. 商业票据的信用评级

在商业票据发行过程中,票据的评级是十分重要的环节。对发行者而言,只有经过评级的票据才容易被投资者接受;对投资者来说,信用评级机构对商业票据做出的信用评级结果是进行投资决策的重要依据。美国主要有三家机构对商业票据进行评级,它们是穆迪投资服务公司、标准普尔公司和惠誉国际信用评级有限公司。商业票据的发行者至少要获得其中一个公司的评级。美国证券交易委员会认可两种合格的商业票据:一级票据和二级票据。一般来说,发行者所发行的票据,必须被两家评级机构评为"一级"的票据,才能成为一级票据;要想成为二级票据则必须有一家评级机构将其评为"一级",还有一家或两家评级机构将其评为"二级"。

4. 商业票据的面额及期限

商业票据的面值较大,并且商业票据的购买单位较大。在美国商业票据市场上,虽然有的商业票据的发行面额只有2.5万美元或5万美元,但大多数商业票据的发行面额都在10万美元以上,二级市场商业票据的最低交易规模为10万美元。

商业票据的期限较短，通常为 30 天、60 天、90 天或 180 天，一般不超过 270 天。市场上未到期的商业票据平均期限在 30 天以内，大多数商业票据的期限在 30~90 天。

5. 商业票据的优势

20 世纪 60 年代，由于一些西方国家信贷紧缩，大公司向银行借款的成本迅速上升，从而转向商业票据市场融资，商业票据进而成为货币市场上重要的融资工具。对投资者而言，商业票据提供了新的投资品种，投资者不仅可以享受比银行存款高的利息收入，还可以于商业票据到期前在二级市场上转让以收回投资本金。对发行者而言，与银行借款相比，通过发行商业票据融资具有以下优势。

（1）资金成本较低。一些信誉卓越的大机构发行商业票据的利率，甚至可以低至银行同业拆借利率，这是因为有的发行机构的信用可能比一般的小银行的信用更好，加上是直接将商业汇票出售给投资者，节省了银行从中赚取的利润。而商业银行在贷款时一般都要求借款人在该行保持一定的补偿性余额，使得借款的实际利率较高。

（2）融资灵活性强。利用商业票据进行融资时，根据发行者与承销机构的协议，发行者可以在约定的某个时期内，不限次数及不定期地发行商业票据，以配合短期资金的灵活需要。

（3）有利于提高发行公司的信誉。商业票据在货币市场上是一种标志信誉的工具，公司发行商业票据实际上达到了免费宣传和提高公司的信用与形象的效果，使得公司在向银行借款时可以争取到比较有利的借贷条件，从长远来看也有利于公司降低资金成本。

8.3.4　我国票据市场发展历程

我国票据市场伴随着社会经济的发展变化而循序发展，大体经历了四个阶段。

1. 推广使用阶段（1981—1994 年）

我国的票据业务起步于 20 世纪 70 年代末。1979 年中国人民银行开始批准部分企业签发商业承兑票据。1981 年为了防止企业间赊销、相互拖欠，上海率先推出银行汇票承兑与贴现业务。1986 年我国颁布《中国人民银行再贴现试行办法》。1993 年中国人民银行发布了《商业汇票办法》。

2. 制度建设阶段（1995—1999 年）

1995 年《中华人民共和国票据法》正式颁布实施；1997 年中国人民银行发布《中国人民银行对国有独资商业银行总行开办再贴现暂行办法》，之后又颁布了《支付结算办法》《票据管理实施办法》和《商业票据承兑、贴现与再贴现管理暂行办法》等一系列规章，加强了对商业票据业务的宏观管理和制度建设。

3. 快速发展阶段（2000—2015 年）

随着一系列相关配套规章制度陆续出台，我国票据市场制度体系框架基本形成。票据参与机构明显增加，尤其是票据中介已经全面介入票据市场。在此阶段，得益于我国经济的高速发展、法律制度的进一步完善、电子商业汇票系统的顺利建成以及票据作为重要信贷资产得到商业银行的广泛重视，票据市场规模快速增长，并且增速超过宏观经济增速。

2009年10月28日，由中国人民银行建设并管理的电子商业汇票系统（electronic commercial draft system，ECDS）正式建成运行，我国票据市场由此迈入电子化时代。2010年6月28日，人民银行组织ECDS在全国推广应用。2012年5月，票据中介市场上的著名企业上海普兰成功注册了金融服务公司，并获颁"票据中介"经营资质。"金融服务""金融信息服务""票据信息服务"等各类金融服务公司得到快速发展。2015年，票据市场累计贴现量达到102.1万亿元，比1999年增长409倍，年均增长率达到45.6%；累计承兑量为22.4万亿元，比1999年增长44倍，年均增长率为26.7%。

4. 规范发展阶段（2016年至今）

2016年8月，《中国人民银行关于规范和促进电子商业汇票业务发展的通知》的发布推动了电子票据的普及，短时间内电子票据覆盖率大幅提升。2016年12月8日，上海票据交易所正式上线运行，标志着票据载体从纸质票据进入到电子票据时代，票据业务从线下进入线上时代，票据交易从场外进入场内时代，票据管理进入到规范发展时代，票据市场进入交易所时代。随后，中国人民银行颁布了《票据交易管理办法》，明确了上海票据交易所是人民银行指定的提供票据交易、登记托管、清算结算和信息服务的机构，对票据交易所新规则下的市场主体、票据行为、交易规则、结算清算等做了详细规范。上海票据交易所是我国金融市场的重要基础设施，它的成立对于我国票据市场的发展具有划时代的意义，它标志着我国票据市场从此进入集中交易时代。上海票据交易所成立后陆续推出了一系列卓有成效的业务规则，研发了多项贴近市场的创新业务产品，完善了票据市场业务系统。

2017年3月，中国人民银行印发《关于实施电子商业汇票系统移交切换工作的通知》，决定将ECDS移交上海票据交易所运营。2018年后，中国人民银行停止公布纸票登记业务数据。2018年11月25日，数字票据交易平台实验性生产系统在上海票据交易所成功上线运行。2018年以来，国股大行依靠科技力量相继推出"极速贴现"等创新产品，极大地提高了企业票据贴现融资效率。上海票据交易所自2018年12月上线"票付通"产品，2019年5月27日，上线"贴现通"产品，致力于通过票据业务为实体经济尤其是中小微企业排忧解难。2019年8月，央企主动作为，由中国国新控股有限责任公司携手51家中央企业搭建"企票通"平台，为商业承兑汇票的发展提供广阔空间。2021年5月，为进一步提高系统运行效率、提升用户体验，上海票据交易所对ECDS和中国票据交易系统进行了全面优化升级，建设了承载票据全生命周期业务功能的新一代票据业务系统，该系统有效推动了票据市场创新和风险管理能力进一步提升。

随着票据市场的参与主体的多元化，票据市场的深度和广度也将逐步增加，在发挥金融工具属性、提升金融市场流动性的同时，缓解中小微企业融资困境，成为我国金融市场的重要基石。

8.4 其他货币市场

8.4.1 证券回购市场

证券回购市场是指通过证券回购进行短期资金融通交易的市场。所谓证券回购，是指证持有人在卖出一定数量证券（或证券组合）的同时，与买方签订协议（再回购协议），约定在一定的时间内按协定的价格，购回相同数量的同种证券（或证券组合）的交易方式。证券回购实质上是一种以证券为抵押品的短期资金融通方式，即证券销售方以一定数量的证券为抵押进行借款，条件是一定时期内再购回证券且购回价格高于卖出价格，二者的差额就是借款利息。

证券回购交易的标的物主要有国债、政府债券、其他有担保债券、大额可转让定期存单、商业票据等。回购的期限一般是短期的。按照到期日的性质，证券回购可以分为约定期间的回购和无固定到期日的回购。约定期间的回购必须在约定日期进行，大多数回购都属于这种类型，约定的期限有1天、7天、14天、21天、1个月、2个月、3个月或6个月。在无固定到期日的回购交易中，交易双方都无须预先通知对方即可结束回购协议。这种方式可以避免不断更新回购协议文件，只要双方合作有利可图，该回购交易就会自动持续下去。

回购市场的参与者包括商业银行、非银行金融机构、企业、政府和中央银行。中央银行参与回购市场有着不同于其他参与者的意图，其目的不是获得收益，而是通过回购协议市场进行公开市场操作，从而有效实施货币政策。

8.4.2　大额可转让定期存单市场

大额可转让定期存单（negotiable certificate of deposit），是指银行发行的有固定面额、可转让流通的存款凭证。它首创于美国，是美国银行业为逃避法律管制而推出的一项金融创新工具。

20世纪50年代末期，随着金融市场的活跃，金融工具种类繁多且市场利率不断提高。而商业银行受美联储Q条例⊖的约束，活期存款不支付利息，定期存款利率也有上限，致使许多存款人纷纷将手中闲置资金转投于国库券和其他短期高息票据，从而引起银行存款的大量流失。为摆脱困境，一些银行设计出新的类似于货币市场其他工具的存单以开辟新的资金来源，这就是大额可转让定期存单。

大额可转让定期存单实质上是定期存款的一种，但又不同于银行普通定期存款。二者的区别在于以下几个方面。第一，普通定期存款的存单是记名的，不能转让，更不能在金融市场上流通，而大额可转让定期存单则通常采用不记名形式，可以在金融市场上进行流通、转让。第二，普通定期存单的票面金额不固定，因存款人不同而有大有小，有整有零，而大额可转让定期存单的面额固定且起点较高，如美国的大额可转让定期存单最低面额为2.5万美元，通常为10万美元、50万美元和100万美元。第三，普通定期存单尽管到期才能支付本息，但实际上存款人只要放弃一部分利息，仍然能够提前支取，而大额可转让定期存单则必须到期才可向银行提取本息，到期前持有人如需要现金，只能通过二级市场转让变现。第四，普通定期存单以长期为主，一般在1年以上，而大额可转让定期存单则通常为短期，美国法律规定大额可转让定期存单的最短期限为7天，以3个月、6个月居多，最长可达到18个月。第五，普通定期存单的利率大多固定，而大额可转让定期存单的利率则既有固定的，也有浮动的，即使是固定利率，在二级市场上转让时，仍要根据转让时的市场利率计算价格。

⊖ 该条例由美联储于1933年颁布，主要内容是对会员银行吸收存款的利率进行限定。

对于商业银行而言,大额可转让定期存单是一种新的、有效的筹资工具,它具有主动性和灵活性,能够吸收数额庞大、期限稳定的资金。同时,它也是一种金融创新,极大地改变了商业银行的经营管理思想。对于部分投资者而言,大额可转让定期存单为其闲散资金的配置提供了极好的选择。一方面,大额可转让定期存单到期前可以随时变现,具有与活期存款近似的流动性;另一方面,它又具有定期存款的收益率水平,能够满足大宗短期闲置资金拥有者对流动性和收益性的双重要求。

大额可转让定期存单的发行方式包括直接发行和间接发行两种。直接发行,即发行者直接在银行营业网点零售或通过互联网销售。某些大银行由于地理位置优越,分支机构多,直接发行存单能够节省发行成本。间接发行是通过承销商的发行,即发行人委托承销商发行存单。通常由发行人首先公布发行存单的总数、利率、发行日期、到期日、每张存单面值等,然后由一家或数家机构的经理人组成包销团,发行人需要支付承销佣金,因而成本较高。

大额可转让定期存单的流通市场是对已发行但尚未到期的存单进行买卖的市场,通常由存单买卖者和经纪商组成。在一级市场上购买存单的投资者,由于急需资金,可以在二级市场上将其出售给经纪商,以维持流通性。经纪商买入这些存单后可一直持有至到期,兑取本息,也可以再到二级市场上出售,从而形成连续的市场转让。由此可见,在大额可转让定期存单流通市场中发挥重要作用的是各种经纪商,他们一方面承担推销、发售存单的任务,另一方面不断充当存单转让中介,创造二级市场以保证存单的流动性。

8.4.3 短期政府债券市场

短期政府债券市场是发行和流通短期政府债券所形成的市场。短期政府债券是政府作为债务人承诺1年内债务到期时偿还本息的有价凭证。短期政府债券主要是中央政府债券,它属于国家信用范畴,尽管地方政府及政府代理机构也可以发行债券,但它们承担债务的信用与中央政府还是有区别的。通常短期中央政府债券被称为国库券,期限在1年以上的中长期政府债券被称为公债。

与货币市场中的其他工具相比,短期政府债券具有违约风险小、流通性强、面额小、利息免税等特点。由于短期政府债券的发行人是中央政府,财政部是直接债务人,所以短期政府债券通常被认为是没有违约风险的,发达的二级市场使它能在交易成本以及价格风险较低的情况下迅速变现。当然,投资者在决定是否出售短期政府债券以获得现金时,除了考虑收益率以外,还需要考虑所需资金的期限以及通过其他途径获得资金所要支付的成本,即机会成本。同时短期政府债券由于面额较低,受到了广大中小投资者的追捧。在美国,国库券的最小面额为1 000美元,而商业票据和大额可转让定期存单的面额大多在10万美元以上。很明显,短期政府债券的面额远远低于其他货币市场金融工具。对许多小投资者来说,短期政府债券通常是他们能直接从货币市场购买的唯一有价证券。

短期政府债券市场由发行市场(一级市场)和流通市场(二级市场)构成。债券的发行人是中央政府,一般由财政部门负责发行。短期政府债券通常采用贴现方式发行,即投资者以低于面值的价格购得短期政府债券,到期时按面额偿还金额,发行短期政府债券的面额与购买价格之间的差额就是投资者的收益。

短期政府债券的流通市场主要用来实现短期政府债券的流动性。在短期政府债券市场上，债券的流通主要通过两种途径：一种是流通市场上的投资者之间进行的短期政府债券的买卖转让；另一种是那些在一级市场上没有购得短期政府债券的投资者要想持有短期政府债券实现投资目的，可以通过二级市场从政府短期债券的交易商那里购得短期政府债券。

发行短期政府债券对于政府来说有三个重要的意义：一是融资以满足政府短期资金周转的需要；二是规避利率风险；三是为中央银行的公开市场业务提供可操作的工具。

本章小结

货币市场又称为短期资金交易市场，是指交易期限在1年以内的短期金融交易市场。

同业拆借市场具有以下特点：市场准入较为严格，融资期限较短且基本是信用拆借，一般不需要担保，交易手段先进，交易手续简便，利率较低、由供求双方议定等。

出票、承兑、背书及贴现是银行承兑汇票市场所涉及的主要环节。其中，出票与承兑属于发行市场，而背书与贴现属于流通市场。

商业票据是大公司为了筹措资金，以贴现方式出售给投资者的一种短期无担保承诺凭证。通过发行商业票据来融资，具有以下几个优势：资金成本较低、融资灵活性强、有利于提高发行公司的信誉。

所谓证券回购，是指证券持有人在卖出一定数量证券（或证券组合）的同时，与买方签订协议（再回购协议），约定在一定的时间内按协定的价格，购回相同数量的同种证券（或证券组合）的交易方式。证券回购实质上是一种以证券为抵押品的短期资金融通方式。

大额定期可转让存单是银行发行的有固定面额、可转让流通的存款凭证。

短期政府债券市场是发行和流通短期政府债券所形成的市场。短期政府债券主要是中央政府债券，它属于国家信用范畴，具有违约风险小、流通性强、面额小、利息免税等特点。

学习建议

货币市场是金融市场中的基础性市场。这一市场的资金融通主要是为了弥补头寸不足和流动性资金短缺。因此，在学习中，应该把握货币市场各交易对象"准货币"的特征，即流动性强、安全性高。同时要区分不同货币市场子市场的特点及交易方式。

本章重点

货币市场及其构成、货币市场各子市场的运行特征及交易方式、货币市场的作用。

本章难点

货币市场子市场的运行特征及交易方式。

核心概念

| 货币市场 | 同业拆借市场 | 票据市场 | 银行承兑汇票市场 |
| 商业票据 | 证券回购 | 大额可转让定期存单 | 短期政府债券 |

课后思考与练习

1. 什么是货币市场？货币市场的特点的是什么？

2. 简述货币市场的分类。
3. 同业拆借市场的特点是什么?
4. 简述银行承兑汇票市场涉及的主要环节。
5. 大额可转让定期存单与普通定期存单有什么区别?
6. 简述证券回购的概念。

补充阅读

金融科技在银行间市场产品与交易机制创新中的应用

三十年来,中国外汇交易中心(以下简称"外汇交易中心")为推动银行间债券市场高质量发展、助力金融市场对外开放而不懈努力,不断建设完善银行间市场基础设施,在交易机制和产品方面推陈出新,推动了市场的蓬勃发展,也为金融科技在银行间市场的应用和创新提供了绝佳的舞台。近年来,随着金融科技在市场产品和交易机制中的广泛应用,银行间市场交易效率、流动性、数据分析和风险管理等方面的质量都得到大幅提升。

1994年4月18日,外汇交易中心挂牌成立,中国人民银行明确了外汇交易中心建立全国统一的电子交易系统的发展方向,上线了全国银行间交易信息系统;2009年新一代本币系统上线,2013年债券全部实现线上交易,这个阶段交易系统基本处于人工通过客户端交易的状态,外汇交易中心通过上行接口和下行接口提供基础的信息交互功能;2019年,本币交易平台现券(一期)功能上线,交易系统性能全面提升,开放交易接口、优化用户体验、创新交易机制。外汇交易中心基础设施的每次蝶变都为市场机构在这个开放的平台上打开了广阔的金融科技发展空间。

1. 银行间市场产品及交易机制的发展历程

2014年以前,国内银行间债券市场以询价交易、请求成交和点击成交等交易方式为主,市场交易的效率相对较低。

2014年至2016年,外汇交易中心推出并持续丰富基于双边授信的匿名点击交易平台X系列,包括X-Swap、X-Repo和X-Bond等产品,大大提升了银行间市场的交易效率。

2017年是银行间债券市场对外开放里程碑式的一年,"北向债券通"通过香港市场与内地市场基础设施间的连接,为境外投资者参与境内债券市场开辟了新的投资渠道。同年,债券做市支持机制的出台有效降低了做市商的做市风险,加强了一二级市场联动,对市场定价起到了积极的引导作用。

2018年至2019年,由于资管类机构活跃度的不断提升,外汇交易中心根据其实际业务需求推出了具有银行间市场特色的交易分仓功能。银行间本币市场聊天工具iDeal的推出,提升了交易的移动性,也从多方面实现了服务质量和交易效率的升级。另外,债券指数产品的构建和交易,不但完善了银行间市场产品序列,更为推动债券市场与国际接轨、开发债券组合交易等交易方式奠定了基础。

2020年之后,随着新一代本币前台的推广使用,多家做市商推出了各具特色的债券旗舰店,为市场交易提供了更多的可能与便利。利率期权的落地与标准债券远期的实物交割机制创新,为衍生品交易打开了更为广阔的空间。

2022年至2023年，银行间市场产品与交易机制进一步丰富，以债券利差交易、优选报价、债券组合交易等业务为代表，银行间债券市场交易正式进入2.0时代。"北向互换通"业务的上线，也标志着银行间市场对外开放开启了新的篇章。

2. 银行间市场产品及交易机制的发展特点

第一，对外开放不断深化。随着"北向债券通"开通、银行间债券市场直投模式广泛使用，银行间债券市场对外开放的程度逐步加深。而"北向互换通"更是通过互联互通的方式使境外投资者能够在不改变交易习惯的情况下，便捷地参与人民币利率互换市场。无论是现券还是利率衍生品，中国债券市场的对外开放程度和全球影响力都在不断提升。

第二，做市商功能不断强化。在银行间债券市场产品与交易机制的创新过程中，做市商持续为银行间债券市场提供流动性，始终扮演着重要的角色。随着X系列产品的出现和接口交易的发展，做市商在价格发现方面的作用更为突出。进入债券交易2.0时代，做市商通过旗舰店、优选报价、利差交易、组合交易等创新产品，为各类机构提供差异化的市场服务。

第三，电子化程度不断加深。随着外汇交易中心不断开放各类创新产品的交易接口，银行间债券市场的电子化程度持续深化，在最新一代本币前台投入使用之后，接口性能也有了大幅度的提升，电子化报价与成交数量呈现高速增长。

第四，跨品种的联动不断增强。随着中国债券市场规模不断增长，通过利率互换、利率期权、标债远期等利率衍生品为债券进行套保、套利的交易需求也持续增加。X-Swap、债券旗舰店等交易模式提升了品种间联动交易效率，进一步提升了债券市场的流动性。进入债券交易2.0时代，银行间债券市场产品已从交易单一债券标的，发展为债券组合、债券指数、债券与各类衍生品等多标的的交易，有利于投资者完成跟踪指数、策略交易等交易目标，实现全新的交易模式。

第五，合规性和风险管理水平不断提升。外汇交易中心运用多种方式构筑全面的风险管理防线。交易前通过"机构汇"促进信息共享，提升金融机构的风险管理效率，助力防范化解金融风险。交易中使用符合监管要求的聊天工具iDeal来满足机构合规需求，降低交易风险。交易后通过分仓功能为合规和公平交易保驾护航。

3. 金融科技应用的现状

银行间市场的不断发展、基础设施的建设完善，为金融科技的发展应用奠定了基础，同时也加深了各类金融机构对科技赋能的诉求。一方面是投资交易过程中流程效率和透明度的要求提高，投资者需要具备利率预测、利差预测，以及对更复杂的利率产品定价和风险计量的能力；另一方面，近年来静态收益率持续走低、利差压缩、波动率下降的市场特征越来越显著，市场机构固定收益业务投资面临越来越大的营收压力，通过金融科技提升市场竞争力、防范风险、增强收益成为必然选择。

金融科技技术迭代迅速且应用方向广泛，目前主要应用于以下几个方面。

第一，投研及策略引擎开发。利用自然语言处理技术来分析国内外新闻报道、政策公告、经济评论、社交媒体数据等信息，从中提取与债券市场相关的信息和情绪因素，提供更加精准的预测结果；对历史收益率数据开展智能化统计分析，打造收益率曲线及实时个券定价模型；开发被动做市场景、主动交易场景报价引擎等。

第二，交易执行。系统实现各渠道报价的整合，归集不同市场来源的成交和报价数据，帮助交易员便捷成交；人工智能算法根据交易员输入（例如搜索、聊天等形式）内容自动检索推荐标的；算法拆单、合单；为交易员提供实时风险预警和现金头寸检测报告。

第三，组合管理。从研究和流动性角度生成债券精选清单，缩小投资的选择范围；人工智能驱动的信用评级和利差预测、建议和监控；提供满足特定条件的投资组合构建、再平衡和优化，包括策略开发、测试和监控；对组合的表现进行业绩归因，细分到策略、个券、行业等；对组合业绩进行评估，实时损益分析，评估个券、组合的收益和风险；生成每日风险评估报告、盘前分析以及交易和资金分配模型。对现金和仓位进行对账、对资产进行估值计算。

第四，风险管理。对资产实行实时全面监控，例如风险敞口限额监控，银行、券商、保险等监管指标动态测试；宏观、中观、主体、个券多层次因子变化下的压力测试；事前对交易偏离度、交易量等要素进行控制，减少交易员操作风险；事后进行交易确认、日志管理等数据管理与监控。

在银行间市场产品与交易机制的创新中，已有不少机构开展金融科技的新尝试，如利用自然语义识别、机器学习技术，开发iDeal智能聊天机器人等产品，提升做市商对询价的响应速度；通过搭建电子化交易系统大幅提升交易执行与管理效率；开发大数据技术下的量化研究工具；搭建智能风控平台，实现交易的实时风险控制。总的来看，银行间市场金融科技赋能业务已蔚然成风。

4. 业界实操：东方证券银行间市场业务的金融科技应用

东方证券近年来不断通过金融科技领域的发展和创新打造债券业务核心竞争力，在银行间市场产品与交易机制的创新过程中，研发了超级投资管理平台和国际金融服务综合平台。

东方证券从2016年开始自研第一代智能交易系统，历经数年打磨迭代，目前升级成为超级投资管理平台，实现全资产策略定价和自动化交易，保障全交易流程及时高效、安全稳定，通过多项技术的运用，取得了很好的实践效果。

超级投资管理平台是面向债券交易文本数据的自然语言处理模型。自然语言处理技术是将机器学习模型应用于自然语言处理领域。借助大量真实语料库的学习，以样本或数据为基础，自动提取数据的特征。在债券场外交易的场景下，交易双方多轮询价、非结构化行情报价信息可以利用自然语言处理技术，通过深度神经网络模型提取交易要素，将非结构化数据转为结构化交易信息，然后转入自动化交易系统。

超级投资管理平台是基于利率期限结构理论与市场流动性构建的债券实时定价模型。债券实时定价利用了利率期限结构理论，通过收集全市场同类型不同期限债券成交报价行情，构建实时收益率曲线，通过实时收益率的变动对不同流动性的债券给出实时定价。

超级投资管理平台是基于历史数据回测分析可配置的做市交易策略库。自动报价要考虑到市场风险和交易风险，通过建立风险模型，对报价风险进行量化和控制。通过分析大量历史数据和实时市场数据，综合考虑价量关系、价格波动率等信息，根据市场行情趋势、交易规则、对手方报价等，通过智能算法和优化算法，计算出最优的报价。

超级投资管理平台具有高频自动交易场景下消息总线和微服务的系统架构。消息总线和微服务技术是现代分布式系统开发中广泛使用的两种技术。消息总线是一种软件架构模式，通过在不同组件之间传递消息实现系统的解耦和松散耦合，从而使系统更容易扩展、维护和升级。它的核心原理是发布/订阅模式，即不同的组件可以向消息总线发布消息，而其他组件可以订阅并接收这些消息。消息总线技术可以帮助开发人员更好地组织系统架构,并提高系统的可靠性和灵活性。系统基于东方证券自主研发的 QTBUS 全内存总线,实现了关键技术自主可控。该总线具有低延迟、高性能的特点,对于交易系统非常重要。

微服务技术是一种面向服务的架构风格,通过将应用程序拆分成一系列小型服务来实现应用程序的模块化和分布式部署。微服务架构的核心原则是每个服务都应该具有高内聚性和松散耦合性,这使得每个服务都可以独立地开发、部署、维护和升级。微服务技术可以提高系统的可扩展性、可维护性、可测试性和可靠性。

东方证券国际综合金融服务平台围绕债券市场一二级业务层层延展,采用自研的核心业务技术框架,通过核心算法加持,进行数据智能化分析、构建客户画像,致力于为境内外机构投资人及企业客户提供定制化资讯、产品、交易等全业务链服务。

国际综合金融服务平台基于深度学习的智能推荐算法。针对一级市场分销及二级市场交易业务,东方证券将人工智能前沿成果融入金融服务,自主研发出行业领先的智能债券客户服务平台。该平台核心算法基于深度语义匹配模型,融合客户过往交易行为、债券特性及市场动态等多元数据,通过双向长短期记忆神经网络(BiLSTM)的深度学习,精准捕捉客户的投资偏好,实现债券产品的个性化推荐。此外,系统引入用户画像分析,进一步细化客户群体特征,确保推荐方案的高度贴合。依托系统与人工智能技术的双重加持,债券销售与交易实现数字化与智能化全覆盖。

国际综合金融服务平台基于分层报价算法。分层报价算法将交易标的按照不同的维度进行划分,如区分债券的信用等级、债券久期以及流动性等不同属性,针对不同的属性设置不同的报价系数。另一方面,对手机构也按照不同的机构属性以及与该机构的历史交易数据设置不同的报价系数。当收到一笔报价邀请书(request for quotation,RFQ)时,报价策略立即提取报价交易标的和对手方机构信息,并结合该笔报价的报价量、自身持仓等其他因素计算合适的回复价格。

国际综合金融服务平台基于自动回复监控算法。自动回复监控算法利用状态机管理和维护收到的 RFQ。当收到新增的 RFQ,分层报价策略计算出该笔报价的回复价格并自动回复,回复价格会设定有效时间,以应对市场变动带来的价格冲击。超过有效期后,回复的价格自动撤销进入等待回复的状态,交易员根据新的报价引擎重新回复价格,直到对手方撤销报价或确认该报价完成交易。系统回复时会通过交易系统的风控检查,系统风控对价格偏离度、持仓集中度、DV01、久期及交易对手黑名单等多种风控指标进行计算,通过风控系统检查后,回复的价格被送达外汇交易中心的交易系统中。

国际综合金融服务平台基于辅助套保算法。辅助套保算法是当对手方确认成交后,根据请求报价的成交方向,结合自身持仓量、组合久期、DV01 以及交易员的市场方向判断,确定是否进行反向对冲套保。当交易员选择套保对冲时,系统综合多个市场、不同交易品种的市场行情,自动产生一系列的对冲套保交易指令,交易员可以根据提供的建议选择合适的交易指令完成套保。

通过自主研发的超级投资管理平台和国际综合金融服务平台,东方证券实现了在投资交易和客户服务方面的金融科技赋能,为业务开展提供了强大支持。科技赋能带来的效能提升,已成为东方证券持续保持在中国债券市场发展前列的不竭动力。

伴随着金融科技的飞速发展，银行间市场迎来了科技蜕变，开启了债券交易的 2.0 时代。外汇交易中心为市场机构提供了更便捷、更高效、更安全的交易服务和保障，推动了产品与交易机制的不断创新。

　　着眼当下，市场机构百花齐放、各显神通，将金融科技应用在交易执行、组合管理、流动性管理、风险管理、研究支持等多个方面。展望未来，东方证券将持续增强科技金融的核心实力，升级自研超级投资交易系统，以专业的定价交易能力持续为市场提供有竞争力的报价；努力发挥好做市商的市场价格发现作用，提高债券市场流动性，激发二级市场活力，助力银行间债券市场建设；进一步发挥债券市场对实体经济的支持作用，更好地服务经济高质量发展。

　　资料来源：石晶晶，葛亚骏，《中国货币市场》，2024 年 7 月 8 日。

思考题：随着技术进步，金融科技还可以应用在哪些领域？

第9章 资本市场

学习目标

1. 了解股票市场、债券市场的定义及起源;
2. 理解股票、债券的特点及分类;
3. 掌握股票及债券发行市场与流通市场的特征,以及影响股票及债券价格的因素。

引言

如果将一国的经济比作人的身体的话,那金融就是血脉,资本则是食粮。从20世纪70年代末期开始实施的改革开放政策,启动了中国经济从计划体制向市场体制的转型。在转型过程中,国有企业改革的逐步深化和中国经济的持续发展,需要与之相适应的金融制度,资本市场应运而生,成为推动所有制变革和改进资源配置方式的重要力量。1990年12月19日,随着上海证券交易所开市的第一锣响起,8家公司携手上市,史称"老八股",股票市场正式诞生。伴随中国经济总量的快速增加,我国资本市场逐步成长壮大,A股市场总市值实现了飞跃式的增长,从1990年的23.82亿元增至2022年11月底的约88万亿元;A股账户由1993年的833.27万户,增长到2022年11月底的2.11亿户;从1986年的第一家营业部开业,到截至2023年11月底全行业146家证券公司合计拥有11 757个线下营业部。资本市场在汲取中华人民共和国成立70多年来的物质和精神养分,实现自我快速发展的同时,服务国民经济全局的能力也在不断提升,有力支持了实体经济又快又好的发展。本章旨在讲述资本市场特征、资本市场功能和结构以及资本市场的运作原理。

9.1 股票市场

9.1.1 股票及其起源

股票是一种有价证券,是股份有限公司在筹集资本时向出资人公开发行的、用以证明出资人的股本身份和权利,并根据股票持有人所持有的股份数享有权益和承担义务的、可转让的书面凭证。股票代表其持有人(即股东)对股份公司的所有权,每一股股票所代表的公司所有权是相等的,即我们通常所说的"同股同权"。

回顾经济发展历史，股票最早出现于西方资本主义国家，至今已有几百年的历史。15 世纪末地理大发现后，商业航海业和工业空前高涨，资本不足成为制约资本主义企业经营和发展的重要因素之一。为了筹集更多的资本，出现了以股份公司形态出现的、由股东共同出资经营的企业组织。世界上最早的股份有限公司是 1602 年在荷兰成立的东印度公司。1981 年，我国允许多种信用形式和多种信用工具出现，产生了发行股票方式筹集企业所需资金的融资方式。1984 年 9 月，北京天桥股份有限公司成立，发行定期 3 年的股票。随后，上海飞乐音响公司部分公开发行不偿还本金的股票。1985 年 1 月，上海延中实业公司成立，全部股票公开向社会发售。与此同时，全国其他一些大中城市也相继出现了股票。中国的股票交易开始于 1986 年，由工商银行上海分行信托投资公司率先提供股票交易服务。1991 年年底，35 种股票（其中上海 18 种、深圳 17 种）公开上市，当年股票交易总额为 60 亿元。截至 2023 年年末，在沪深两市上市的上市公司共有 5 346 家，其中沪、深、北证券交易所分别有 2 263 家、2 844 家和 239 家。在股份类型方面，仅发行 A 股的公司有 5 113 家，仅发行 B 股的公司有 11 家，而发行 A+B、A+H 等多股份类型的公司有 222 家。

9.1.2　股票的特征

1. 不可偿还性

购买股票是一项无确定期限的投资，投资者认购了股票后，不允许中途退股。股票的转让只意味着公司股东的改变，并未减少公司资本。从期限上看，只要公司存在，其所发行的股票就存在，股票的期限等于公司存续的期限。

2. 参与性

股票作为所有权的凭证，是股份的证券表现，代表股东对发行股票的公司所拥有的一定权责。股东通过参加股东大会，行使投票权来参与公司经营管理，他们有权出席股东大会，选举公司董事会，参与公司重大决策。股票持有者可凭其所持股票向公司领取股息，并在特定条件下对公司资产具有追索权。

3. 收益性

股东凭其股东身份和持有的股票，有权从公司领取股息，以获取投资的收益。股东的权益与其所持股票占公司股本的比例成正比。股息的多少，主要取决于公司的盈利水平和公司的盈利分配政策。除此之外，股票的收益性还表现在股票投资者可以获得价差收入或实现资产保值增值。通过低价买入和高价卖出股票，投资者可以赚取价差收益。

4. 责任有限性

责任有限性是指股东以投资股票的金额为限对公司债务承担责任，不影响股东其他资产的安全，使其风险得到有效控制。

5. 流动性

股票的流动性是指股票在不同投资者之间的可交易性。流动性通常以可流通的股票数量、股票成交量以及股价对交易量的敏感程度进行衡量。股票的流动性可用换手率来表达，即交易日的成交量除以可流动的股票数额，成交量越大，换手率越高，股票的流动性就越好，反之就越差。

6. 价格波动性和风险性

股票市场上交易的股票同商品一样，有自己的市场行情和市场价格。由于影响股票价格的因素很多，要受到诸如公司经营状况、供求关系、银行利率、大众心理等多种因素的影响，这种预期和实际收益常常不一致，其价格波动具有很大的不确定性。正是这种不确定性，有可能使股票投资者遭受损失。价格波动的不确定性越大，投资风险也越大。因此，股票是一种高风险的金融产品。

9.1.3 股票的分类

1. 按股东享有的权利，股票分为普通股和优先股

普通股是股份公司资本构成中最重要、最基本的股份，也是风险最大的一种股份，日常所见到的股票大部分都是普通股。持有普通股的股东充分享有股份有限公司的经营管理权、监督权、盈利分配权、剩余资产追索权等。普通股的基本特点是其股息不是在购买时约定，而是事后根据股票发行公司的经营业绩来确定。公司的经营业绩好，普通股的股息就高，而经营业绩差，普通股的股息就低。

优先股是指股份公司发行的，在分配股息和剩余财产时比普通股具有优先权的股份。优先股的优先权主要表现在两个方面。①股息领取优先权。股份公司分派股息的顺序是优先股在前，普通股在后。股份公司不论其盈利多少，只要股东大会决定分派股息，优先股就可按照事先确定的股息率领取股息。②剩余资产分配优先权。股份公司在解散、破产清算时，优先股具有公司剩余资产的分配优先权。不过，优先股的分配优先权在债券之后，普通股之前。当还清公司债权人的债务之后，公司还有剩余资产时，优先股才具有剩余资产的分配优先权。

由于优先股股息率事先固定，所以优先股的股息一般不会根据公司经营情况而增减，而且一般也不能参与公司的分红，同时优先股股东一般没有选举权和被选举权，对股份公司的重大经营无投票权。

2. 按票面形态，股票分为记名股票、无记名股票

记名股票在发行时，票面上记载有股东的姓名，并且股东姓名也被记载于公司的股东名册上。记名股票的特点就是除持有者和其正式的委托代理人或合法继承人、受赠人外，任何人都不能行使其股权。另外，记名股票不能任意转让，转让时既要将受让人的姓名、住址分别记载于股票票面，还要在公司的股东名册上办理过户手续，否则转让不能生效。显然这种股票有安全、不怕遗失的优点，但转让手续烦琐。

无记名股票在发行时，在股票上不记载股东的姓名。无记名股票的持有者可自行转让股票，任何人一旦持有便享有股东的权利，无须再通过其他方式、途径证明自己的股东资格。这种股票转让手续简便。

3. 按票面是否有面值，股票分为面值股和无面值股

面值股又称金额股票或面额股票，是指在股票票面上记载一定金额的股票。如每股人民币 50 元、100 元等。面值股给股票定了一个票面价值，这样就可以很容易地确定每一股份在该股份公司中所占的比例。

无面值股也称比例股票或无面额股票，是指股票发行时无票面价值记载，仅表明每股占资本总额的比例，其价值随公司财产的增减而增减。这种股票最大的优点就是避免了公司实际资产与票面资产的背离，因为股票的面值往往是徒有虚名，人们关心的不是股票面值，而是股票价格。发行这种股票对公司管理、财务核算、法律责任等方面要求极高，因此只在美国比较流行，许多国家不允许发行无面值股。

4. 按股东投资主体分类，股票分为国有股、法人股和社会公众股

国有股是指有权代表国家投资的部门或机构以国有资产向公司投资形成的股份，包括以公司现有国有资产折算成的股份。由于我国大部分股份制企业都是由原国有大中型企业改制而来的，因此，国有股在公司股权中占有较大的比重。

知识拓展

国有股控股比例及不得流通的历史由来

法人股是指企业法人或具有法人资格的事业单位和社会团体以其依法可经营的资产向公司非上市流通股权部分投资所形成的股份。根据法人股认购的对象，可将法人股进一步分为境内发起法人股、外资法人股和募集法人股三个部分。

知识拓展

我国的股权分置改革

社会公众股是指我国境内个人和机构，以其合法财产向公司可上市流通股权部分投资所形成的股份。

5. 按上市地点分类，股票分为 A 股、B 股、H 股等

这一区分主要依据股票的上市地点和所面对的投资者而定。A 股的正式名称是人民币普通股票，它是由我国境内公司发行，供境内机构、组织或个人（不含中国的港澳台投资者）以人民币认购和交易的普通股票。

知识拓展

首次公开募股

B 股的正式名称是人民币特种股票，以人民币标明面值，以外币认购和买卖，在境内（上海、深圳）证券交易所上市交易的股票。现阶段 B 股的投资者主要是机构投资者。

H 股即注册地在中国内地、上市地在中国香港的中资企业股票。

知识拓展

股票发行注册制

9.1.4　股票市场及其基本结构

股票市场是上市公司筹集资金的主要途径之一，是从事股票发行与交易的场所的总称。它是新股票发行、已经发行的股票按一定价格进行转让、买卖和流通的市场，由股票发行市场（一级市场）、股票流通市场（二级市场）组成。

1. 股票发行市场

股票发行市场是股票初次向社会发行的场所,是股票市场一切活动的源头和起始点,故又称发行市场为一级市场。通过市场发行股票进行筹集资金活动,一方面为资本的需求者提供筹集资金的渠道,另一方面为资本的供应者提供投资场所。新公司的成立、老公司的增资,都要通过发行市场,都要借助发行、销售股票来筹集资金,使资金从供给者手中转入需求者手中,也就是把储蓄转化为投资,从而创造新的实际资产和金融资产,增加社会总资本和生产能力,以促进社会经济的发展,这就是一级市场的作用。

(1) 股票的发行方式。股票的发行有公募与私募之分。公募是指发行人公开向全社会发行股票;私募是指发行人只向特定投资者发行股票。公募发行的股票可以上市流通,但私募发行的股票不得上市流通。

股票的发行还可以分为直接发行和间接发行。直接发行是指发行人直接面向投资者发行股票;间接发行则是指发行人委托承销机构组织发行股票。这种发行方式又可分为代销和包销两种。代销是证券公司代发行人发售证券,在承销期结束时,将未售出的证券全部退还给发行人的承销方式。包销是指证券公司将发行人的证券按照协议全部购入或者在承销期结束时将剩余证券全部自行购入的承销方式。

(2) 股票的发行价格。

1) 股票发行价格的种类。股票的发行价格有平价发行、溢价发行和折价发行。

平价发行也叫面值发行,即按股票的票面金额发行。由于市价往往高于票面金额,因此以票面金额作为发行价格能够使投资者得到因价格差异而带来的收益,使投资者乐于认购,同时又保证了公司顺利实现筹措资金的目的。

溢价发行即股票价格高于票面金额。溢价发行能使发行者以相对少的股份筹集到相对多的资本,从而减轻负担,同时还可以稳定流通市场的股票价格,促进资金的合理配置。

折价发行即发行价格低于票面金额。折价发行有两种情况:一种情况是优惠性的,通过折价使投资者分享权益。例如,公司为了充分体现对现有股东优惠而采取搭配增资方式时,新股票的发行价格就为票面金额的某一折扣,折价不足票面金额的部分由公司的公积金抵补。另一种情况是该股票基本面不佳,发行有一定困难,发行者与推销者共同议定一个折扣率,以吸引那些预测该股票后续基本面好转的投资者认购。目前,我国不允许折价发行。

2) 股票发行价格的确定方法。确定股票发行价格的方法有市盈率法、净资产倍率法和竞价确定法。

市盈率法又称本益法,是指股票市场价格与每股收益的比率。市盈率的计算公式为

$$市盈率 = 股票市场价格 / 每股收益$$

每股收益的计算通常有两种方法:一种为完全摊薄法,即用发行当年预测全部税后利润除以总股本,直接得出每股税后利润;另一种是加权平均法,计算公式为

$$每股收益 = 发行当年预测全部税后利润 \div 发行当年加权平均总股本数$$
$$= 发行当年预测全部税后利润 \div [发行前总股本数 +$$
$$本次发行股本数 \times (12 - 发行月数) \div 12]$$

不同的方法得到不同的发行价格,每股收益采用加权平均法较为合理,因为股票发行的时

间不同，资金到账的先后将对企业效益发生较大的影响，同时投资者只有在购入股份后才能享受应有的权益。

通过市盈率法确定股票发行价格，首先应根据专业会计师审核后的盈利预测计算出发行人的每股净盈利；其次可根据二级市场的平均市盈率、发行人的行业状况（同类营业公司的股票市盈率）、发行人的经营状况及其成长性等拟订发行市盈率；最后依发行市盈率与每股净盈利的乘积决定发行价格。计算公式为

$$发行价格 = 每股净盈利 \times 发行市盈率$$

净资产倍率法又称资产现值法，是指通过资产评估（物业评估）和相关会计手段确定发行人拟募股资产的净现值和每股净资产值，然后根据证券市场的状况将每股净资产乘以一定的倍率或一定的折扣，以此确定股票发行价格的方法。净资产倍率法常用于房地产公司或资产现值有重要商业利益的公司的股票发行。以此种发行方式确定每股发行价格不仅应考虑公允市值，还须考虑市场所能接受的溢价倍数或折扣倍率。计算公式为

$$发行价格 = 每股净资产值 \times 溢价倍率（或折扣率）$$

竞价确定法是指投资者在指定时间内通过交易柜台或者证券交易所交易网络，以不低于底价的价格并按限购比例或数量进行认购委托，申购期满后，由交易所的交易系统将所有有效申购按照价格优先、同价位申报按照时间优先的原则，将投资者的认购委托由高价位向低价位排队，并由高价位到低价位累计有效认购数量，当累计数量恰好达到或超过本次发行数量时的价格，即为本次的发行价格。

如果在发行底价上仍不能满足本次发行股票的数量，则竞价的底价为发行价格。发行底价也可由发行人和承销商根据发行人的经营业绩、盈利预测、投资规模、市盈率、发行市场与股票交易市场上同类股票的价格及影响发行价格的其他因素，共同研究协商确定。

2. 股票流通市场

股票流通市场是已发行股票进行转让的市场，又称"二级市场"。它一方面为股票持有者提供随时变现的机会，另一方面又为新的投资者提供投资机会。与股票发行市场的一次性行为不同，在股票流通市场上股票可以不断地进行交易。股票流通市场根据组织程度又分为证券交易所内的场内交易市场与在场外交易的场外交易市场。

股票场内交易市场是指由证券交易所组织的集中交易市场，有固定的交易场所和交易活动时间，交易采用经纪制，多采用公开叫价、双向拍卖的方式。证券交易所接受和办理符合有关法令规定的证券上市买卖，投资者则通过证券商在证券交易所进行证券买卖。在多数国家，场内交易市场还是全国唯一的证券交易场所，因此是全国最重要、最集中的证券交易市场。

除了场内交易市场外，凡是不在证券交易所营业厅内成交的股票交易活动都叫场外交易，相应的成交地点叫场外交易市场，又称柜台交易或店头交易市场。在早期银行业与证券业未分离前，由于证券交易所尚未建立和完善，许多有价证券的买卖都是通过银行进行的，投资者直接在银行柜台上进行证券交易，所以称为柜台交易。实行分业制后，这种通过柜台进行的证券交易转由证券公司承担。随着通信技术的发展，目前许多场外交易市场并不直接在证券公司柜台前进行，而是由客户与证券公司通过电话与电传进行业务接洽，故又称为电话市场。近

年来，国外一些场外交易市场发生很大变化，它们大量采用先进的电子化交易技术，使市场覆盖面更加广阔，市场效率有很大提高。在这方面，以美国的纳斯达克市场最为典型。纳斯达克（NASDAQ）是全美证券商协会自动报价系统（National Association of Securities Dealers Automated Quotations）的英文缩写，但目前已成为纳斯达克股票市场的代名词。纳斯达克始建于1971年，是一个完全采用电子交易、为新兴产业提供竞争舞台、自我监管、面向全球的股票市场。目前它是全美也是世界最大的股票电子交易市场。

1990年11月26日，国务院批准成立上海证券交易所，同年12月19日，上海证券交易所正式开业。上海、山东、江西、安徽、浙江、海南、辽宁等地的25家证券经营机构成为交易所会员，分专业经纪商、专业自营商、监管经纪商和自营商等。上海证券交易所采用现货交易方式，不做期货交易，开业初期以债券包括国债、企业债券和金融债券交易为主，同时进行股票交易，逐步过渡到债券和股票交易并重。1991年4月11日，国务院批准成立深圳证券交易所，并于同年7月3日正式开业。这两家证券交易所均为会员制组织形式，为证券集中交易提供场所和设施，组织和监督证券交易，实行自律管理，由中国证券监督管理委员会监督管理。为支持中小企业创新发展，2021年9月3日北京证券交易所注册成立，并于11月15日揭牌、开市。这是我国第一家公司制证券交易所。北京证券交易所坚持精选层较为灵活的交易制度，实行连续竞价交易，新股上市首日不设涨跌幅限制，自次日起涨跌幅限制为30%，增加市场弹性。坚持合适的投资者适当性管理制度，促进买卖力量均衡。

9.1.5 股票价格及其影响因素

股票的理论价格是按现值法计算的股票投资价值。若假定未来各期的预期收入为固定值，且持有时间无限长，则股票理论价格的计算公式为

$$股票的理论价格 = 预期股息收入 / 市场利率$$

知识拓展

我国的场内交易市场和场外交易市场构成

从上式可以看出，股票交易的理论价格与股票的预期股息收入成正比，与市场利率成反比。在现实中，股票的交易价格处于不断波动之中，其影响因素具有多样性和复杂性。以下介绍几个主要的影响因素。

1）公司因素。公司的经营状况是股票价格的基石。上市公司是发行股票筹集资金的运用者，也是资金使用产生投资收益的实现者，因而其经营状况的好坏对股票价格的影响极大。公司经营状况包括发展战略、管理水平、销售收入、盈利水平、原材料与产品价格等，与股票价格密切相关：公司经营状况好，股票价格上升；反之，股票价格下跌。另外，公司股息派发政策、经营者更替、公司的资产净值股票分割、公司改组或合并、增资与减资等也对股票价格产生影响。

2）产业因素。每一种产业都会经历一个由成长到衰退的发展过程，这个过程被称为产业的生命周期。产业的生命周期通常分为四个阶段，即初创期、成长期、稳定期、衰退期。处于不同发展阶段的产业在经营状况及发展前景方面有较大差异，这必然会反映在股票价格上。

3）市场因素。一般而言，如果股票市场的做多行为多于做空行为，则股票价格上涨；反之，如果做空行为占上风，则股票价格趋于下跌。由于各种股票市场操作行为主要是短期行为，因而市场因素对股票价格的影响具有明显的短期性质。

4）宏观因素。它包括对股票价格可能产生影响的社会、政治、经济、文化等因素。

宏观经济环境状况及其变动对股票市场价格的影响，包括宏观经济运行的周期性波动等规律性因素和政府实施的经济政策等政策性因素。股票市场是整个金融市场体系的重要组成部分，上市公司是宏观经济运行微观基础中的重要主体，因此股票市场的股票价格理所当然会随宏观经济运行状况的变动而变动，会因宏观经济政策的调整而调整。

一国的政局是否稳定对股票市场有着直接的影响。一般而言，政局稳定则股票市场稳定运行；相反，政局不稳则常常引起股票市场震荡。除此之外，国家的首脑更换、罢工、主要产油国的动乱等也对股票市场有重大影响。

一般来说，法律不健全的股票市场更具有投机性，震荡剧烈，涨跌无序，人为操纵成分大，不正当交易较多；反之，法律法规体系比较完善、制度和监管机制比较健全的股票市场，证券从业人员营私舞弊的机会较少，股票价格受人为操纵的情况也较少，因而表现得相对稳定和正常。从总体上说，新兴的股票市场往往不够规范，而成熟的股票市场法律法规体系则比较健全。

5）心理因素。投资者的心理变化对股票价格变动影响也很大，在大多数投资者对股市抱乐观态度时，会有意无意地夸大市场有利因素的影响，并忽视一些潜在的不利因素，从而摆脱上市公司的实际业绩而纷纷买进股票，促使股票价格上涨；反之，在大多数投资者对股市前景过于悲观时，会对潜在的有利因素视而不见，而对不利因素特别敏感，甚至不顾发行公司的优良业绩大量抛售股票，致使股票价格下跌。

股票的发行市场与流通市场是紧密相连、相辅相成的。发行市场是流通市场的基础和前提，流通市场又是发行市场得以存在和发展的条件。发行市场的规模决定了流通市场的规模，影响着流通市场的交易价格。没有发行市场，流通市场就成为无源之水、无本之木，在一定时期内，发行市场规模过小，容易使流通市场供需脱节，造成过度投机，股票价格飙升；发行节奏过快，股票供过于求，对流通市场形成压力，股票价格下跌，市场低迷，反过来影响发行市场的筹资。所以，发行市场和流通市场是相互依存、互为补充的整体。

9.1.6 股票价格指数

由于股票价格起伏无常，投资者必然面临市场价格风险。对于具体某一种股票的价格变化，投资者容易了解，而对于多种股票的价格变化，要逐一了解，既不容易，也不胜其烦。为了适应这种情况和需要，一些金融服务机构就利用自己的业务知识和熟悉市场的优势，编制出股票价格指数公开发布，作为市场价格变动的指标。投资者据此就可以检验自己投资的效果，并用以预测股票市场的动向。

股票价格指数是描述股票市场总的价格水平变化的指标。它是通过选取有代表性的一组股票，把它们的价格进行加权平均，通过计算得到的。通常以某年某月为基础，以这个基期的股票价格作为100，用以后各时期的股票价格和基期价格比较，计算出升降的百分比，就是该时期的股票指数。投资者根据指数的升降，可以判断出股票价格的变动趋势。

道琼斯股票价格指数是世界上历史最为悠久的股票价格指数。它是在1884年由道琼斯公司的创始人查尔斯·亨利·道开始编制的。目前，道琼斯股票价格指数共分四组，第一组是工业股票价格平均指数。它由30种有代表性的大工商业公司的股票组成，且随经济发展而变大，大致可以反映美国整个工商业股票的价格水平，这也就是大名鼎鼎的道琼斯工业平均指数。第二组是运输业股票价格平均指数。它包括 20 种有代表性的运输业公司的股票，即 8 家铁路运输公司、8 家航空公司和 4 家公路货运公司。第三组是公用事业股票价格平均指数。它由代表美国公用事业的 15 家煤气公司和电力公司的股票组成。第四组是平均价格综合指数。它是综合前三组股票价格平均指数 65 种股票而得出的综合指数，这组综合指数虽然为优等股票提供了直接的股票市场状况，但现在市场通常引用的是第一组，即道琼斯工业平均指数。

除了道琼斯股票价格指数外，标准普尔股票价格指数在美国也很有影响，它是美国证券研究机构标准普尔公司编制的股票价格指数。标准普尔公司股票价格指数以 1941—1943 年抽样股票的平均市价为基期，以上市股票数为权数，按基期进行加权计算，其基点数为 10。以目前的股票市场价格乘以股票市场上发行的股票数量为分子，用基期的股票市场价格乘以基期股票数为分母，相除之数再乘以 10 就是股票价格指数。

伦敦《金融时报》指数是由英国金融时报有限公司与伦敦证券交易所合组的 FTSE 公司编制的股票价格指数。该股票价格指数包括从英国工商业中挑选出来的具有代表性的 30 家公开挂牌的普通股股票。它以 1935 年 7 月 1 日作为基期，其基点为 100 点。该股票价格指数以能够及时显示伦敦股票市场情况而闻名于世。

日经指数是由日本经济新闻社编制公布的反映日本股票价格变动的股票价格平均指数。该指数的前身为 1950 年 9 月开始编制的"东证修正平均股价"。1975 年 5 月 1 日，日本经济新闻社向美国道琼斯公司买进商标，采用修正的美国道琼斯公司股票价格平均数的计算方法计算，并将其所编制的股票价格指数定为"日本经济新闻社道琼斯股票平均价格指数"。1985 年 5 月 1 日在合同满 10 年时，两家经协商，将名称改为日经指数。

香港恒生指数是中国香港股票市场上历史最久、影响最大的股票价格指数，由香港恒生银行于 1969 年 11 月 24 日开始发表。该指数的编制是以 1964 年 7 月 31 日为基期，因为这一天香港股市运行正常，成交值均匀，可反映整个香港股市的基本情况，基点确定为 100 点。其计算方法是将 33 种股票按每天的收盘价乘以各自的发行股数为计算日的市值，再与基期的市值相比较，乘以 100 就得出当天的股票价格指数。

上海证券综合指数（以下简称"上证指数"）由上海证券交易所于 1991 年 7 月 15 日发布实行，以 1990 年 12 月 19 日为基日，基点为 100，其样本股是在上海证券交易所全部上市的股票，包括 A 股和 B 股，反映了上海证券交易所上市股票价格的变动情况，因此上证指数的变化，在一定程度上受其成分股影响，当其成分股普遍上涨时，其指数上涨，当其成分股普遍下跌时，其指数下跌。除此之外，成分股的权重不同，对指数涨跌的影响不同，权重较大，即超级大盘股对指数的影响就大一些，权重较小，即小盘股对指数的影响就要小一些。

深证综合指数由深圳证券交易所编制并公开发表，该指数规定 1991 年 4 月 3 日为基期，基点为 100 点，1991 年 4 月 4 日开始发布。该指数以所有在深圳证券交易所上市的全部股票为计算范围，以发行量为权数加权计算股价指数。

上证科创板 50 成份指数，简称"科创 50"，这个指数由上海证券交易所科创板中市值大、流动性好的 50 只证券组成，科创 50 基日为 2019 年 12 月 31 日，基点为 1 000 点。上海证券交易所和中证指数有限公司于 2020 年 7 月 22 日收盘后发布科创 50 历史行情，7 月 23 日正式发布实时行情。

> **法治金融：为何此时提出制定金融法？**
> 良法是善治之前提。制定金融法，通过依法治市，能够有效解决金融市场中的各种乱象，防范金融风险的积累和蔓延，确保金融体系的稳定和安全。

育人园地

9.2 债券市场

9.2.1 债券及其特征

债券是投资者向政府、公司或金融机构提供资金的债权债务合同，该合同载明发行者在指定日期支付利息并在到期日偿还本金的承诺，其要素包括期限、面值与利息、税前支付利息、求偿等级、限制性条款、抵押与担保及选择权（如赎回与转换条款）。债券具有如下特征。

1) 偿还性。债券规定偿还期限，债券发行人在债券到期时应对投资者进行还本付息。

2) 安全性。债券一般有固定的利率，不受银行利率变动和企业经营状况影响，收益稳定，风险较小。

3) 流动性。债券通常可以在金融市场上流通，变现能力较强。

4) 收益性。债券的收益性主要表现在两个方面：一是债券有相对固定的利息收益，一般比银行存款的利息要高；二是可以在证券市场上进行流通、转让，获取买卖的差价收入。

债券与股票相比主要有以下区别。①性质不同。债券是一种债权凭证，到期可据以收回本金和利息；股票则是一种所有权凭证，持有者对发行企业拥有股权。②权利不同。债券持有人可按期收回本金和利息，但无权参与发行企业的经营决策；股票持有人拥有选举权，通过选举董事行使对发行企业的经营决策和监督权。③期限不同。债券是有期的，即按票面规定的期限偿还本息；股票是无期的，但可在证券市场上被出卖、转让。④收入分配形式不同。债券是按票面规定的利率，到期可获固定的利息收入；股票则视企业经营情况进行分红，企业经营效益好则可多分红。⑤企业如发生倒闭清理资产时，债券偿付在前而股票偿付在后。因此，股票的风险比债券相对较大。

9.2.2 债券的分类

1. 按发行主体分类

按发行主体，债券分为国家债券、地方债券、金融债券和企业债券。国家债券简称国债，是中央政府为筹集财政资金而发行的一种政府债券，它是中央政府向投资者出具的、承诺在一定时期支付利息和到期偿还本金的债权债务凭证。由于国债的发行主体是国家，所以它具有最高的信用度，被公认为是最安全的投资工具。国债是国家信用的主要形式。中央政府发行国债的目的往往是弥补国家财政赤字，或者为一些耗资巨大的建设项目以及某些特殊经济政策乃至为战争筹措资金。

地方债券又称市政债券，是指由地方政府发行的债券。其目的是筹集足够的资金运用于地方修造公路、开办学校、医院等公共事业。地方债券最明显的好处就是税收方面的优惠，这是最能吸引投资者的地方。地方债券一般在券面上载明固定的利率，所以收入稳定，信用比较高。

改革发展中的中国政府债券

金融债券是指银行和非银行金融机构为筹集资金发行的一种有价证券。它属于银行等金融机构的主动负债。

企业债券又称公司债券，是企业依照法定程序发行，约定在一定期限内还本付息的债券。企业债券代表着发债企业和投资者之间的一种债权债务关系。企业债券与股票一样，同属有价证券，可以自由转让。在企业发行债券时，一般要对发债企业进行严格的资格审查或要求发行企业有财产抵押，以保护投资者利益。企业债券由于具有较大风险，它们的利率通常高于国债。

进一步做好企业债权的建议

2. 按偿还期限分类

按偿还期限，债券分为短期债券、中期债券和长期债券。短期债券是偿还期限在 1 年以下的债券。短期债券的发行者主要是工商企业和政府。企业发行短期债券大多是为了筹集临时性周转资金。政府发行短期债券大多是为了平衡预算开支。

中期债券一般是指偿还期限在 1 年或 1 年以上、10 年以下（包括 10 年）的债券。

长期债券一般是指偿还期限在 10 年以上的债券。中期及长期债券的发行者主要是政府、金融机构和企业。发行中期及长期债券的目的是获得长期稳定的资金。

3. 按计息方式分类

按计息方式，债券分为单利债券、复利债券、贴现债券和累进利率债券。单利债券是指在计算利息时，不论期限长短，仅按本金计息，所生利息不再加入本金计算下期利息的债券。

复利债券与单利债券相对应，它是指计算利息时，按一定期限将所生利息加入本金再计算利息且逐期滚算的债券。

贴现债券是指在票面上不规定利率，发行时按某一折扣率，以低于票面金额的价格发行，到期时仍按面额偿还本金的债券。

累进利率债券是指以利率逐年累进方法计息的债券。其利率随着时间的推移，后期利率将比前期利率更高，有一个递增率，呈累进状态。

4. 按是否记名分类

按是否记名，债券分为记名债券和不记名债券。记名债券是指债券上记载债权人的姓名或名称，并在发行单位或代理机构进行登记的债券。投资者领取利息时要凭印章或其他有效的身份证明，转让时要在债券上签名，同时还要到发行公司登记，转让时原持有人要背书，办理相应的过户手续。通常记名债券可以挂失。

不记名债券不记载债券持有人的姓名或者名称，无论是谁，只要取得了无记名公司债券，就成为公司债券的持有人。无记名公司债券的转让方式比较简单，只需双方当事人就公司债券的转让达成合意,并由转让人(无记名公司债券的持有人)将无记名公司债券的交付转让,即发生转让的法律效力。

5. 按有无担保分类

按有无担保,债券分为信用债券和担保债券。信用债券是指仅凭筹资人的信用发行的、没有担保的债券,只适用于信用等级高的债券发行人。

担保债券是指以抵押、质押、保证等方式发行的债券。其中,抵押债券是指以不动产作为担保品所发行的债券,质押债券是指以其有价证券作为担保品所发行的债券,保证债券是指由第三者担保偿还本息的债券。

6. 按可否提前赎回分类

按可否提前赎回,债券分为可提前赎回债券和不可提前赎回债券。如果发行主体在债券到期前有权定期或随时购回全部或部分债券,这种债券就称为可提前赎回债券,反之则是不可提前赎回债券。

9.2.3 债券市场基本结构

一个完整的债券市场包括债券发行市场和债券流通市场。

1. 债券发行市场

债券发行市场也称为债券的一级市场,是债券发行人向社会公众出售新债券以筹集资金的市场。它由债券发行人、投资者和负责发行运作的中介服务机构(即委托承销机构)共同组成,其主要作用是将政府、企业等的债券分散发行到投资者手中。只要具备发行资格,不管是国家、政府机构和金融机构,还是公司、企业和其他法人,都可以作为发行人,通过发行债券来借钱。认购者就是投资者,主要有社会公众团体、企事业法人、证券经营机构、非营利性机构、外国企事业机构和家庭或个人。委托承销机构就是代发行人办理债券发行和销售业务的中介人,主要有投资银行、证券公司、商业银行和信托投资公司等。

按照债券的发行对象,债券的发行分为私募发行和公募发行。私募发行面向少数特定的投资者,具体发行对象有两类:一类是机构投资者,如大的金融机构或是与发行者有密切业务往来的企业;另一类是个人投资者,如发行单位自己的职工,或是使用发行单位产品的用户等。私募发行一般多采取直接销售的方式,不经过证券发行中介机构,不必向证券管理机关办理发行注册手续,可以节省承销费用和注册费用,手续比较简便。但是私募债券不能公开上市,流动性差,利率比公募债券高,发行数额一般不大。

公募发行是指债券发行人公开向不特定的投资者发行债券。公募债券发行者必须向证券监督管理机构办理发行注册手续。由于发行数额一般较大,通常要委托证券公司等中介机构承销。公募债券信用度高,可以上市转让,因而发行利率一般比私募债券利率低。公募债券发行方式又可分为两种:代销和全额包销。①代销。采用这种方式销售债券,承销者承担部分发行风险,在承销期结束时,将未售出的债券全额退还给发行人。②全额包销。采用全额包销方式销售债券,承销者承担了全部发行风险,可以保证发行人及时筹集到所需要的资金,因而全额包销的费用也比代销的费用高。

债券发行从是否有金融中介机构参与出售的标准来看，有直接发行与间接发行。直接发行由发行人自己出面发行债券，发行人自己办理发行的全部手续。由于仅靠发行主体直接推销债券有一定难度，因此使用该种发行方式较为少见。间接发行由发行人委托中间人代理发行债券。

按照债券的实际发行价格和票面价格的异同，债券的发行可分为平价发行、溢价发行和折价发行。平价发行是指债券的发行价格和票面金额相等，因而发行收入的数额和将来还本数额也相等。前提是债券发行利率和市场利率相同，这在西方国家比较少见。溢价发行是指债券的发行价格高于票面金额，以后偿还本金时仍按票面金额偿还。只有在债券票面利率高于市场利率的条件下，发行人才能采用这种方式发行。折价发行是指债券发行价格低于债券票面金额，而偿还时却要按票面金额偿还本金。折价发行是因为规定的票面利率低于市场利率。

2. 债券流通市场

债券流通市场是指已发行的债券转让、买卖的场所，也称债券二级市场，由两个部分构成：一是交易所市场，二是场外市场。债券二级市场与一级市场关系密切，既相互依存又相互制约。一级市场所提供的债券及其发行的种类、数量与方式决定着二级市场上流通证券的规模、结构与速度；二级市场作为债券买卖的场所，对一级市场起着积极的推动作用。组织完善、经营有方、服务良好的二级市场将初级市场上所发行的债券快速、有效地分配与转让，使其流通到其他更需要、更适当的投资者手中，并为债券的变现提供现实的可能。此外，二级市场上的债券供求状况与价格水平等都将有力地影响着一级市场上债券的发行。因此，没有二级市场，证券发行不可能顺利进行，一级市场也难以为继，扩大发行则更不可能。

（1）交易所市场与场外市场。交易所市场是高度组织化的市场，是债券买卖流通的中心。它有固定的交易场所和开放时间；投资者不能进入场内直接买卖；参加交易的都是具有一定资格的会员单位如证券公司，证券公司接受和办理那些符合标准、允许上市的债券的买卖、结算与交割。

场外交易市场又称柜台交易或店头交易市场，是指在交易所外由债券买卖双方当面议价成交的市场。它没有固定的场所，其交易主要利用电话和互联网进行，交易的证券以不在交易所上市的证券为主，在某些情况下也对在证券交易所上市的债券进行场外交易。

场外交易市场中的证券商兼具证券自营商和代理商的双重身份。作为自营商，证券商可以把自己持有的债券卖给顾客或者买进顾客的证券，赚取买卖价差；作为代理商，证券商又能够以客户代理人的身份向别的自营商买进卖出债券。

目前，我国的债券市场由发行市场和流通市场组成。流通市场由三部分组成，即沪深证券交易所市场、银行间交易市场和证券经营机构柜台交易市场。

改革创新：债券市场服务乡村振兴的实践与思考

乡村全面振兴的实现离不开金融支持，债券市场作为我国资本市场的重要组成部分和直接融资的主要渠道，是多元化乡村振兴金融服务体系不可或缺的一部分。近年来，债券市场推出"乡村振兴债"创新品种，作为定向服务乡村振兴战略的主要抓手。

育人园地

(2) 债券流通市场中债券价格的影响因素。

1) 待偿期。债券的待偿期越短，债券的价格就越接近其终值（兑换价格），所以债券的待偿期越长，其价格就越低。另外，待偿期越长，发债企业可能遭受的各种风险就越高，所以债券的价格也就越低。

2) 票面利率。债券的票面利率也就是债券的名义利率，债券的名义利率越高，到期的收益就越大，所以债券的售价也就越高。

3) 投资者的获利预期。债券投资者的获利预期是跟随市场利率而发生变化的。若市场利率上调，则投资者的获利预期也高涨，债券的价格就下跌；若市场的利率调低，则债券的价格就会上涨。

4) 供求关系。债券的市场价格取决于资金需求和债券供给间的关系。在经济发展呈上升趋势时，企业一般要增加设备投资，所以它一方面因急需资金而抛出债券，另一方面它会从金融机构借款或发行公司债，这样就会使市场的资金趋紧而债券的供给变多，从而引起债券价格下跌。而当经济不景气时，生产企业对资金的需求将有所下降，金融机构则会因贷款减少而出现资金剩余，从而增加对债券的投入，引起债券价格的上涨。中央银行、财政部门、外汇管理部门对经济进行宏观调控时也往往会引起市场资金需求的变化，从而引起债券价格的涨跌。

5) 物价波动。当物价上涨速度快或通货膨胀率较高时，人们出于保值的考虑，一般会将资金投资于房地产、黄金、外汇等可以保值的领域，从而引起资金供给的不足，导致债券价格下跌。

6) 政治因素。政治是经济的集中反映，并且能够影响经济的发展。例如一些国家的政府换届后，国家的经济政策和规划会有较大变动，从而促使债券的持有人做出买卖决策。

7) 投机因素。在债券交易中，人们总是想方设法地赚取价差，而一些实力较为雄厚的机构就会利用手中的资金或债券进行技术操作，如拉抬或打压债券价格从而引起债券价格的变动。

9.2.4 债券评级

债券评级，是指以企业或经济主体发行的有价债券为对象进行的信用评级。这种信用评级为投资者购买债券和证券市场债券的流通转让活动提供信息服务。由于债券的信用风险因发行后偿还能力不同而有所差异，对广大投资者，尤其是中小投资者来说，事先了解债券的信用等级是非常重要的。

信用评级机构的评级标准主要分为两方面：一方面是对债券发行人的自身信用状况进行评价，包括财务指标、借款人的历史、行业背景及市场前景等因素；另一方面是对债券产品的相关因素进行评价，包括债券期限、债券品种和还款能力等。

债券信用等级通常分为九个级别（不同的评级机构使用的符号略有差别）：AAA 级是最高等级，表示安全度最高、风险最少；AA 级表示安全度相当高，风险较小，能保证偿付本息；A 级表示安全度在平均水平之上，有一定能力保证还本付息。BBB 级表示安全度处于平均水平，目前状况较安全，但从稍长时期看，缺少一些保护性因素；BB 级表示将来可能会出现一些影响还本付息的不利因素；B 级表示偿还能力低，安全性无保障；CCC 级表示债务过多，有可能不履行偿还义务；CC 级表示具有高度投机性，经常不支付或延付利息；C 级是最低级，表示债券根本不能还本付息。

9.2.5 我国债券市场的发展历程

我国债券市场真正的起步是在改革开放之后，我国从 1981 年开始启动国债的发行，1983 年开始启动企业债券的发行，2005 年开始启动首批短期融资债券发行，2007 年第一只公司债券发行（发行人为长江电力），2008 年发行首批中期票据。改革开放后，我国债券市场真正迎来发展的契机，其发展可以分为以下 3 个阶段。

1. 以场外交易为主的阶段（1981—1991 年）

由于在这段时间内市场经济并未完全建立，市场参与主体也没有发行债券的意识和需求，债券的发行和交易仍是以满足政府需求为主，国有企业也希望寻找除银行贷款之外的其他资金融通渠道，在行政审批后尝试发行企业债，但是这一时期的债券不能公开转让，只能以场外交易的形式转让。1986 年，沈阳率先成立了官方批准的柜台交易市场，允许企业债券交易，与此同时，政府也进一步推出除国债之外的其他品种债券，包括国家建设债券、国家重点工程建设债券、特种国债、保值公债等，以增加债券市场的品种。1988 年，随着国债发行规模的扩大，如何增加其流动性成为首要问题，为此，政府开始设定部分地区作为转让试点，允许部分已发行的国库券上市转让。到 1991 年初，国债流通转让的覆盖区域增加，更多城市纳入其中，柜台交易机制逐步建立。虽然柜台市场仍然属于场外交易市场，并且在全国也未建立统一的债券市场，但我国债券市场的活跃度大大提高，债券的流通交易量增加，调动了市场参与者的积极性。

2. 以交易所交易为主的阶段（1991—1997 年）

随着上海、深圳两大证券交易所的成立，1991 年债券进入场内交易为主的阶段。1995 年国债招标发行试点获得成功，国债利率的确定逐步以市场为导向，这也意味着中国债券发行的市场化拉开序幕。此后，两大交易所丰富了交易品种和交易方式，国债和企业债券等新交易品种陆续进入市场，回购等新交易方式也陆续进入市场，这使得我国债券市场的投资者在债券品种和交易方式上有了更多的选择。而在市场监管和基础设施建设上，我国成立了中国证券监管管理委员会和两家自律监管机构（中国国债协会及中国证券业协会），以及全国性的国债登记托管机构，并开发了交易所电子交易系统。在这一时期，我国初步建立债券交易市场，交易品种得到丰富，交易方式不断创新，与场外交易方式相比，交易所市场具有组织性、制度性和正规性。

3. 以银行间市场交易为主的阶段（1997 年至今）

1997 年我国股票市场过热，银行资金也集聚其中，主要以债券回购形式为主。因此，中国人民银行要求各商业银行转换交易场所，改在全国同业拆借中心进行债券交易，银行间债券市场就此形成。从最初的仅仅 16 家商业银行，不断发展完善，各类金融机构得到中国人民银行等各政府部门的许可，加入银行间债券市场，扩大债券市场的覆盖面，市场成员增加，规模有所扩大。主要市场参与者包括外资银行、保险公司、基金公司、证券公司、财务公司等各机构主体。经过若干年的发展，银行间债券市场已经成为中国债券市场的主导力量。

2017年7月3日，"债券通"成功上线，成为我国金融市场继"沪港通""深港通"之后的又一个"中国通"，标志着银行间债券市场对外开放进入新阶段。同日，中国外汇交易中心与香港交易所合资组建的"债券通"有限公司在香港正式宣告成立。债券通公司积极先后推出E-filing系统（一站式电子备案入市系统）、ePrime系统（一站式债券发行电子平台）、交易结算失败一站式线上报备系统、外汇风险管理和交易数据接口等。同时，中国外汇交易中心积极搭建监管与市场、境内与境外的沟通交流平台，至2024年3月，"债券通"已吸引800余家境外投资者、覆盖全球近40个司法管辖区，其2023年全年成交量近10万亿元人民币，是2018年的11倍；2023年上线的"互换通"，已吸引50多家境外投资者参与境内金融衍生品市场。

中国债券市场的机构参与者的范围不断拓宽，市场外部制度建设日趋完善，而与此相关的法律法规也充分发挥其规范和引导的作用，使得市场更加有序发展，市场参与者的利益得到保证，市场运行机制不断健全，债券发行管理不断加强。微观结构的优化也使得债券市场推动了直接融资的发展，促进了整个社会融资结构的优化，提高了证券市场效率。

本章小结

资本市场主要包括股票市场和债券市场。股票市场是从事股票发行与交易的场所总称，由发行市场（一级市场）、流通市场（二级市场）两部分组成。

股票的特征是：不可偿还性、参与性、收益性、责任有限性、流动性、价格波动性和风险性。按不同划分方式，股票分为普通股和优先股；记名股票和无记名股票；面值股和无面值股；国有股、法人股和社会公众股；A股、B股、H股。

股票交易价格的影响因素有公司因素、产业因素、市场因素、宏观因素、心理因素等。股票价格指数是描述股票市场总的价格水平变化的指标。它是通过选取有代表性的一组股票，把它们的价格进行加权平均，通过一定的计算得到的。

债券具有偿还性、安全性、流动性、收益性等特征。按不同划分方法，债券可分为国家债券、地方债券、金融债券和企业债券；短期债券、中期债券和长期债券；单利债券、复利债券、贴现债券和累进利率债券；记名债券和不记名债券；信用债券和担保债券；可提前赎回债券和不可提前赎回债券。

债券价格的影响因素有：待偿期、票面利率、投资者的获利预期、供求关系、物价波动、政治因素、投机因素。

学习建议

本章主要介绍股票市场和债券市场。建议在学习过程中了解中国资本市场的发展情况，同时通过案例分析和股票模拟操作系统的实践操作以及证券公司的实地观摩，对股票市场和债券市场有一个感性认识，这有助于理解股票与债券的特点、一级市场与二级市场的功能以及证券价格变动的影响因素。

本章重点

股票与债券的特点、股票与债券的分类、一级市场与二级市场的功能、股票价格变动和债券价格变动的影响因素。

本章难点

股票与债券的特点、股票价格变动和债券价格变动的影响因素。

核心概念

资本市场　　　　股票　　　　　债券　　　　　股票市场
债券市场　　　　一级市场　　　二级市场

课后思考与练习

1. 股票与债券各自的特点是什么？二者有什么异同？
2. 一级市场和二级市场的功能是什么？
3. 简述股票和债券的分类。
4. 简述影响股票价格变动的因素。
5. 简述影响债券价格变动的因素。

补充阅读

中国资本市场开放历程与影响分析

2019 年 6 月，中国证券监督管理委员会和英国金融行为监管局发布联合公告，原则上批准上海证券交易所和伦敦证券交易所开展互联互通存托凭证业务（以下简称"沪伦通"）。在沪伦通的制度下，符合条件的上海证券交易所上市公司可以通过发行全球范围内的存托凭证（certificate of depositary receipt，GDR）的形式在伦敦证券交易所上市，而符合条件的伦敦证券交易所上市公司可以通过发行中国存托凭证的方式在上海证券交易所上市。联合公告发布当日，华泰证券股份有限公司发行的全球存托凭证在伦敦证券交易所上市，揭开了 A 股市场与伦敦资本市场互联互通的序幕，标志着我国境内资本市场开放又前进了一步。

与中国在农业和工业等其他领域中的改革一样，中国在资本市场开放方面的改革也是渐进式的。中国境内资本市场开放有 7 个关键制度：B 股发行制度、合格境外机构投资者（QFII）制度、合格境内机构投资者（QDII）制度、人民币合格境外机构投资者（RQFII）制度、沪港通、深港通和沪伦通。总体而言，这 7 个关键的资本市场开放制度层层递进，刻画出了中国境内资本市场开放的历程。从大的方面，我们可以将这 7 个关键制度的推出分为 3 个阶段：发行外资股阶段（B 股）、单向开放阶段（QFII、QDII 和 RQFII）和双向开放阶段（沪港通、深港通和沪伦通）。

阶段一：发行外资股（B 股）

B 股市场最初是带着为上市公司筹集外汇资金和作为中国资本市场开放的试验田的使命发展的。1992 年 2 月，第一只 B 股由上海真空电子器件股份有限公司发行，在上海证券交易所上市。同年，共有 18 只 B 股上市，占发行 A、B 股合计数量的 25.4%。在此后的 6 年时间里，共有 101 只 B 股在上海证券交易所和深圳证券交易所上市。尽管有部分企业既发行 A 股也发行 B 股，但 A 股市场与 B 股市场完全分割。在 2001 年之前，境内投资者只能投资 A 股，而境外投资者只能投资 B 股。这样的设计既保证了一定程度的资本市场对外开放，同时也规避了由于外资的资本流动对当时不成熟的 A 股市场可能产生的不必要影响。

然而，随着上市公司赴香港发行 H 股融资热潮的兴起，以及 QFII 制度的建立，B 股市场的功能逐渐被 H 股和 QFII 代替，并迅速被边缘化。2000 年之后，不仅没有新增 B 股发行，还有部分 B 股通过转成 H 股（如万科）等方法退市。截至 2019 年 7 月，市场仅留存了 97 只 B 股，其占发行 A、B 股合计数量的比重下降到 2.6%。

尽管当前 B 股的作用已经比较小，但 B 股在没有 QFII 制度的早期，是境外投资者投资境内股票市场的重要途径，是我国境内资本市场对外开放迈出的第一步，具有重要的历史意义。

阶段二：资本市场单向开放

B 股市场的建立为境外投资者投资境内资本市场提供了一种途径，然而占主导地位的 A 股市场依旧对境外投资者关闭。为推动境内资本市场进一步开放，2002 年 12 月 1 日，中国证券监督管理委员会和中国人民银行颁布了《合格境外机构投资者境内证券投资管理暂行办法》。在人民币资本项目没有实现完全可兑换的情况下，QFII 制度的建立为境外投资者投资 A 股市场提供了一种可行的方式。在 QFII 制度下，境外机构投资者可以在外汇管理局批准的额度下直接投资 A 股市场。2011 年 12 月 16 日，中国证券监督管理委员会、中国人民银行和国家外汇管理局联合发布《基金管理公司、证券公司人民币合格境外机构投资者境内证券投资试点办法》，进一步允许境外机构投资者在规定额度内直接使用人民币投资于境内证券市场。

尽管外资通过 QFII、RQFII 投资 A 股市场的金额相对于 A 股市场的规模并不高，但作为资本开放初期的一种手段，首次实现了 A 股市场对外资开放。2019 年 9 月，经国务院批准，国家外汇管理局决定取消 QFII 和 RQFII 投资额度的限制，使得 QFII、RQFII 对外资的吸引力进一步增强。

阶段三：资本市场双向开放

无论是在 QFII、RQFII，还是在 QDII 的制度框架下，资本市场的开放均是单向的。境外投资者需要通过 QFII 和 RQFII 在规定的限额内投资于境内证券市场，而境内投资者需要通过 QDII 投资于境外证券市场。两种方式各自都是单向且分割的。2014 年 11 月，沪港通正式启动。沪港通为上海交易所市场与香港交易所市场建立了方便的连接通道，第一次实现了资本市场的双向开放。内地的投资者可以方便地到香港市场投资，而香港的投资者也可以方便地到内地市场投资。随后的深港通与沪伦通继承了双向开放的思想，相继实现了深圳交易所市场与香港交易所市场以及上海交易所市场与伦敦交易所市场的互联互通。

截至 2022 年 11 月 30 日，北向沪股通和深股通 8 年累计成交额达 89.4 万亿元，累计 1.7 万亿元净流入境内股票市场。境外投资者通过沪股通和深股通持有的境内股票总额不断增长，由 2014 年底的 865 亿元，激增至 2022 年 11 月 30 日的 2.2 万亿元。

资本市场开放可能产生的影响

1) 降低资金成本，提高全要素生产率，促进经济增长。在 A 股市场与其他市场完全分割的情况下，A 股作为一个独立的市场进行定价。资本市场开放会使得 A 股市场与全球资本市场重新进行整合，境外投资者能够参与到 A 股市场，境内投资者能够参与到境外资本市场。这使得境内外投资者承担的风险可以得到分散,从而影响资本融通成本。

2)降低市场摩擦,提高市场效率。在市场分割的情况下,境外投资者无法参与到境内市场中,而境内投资无法配置境外资产,这增加了市场摩擦,造成了两个方面的影响。第一,市场分割使得套利机制无法运作,造成境内股票和境外股票巨大的价格差异。第二,分割的市场使得全球的信息不能够很快地反映到境内股票的价格中去,从而降低了资本市场的定价效率。

3)改善投资者结构。与成熟的资本市场参与者以机构投资者占主导不同,A股的投资者结构以散户为主。许多研究发现散户具有明显的赌博心理,会更加偏好具有彩票性质的股票。与此同时,大量的散户交易也不利于资本市场实现价格发现功能,机构投资者相对于散户而言可能更偏好用股票价格反映公司的基本面,从而使得股票价格能够起到更好的资源配置作用。

中国境内资本市场不断开放,使得越来越多的境外机构投资者有充足的途径进入中国境内资本市场。随着 MSCI 和富时罗素将 A 股纳入相应的指数中,更多的境外机构投资者会主动或者被动进入中国境内资本市场,这有利于改善现在 A 股以散户交易为主导的投资者结构,提高资本市场定价效率以及资源配置效率。

资料来源:http://finance.sina.com.cn/roll/2019-10-06/doc-iicezuev0354549.shtml.

思考题:资本市场开放对进一步规范我国金融市场发展的意义何在?

第 10 章　金融衍生产品市场

○ 学习目标

1. 理解金融衍生产品市场的内涵及种类；
2. 了解影响金融远期、期货、期权、互换市场价格的因素；
3. 掌握金融远期、期货、期权、互换市场的功能。

○ 引言

"给我一个支点，我就能撬起整个地球"，阿基米德的话正在金融衍生产品市场上变成现实。自 20 世纪 90 年代以来，全球几乎每一场金融风暴都与金融衍生工具有关。2007 年美国次贷危机正是由相关金融衍生产品这一金融创新链条的过度膨胀而导致的。基于 1 万多亿美元的次级贷款，美国金融衍生产品市场创造出了超过 2 万亿美元的次级债，并进一步衍生和创造出超万亿美元的担保债务凭证和数十万亿美元的信用违约互换，金融衍生产品的规模呈几何级数膨胀。巨量的担保债务凭证和信用违约互换使房价处于极其敏感的临界点上，一旦房价发生波动，就必然产生一系列连锁和放大反应，从而给持有相关金融衍生产品的金融机构造成巨大冲击。由此可见，金融衍生产品市场如果运用不当，很可能成为金融市场最大的风险之源。

10.1　金融衍生产品市场概述

10.1.1　金融衍生产品市场的含义

金融衍生产品是指其价值依赖于股票、债券、存单、货币、股价指数等原生金融工具的金融产品。它们在形式上均表现为一种合约，上面载明交易品种、交易价格、交易数量、交割时间等内容。金融衍生产品主要有远期、期货、期权和互换四种类型。金融衍生产品市场是各种金融衍生产品交易的场所。

金融衍生产品的共同特征是保证金交易，即只要支付一定比例的保证金就可进行全额交易，不需实际上的本金转移。合约的了结一般也采用现金差价结算的方式进行，只有在满期日以实物交割方式履约的合约才需要买方交足贷款。因此，金融衍生产品交易具有杠杆效应。保证金越少，杠杆效应越大，风险也就越大。

10.1.2 金融衍生产品的分类

（1）按基础工具种类分类。

按照基础工具种类，金融衍生产品分为股权式衍生产品、货币衍生产品和利率衍生产品。股权式衍生产品是指以股票或股票指数为基础工具的金融衍生产品，主要包括股票期货、股票期权、股票指数期货、股票指数期权以及上述合约的混合交易合约。货币衍生产品是指以各种货币作为基础工具的金融衍生产品，主要包括远期外汇合约、货币期货、货币期权、货币互换以及上述合约的混合交易合约。利率衍生产品是指以利率或利率的载体为基础工具的金融衍生产品，主要包括远期利率协议、利率期货、利率期权、利率互换以及上述合约的混合交易合约。

（2）按交易场所分类。

按照交易场所，金融衍生产品分为场内交易衍生产品和场外交易衍生产品。场内交易又称交易所交易，是指所有的供求方集中在交易所进行竞价交易的交易方式。这种交易方式具有交易所向交易参与者收取保证金，同时负责进行清算和承担履约担保责任的特点。期货交易和部分标准化期权合同交易都属于这种交易方式。

场外交易又称柜台交易，是指交易双方直接成为交易对手的交易方式。这种交易方式有许多形态，可以根据每个使用者的不同需求设计出不同内容的产品。互换交易和远期交易是具有代表性的柜台交易的衍生产品。

（3）按产品形态分类。

按照产品形态，金融衍生产品分为远期合约、期货合约、互换合约和期权合约。远期合约和期货合约都是交易双方约定在未来某一特定时间，以某一特定价格买卖某一特定数量和质量资产的交易形式。远期合约是根据买卖双方的特殊需求由买卖双方自行签订的合约。期货合约是期货交易所制定的标准化合约，对合约到期日及其买卖的资产的种类、数量、质量做出了统一规定。因此，期货交易流动性较高，远期交易流动性较低。

互换合约是一种交易双方签订的在未来某一时期相互交换某种资产的合约。或者说，互换合约是当事人之间签订的在未来某一期间内相互交换他们认为具有相等经济价值的现金流的合约。较为常见的是利率互换合约和货币互换合约。互换合约中规定的交换货币是同种货币，则为利率互换；规定的交换货币是异种货币，则为货币互换。

期权交易是买卖权利的交易。期权合约规定了在某一特定时间，以某一特定价格买卖某一特定种类、数量、质量标的资产的权利。期权合约有在交易所上市的标准化合约，也有在柜台交易的非标准化合约。

10.1.3 金融衍生产品市场的功能

金融衍生产品是市场经济和金融市场发展到相当程度的产物，集中体现了当代金融创新的理念和方法。无论是什么样的金融衍生产品，一诞生就很容易获得很强的生命力，促进金融市场更有效率。其原因可以从其功能上得以反映。

1. 产品定价

在金融衍生产品交易中，市场主体根据市场信号和对金融资产的价格走势进行预期，反复进行金融衍生产品的交易，形成供求平衡，较为准确地揭示了作为金融衍生产品基础的金融资产的价格。

2. 风险管理

套期保值是金融衍生产品市场上的主要交易方式。交易主体通过金融衍生产品的交易实现对已持有资产头寸的风险对冲，将风险转移给愿意且有能力承担风险的投资者。

3. 获利手段

对于投机者和套利者而言，金融衍生产品的出现提供了更多的赢利机会。他们可以利用金融衍生产品交易的杠杆作用实现巨额投资回报，当然，这是建立在承担巨大风险的基础之上的。对于经纪商而言，复杂的产品、技术性很强的合约，使他们逐渐具备金融衍生产品市场的专业优势，经纪商可凭借这个专业优势为一般投资者提供咨询、经纪服务，获取手续费和佣金收入。

4. 资源配置

金融衍生产品市场扩大了金融市场的广度和深度，从而扩大了金融服务的范围和基础金融市场的资源配置作用。一方面，金融衍生产品市场以基础金融资产为标的物，达到了为金融资产避险增值的目的；另一方面，金融衍生产品市场是从基础金融市场派生而来的，衍生工具的价格在很大程度上取决于对基础金融资产价格的预期。这一功能客观上有利于基础金融工具市场价格的稳定，有利于增强基础金融资产市场的流动性。

金融衍生产品的发展及其广泛运用在带来正面效应的同时，也不可避免地会产生负面影响。首先，金融衍生产品在全球市场的应用加大了整个国际金融体系的系统风险。其次，金融衍生产品的功能之一虽然是风险管理，但同时又加大了金融业的风险。最后，金融衍生产品的应用加大了金融监管的难度。在1997年的亚洲金融危机以及2007—2008年爆发的由美国次贷危机引发的全球性金融危机中，金融衍生产品市场都扮演了推波助澜甚至是危机发源地的角色。为此，巴塞尔银行监管委员会和国际证监会组织（IOSCO）曾于1995年5月联合提出了有关金融衍生产品交易和贸易事务的信息监控框架，目前该框架已被各国银行和证券监管机构广泛参照实施。

10.2 金融远期市场

10.2.1 金融远期市场的内涵

远期合约是最基础的金融衍生产品，它是指合约双方同意在未来日期按照固定价格交换金融资产，承诺以当前约定的条件在未来进行交易的合约，合约中注明了买卖的商品或金融产品种类、价格及交割结算的日期。远期合约条件是为买卖双方量身订制的，通过场外交易达成。远期合约规定了将来交换的资产、交换的日期、交换的价格和数量，合约条款因合约双方的需要不同而不同。买方为了防止利率或外汇、股票的价格上升，使持有金融资产成本提高，而与卖方签订远期合约，固定金融资产价格，若金融资产价格真的上升了，其差额由卖方补给买方，买方就锁定了成本；反之，卖方为了防止利率或外汇、股票的价格下降造成损失，与买方签订远期合约，固定金融资产价格，若金融资产价格真的下降了，其差额由买方补给卖方，卖方就锁定了成本。

在签订远期合约之前，双方可以就交割地点、交割时间、交割价格、合约规模、标的物的品质等细节进行谈判，以便尽量满足双方的需要，因此具有较大的灵活性，这是远期合约的主要优点。但远期合约也有明显的缺点：首先，由于远期合约没有固定的、集中的交易场所，不利于信息交流和传递，不利于形成统一的市场价格，市场效率较低。其次，由于每份远期合约千差万别，这就给远期合约的流通造成较大不便，因此远期合约的流动性较差。最后，远期合约的履约没有保证，当价格变动对一方有利时，对方有可能无力或无诚意履行合约，因此远期合约的违约风险较高。

10.2.2 远期合约的分类

远期合约按基础资产的性质划分，可分为远期利率协议、远期外汇合约和远期股票合约。

1. 远期利率协议

远期利率协议是指交易双方约定在未来某一日期，根据一定的名义本金金额，按照协议利率与参考利率计算出的利息差额进行交换的金融合约。在这种协议下，交易双方约定从将来某一确定的日期开始在某一特定的时期内借贷一笔利率固定、数额确定，以具体货币表示的名义本金。远期利率协议的买方是名义借款人，如果市场利率上升，按协议上确定的利率支付利息，可避免利率风险；但若市场利率下跌，仍然必须按协议利率支付利息，就会受到损失。远期利率协议的卖方是名义贷款人，按照协议确定的利率收取利息，若市场利率下跌，卖方将受益；若市场利率上升，则卖方受损。远期利率协议的买方支付以协议利率计算的利息，卖方支付以参考利率计算的利息。

2. 远期外汇合约

远期外汇合约是指外汇买卖双方在成交时先就交易的种类、数额及交割的期限等达成协议，并用合约的形式确定下来，在规定的交割日双方再履行合约，办理实际的收付结算。远期外汇合约的主要目的是规避风险，不论是有收入的出口企业，还是有远期外汇支出的进口企业，都可以订立远期外汇合约，按约定的价格在将来到期时进行交割，避免进口产品成本上升和出口收入减少的损失。

3. 远期股票合约

远期股票合约是指在将来某一特定日期按特定价格交付一定数量单只股票或股票组合的协议。有些公司非常看好本公司未来的股价走势，因此在制定股票回购协议时就采用这种远期股票合约的形式，即承诺在未来某一日期按某一协议价格（高于交易达成时的股票价格）买回本公司的股票，以此向市场传达对本公司的信心。其中有些公司过度自信，没有采取其他行动保护股价下跌可能带来的后果，远期股票合约到期时公司股价暴跌，而又不得不执行该回购协议，给公司造成了巨大的损失。

10.3 金融期货市场

10.3.1 金融期货市场的内涵

金融期货市场是买卖金融期货合约的场所。金融期货合约是在交易所达成的标准化的、受法律约束并规定在将来某一特定地点和时间交收某一特定商品的合约。用于交易的金融商品合约的数量、质量、交货时间和地点等都是既定的，唯一的变量是价格。而期货价格是在一个有组织的期货交易所的交易厅内，通过类似于拍卖的交易形式产生的。由于期货合约是标准合约，在市场上可多次转让，每次转让只需议定价格，这就使得买卖双方可以用一张合约去交换另一张合约，以对冲签约者交割实际现货的责任。在金融期货市场中，买进（卖出）合约后又卖出（买进）等量同性的合约，称为平仓或了结。

知识拓展

我国金融期货市场发展概况

10.3.2 金融期货市场的分类

金融期货市场分类标准有很多，以期货合约标的物为标准可分为利率期货、货币期货和股票指数期货。

1. 利率期货

利率期货是指以利率为标的物的期货合约。利率期货主要包括以长期国债为标的物的长期利率期货和以两个月短期存款利率为标的物的短期利率期货。利率期货价格与实际利率呈反方向变动，即利率越高，债券期货价格越低；利率越低，债券期货价格越高。

2. 货币期货

货币期货是指以汇率为标的物的期货合约。货币期货是适应各国从事对外贸易和金融业务的需要而产生的，目的是借此规避汇率风险。1972年，美国芝加哥商品交易所的国际货币市场推出第一张货币期货合约并获得成功。其后，英国、澳大利亚等国相继建立货币期货的交易市场，货币期货交易成为一种世界性的交易品种。目前国际上货币期货合约交易所涉及的货币主要有英镑、美元、日元、瑞士法郎、加拿大元、澳大利亚元以及欧元等。

3. 股票指数期货

股票指数期货是指以股票指数为标的物的期货合约。股票指数期货是目前金融期货市场上发展最快的期货交易品种。股票指数期货不涉及股票本身的交割，其价格根据股票指数计算，合约以现金清算形式进行交割。

股票指数期货除了具有金融期货的一般特点外，还具有其自身的特点，即股票指数期货合约的交易对象既不是具体的实物商品，也不是具体的金融工具，而是衡量各种股票平均价格变动水平的、无形的指数。一般商品和其他金融期货合约的价格是以合约自身价值为基础形成的，而股票指数期货合约的价格是股票指数点数乘以人为规定的每点价格形成的。股票指数期货合约到期后，合约持有人只需交付或收取到期日股票指数与合约成交指数差额所对应的现金，即可了结交易。比如规定的每点价格为 50 元，投资者在 20 000 点的点位买入 1 份恒生指数期货合约后，一直将其持有到期。假设到期日恒生指数为 21 000 点，则投资者无须进行与股票相关的实物交割，而是以收取 50 000[=（21 000−20 000）×50］元现金的方式了结交易。这种现金交割方式也是股票指数期货合约的一大特点。

10.3.3 金融期货市场的经济功能

金融期货市场有多方面的经济功能，其中最基本的功能是套期保值和发现价格。

1. 套期保值

套期保值是指投资者通过购买相关的金融期货合约，在金融期货市场上建立与其现货市场相反的头寸，并根据市场的不同情况采取在期货合约到期前对冲平仓或到期履约交割的方式，实现其保住价值，规避风险的目的。

从整个金融期货市场看，套期保值之所以能够实现，主要有三个原因：其一是众多的实物金融商品持有者面临着不同的风险，可以通过达成对各自有利的交易来控制市场的总体风险。例如，进口商担心外汇汇率上升，而出口商担心外汇汇率下跌，他们通过进行反向的外汇期货交易，即可实现风险的对冲。其二是金融商品的期货价格与现货价格一般呈同方向变动关系。投资者在金融期货市场上建立了与金融现货市场相反的头寸之后，金融商品的价格发生变动时，则必然在一个市场上获利，而在另一个市场上受损，其盈亏可全部或部分抵消，从而达到保值、规避风险的目的。其三是金融期货市场通过规范化的场内交易，集中了众多愿意承担风险而获利的投机者。他们通过频繁、迅速的对冲交易，转移了实物金融商品持有者的价格风险，从而使金融期货市场的规避风险功能得以实现。

2. 发现价格

金融期货市场的发现价格功能是指金融期货市场能够提供各种金融商品的有效价格信息。在金融期货市场上，各种金融期货合约都有着众多的买方和卖方。他们通过竞价方式来确定交易价格。这种情况接近于完全竞争市场，能够在相当大的程度上反映出投资者对金融商品价格走势的预期和金融商品的供求状况。因此，某一金融期货合约的成交价格，可以综合地反映金融市场上各种因素对合约标的商品的影响程度，有公开、透明的特征。

10.4 金融期权市场

10.4.1 金融期权市场的内涵及期权的分类

金融期权市场是交易金融期权的场所。金融期权也称金融选择权，是指以金融商品或金融期货合约为标的物的期权交易。具体地说，其购买者在向出售者支付一定费用后，就获得了能在规定期限内以某一特定价格向出售者买进或卖出一定数量的某种金融商品或金融期货合约的权利。金融期权是赋予其购买者在规定期限内按双方约定的价格（简称"协议价格"或"执行价格"）购买或出售一定数量某种金融资产（称为标的资产，如股票、外币、短期和长期国库券、外币期货合约以及股票指数期货合约等）的权利的合约。

金融期权市场种类繁多，按不同的分类标准分为不同的期权市场。

（1）按期权权利性质分类。

按期权权利性质，期权分为看涨期权和看跌期权。看涨期权是指获得期权的买方在预先规定的时间以执行价格从期权卖方手中买入一定数量的金融工具权利的合同。为取得这种购买的权利，期权买方需要在购买期权时支付给期权卖方一定的期权费。看跌期权是指期权买方拥有一种权利，在预先规定的时间以执行价格向期权卖方卖出规定的金融工具。为取得这种卖的权利，期权买方需要在购买期权时支付给期权卖方一定的期权费。

（2）按期权到期日分类。

按期权到期日，期权分为欧式期权和美式期权。欧式期权是指期权的持有者只有在期权到期日才能执行的期权，美式期权则允许期权持有者在期权到期日前的任何时间执行期权。

（3）按执行价格与标的市场价格的关系分类。

按执行价格与标的资产市场价格的关系，期权分为价内期权、平价期权和价外期权。价内期权是指如果期权立即执行，买方具有正的现金流的期权（这里不考虑期权费因素），该期权具有内在价值。平价期权是指如果期权立即执行，买方的现金流为零的期权。价外期权是指如果期权立即执行，买方具有负的现金流的期权。

（4）按交易场所分类。

按交易场所，期权分为交易所交易期权和场外交易期权。交易所交易期权是指标准化的期权合约，它有固定的数量，在交易所以正规的方式进行交易。场外期权也叫柜台式期权，是指期权的卖方为满足某一买方特定的需求而产生的，场外期权在买卖双方之间直接以电话或互联网等方式达成交易。

（5）按基础资产的性质分类。

按基础资产的性质，期权分为现货期权和期货期权。现货期权是指以各种金融工具本身作为期权合约标的物的期权。期货期权是指以各种金融期货合约作为期权合约标的物的期权。

10.4.2 金融期权的功能

1. 保值避险功能

保值避险是期权的一项基本功能。现以外汇卖出保值看涨期权为例加以说明。假定美国 A 公司的账户上有一笔欧元的余额，6 个月以内（即本会计年度期末），它将把欧元兑成美元，即期汇率为 1 美元 = 0.9 欧元，该公司为减少可能的损失，卖出 6 个月期欧元看涨期权，协定汇率为 1 美元 = 0.9 欧元，期权费的费率为 2.5%，作为该公司的收益，若汇率不变或上涨，期权买方必然放弃执行合约，期权费即为卖方的收入；若欧元汇率下跌，买方执行合约，期权卖方则必须以 1 美元 = 0.9 欧元的汇率买进欧元，卖出美元，从而出现汇兑损失，但可由期权费的收入抵消一部分损失，达到保值避险的目的。

2. 盈利功能

期权的盈利主要是期权标的物的执行价格和市场价格的不一致而带来的收益。这种独特的盈利功能是吸引众多投资者的主要原因之一。例如：某投资者判定某种股票在 3 个月内价格上涨，如果每股市场价格为 20 元，则买进 5 000 股需付现款 100 000 元，但投资者没有足够的资金或认为投资 100 000 元风险太大，于是采用购买看涨期权的方式，每股 3 个月的期权费只有 1 元，支付 5 000 股的期权费为 5 000 元，协定佣金费率为 1%，即 1 000 元，投资者共支付了 6 000 元。如果 3 个月内股票下跌至 10 元，投资者最多损失 5 000 元。如果 3 个月内股票上升 30 元，可获利 50 000 元，扣除 6 000 元投资成本，净收益 44 000 元，这充分说明了期权交易具有盈利功能。

3. 激励功能

激励功能是股份制公司利用期权的盈利功能而延伸出来的一项功能。一些公司的所有者用股票期权作为激励经营管理人员的工具，给予经营管理人员较长期限内该公司股票的看涨期权，合约规定的买入价一般与当时的股价接近。这样公司经营管理人员只要努力工作使企业经济效益不断提高，股票价格就会随之上涨，股票看涨期权的价格同样会上升，经营管理人员便可从中获利。因为规定的期限较长，这种激励方式通常有较好的持久性，可防止经营管理人员为了获利实施一些短期行为从而对企业的长期经营不利。

4. 投机功能

骑墙套利策略是外汇投机者使用的一种方法。所谓骑墙套利是指同时买入执行价格、金额和到期日都相同的看涨期权与看跌期权。但这种策略是有限的（即两倍的期权费），无论汇率朝哪个方向变动，期权买方的净收益一定是某种倾向汇率的差价减去两倍的期权费。也就是说，只要汇率波动较大，即汇率差价大于投资成本，无论汇率波动的方向如何，期权买方即投资者均可受益。

10.5 金融互换市场

10.5.1 金融互换市场的内涵

金融互换市场是经济主体进行金融互换交易的场所。金融互换是指两个或两个以上的经济主体按共同商定的条件，在约定的时间内，交换一定金融工具的金融合约。金融互换市场交易的主体一般由互换经纪商、互换交易商和直接用户构成，在互换中可以不需要经纪商，交易仍然成立，而且双方的收益更多，但由于风险的存在，故仍然需要经纪商。金融互换是一种按需定制的交易方式。互换的双方既可以选择交易额的大小，也可以选择期限的长短。典型的金融互换交易合约通常包括以下几个方面的内容：交易双方、合约名义金额、互换的货币、互换的利率、合约到期日、互换价格、权利与义务、价差、中介费用等。

10.5.2 金融互换的种类

金融互换依据互换金融工具的不同可分为利率互换、货币互换和股权互换，其中前两种在金融互换市场中占主要地位，本书只介绍前两种金融互换。

1. 利率互换

利率互换也叫利率掉期，是一种互换合同，该合同双方同意在未来的某一特定日期以未偿还贷款本金为基础，相互交换利息支付。利率互换的目的是减少融资成本。如一方可以得到优惠的固定利率贷款，但希望以浮动利率筹集资金，而另一方可以得到浮动利率贷款，却希望以固定利率筹集资金，通过互换交易，双方均可获得希望的融资形式。由于资金有不同的计算方式，所以即使是同种货币，也可以进行交换，而且正因为是同种货币，本金的交换也就没必要，只需进行利息部分的交换就可以。而利息因是同种货币，故利息的金额也无须交换，只需支付利息差额就可以。

2. 货币互换

货币互换是指以一种货币表示的一定数量的资金及在此基础上产生的利息支付义务，与另一种货币表示的相应的资金及在此基础上产生的利息支付义务进行相互交换。因此，货币互换的前提是要存在两个在期限与金额上相同，对货币种类需求不同的交易伙伴，双方按照预定的汇率，每年按照约定的利率和金额进行利息支付互换，协议到期后，再按原约定汇率将本金换回。这样，通过货币互换，可以使得交易双方降低融资成本，并能够解决各自资产负债管理需求与资本市场需求之间的矛盾。

◎ 本章小结

金融衍生产品市场是一种以证券市场、货币市场、外汇市场为基础派生出来的金融市场。远期合约是最基础的金融衍生产品，是指合约双方同意在未来日期按照固定价格交换金融资产，承诺以当前约定的条件在未来进行交易的合约。远期合约指明了买卖的商品或金融工具种类、价格及交割结算的日期。远期合约按基础资产的性质划分，可分为远期利率协议、远期外汇合约和远期股票合约。

金融期货市场是买卖金融期货合约的场所。期货合约是指交易双方在金融市场上，以约定的时间和价格买卖某种金融工具的标准化合约。期货合约对交易双方具有约束力。金融期货的种类很多，以期货合约标的物为标准分为利率期货、货币期货和股票指数期货。

金融期权是指以金融商品或金融期货合约为标的物的期权交易。金融期权按期权权利性质划分，可分为看涨期权和看跌期权；按期权到期日划分，可分为欧式期权和美式期权；按执行价格与标的资产市场价格的关系不同，可分为价内期权、平价期权和价外期权；按交易场所划分，可分为交易所交易期权和场外交易期权；按基础资产的性质划分，可以分为现货期权和期货期权。

金融互换是指两个或两个以上的经济主体按共同商定的条件，在约定的时间内，交换一定金融工具的金融合约。金融互换依据互换金融工具的不同可分为利率互换、货币互换和股权互换，其中前两种互换在市场中占主要地位。

学习建议

在本章的学习过程中，学生应该了解金融衍生产品市场的分类及其功能，通过到期货交易所实地观摩以及使用期货交易的模拟操作系统来真正掌握期货交易的作用，明白衍生产品市场对现代经济生活的影响。

本章重点

金融期货与远期交易的区别、金融期货的功能、金融互换的概念。

本章难点

金融衍生产品市场的分类、金融远期、金融期货与金融期权的联系与区别。

核心概念

| 金融衍生产品市场 | 金融远期 | 金融期货 | 金融期权 |
| 金融互换 | 金融远期市场 | 金融期货市场 | 金融期权市场 |

课后思考与练习

1. 简述金融衍生产品市场的含义及功能。
2. 简述金融远期市场与金融期货市场的区别与联系。
3. 金融期货与金融期权有何不同？
4. 结合2008年爆发的全球性金融危机，谈谈金融衍生产品市场的风险以及如何防范金融衍生产品带来的一系列风险。

补充阅读

金融衍生产品市场交易实例

1. 某年10月中旬外汇市场行情如下：即期汇率 GBP/USD=1.677 0/80，2个月期的互换率为125/122。一个美国出口商签订向英国出口价值10万英镑仪器的合约，预计2个月后才会收到英镑，到时需将英镑兑换成美元核算盈亏。假若美国出口商预测2个月后英镑将贬值，即期汇率水平将变为 GBP/USD=1.660 0/10，不考虑交易费用，则有：

（1）如果美国出口商现在不采取避免汇率变动风险的保值措施，则2个月后将收到的英镑折算为美元时相对10月中旬兑换美元将会损失多少？

（2）美国出口商如何利用远期外汇市场进行套期保值？

分析：

（1）现在美国出口商具有英镑债权，若不采取避免汇率变动风险的保值措施，则2个月后收到的英镑折算为美元时相对10月中旬兑换美元将损失1 700[=(1.677 0−1.660 0)×100 000]美元。

（2）利用远期外汇市场避险的具体操作是：

10月中旬美国出口商与英国进口商签订供货合同时,与银行签订卖出10万英镑的2个月远期合同。2个月远期汇率水平为 GBP/USD = 1.664 5/58。这份合同保证出口商在付给银行10万英镑后一定得到 166 450 [= 1.664 5×100 000] 美元。这实际上是将以美元计算的收益"锁定",比不进行套期保值多获得 450 [= (1.664 5 - 1.660 0)×100 000] 美元。

2. 某投资者在外汇期权市场上买入英镑看涨期权,合同执行价为1英镑 = 1.870 0 美元,每张合同交易单位为 25 000 英镑,期权费为1英镑 = 0.08 美元,试对该投资者进行盈亏分析。分析包括:计算盈亏平衡点、期权最大亏损、最大收益、到期日盈亏情况。

分析:

(1) 当市场价格<1.870 0 美元时,投资者将放弃执行期权,损失为1英镑 = 0.08 美元,即一张合约损失 2 000 (= 25 000×0.08) 美元。

(2) 当 1.870 0 美元<市场价格<1.950 0 美元时,该投资者会行使期权,但加上已支付的期权费,总体上仍受损失。例如,当市场价格为1英镑 = 1.900 0 美元时,行使期权可以获得 0.03 美元的利润/英镑,但考虑到支付的期权费为 0.08 美元/英镑,仍会损失 0.05 美元,只有市场价格为 1.950 0 美元时方可盈亏平衡。

(3) 当市场价格>1.950 0 美元时,行使期权将会获利。例如,当市场价格为1英镑 = 1.960 0 美元时,行使期权可以获得 0.09 美元的利润/英镑,考虑到支付的期权费为 0.08 美元/英镑,仍然有 0.01 美元的利润。

第 11 章　货币供求与均衡

学习目标

1. 理解货币需求和货币需求量、宏观货币需求和微观货币需求,以及货币供给和货币供应量的区别;
2. 熟悉货币供给的形成机制、货币供给的模型、货币供求失衡的原因;
3. 掌握现金交易数量说、现金余额数量说的内容;
4. 了解凯恩斯的货币需求理论及其理论发展,以及弗里德曼的货币需求理论。

引言

  2008 年,随着美国次贷危机的不断蔓延,全球金融危机从金融领域开始向实体经济领域扩展,作为世界经济的一部分,中国经济因金融危机的急剧恶化而受到了一定程度的影响。2008 年 11 月,由时任国务院总理温家宝主持召开的国务院常务会议确定了进一步扩大内需、促进经济增长的 10 项措施。落实这些措施的投资额到 2010 年年底约需 4 万亿元人民币。10 年过去了,有人认为,2008 年的刺激措施在短期内使经济有所好转,但使中国错失了经济结构调整的最佳时期。此方案带来的过量货币供给作为原因之一导致了 2010—2011 年消费品价格、房价上涨等通货膨胀现象。也有人认为,此项刺激计划带来了巨大的地方债务。2011 年以后,2008 年的刺激措施的负面作用开始对中国的炼钢行业构成冲击,产能过剩导致炼钢行业中的一些企业出现亏损。刺激措施所需的资金是如何进入流通领域的?它的传导机制如何?带着这些问题,我们将转入金融调控相关知识的学习,本章主要涉及货币需求与供给以及货币供求均衡。

11.1　货币需求

11.1.1　货币需求及其分类

1. 货币需求和货币需求量

在现代经济中,人们需要以货币的方式取得收入,用货币满足生产、生活的交换和支付，用货币进行财富储存，因此，货币需求是指在一定时期内，社会各经济主体为满足正常的生产、经营和各种经济活动而应该保留或占有一定货币的动机和行为。这种动机和行为，不是单纯的主观意愿或占有欲望，而是由客观经济变量所决定的。从经济学的角度看，货币需求是一种有效需求，是一种既有需求的愿望，又有获得或者持有货币的能力。在人们持有能力和持有意愿统一的情况下，为满足各种经济活动而保有的货币量就是货币需求量。

2. 货币需求的分类

根据研究货币需求问题的视角不同，可以把货币需求分为宏观货币需求和微观货币需求。前者是指一个国家在一定时期内因经济发展和商品流通需要而引起的对货币的需求，后者是指一个企业或家庭、个人在一定时期内因生产、生活的需要而引起的对货币的需求。从数量上看，微观货币需求之和就是宏观货币需求。

根据研究货币需求问题时是否剔除物价变动因素，可以把货币需求分为名义货币需求和实际货币需求。前者是指一个国家或经济单位、个人在考虑货币需求时没有剔除物价变动的影响；后者是指一个国家或经济单位、个人在考虑货币需求时剔除物价变动的影响。对于货币需求者来说，重要的是货币所具有的购买力的高低而非货币数量的多寡，因此，他们更为关注实际货币需求；但在物价总水平有明显波动的情况下，区分并研究名义货币需求对于判断宏观经济形势和制定并实施货币政策具有重要意义。

11.1.2 决定和影响货币需求的因素

1. 收入状况

在市场经济中，微观经济主体的收入是以货币形式获得的，其支出也是以货币形式进行的。通常情况下，收入状况决定人们对货币的需求，主要体现在如下两个方面。一是收入水平。收入水平高，支出会相应增加，货币需求量就越多；收入水平低，支出会相应减少，货币需求量就越少，收入水平与货币需求呈同方向变动。二是取得收入的时间间隔。由于收入是定期或定时的，而支出是经常性或持续性的，人们必须保有一定的货币数量以满足未来没有取得收入情况下的支出需要。取得收入的时间间隔越长，需要保有的货币数量就越多，取得收入的时间间隔与货币需求呈同方向变动。

2. 商品价格水平

人们持有货币是为了购买商品。因此，人们需要的货币实际上是货币的购买力，或货币能买到的商品数量。在商品的数量保持不变的条件下，商品价格水平越高，用于商品交易的货币需求也必然越多。如果某人原来持有1 000元货币，现在若所有商品价格上升了一倍，则现在他必须持有2 000元才能买到原先数量的商品，如果仍只有1 000元，则他只能买到原来商品数量的一半。因此，商品价格水平和货币需求呈同方向变动。

3. 利率水平

人们在一定时期所拥有的财富数量是有限的，因此必须决定其所拥有财富的形式。他们可以以货币形式拥有财富，也可以以其他形式（如证券、实物资产等）拥有财富。由于利率水平的高低决定了人们持币机会成本的大小，利率水平越高，持币成本越大，人们就不愿持有货币而愿意持有其他形式的财富以保值、增值并获得高额利息收益，因而货币需求会减少；利率水平越低，持币成本越小，人们则愿意持有货币而减少其他形式的财富，货币需求就会增加。利率水平的高低与货币需求呈反方向变动。

4. 货币流通速度

货币流通速度是一定时期内货币转手的次数。在一定时期内，货币总需求就是货币的总流量，而货币总流量是货币平均存量与速度的乘积。在商品交易总量不变的情况下，货币流通速度的加快会减少现实的货币需求量。反之，货币流通速度的减慢则必然增加现实的货币需求量。因此，货币流通速度与货币总需求呈反方向变动。

5. 信用的发达程度

一般情况下，一国信用的发达程度与货币的需求成负相关关系。因为在信用制度健全的经济中，相当一部分交易可以通过债权债务的相互抵销进行清算，而不需要货币执行交易媒介和支付手段的职能，而且人们可以将暂时闲置的资金用于购买有价证券等金融资产而不必持有现金。因此，信用制度和信用工具越发达，人们以贮藏的形式持有的现金就越少，对货币的需求量就越少；反之，则越多。

6. 其他因素

公众的消费倾向、对利润与价格的预期变化、财政收支引起的政府货币需求的变化、人口数量、人口密集程度、产业结构、城乡关系及经济结构、社会分工、交通运输状况、金融机构技术手段的先进程度和服务质量的优劣、国家的政治形势都会对货币需求产生影响，甚至民族特性、公众的生活习惯等也是决定和影响一国货币需求的客观因素。

11.1.3 西方货币需求理论

西方经济学家把货币需求理论划分为古典货币需求理论和现代货币需求理论，20 世纪 30 年代以来关于货币需求的动机、影响因素和数量决定的理论被称为现代货币需求理论。

1. 古典经济学派的货币需求理论

（1）现金交易数量说。美国经济学家费雪 1911 年出版的《货币的购买力》对现金交易数量说做了清晰的阐述。该理论认为，人们持有货币仅仅是为了交易，货币的唯一功能是充当交换媒介，货币并不能直接满足人们的欲望，人们需要货币仅仅是因为货币具有购买力，可以用来交换商品和劳务。其理论内容主要反映在费雪交易方程式中，该方程式是：

$$MV = PY$$

式中，M 表示一定时期内的货币数量；V 表示一定时期内的货币流通速度；P 表示一定时期内的商品和劳务价格水平；Y 表示一定时期内的商品和劳务交易量。

该方程式等号左边用货币数量乘以货币流通速度表示货币总量，右边用商品和劳务价格水平乘以交易量表示商品和劳务交易总额。费雪认为短期内 V、Y 是不变的，因为 V 由社会制度、支付习惯、社会信用制度、运输与通信条件等因素决定，在短期内很难发生变化，长期内也比较稳定，所以在短期内 V 保持不变；同时在充分就业条件下，社会劳动生产率在短时期内很难变化，因此商品和劳务交易量，即 Y 也是一个相当稳定的因素。这样，货币数量 M 的变化将引起价格 P 的同比例变化。费雪认为人们持有货币的目的在于交易，这样现金交易数量说揭示了对于既定的名义总收入下人们所持的货币数量，它反映的是货币需求数量论，又称为货币数量论。

如果用货币需求量 M_d 表示 M，则 $MV=PY$ 可以写成：

$$M_d V = PY$$

两边同时除以 V 得：

$$M_d = \frac{1}{V} PY$$

在短期内，V 保持不变，名义收入决定了其所引致的货币需求量 M_d。因此，货币需求仅为收入的函数，利率对货币需求是没有影响的，且货币只会影响价格水平等名义变量，而不会影响社会实际就业量和产量。

（2）现金余额数量说。现金余额数量说的代表人物是剑桥学派经济学家马歇尔和庇古，他们的货币需求理论（又称现金余额数量说）的内容和分析方法主要反映在"剑桥方程式"中，该方程式是：

$$M = KPY$$

式中，M 表示人们手中持有的货币数量，即现金余额；Y 表示总产量；P 表示一般价格水平；K 表示以货币形式保持的财富在全部财富中所占的比例。

剑桥学派认为，市场对于货币的需求是基于货币的交易媒介功能和贮藏价值功能的。①作为交易媒介，人们用货币完成交易，那么货币需求量与交易水平有关，由交易水平引起的货币需求与名义收入成比例，这一观点与费雪的现金交易数量说基本一致。②体现贮藏价值的货币也是一种资产。随着资产增加，人们愿意持有的货币也在增加。剑桥学派认为，由于财富同名义收入成比例，所以货币需求量也与财富水平引起的名义收入变动呈同方向变动。

综合起来看，在剑桥方程式中，货币需求与名义收入成比例，如果以 K 表示费雪方程式中的 $\frac{1}{V}$，因为以货币形式保持的财富在全部财富中所占的比例越大，货币的流通速度越慢，那么：

$$M = \frac{1}{V} PY$$

可见，在形式上剑桥方程式和费雪方程式是没有区别的，二者都认为货币需求与收入成比例，但二者在研究方法上是有区别的。费雪把货币需求作为流量进行研究，强调了技术上的因素，并排除了在短期内利率对货币需求的任何可能的影响。而马歇尔和庇古把货币需求作为存量进行研究，不仅仅将交易水平和影响人们交易方式的制度作为研究人们持有货币的关键要素，还探讨了货币作为一种财富被人们选择持有的原因和对货币需求量的影响（即强调个体选择），既然货币被人们选择持有，就不能排除利率的影响。

2. 凯恩斯及凯恩斯学派对货币需求理论的发展

凯恩斯于1936年出版了《就业、利息和货币通论》一书，发起了"凯恩斯革命"。在货币需求方面，他放弃了古典学派将货币流通速度视为常量的观点，强调利率的重要性，反对将实物经济和货币经济分开，提出了关于流动性偏好的货币需求理论。

（1）凯恩斯的流动性偏好理论。所谓流动性偏好就是人们偏好流动性强的资产，在现金、股票、债券等资产中，尽管现金不能生利，而股票和债券能生利，但由于现金的流动性和灵活性最强，而股票与债券变现较为困难，人们宁愿持有现金而不愿持有股票与债券。人们对货币需求的实质就是灵活性和流动性的偏好。流动性偏好理论以人们愿意持有货币的动机作为划分货币需求的依据，既发展了古典货币需求理论，又开创了新的研究方法。凯恩斯认为人们对货币的需求是由以下三种动机共同决定的。

1）交易动机。它是指个人或企业应付日常交易而必须保有货币的动机。由于个人和企业收入的取得与支出之间往往存在着时间差，为了保证正常的交易和再生产，他们必须克服这种收入、支出在时间上的不一致所造成的困难，因而就需要经常在手边保留一定的货币余额。个人保有货币量的多少与货币收入的多少和货币收支的时间间隔有关；企业保有货币量的多少与企业当期生产规模的大小和生产周期的长短有关，由此可以看出影响交易性货币需求的因素主要有收入的多少、收入与支出的时间间隔、支出的习惯、支付的方式等，在这些因素中除了收入因素，其他因素在短期内都保持不变，因此，收入是交易性货币需求的递增函数。

2）预防动机。它是指由于未来的不确定性，为了应付现实经济生活中常有的各种意外，人们除了在手边持有日常交易所需货币之外，还必须保留货币余额的动机。该余额的多少取决于收入的多寡，凯恩斯认为预防性货币需求与人们的收入呈同方向变动。

3）投机动机。它是指人们为投机的目的而持有货币余额的动机。出于投机动机而持有的货币量来源于货币的贮藏功能。凯恩斯把投资者的资产分成两类：货币和债券。债券的预期收益来自利息收入和预期资本利得。人们持有货币还是债券取决于两者之间的预期收益率。若预期利率上升，则债券价格预期下跌，从而得到负资本利得，即资本损失，故人们愿意持有货币而不愿意持有债券贮藏财富。若预期利率下降，则债券价格预期上升，从而得到正资本利得，即资本增值，故人们愿意持有债券而非持有货币。由此可见，利率上升导致货币需求下降，货币需求同利率水平负向相关。因此利率是影响投机性货币需求的重要因素。

凯恩斯认为交易动机、预防动机两个层面上的货币需求主要取决于收入水平的高低，并且与收入水平同方向变动，基本与利率无关。用函数式表示为

$$M_1 = L_1(Y)$$

式中，M_1 表示交易动机、预防动机的货币需求，与利率的高低无关；Y 表示收入；L_1 表示 M_1 与 Y 的函数关系。

投机动机层面上的货币需求是当前利率的反函数。其函数式表示为

$$M_2 = L_2(i)$$

式中，M_2 表示投机动机的货币需求，与利率的高低呈反方向变动关系；i 表示利率；L_2 表示 M_2 与 i 的函数关系。

两种货币需求函数合并可得到货币需求总函数：

$$M = M_1 + M_2 = L_1(Y) + L_2(i) = L(Y, i)$$

式中，M 表示货币总需求；L 表示 M 与收入 Y 和利率 i 的函数关系。货币总需求函数 M 的形状如图 11-1 所示。

由于交易性货币需求是收入的递增函数，投机性货币需求是利率的递减函数，所以货币需求是有限的。但是当利率降到一定低点之后，由于利率太低，人们预期未来利率水平会上升，因此不愿持有收益低的生息资产，而宁愿以持有货币的形式来持有其全部财富，而不购买债券。这时，货币需求便不再是有限的，而是无限大了。如果利率稍微下降，无论中央银行增加多少货币

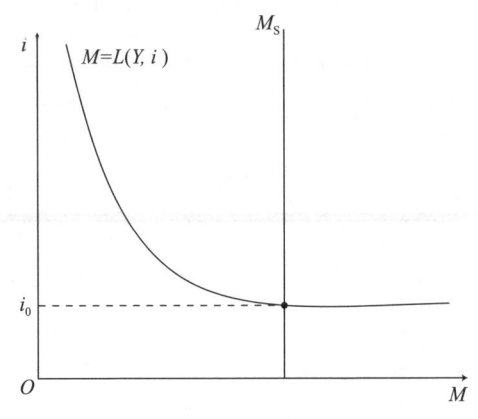

图 11-1 货币总需求函数 M 的形状

供应量，都会被货币需求吸收。也就是说，利率在一定低点以下对货币需求是不起任何作用的，这就像存在着一个陷阱，中央银行的货币供给都落入其中。在这种情况下，中央银行试图通过增加货币供应量来降低利率的意图就会落空，即所谓的"流动性陷阱"。如图 11-1 所示，当利率降低到 i_0 时，货币需求曲线变成与横轴平行的直线，该部分直线就是"流动性陷阱"，即在此部分货币需求的利率弹性无限大。

凯恩斯的流动性偏好理论有助于正确认识我国 20 世纪 90 年代末期的经济形势。经济学家对我国经济问题的一致看法是有效需求不足，主要表现是投资和消费不足。随着我国经济生活的商品化、市场化的不断深入，居民的养老、失业、医疗、住房和教育等都要由居民自己承担，居民的预防性货币需求不断增加，在收入基本不变的情况下，用于交易动机和投机动机的货币需求减少，致使国家连续几次降息，甚至加征 20% 的利息税，居民的储蓄存款还是高速增长，致使企业的产品供给相对过剩，存货增加，不得不压缩生产，减少投资，造成投资不足。所以尽管中央银行的货币供给速度和强度不降低、不减少，增加的货币被预防动机的货币需求所吸收，致使货币政策并没有达到预期的效果。

（2）凯恩斯学派对货币需求理论的发展。凯恩斯的流动性偏好理论把投资者的投资资产分为货币和债券，投资者只能在这两种资产中进行投资选择，不能两者兼而有之，这与现实状况不符。20 世纪 50 年代，凯恩斯的后继者经过深入的研究发现：交易动机和预防动机的货币需求也受到利率的影响。其中最著名的是鲍莫尔模型和托宾的资产选择理论。

1）鲍莫尔模型。鲍莫尔认为，即使是交易性货币需求，对利率也同样敏感，而且相对于交易数值而言，交易性货币需求也呈现出规模经济的特质。任何企业或个人的经济行为都以收益的最大化为目标。因此，在货币收入取得和支出之间的时间差内，没有必要让所有用于交易的货币都以现金形式存在。持有现金，也要耗费成本。因为现金（钞票和活期存款）并无利息收入，持有现金也就意味着负担相当该笔资金可投资于有价证券或其他资产而获得利息收入的机会成本，所以应将暂时不用的现金转化为生息资产的形式，需要时再变现，只要利息收入超过变现的手续费就有利可图。利率越高，收益越大，生息资产的吸引力也就越强，人们就会将现金持有额压至最低限度。但若利率低下，利息收入不够抵偿变现的手续费，那么人们将愿意持有全部的现金。因此，货币的交易性货币需求与利率不但有关，而且关系极大，这一重要

发现便是经济学家鲍莫尔的"平方根定律"。

鲍莫尔假设：①人们连续地和均匀地支出，有规律地每隔一段时间内取得一定收入 Y。②生息资产一律选择投资短期政府债券，因为这种形式最安全。③每次出售债券与前一次出售的时间间隔及每次变现的现金额 K 都相等。

设未来时间内每隔一段时间取得的收入为 Y，每次变现的现金额为 K，每次买卖证券的手续费为 b，于是买卖证券的成本总额（债券变现时所必须支付的手续费）为 $\frac{bY}{K}$。由于每次变现一定的现金额 K 之后，有规律地将其支出，所以平均一年手中持有的现金额为 $\frac{K}{2}$。因为现金没有利息收入，如果市场利率是 i，那么持有现金所丧失的利息收入或者叫机会成本为 $\frac{iK}{2}$。设 C 代表保存现金的成本总额，可得下式：

$$C = \frac{bY}{K} + \frac{iK}{2}$$

在通常情况下，一个理性的个体会选择最优的 K，通过最小化 C，可以得到：$K = \sqrt{\frac{2bY}{i}}$；由此可知用作交易媒介的货币平均余额为：$\frac{K}{2} = \sqrt{\frac{bY}{2i}}$。

这就是著名的平方根公式。该公式说明，当收入与手续费增加时，交易性货币需求将增加，而当利率上升时，交易性货币需求会下降。

鲍莫尔模型的意义在于它论证了最基本的货币需求——交易性货币需求，也在很大程度上受到利率变动的影响。这一论证不仅为凯恩斯主义以利率作为货币政策传导机制的理论进一步提供了证明，而且也向货币政策的制定者指出，货币改革如果不能影响利率，那么它的作用是不大的。

2）托宾的资产选择理论。资产选择理论是由美国经济学家马科维茨于1952年提出，并经托宾等人发展而成的，它主要讨论如何进行金融资产的组合以分散投资风险。它的主要内容是：由于风险的存在，投资者未来的收益是不确定的，因此投资者在资本市场上进行投资时应遵循的原则是不要把自己的全部投资都放在一种股票或债券上，也就是俗话说的"不要把所有的鸡蛋都放在同一个篮子里"，而是要分散投资，以达到预期效用的最大化而不是预期收益的最大化。

根据资产选择理论，投资者把所投资的资产分为安全性资产和风险性资产两大类，使安全性资产和风险性资产相互独立，然后确定投资比例，再根据风险大小把风险资产划分两类，确定各类风险资产的投资比例，形成一个投资组合，使其收益最大而风险最小。由于投资组合只能分散非系统性风险，无法降低系统性风险，托宾由此将投资者分为三种类型：一是风险中性者，二是风险回避者，三是风险偏好者。他认为，绝大多数投资者都是风险回避者，风险中性者和风险偏好者都只是极少数。所以，他以风险回避者作为主要分析对象。由于资产的收益和风险是正相关的，投资者只要增加一个单位的资产收益而带来效用的增加，就会导致风险的增加，因此，风险回避者为了达到效用最大化，会不断地调整债券和货币的持有额，直到最后减少一个单位债券或最后增加一个单位货币所带来的正负效应相同为止,这样既能够保证资产的收益率又能够降低资产的风险。托宾的分析还说明,利率的上升会使人们对于每一既定风险水平债券预期的收益率上升,这样投资者持有的货币就会相应减少,证明了利率和投机性货币需求呈负相关关系。因此,根据托宾的资产选择理论,人们对货币的需求不仅取决于利率的高低以及造成此利率高低的货币的供需状况,也不仅取决于各种金融资产的收益率、供需状况和风险性,还取决于包括金融资产和实物资产在内的各种资产的相对收益率,以及造成这些相对收益率的各种资产的供需状况和各种资产的相对风险性。

3. 现代货币数量说

1956 年,弗里德曼发表了《货币数量论:一种重新表述》一文,奠定了现代货币数量说的基础。弗里德曼认为,货币数量论不仅仅是关于产量、货币收入或物价问题的理论,而且是关于货币需求的理论。现代货币数量论研究的是影响人们持有货币量的因素,这些因素主要包括以下几点。

1)总财富。货币是人们持有财富的一种形式,因此货币的持有额不能超过其财富总额,个人所持有的货币量受其总财富限制。总财富包括人力财富和非人力财富,由于人力财富受经济波动的影响,总财富无法直接估算出来,因此为了排除经济波动的干扰,弗里德曼用恒常收入来代替收入。所谓"恒常收入",是指人们在较长时期内所能取得的呈上升趋势的收入,它区别于偶然性的即时性收入,是一种比较稳定的收入。由于"恒常收入"易于计算,且具有稳定性,因而可以避免即时性收入受偶然因素影响从而使货币需求函数不稳定。

2)财富构成。财富构成是指人力财富与非人力财富的比例。人力财富是指个人在将来获得收入的能力,即人的生产能力,又叫人力资本。非人力财富即物质资本,是指生产资料及其他物质财富。人力财富要转化为现实的非人力财富,会受到劳动力市场的供求状况等因素的制约,所以在转化过程中,人们必须持有一定量的货币,以应付交易等需要。这一货币量的多少,取决于人力财富与非人力财富的比例。在就业困难时,人力财富所占比例较大,人们需要持有的货币也较多。

3)货币和其他资产的预期收益。人们持有多少货币,在很大程度上取决于货币与其他资产预期收益大小的比较。货币收益为零,而其他资产如股票、债券等均有收益,则其他资产收益率提高,则货币需求将减少,否则相反。货币和其他资产的预期收益的比较决定了人们持有资产的形式。

4)影响货币需求的其他因素。人们对货币的"嗜好"程度、客观技术与制度的综合变数也会影响货币需求,比如人们把货币看成是"必需品",那么货币需求对收入的弹性小于 1 或等于 1;如果人们把货币看作"奢侈品",则货币需求对收入的弹性就会大于 1。再如通信、交通运输、金融机构的技术条件越好,越能加速货币周转,货币的需求量就会越少。此外,人们对未来经济稳定性的预期也会影响货币需求。

在以上分析的基础上,弗里德曼提出了如下货币需求函数:

$$M = f\left(P,\ r_b,\ r_e,\ \frac{1}{P} \times \frac{\mathrm{d}P}{\mathrm{d}t},\ w,\ Y,\ u\right)$$

式中，M 表示名义货币需求量；P 表示价格水平；r_b 表示债券的预期收益率；r_e 表示股票的预期收益率；$\frac{1}{P} \times \frac{dP}{dt}$ 表示物价水平的预期变动率；w 表示人力财富与非人力财富的比率；Y 表示以货币表示的恒常收入；u 为其他影响货币需求的因素。

弗里德曼认为，上述货币需求函数是 P 和 Y 的一阶齐次函数，若 P 和 Y 发生变化，则货币需求也将同比例变化。将函数两边同时除以 P，则得到实际货币需求函数：

$$\frac{M}{P} = f\left\{r_b,\ r_e,\ \frac{1}{P} \times \frac{dP}{dt},\ w,\ \frac{Y}{P},\ u\right\}$$

式中，Y 与货币需求呈正方向变动，r_b、r_e、$\frac{1}{P} \times \frac{dP}{dt}$、$w$、$u$ 与货币需求呈反方向变动。

弗里德曼认为，由于恒常收入是长期收入的平均值，而平均收入的变动幅度是比较稳定的，因此恒常收入也是稳定的。另外，当利率上升时，银行以更高的利率吸收存款，从发放贷款中获得更多的利润，如果以银行存款形式持有货币，其收益率随着贷款利率的上升而上升，银行存款竞争一直到没有超额利润为止，这一过程使债券、股票的预期收益率保持稳定，意味着利率变动对货币需求的影响极小，那么利率的变动在长期中对产量和就业的影响就会相对较小。由于影响货币需求的各因素是稳定的变量，如果忽视 Y、w 在分配上的影响，则上述等式就能应用于全社会，即 M 代表社会货币需求总量，Y 代表按不变价格计算的国民收入，w 为以财产形式存在的那一部分社会总财富。将上式括号内的货币需求决定因素用符号 K 表示，则有：$\frac{M}{P} = KY$ 或 $M = KPY$ 或 $MV = PY$。其中，$V = \frac{1}{K}$，表示货币需求函数是货币流通函数的倒数。由于货币流通速度是稳定的，因此货币需求函数也是稳定的，其动向是可以预测的。稳定的货币需求函数成为货币学派理论及收入政策的理论基础和分析依据。

11.2 货币供给

11.2.1 货币供给及货币层次的划分

1. 货币供给和货币供应量

货币供给是指某一国或货币区的银行系统向经济体中投入、创造、扩张（或收缩）货币的金融过程，是一国货币量的形成机制和控制机制的总和。而在一定时点上流通的现金和银行存款之和，则被称为货币供应量，主要包括个人、企业、政府及各金融机构等的货币总存量。

在现代经济生活中，流通的货币并不全是现金。根据国际货币基金组织对货币供给的统计口径，货币有狭义、广义之分。狭义货币不仅包括现金，还包括商业银行的活期存款，具有很强的流动性。广义货币则不仅包括狭义货币，还包括准货币。准货币是指一种以货币计算价值，不能直接用于流通但可以随时兑换成现金的资产，包括银行定期存款、外币存款以及各种短期信用工具，如银行承兑汇票、短期国库券等。准货币本身虽非真正的货币，但由于它们经过一定的手续后，能比较容易地转化为现实的货币，加大流通中的货币供应量，故又称为"亚货币"或"近似货币"。因此,不论从狭义货币还是广义货币角度来说,现金发行都不能等同于货币供给,它只是货币供给的一个重要的组成部分。

2. 货币层次及其划分

世界各国中央银行对货币供应量的统计口径不完全一致,但划分的基础依据是一致的,即流动性大小。所谓流动性,是指一种资产随时可以变为现金,给存款人不带来任何损失的能力。货币的流动性程度不同,在流通中的周转次数就不同,形成的货币购买力及其对整个社会经济活动的影响也不一样。根据货币流动性的差异和发挥货币职能的效率高低,世界各国对货币进行了层次划分,即不同意义上的货币所包括的货币形式。

(1) 国际货币基金组织的货币层次划分。

M0 = 流通于银行体系之外的现钞

M1 = M0 + 银行活期存款

M2 = M1 + 准货币

(2) 美国的货币层次划分。

M1 = 流通中的现金 + 旅行支票 + 活期存款 + 其他支票存款

M2 = M1 + 储蓄存款 + 小额定期存款 + 零售货币市场共同基金余额 + 调整项

M3 = M2 + 大额定期存款 + 机构持有的货币市场共同基金余额 + 所有存款机构发行的回购负债 + 调整项

L = M3 + 其他短期流动资产

(3) 日本的货币层次划分。

M′ = 现金 + 活期存款

M1 = M′ + 企业定期存款

M2 = M1 + 企业可转让存款

M3 = M2 + 邮局、农协、渔协信用组织存款和信托存款

(4) 我国的货币层次划分。

M0 = 流通中的现金

M1 = M0 + 企业活期存款 + 机关团体部队存款 + 农村存款 + 个人持有的信用卡存款

M2 = M1 + 城乡居民储蓄存款 + 企业存款中具有定期性质的存款 + 信托类存款 + 其他存款

M3 = M2 + 金融债券 + 商业票据 + 大额可转让定期存单等

尽管各国在货币层次划分的具体统计口径上有差异,但从各国货币供应量的构成内容看,都包括现金、活期存款、定期存款等,在货币层次划分的标准上是一致的,即各国都将各种金融资产的流动性作为划分货币层次的主要依据。这种做法使中央银行的货币控制有了结构分析和检测的依据,便于对货币流通状况做出科学的分析,从而正确制定实施货币政策和及时、有效地进行宏观调控。

近年来,随着数字货币的使用,我国货币层次发生一定的变化。自 2022 年 12 月起,我国 M0 含流通中的数字人民币。2022 年 12 月月末流通中数字人民币余额为 136.1 亿元。修订后 M0 增速如表 11-1 所示。

表 11-1　修订后 M0 增速

时间	M0	时间	M0
2022.01	18.5%	2022.07	13.9%
2022.02	5.8%	2022.08	14.3%
2022.03	10.0%	2022.09	13.6%
2022.04	11.5%	2022.10	14.4%
2022.05	13.5%	2022.11	14.1%
2022.06	13.9%	2022.12	15.3%

2023 年我国各层次的货币供应量如表 11-2 所示。

表 11-2　2023 年我国各层次的货币供应量　　（单位：亿元）

时间	M2	M1	M0
2023.01	2 738 072.06	655 214.16	114 601.30
2023.02	2 755 249.23	657 938.74	107 602.58
2023.03	2 814 566.31	678 059.63	105 591.30
2023.04	2 808 469.34	669 761.55	105 904.46
2023.05	2 820 504.68	675 252.98	104 756.71
2023.06	2 873 023.83	695 595.48	105 419.20
2023.07	2 854 031.56	677 218.92	106 129.68
2023.08	2 869 343.25	679 588.35	106 515.36
2023.09	2 896 659.11	678 443.65	109 253.22
2023.10	2 882 276.07	674 696.07	108 565.35
2023.11	2 912 014.22	675 903.41	110 225.18
2023.12	2 922 713.33	680 542.52	113 444.64

11.2.2　货币供给模型

1. 简单乘数的货币供给模型

活期存款是现代信用货币经济中主要的货币形态，大部分活期存款是由商业银行创造出来的，存款货币的创造过程在很大程度上反映了货币供应量的决定过程。简单乘数模型是现代货币供给理论的起点，通过简单乘数模型可以看出整个社会货币供给的过程及影响货币供应量的因素。

（1）原始存款和派生存款。从资金来源来看，商业银行的存款可以分为原始存款和派生存款两类。原始存款一般是指商业银行接受的客户以现金方式存入的存款和中央银行对商业银行的再贴现或再贷款而形成的准备金存款。原始存款只改变货币的存在形式，而不改变货币的总量。它是商业银行从事资产业务的基础，是存款货币的多倍扩张和收缩的源泉。派生存款是指由商业银行通过发放贷款、办理贴现或投资等资产业务活动引申而来的存款。派生存款的增加意味着货币总量的增加。原始存款和派生存款可以互相转化。

（2）存款货币创造的假设条件。为了说明商业银行的贷款、投资等资产业务是如何创造存款货币的，需要以下几个假设条件。

一是部分准备金制度。商业银行要开展资产业务，必须有资金来源，其最重要的资金来源就是存款，但是，为了应付客户随时提存的需要和确保银行体系的安全和信誉，商业银行必须从其吸收的存款中按一定比例提取存款准备金，上缴中央银行，对于这部分存款准备金，商业银行不得动用，它被称为法定存款准备金。所谓法定存款准备金，是指货币当局以法律制度规定的，要求银行必须持有的准备金。为了防止商业银行过度放贷，出现流动性危机，中央银行通过法律法规强制规定，商业银行对于所接受的存款，必须保持一个最低比率的准备金，之后对于其余部分即超额准备金才可以用于发放贷款。

二是客户不提取现金。商业银行的客户将其一切收入存入银行，并使用支票结算方式，不提取现金，即没有贷款以现金的形式流出银行系统。

三是银行体系由中央银行以及至少两家以上的商业银行组成。在现代银行体系中，中央银行是一国的货币管理当局，其主要职能之一就是垄断货币发行权，集中商业银行的存款准备金，并对其提供信贷，通过有效手段调节货币供应量。商业银行是以存贷款为主要业务、以获取利润为目标的金融企业，是中央银行监管和调控的对象。这一现实情况需要银行系统的整体行为，而不是某一家银行创造存款货币。

四是商业银行无超额准备金。超额准备金是指商业银行持有的、超过法定存款准备金而保留的准备金。商业银行为了安全和应付意外之需，实际持有的准备金常常多于法定存款准备金，从而形成了超额准备金。银行将超额准备金全部用于发放贷款而不持有。

五是商业银行没有活期存款向定期存款或储蓄存款等非交易性存款的转化。其原因是中央银行对活期存款、定期存款和储蓄存款所规定的法定存款准备金率不同，为了简化存款货币创造的分析过程而人为假定商业银行只有活期存款。

（3）存款货币多倍扩张的过程。商业银行存款货币多倍扩张的过程或者说派生存款产生的过程，就是各级商业银行吸收存款、发放贷款、转账结算，不断地在各银行存款户之间转移而形成新的存款额，最终导致银行体系存款总量增加的系列过程，其具体过程如下。

在活期存款的法定存款准备金率为20%的情况下，假设某客户把自己的1 000元现金存入甲银行，从而使甲银行的负债增加1 000元，在银行把存款贷放出去之前，银行的准备金也增加了1 000元，其T形账户如表11-3所示。

表11-3 甲银行的T形账户（1）

资产		负债	
准备金	+1 000	存款	+1 000

随后，甲银行按20%的法定存款准备金率，保留200元准备金，剩下800元可以用于发放贷款。假设甲银行把800元贷给了A企业，A企业以支票的方式把这800元支付给了B企业，B企业以支票存款的方式存入乙银行形成活期存款，即第一笔派生存款，这时经济中的货币总量变为1 800元，甲、乙两家银行的T形账户如表11-4、表11-5所示。

表11-4 甲银行的T形账户（2）

资产		负债	
准备金	+200	存款	+1 000
贷款	+800		

表 11-5　乙银行的 T 形账户（1）

资产		负债	
准备金	+800	活期存款	+800

同样，乙银行根据 20% 的法定存款准备金要求，保留 160 元的法定准备金，将其余 640 元用于贷款。乙银行放贷给了 C 企业，C 企业以支票的方式支付给了 D 企业，D 企业把支票存款存入丙银行形成活期存款，即第二笔派生存款，经济中的货币总量变为 2 440 元，乙、丙两家银行的 T 形账户如表 11-6、表 11-7 所示。

表 11-6　乙银行的 T 形账户（2）

资产		负债	
准备金	+160	活期存款	+800
贷款	+640		

表 11-7　丙银行的 T 形账户

资产		负债	
准备金	+640	支票存款	+640

如果丙银行继续发放贷款，存款货币就会不断被创造。商业银行就是以这种存款—贷款—再存款—再贷款的方式创造了货币。由此可见，商业银行每发放一次贷款，存款货币就扩大一次。只要商业银行发放贷款，存款货币的创造就不会结束，这笔 1 000 元的原始存款将通过商业银行的贷款业务和存款业务不停地转化，一直持续到整个银行系统没有超额准备金存在为止。表 11-8 概括了 1 000 元的原始存款所导致的存款货币的创造过程。

表 11-8　存款货币的创造过程

银行	活期存款增加额/元	准备金增加额/元	贷款增加额/元
甲	1 000	200	800
乙	800	160	640
丙	640	128	512
丁	512	102.4	409.6
…	…	…	…

由表 11-6 可知，经过银行体系的存款贷款转化，连同 1 000 元的原始存款，银行体系的存款总额，即经济中的货币总量最终达到 5 000 元。计算过程如下：

$$1\,000 + 1\,000 \times (1-20\%) + 1\,000 \times (1-20\%) \times (1-20\%) +$$
$$1\,000 \times (1-20\%) \times (1-20\%) \times (1-20\%) + \cdots$$
$$= 1\,000 \times \frac{1}{1-(1-20\%)}$$
$$= 1\,000 \times \frac{1}{20\%}$$
$$= 5\,000 \text{（元）}$$

根据计算的最后过程可以看出，1 000 元是原始存款，20% 是法定存款准备金率，整个社会存款总额等于原始存款除以法定存款准备金率。如果以 D 表示银行体系存款变动总额，r 表示存款法定准备金率，R 表示原始存款，则存款货币多倍扩张公式可以表示为

$$D = R \frac{1}{r}$$

可见，在存款总额由 1 000 元扩张到 5 000 元的过程中，存款总额多倍扩张到了原始存款的 5 倍，由此形成了存款货币扩张的倍数，它是商业银行存款创造机制所决定的存款最大扩张的倍数，被称为货币乘数、派生倍数，它是法定存款准备金率的倒数。其含义为每一元法定存款准备金的变动，所能引起的存款的变动。但这只是一个简单的、需要修正的存款乘数。如果以 k 表示货币乘数，则其计算公式为

$$k = \frac{D}{R} = \frac{R \frac{1}{r}}{R} = \frac{1}{r}$$

在这里，我们把 $k = \frac{1}{r}$ 称为简单乘数模型。通过简单乘数模型可知整个社会货币供应的形成机制。

（4）存款货币多倍收缩的过程。存款货币的创造过程可以多倍扩张，也可以多倍收缩，也就是说，派生存款的倍数原理同样适用于存款货币的收缩过程，只不过方向相反。当商业银行的原始存款数量减少或中央银行提高法定存款准备金率时，商业银行的存款货币会呈倍数收缩。例如，社会公众将存在商业银行的原始存款全部取出，这样商业银行就无法发放贷款，存款货币的派生过程就无法持续，因此，存款货币的多倍收缩实际上就是多倍扩张的反方向过程。

2. 简单乘数模型的修正和货币供给的一般模型

（1）简单乘数模型的修正。为了简化商业银行存款货币创造过程的分析，上述货币乘数的模型是建立在商业银行没有超额准备金、没有现金漏损、只有活期存款等假设条件的基础之上的。实际上，在现实生活中，这些假设条件与经济运行的情况并不相符。商业银行存款货币的多倍扩张与多倍收缩的过程要复杂得多，影响商业银行存款货币创造的主要因素有以下几个方面。

1）法定存款准备金率。中央银行规定商业银行必须将吸收的存款按其规定的比率存入中央银行，目的在于控制商业银行，使其根据经济发展的需要进行存款创造，形成社会的货币供应量。法定存款准备金率越高，商业银行创造存款的倍数越低；反之则创造存款倍数越高。

2）现金漏损率。在实际生活中，现金是一切货币形态的基础，是货币供给总量中的一部分。当企业得到贷款后，一般情况下总是将贷款再存入银行，但在其生产经营的过程中，总需要提取一部分现金，这样这部分现金就流出了银行体系，形成了现金漏损。现金漏损与银行存款总额的比率被称为现金漏损率，又称为提现率。现金漏损率越高，商业银行存款货币扩张的倍数就越低，因为银行在这部分资金被取出后，存款准备金减少，而法定存款准备金率不变，其发放贷款的金额就必然会减少，存款货币派生的倍数也相应减少。现金漏损是影响存款扩张倍数的一个重要因素。

3）超额存款准备金率。根据利润最大化原则，商业银行按法定比率上缴法定存款准备金后，应将剩余的资金全部用于发放贷款，但在实际操作过程中，银行并没有将剩余的资金全部

用于发放贷款,因为如果全部用于发放贷款,银行就没有资金应付客户随时取款的需要;银行也不能将剩余的资金全部留做存款准备金,如果全部留做存款准备金,银行就无法获得利润,无法正常经营。因此,商业银行为了确保安全性、流动性,总是留有一定比例的超额存款准备金,这样就形成了超额存款准备金率,即超额存款准备金占全部活期存款的比率。超额存款准备金率越高,商业银行存款货币扩张的倍数就越低。当然超额存款准备金率的高低不仅仅取决于商业银行为了安全性、流动性需要的自愿保有量,而且也取决于社会公众的贷款意愿。如果社会公众的贷款意愿低,商业银行就只能持有超额存款准备金。

4) 活期存款转化为定期存款的比率。在现实生活中,商业银行不可能只有活期存款,活期存款只是其众多存款中的一种存款,而且,随着金融工具的不断创新,商业银行持有的存款种类会更多。一般情况下,人们持有活期存款没有收益或收益很低,随着活期存款的增加,为了增加收益,人们总是将其中一部分活期存款转化为定期存款。活期存款转化为定期存款的准备金比率越高,商业银行存款货币创造的倍数就越低,反之则越高。

根据以上分析可知,影响商业银行存款货币创造的因素有法定存款准备金率、现金漏损率、超额存款准备金率和活期存款转化为定期存款的比率。如果假定 c 为现金漏损率,r_d 为法定存款准备金率,r_e 为超额存款准备金率,r_t 为定期存款准备金率,t 为活期存款转化为定期存款的比率,则上述简单货币乘数模型 $K=\dfrac{1}{r}$ 可修改为

$$K=\dfrac{1}{c+r_d+r_e+r_t t}$$

(2) 货币供给的一般模型。各国经济学家为了准确分析货币供应量的供应过程和影响因素,为货币当局的宏观经济政策提供依据,都在简单乘数模型的基础上,运用数理方法来演绎和验证货币供给模型,对各变量进行系统分析。其中乔顿模型是货币供给的一般模型,具有典型的代表性。

在简单常数模型中,商业银行决定和影响社会的货币供应量,但是在实际货币供给过程中,中央银行居于主导地位,所控制的基础货币直接影响社会的货币供给量。所谓基础货币又称强力货币和高能货币,是指处于流通界被社会公众所持有的通货及商业银行存于中央银行的准备金的总和。其中通货是指社会公众所持有的、流通于银行体系之外的现金,商业银行的准备金是指法定存款准备金和超额准备金。如果用 B 表示基础货币,用 C 表示流通中的现金(即通货),用 R 表示商业银行的准备金,则基础货币可表示为

$$B=C+R$$

根据现代货币供给理论,货币供应量是基础货币和货币乘数的乘积。如果用 M_S 表示货币供应量,k 表示货币乘数,则该公式为

$$M_S=k\times B$$

乔顿货币乘数模型将货币定义为狭义的货币层次 M_1,用 D 表示活期存款,根据狭义货币的定义可知 $M_1=C+D$,那么:

$$k=\dfrac{M_1}{B}=\dfrac{C+D}{C+R}$$

总准备金 R 包括活期存款的法定存款准备金、超额存款准备金,以及定期存款的准备

金，如果以 r_d 表示活期存款准备金率，r_e 表示超额存款准备金率，r_t 表示定期存款准备金率，T 表示定期存款，则有：

$$R = r_d D + r_e D + r_t T$$

如果以 t 表示活期存款转化为定期存款的比率，因为 $t = \dfrac{T}{D}$，则：

$$R = (r_d + r_e + r_t t) \times D$$

那么：

$$k = \dfrac{C+D}{(r_d + r_e + r_t t)D}$$

如果以 c 表示现金漏损率，因为 $C = c \times D$，所以：

$$k = \dfrac{(c+1)D}{(c + r_d + r_e + r_t t)D}$$

$$= \dfrac{c+1}{c + r_d + r_e + r_t t}$$

则：

$$M_1 = \dfrac{B(c+1)}{c + r_d + r_e + r_t t}$$

同理：

$$M_2 = \dfrac{B(c+t+1)}{c + r_d + r_e + r_t t}$$

根据该模型，货币供给决定于基础货币、活期存款的法定存款准备金率、定期存款的法定存款准备金率、超额存款准备金率、活期存款转化为定期存款的比率及通货比率[⊖]。这些因素又受到中央银行、商业银行和社会公众等不同经济主体行为的影响。其中，基础货币、活期存款的法定存款准备金率、定期存款的法定存款准备金率这三个因素由中央银行根据宏观经济的货币信用政策决定；超额存款准备金率由商业银行根据市场利率水平的高低、贷款和投资机会的多少、借入资金的难易程度和资金成本的大小决定；活期存款转化为定期存款的比率及通货比率这两个因素则由社会公众根据其他金融资产收益率的变化、流动性的偏好程度、收入的变动状况决定。

知识拓展

数字人民币对商业银行货币创造的影响

11.2.3 货币供应量的决定因素

在现代货币银行制度下，根据简单货币乘数公式，货币供应量主要取决于基础货币和货币乘数之积，因此，只有对基础货币和货币乘数进行详细的研究，才能准确把握货币供应量的趋势。

1. 基础货币的决定因素

货币银行理论表明，基础货币是创造货币供应量的基础，其增减变化通常取决于以下四个因素。

⊖ 通货比率 $= \dfrac{C}{D}$。

（1）中央银行对商业银行等金融机构债权的变动。这是影响基础货币的最主要因素。一般来说，中央银行的债权增加，意味着中央银行对商业银行再贴现或再贷款资产增加，同时也说明通过商业银行注入流通的基础货币增加，这必然引起商业银行超额准备金增加，使货币供应量得以多倍扩张。相反，如果中央银行对金融机构的债权减少，就会使货币供应量大幅收缩。通常认为，在市场经济条件下，中央银行对这部分债权有较强的控制力。目前，中国人民银行对商业银行的再贴现业务还未广泛开展起来，主要通过再贷款来影响基础货币。但由于我国对商业银行的再贷款还存在较大刚性，因而中国人民银行通过对金融机构的债权变动来影响基础货币的能力与发达市场经济国家相比还有一定差距。

（2）国外净资产数额。国外净资产由外汇、黄金占款和中央银行在国际金融机构的净资产构成。其中，外汇、黄金占款是中央银行用基础货币来收购的。一般情况下，若中央银行把稳定汇率作为政策目标，就会对通过该项资产业务投放的基础货币有较大的主动权；否则，中央银行就会因为要维持汇率的稳定而被动进入外汇市场进行干预，以平抑汇率，这样外汇市场的供求状况对中央银行的外汇占款有很大影响，造成通过该项资产业务投放的基础货币具有一定的被动性。例如，中国人民银行1993年外汇占款余额仅为870.55亿元，到2023年外汇占款余额为22万亿元左右，这部分通过外汇占款投放的基础货币具有很强的派生能力，对近几年我国的货币供应量产生了较大的影响。

（3）对政府债权净额。中央银行对政府债权净额增加通常由两条渠道形成：一是直接认购政府债券；二是贷款给财政以弥补财政赤字。无论哪条渠道都意味着中央银行通过财政部门把基础货币注入了流通领域。

（4）其他项目（净额）。这主要是指固定资产的增减变化以及中央银行在资金清算过程中应收应付项目的增减变化。它们都会对基础货币量产生影响。

知识拓展

数字货币对基础货币的影响

2. 货币乘数的决定因素

货币乘数是货币供给扩张的倍数。在实际经济生活中，银行提供的货币和贷款会通过数次存款、贷款等活动产生出数倍于它的存款，即通常所说的派生存款。货币乘数的大小决定了货币供给扩张能力的大小，而货币乘数的大小又由以下四个因素决定。

（1）现金比率。现金比率是指流通中的现金与商业银行活期存款的比率。现金比率的高低与货币需求的大小正相关。因此，凡影响货币需求的因素，都可以影响现金比率。例如，银行存款利息率下降，导致生息资产收益减少，人们就会减少在银行的存款而宁愿多持有现金，这样就加大了现金比率。现金比率与货币乘数负相关，现金比率越高，说明现金退出存款货币的扩张过程而漏入日常流通的量越多，因而直接减少了银行的可贷资金量，使货币乘数变小；反之，货币乘数就越大。

（2）超额存款准备金率。超额存款准备金率是商业银行的超额存款准备金与活期存款的比率。商业银行在上缴了法定的存款准备金后总要再留一部分准备金，以应付日常周转和客户随时取款的需要，这部分准备金被称为超额存款准备金。这部分资金越多，用于发放的贷款就越少，存款派生的倍数即货币乘数也就越小。

（3）法定存款准备金率。法定存款准备金率是指商业银行按规定必须向中央银行缴纳的存款准备金与商业银行吸收的活期存款的比率，由中央银行直接决定。通常情况下，法定存款准备金率越高，货币乘数越小；反之，货币乘数越大。

（4）定期存款与活期存款的比率。由于定期存款的派生能力低于活期存款，各国中央银行都针对商业银行存款的不同种类规定不同的法定存款准备金率，通常定期存款的法定存款准备金率要比活期存款的低。这样即便在法定存款准备金率不变的情况下，定期存款与活期存款间的比率改变也会引起实际的平均法定存款准备金率改变，最终影响货币乘数的大小。一般来说，在其他因素不变的情况下，定期存款与活期存款的比率上升，货币乘数就会变小；反之，货币乘数会变大。

11.3 货币供求均衡

11.3.1 货币供求均衡的含义

货币供求均衡，简称货币均衡，是指一国在一定时期内货币供给与货币需求基本相适应的货币流通状态。其具体含义是货币供应量的实际操作结果和客观需求量相一致，或当年的货币发行量与经济增长的合理需求相适应。在现实生活中，货币供给与货币需求之间往往呈现三种状态：供给大于需求；需求大于供给；供需基本相适应。对于前两种状态，我们称之为货币失衡，它往往会导致市场价格和币值不稳，对国民经济带来负面影响。而第三种状态，即货币均衡状态是最为理想的。

在实际经济生活中，绝对的货币均衡往往很难实现，因为一国经济状况甚至国际经济环境都处于经常变动之中，影响货币需求和货币供给的因素也千变万化，一旦经济情况出现波动，就必然破坏原有的均衡关系，出现货币失衡。这时就需要中央银行综合运用各种机制和调节手段，重新建立新的货币均衡关系。因此说，货币均衡是一个动态的概念，是一个不断由均衡到失衡，再由失衡恢复到均衡的过程。同时它也是一种在经常发生的货币失衡中暂时达到的均衡状态，因而货币均衡又具有相对性。

11.3.2 货币供求均衡的实现条件

在市场经济条件下，利率不仅是货币供求是否均衡的重要信号，而且对货币供求具有明显的调节功能。货币均衡便可以通过利率机制的作用而实现，因此均衡的利率是货币均衡的实现条件。所谓均衡的利率水平是指在货币供给既定的条件下，货币需求正好等于货币供给时的利息率。

就货币供给而言，当市场利率升高时，一方面社会公众因持币机会成本加大而减少现金提取，这样就使现金比率缩小，货币乘数加大，货币供给增加；另一方面银行因贷款收益增加而减少超额准备来扩大贷款规模，这样就使超额准备金率下降，货币乘数变大，货币供给增加。所以，利率与货币供应量之间存在着同方向变动关系。

就货币需求来说，当市场利率升高时，人们的持币机会成本加大，必然导致人们对金融生息资产需求的增加和对货币需求的减少。所以利率同货币需求之间存在反方向变动关系。

当货币市场上出现均衡利率水平时，货币供给与货币需求相等，货币均衡状态便得以实现。当市场均衡利率变化时，货币供给与货币需求也会随之变化，因此均衡利率水平的形成是由货币供求的条件决定的。货币供不应求，利率上升；货币供过于求，利率下降。同样，适当调节利率水平，就可以有效地调节货币供求，使其处于均衡状态。

均衡的价格水平也是判断货币供求均衡的重要因素。在市场经济中，可以同时考虑将价格信号作为货币供求是否均衡的指标。作为反映信号，价格波动在短期内是供求关系变化的灵敏指示器。从长期考察，价格变动趋势则反映了经济从失衡走向均衡的自发取向。如果价格水平提高，则名义收入增加，名义货币需求增加；价格水平下降，则名义收入减少，名义货币需求减少。如果名义货币供应不能随之调整，必然带来货币供求的不均衡。

11.3.3 货币供求均衡与社会总供求

1. 货币供给与社会总需求的关系

社会总需求是指一国在一定的支付能力条件下，全社会对生产出来供最终消费和使用的商品与劳务的需求的总和，也就是社会的消费需求和投资需求的总和。任何需求都是以一定的货币量作为载体的，故社会总需求决定于货币的总供给。总需求是指有效需求及有支付能力的需求，如果没有货币供给，有效需求就无从产生。因此，货币供给决定并制约社会总需求。货币供给增加，社会总需求增大；货币供给减少，社会总需求减少。货币供给是社会总需求的载体。货币供给和社会总需求的关系是：货币供给决定社会总需求。

2. 货币需求与社会总供给的关系

社会总供给是指一国在一定时期内提供的全部供最终消费和使用的商品与劳务的总和。货币不仅是社会再生产连续不断进行的条件，也是社会总供给实现的媒介。经济体系中到底需要多少货币，从根本上说，取决于有多少实际资源需要货币实现其流转并完成生产、交换、分配和消费相互联系的再生产流程。因此，货币需求与社会总供给的关系是：社会总供给决定货币需求。

3. 货币供求与社会总供求的关系

社会总供求的均衡是货币供求均衡的基础。因为货币的供求在根本上取决于社会的总供求。社会总供求的规模决定了货币供求的总量，社会总供求的结构决定了货币量的分布与结构。所以，货币供求的均衡是以社会总供求的均衡为基础的。

货币供求的均衡是实现社会总供求平衡的条件。在货币供求均衡时，币值稳定，货币流通正常，市场物价稳定，这就为经济的发展创造了良好的货币环境，为实现社会总供求的均衡提供了重要的条件。图 11-2 表示了货币供给（M_S）、货币需求（M_D）、社会总供给（AS）和社会总需求（AD）之间的关系。

图 11-2 中包括了几层含义：一是商品的社会供给决定了一定时期的货币需求。因为，在商品货币经济条件下，任何商品都需要货币来表现或衡量其价值量的大小，并通过与货币的交换实现其价值。

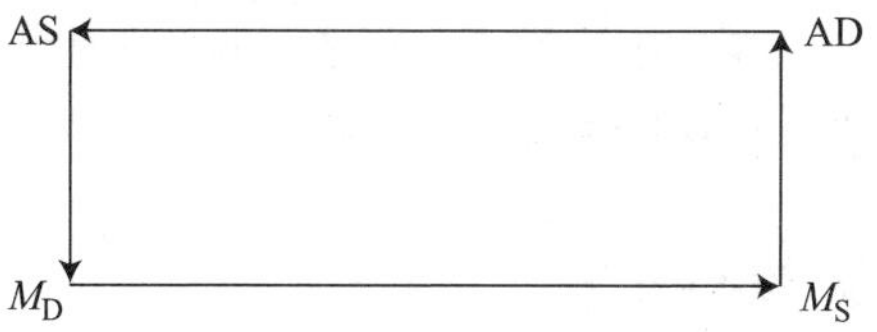

图 11-2 货币供求与社会总供求的关系

因此，有多少商品供给，必然就需要相应货币量与之对应。二是货币的需求决定了货币的供给。就货币的供求关系而言，客观经济过程的货币需求是基本的前提条件，货币的供给必须以货币的需求为基础，中央银行控制货币供应量的目的，就是要使货币供应与货币需求相适应，以维持货币的均衡。三是货币的供给形成对商品的需求，因为任何需求都是有货币支付能力的需求，只有通过货币的支付，需求才得以实现，因此在货币周转速度不变的情况下，一定时期的货币供给水平，实际上就决定了当期的社会需求水平。四是商品的需求必须与商品的供应保持平衡，这是宏观经济平衡的出发点和复归点。

本章小结

货币需求是指在一定时期内，社会各经济主体为满足正常的生产、经营和各种经济活动而应该保留或占有一定货币的动机和行为。影响货币需求的因素有：收入状况、商品价格水平、利率水平、货币流通速度、信用的发达程度、其他因素等。

西方货币需求理论主要包括现金交易数量说、现金余额数量说、凯恩斯的流动性偏好理论、鲍莫尔模型、托宾的资产选择理论和现代货币数量说。

货币供给是指某一国或货币区的银行系统向经济体中投入、创造、扩张（或收缩）货币的金融过程，是一国货币量的形成机制和控制机制的总和。而在一定时点上流通的现金和银行存款货币之和，则被称为货币供应量。

根据货币流动性的差异和发挥货币职能的效率高低，世界各国对货币进行了层次划分，即不同意义上的货币所包括的货币形式，不同层次的货币范围在不断扩大。

商业银行通过贷款、投资等资产业务能够使货币供应量倍数扩张或倍数收缩。根据简单货币乘数模型可知，影响货币供应量的因素是基础货币和货币乘数。

货币均衡是指一国在一定时期内货币供给与货币需求基本相适应的货币流通状态。均衡的利率水平和均衡的物价水平是货币供求实现均衡的条件。货币供求的均衡是实现社会总供求平衡的条件。

学习建议

本章理论性比较强，建议在学习中，结合我国货币层次的划分，通过实例理解存款货币的创造过程和影响货币需求与货币供给的因素，同时了解不同货币理论的联系与区别。

本章重点

凯恩斯的流动性偏好理论及该理论的发展、弗里德曼的现代货币数量论的内容、存款货币的创造与收缩、简单货币乘数模型。

本章难点

存款货币创造的过程、影响存款货币创造倍数的因素、流动性陷阱、鲍莫尔模型的推导、货币供求均衡的实现条件。

核心概念

货币数量说　　　流动性偏好理论　　　交易动机　　　投机性动机

货币需求	鲍莫尔模型	恒久收入	基础货币
货币乘数	流动性陷阱	通货比率	

课后思考与练习

1. 试比较现金交易数量说与现金余额数量说的异同。
2. 弗里德曼的现代货币数量说与凯恩斯的流动性偏好理论有何不同？这些差异导致了哪些政策结论的分歧？
3. 简论凯恩斯的流动性偏好理论。
4. 试述商业银行存款货币创造的多倍控制机制。
5. 影响商业银行存款货币创造的因素有哪些？
6. 试推导乔顿货币供给模型。
7. 通过查阅几个国家中央银行的公报，对我国与主要发达国家所采用的货币供给口径有何异同点做简要分析。

补充阅读

货币供给与资产价格的关系

货币供给对经济增长、通货膨胀、就业、资产价格、收入分配等都有显著影响，而货币超发将导致通货膨胀高企、资产价格大涨、金融债务风险上升、财富分配差距拉大，对刺激经济增长在短期内有效，但从长期看会"钝化"，长期经济增长更多地依靠制度改革、技术创新和提高全要素生产率。改革开放以来，中国创造了连续多年经济高增长奇迹，一跃成为世界第二大经济体。然而与此同时，货币供应量大幅增加，广义货币增速在大多数年份均超过GDP增速，部分年间物价快速上行，金融资产价格轮番上涨，房价迅速攀升，货币超发是造成上述情况的主要原因之一。

当前学界及市场对货币超发的判定并未达成共识，但主要流行的测定方法分为两类：一类是基于货币数量论的增长型，认为货币超发是货币供给增速（M2）减去GDP增速（GDP%）及通货膨胀率（CPI%）的差额，即M2%-GDP%-CPI%；另一类界定则是数量型，将M2/GDP作为判断货币超发的指标，并与其他国家对比。然而由于各国M2口径不一，经济结构不同，直接以M2/GDP对比显然并不严谨。

我们认为，货币超发的本质是经过商业银行系统、金融市场乘数效应放大后的货币创造，大于居民与企业各类消费、交易、储蓄与投资等货币需求。在当前的利率和资产价格下，货币资产供给超过了货币需求，而非货币资产市场的配置需求又低于其合理水平，过剩的流动性最终从货币市场流向非货币资产市场，从而导致各类资产价格上涨以及物价上行。

1. 货币超发的国际经验

从各国国际经验以及历史教训来看，货币超发虽在一定程度上能刺激经济，但作用有限。超发的货币通常伴随通货膨胀、资产价格泡沫以及收入分配不平衡的进一步加剧。

（1）发展中国家的广义货币增速显著高于发达国家。我们利用世界银行提供的广义货币指标对20个经济体货币增速进行初步测算发现，发展中国家的广义货币增速显著高于发达国家:1960—2017年,10个代表性发展中国家的平均广义货币增速为61.1%,中位数为26%,而同期10个代表性发达国家平均广义货币增速为8.7%,中位数为8.5%。21世纪货币增速总体水平下降,但平均来看发展中国家仍高很多。2001—2017年,发展中国家的货币增速平均值为14.3%,中位数为14.6%,而发达国家的货币增速平均值为5.8%,中位数为6.6%。

发展中国家普遍超发货币,主要是为了刺激经济的发展,然而在经济结构不合理、经济增速换挡之际,实行过度宽松的货币政策只会产生货币政策的"钝化效应",难以刺激实体经济,反而引发物价、金融资产价格上涨。

(2) 从长期来看,房价及物价与货币超发关联度较高。我们通过对20个经济体的广义货币增速与CPI进行测算发现,各国货币增速与CPI同比相关系数平均高达0.86,即货币增速高则通货膨胀率高,货币增速低则通货膨胀率低。自1960年以来,发展中国家的平均通货膨胀水平较高,部分国家甚至经历了恶性通货膨胀,而这些国家的广义货币增速通常远高于实体经济所需。通货膨胀率低于美国的发达经济体,如德国、瑞士、比利时,这些国家的货币增速基本是非常平稳的。

此外,我们还发现从长期来看,房价增速与货币增速高度相关。以美国为例,过去近50年间,美国10年平均房价增速趋势与10年平均广义货币增速趋势相同。更具体来看,M2增速基本领先房价增速2年,在M2增速快速扩大的2年左右,通常伴随着房价的快速上涨。此外,虽然时代和国别不同,但历次房地产泡沫堆积无一例外受到流动性过剩和低利率的刺激,而历次房地产泡沫崩溃则都跟货币收紧和加息有关。

(3) 国际货币超发的历史回顾。尽管发达国家平均货币增速显著低于发展中国家,但进一步研究可观察到,除德国等少数国家外,包括美国、日本、印度、阿根廷、巴西等在内的各经济体在不同时期均经历过不同程度的货币超发。各经济体指标表现主要分为四类:一是货币超发,通货膨胀高企,房价暴涨,20世纪七八十年代的美国、日本体现了这一点;二是货币超发,通货膨胀高企,汇率大幅贬值,基尼系数上升,出现经济危机,20世纪八九十年代的阿根廷和巴西体现了这一点;三是货币超发,通货膨胀温和,广义金融资产迅速上涨,2008年后的美国体现了这一点;四是货币政策稳健,未见明显货币超发现象,物价稳定,房价平稳,2000年后的德国体现了这一点。

2. 货币超发,通货膨胀高企,房价暴涨

(1) 20世纪七八十年代的美国。20世纪70年代初,受第一次石油危机影响,美国工业增长放缓,此外,基础科技研发陷入瓶颈,经济发展动力明显减弱。同时美国的出口贸易份额占比也开始下降,20世纪70年代进出口贸易由顺差转为逆差,经济增速不断下行。为刺激经济,美国曾在20世纪70年代初大量发行货币。20世纪七八十年代,广义货币增长率基本超过10%,名义货币缺口大于0,货币过剩率平均达6.4%,最高超发触及11.9%(见图11-3)。

货币超发程度严重,叠加经济下滑,20世纪70年代末80年代初美国发生滞胀,通货膨胀严重,部分年份CPI增速超过15%。同时,房价快速攀升,1975—1990年,房价上涨近300%。此外,基尼系数尽管有所上升,但与货币超发程度相关性不明显。

(2) 20世纪七八十年代的日本。受到1971年美元冲击以及1973年第一次石油危机影响,日本经济增速放缓,工业对经济增长的拉动效果减弱,时任政府采取货币宽松的政策,大量增加货币供给,导致货币超发。广义货币增速在20世纪70年代初保持超过20%的增速,在

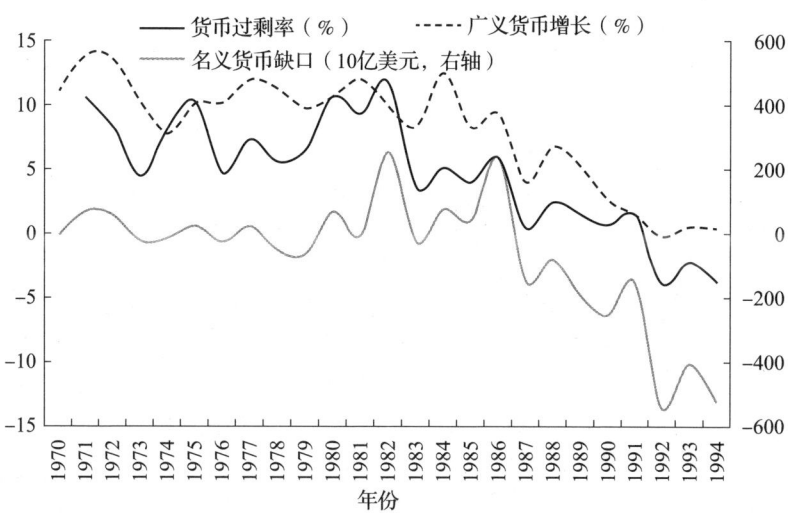

图 11-3　20 世纪七八十年代美国货币超发

资料来源：世界银行、恒大研究院。

此期间物价与房价飞速上涨。进入 20 世纪 80 年代后，出口方面受到贸易顺差及政治压力等因素的影响而导致日元升值。为消除日元升值可能带来的消极影响以及恢复经济增速，日本政府再度放松银根，并采取扩大内需的方式试图拉动经济。

20 世纪七八十年代中的日本基本处于货币超发状态，广义货币增速基本保持在 10% 以上，货币过剩率均大于 0，而名义货币缺口在进入 20 世纪 80 年代末后巨幅提升。天量超发货币一方面刺激物价提升，另一方面大部分资金并未流入实体经济，转而流向房地产及股市等金融资产，刺激房产、股市泡沫泛起，最终泡沫破裂，引发了日本经济的长期萧条。

3. 货币超发，通货膨胀高企，汇率大幅贬值，基尼系数上升，引发经济危机

（1）20 世纪八九十年代的阿根廷。阿根廷作为 20 世纪初经济增长最快的国家之一，却在 20 世纪 80 年代深陷债务危机，其中的主要原因在于当时的阿根廷政府试图以进口替代工业化，采用超发货币以及借外债等粗暴方式来刺激经济增长和弥补财政赤字。20 世纪 70 年代，阿根廷广义货币增速年平均超过 100%，而进入 20 世纪 80 年代后，广义货币增速不减反增，在 1989 年和 1990 年分别达到惊人的 2 235% 和 2 213%，并一度发生年内 CPI 涨幅超过 3 000% 的恶性通货膨胀。阿根廷政府几度更换货币，信用货币基本职能失灵，汇率大幅贬值，国内经济陷入瘫痪。

（2）20 世纪八九十年代的巴西。同为拉美国家的巴西，采取与阿根廷类似的进口替代工业化、加大财政赤字等策略，国际贸易收支双逆差导致巴西不得不大举外债来弥补财政赤字。然而此种经济发展模式具有脆弱性，在内外经济运行不平稳时极易发生危机。20 世纪 80 年代受到结构因素、国内政策和外部环境的影响，巴西经济发生动荡，而当时的政府仍试图通过印发货币来解决问题。毫无节制地大量超发货币，使得巴西国内发生恶性通货膨胀，经济秩序陷入混乱。

4. 货币超发，通货膨胀温和，广义金融资产迅速上涨

2008 年次贷危机后，全球主要经济体为应对经济危机，均进入不同程度的货币超发期，其中以美国为代表的欧美发达经济体，通过中央银行购买"有毒资产"超发货币，同时降低目标利率,实施量化宽松。在此期间,美国的名义货币缺口向上攀升,广义货币年均增速超过 6%(见图 11-4)。然而此轮货币超发并未如 20 世纪七八十年代那样引发通货膨胀,CPI 与货币增速脱节。

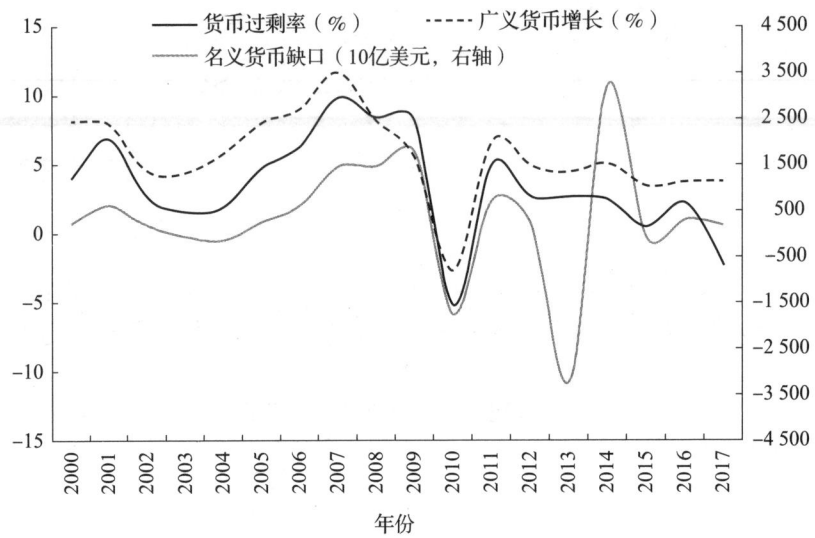

图 11-4　2000 年后美国货币超发状况

资料来源:世界银行、恒大研究院。

美国股市、房市等资产市场吸收多余流动性仍是货币超发下物价未明显上涨的主因。从缺口数据来看,次贷危机前期资金从股市、房市撤出,物价缺口扩大,后期房价、物价缺口持续为负,而股票市值缺口迅速改善、快速上扬,在一定程度上表明大量资金流入资本市场(见图 11-5)。自 2009 年以来,美国标准普尔 500 指数、道琼斯工业平均指数以及纳斯达克综合指数分别上涨 180%、199% 和 372%,上市公司总市值上涨 113%,年均增速达 17.4%(见图 11-6)。2012—2013 年,美国东西海岸主要城市房价快速上涨,部分月份增幅近 30%(见图 11-7)。

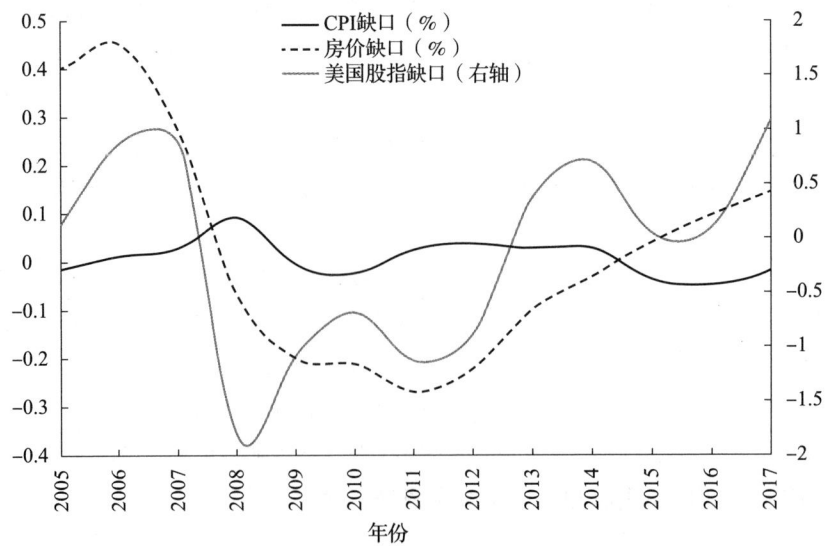

图 11-5　大量资金流入资本市场,股指、房价缺口转正

资料来源:国际清算银行、恒大研究院。

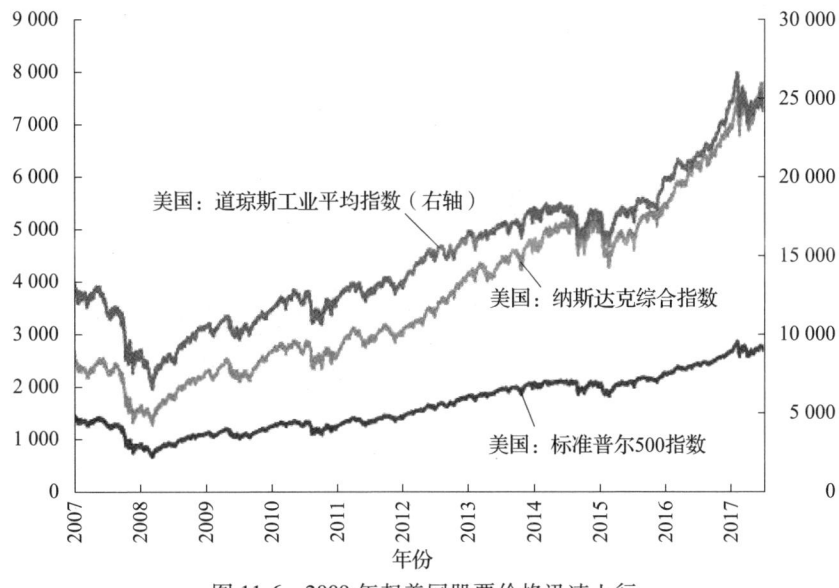

图 11-6　2009 年起美国股票价格迅速上行

资料来源：Wind、恒大研究院。

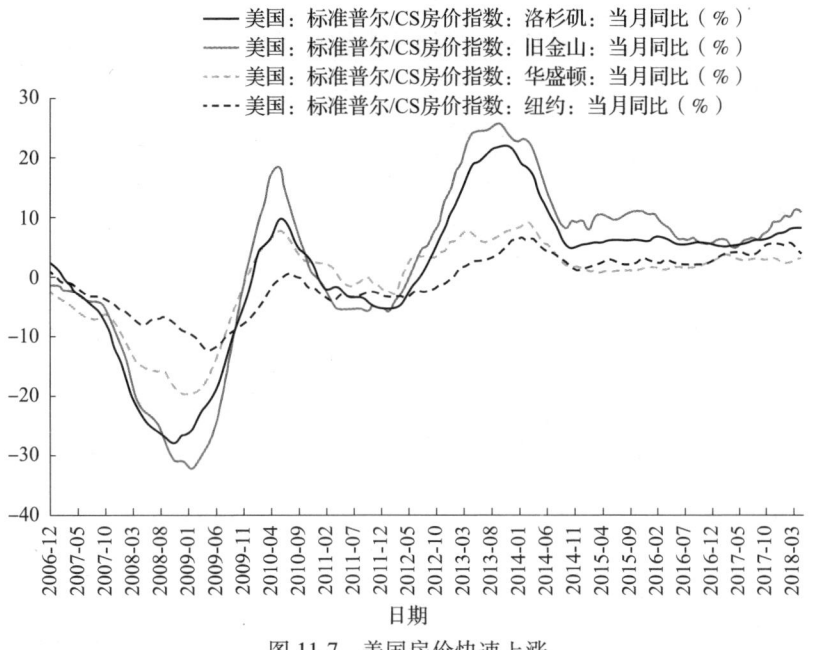

图 11-7　美国房价快速上涨

资料来源：Wind、恒大研究院。

5. 货币政策稳健，未见明显货币超发，物价稳定，房价平稳

德国持续实施稳健的货币政策，进入 21 世纪以来，绝大部分年间广义货币增速均控制在 6% 以下，名义货币缺口相对较小，并无明显的货币超发（见图 11-8）。在此情况下，德国物价在近 20 年内保持稳定，年均 CPI 约为 1.4%，房价增幅较为稳定。从 CPI 以及房价缺口来看，两个指标绝对值较小，反映德国物价、房价波动幅度不大，长期基本处于平衡状态（见图 11-9）。尽管近年来德国房价小幅上升，但总体房价提升温和（见图 11-10）。

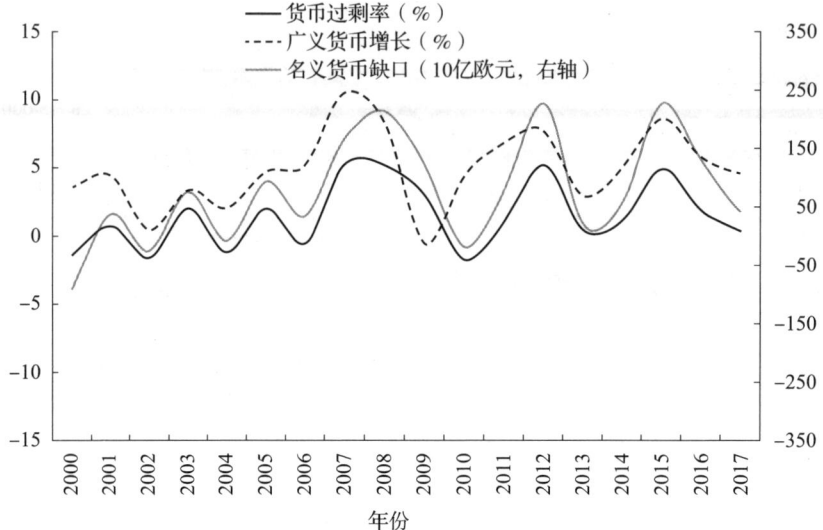

图 11-8 德国未见明显货币超发

资料来源：世界银行、恒大研究院。

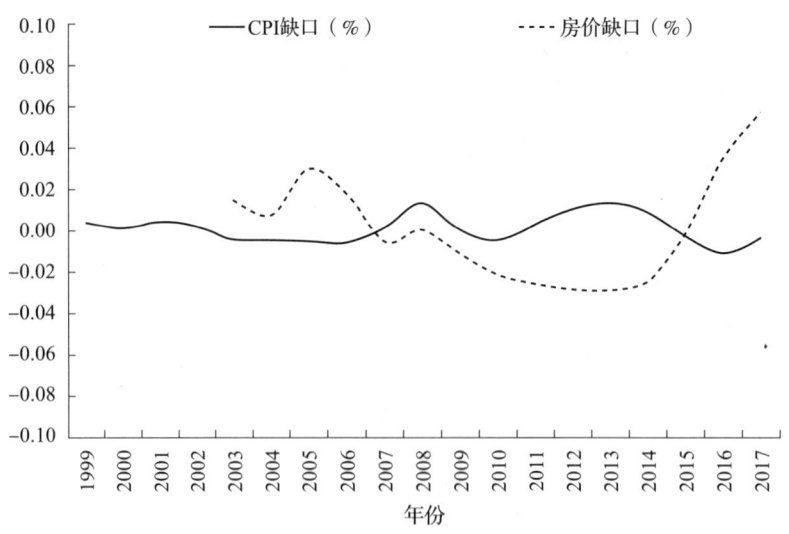

图 11-9 德国 CPI、房价缺口绝对值较小

资料来源：国际清算银行、恒大研究院。

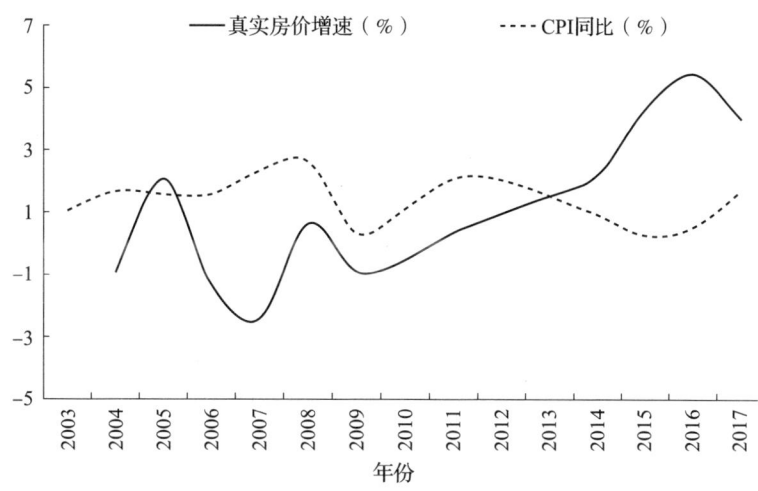

图 11-10　德国 CPI、房价增速较为温和

资料来源：世界银行、恒大研究院。

6. 货币超发的国际经验启示

在经济发展过程中，绝大部分国家均存在不同程度的货币超发现象，然而历史经验表明，货币超发易滋生资产价格泡沫，在极端情况下引发经济危机。资本逐利具有顺周期特点，超发的货币使得美国、日本在20世纪七八十年代滋生了以房产、股票为首的资产价格泡沫。当金融条件收紧或受到外部因素冲击时，资产泡沫破裂引发各经济体陷入萧条甚至衰退。

此外，货币超发对转型中的实体经济促进作用较小。尽管短期内货币超发本意是增加流动性、促进实体经济增长，但超发的流动性易因为市场逐利的"动物精神"流入金融市场，造成房产、股票等广义金融资产的飞速上涨（如20世纪七八十年代的美国、日本），而对于经济发展落后、产业结构单一的经济体而言，超发货币易引发过多货币追逐有限商品，造成物价的恶性上涨（如20世纪八九十年代的阿根廷、巴西）。而实行稳健货币政策的德国通过产业升级、工业制造4.0等一系列改革维持自身核心竞争力，经济相对平稳发展，保持了欧洲核心国地位。货币超发对恶化的实体经济推动作用有限，转型中的经济体应坚持通过对外开放、产业升级、供给侧改革等手段提升生产效率，促进经济增长。

货币超发造成财富再分配，易加剧收入的两极化，贫富差距扩大。当超发货币流入市场，造成通货膨胀、广义资产价格上升时，由于通货膨胀挤压居民实际收入、投机催生资产泡沫，将造成财富再分配，使得贫富差距拉大。国际经验表明，在货币超发期常伴随基尼系数的上升，此情况在发展中国家（如阿根廷、巴西）表现尤为明显，而以美国、日本为代表的发达国家货币超发与基尼系数的关联性较弱，我们认为这或与发达国家社会保障体系健全、福利保障覆盖较为完整以及社会收入分配机制较为公正有关。

资料来源：http://www.sohu.com/a/244743332_117959。

思考题： 如何看待货币超发现象？查找资料分析我国的货币超发情况。

第 12 章　货币政策

○ 学习目标

1. 了解货币政策的含义；
2. 掌握货币政策的最终目标的含义及各目标之间的关系；
3. 掌握操作目标和中介目标选择的标准；
4. 重点掌握一般性货币政策的运用；
5. 理解货币政策传导机制和货币政策效应。

○ 引言

美国经济学家约翰·泰勒通过对美国、英国、加拿大等国的货币政策实绩的细致研究发现，在各种影响物价水平和经济增长率的因素中，真实利率是唯一能够与物价和经济增长保持长期稳定相关关系的变量。因此，他认为调整真实利率应当成为货币当局的主要操作方式，这就是"泰勒规则"。根据泰勒规则，假定美国经济中存在着一个"真实"的均衡联邦基金利率，在该利率水平上，就业率和物价均可以保持在由其自然法则决定的合理水平上。如果因某种原因，真实利率、经济增长率和通货膨胀水平的关系遭到破坏，货币当局就应当采取措施。美联储如果遵循泰勒规则行事，就会使经济运行保持在一个稳定且持续增长的理想状态。显而易见，时任美联储主席格林斯潘 1993 年和 1994 年两次关于货币政策调整的证词，都是以泰勒规则为理论基础的。那么，货币政策包含哪些内容？货币政策是如何实施的？其传导过程是怎样的？这是本章将要讲述的主要内容。

12.1　货币政策目标

12.1.1　货币政策的内涵

货币政策是指货币当局（主要为中央银行）为实现其预期的宏观经济目标，运用货币政策工具调节和控制货币供给、信用、利率等经济变量的具体措施。在现代经济生活中，中央银行通过对国家的货币、信贷及银行体制的管理，来控制货币供应以及货币、产出和通货膨胀三者之间联系的方式，使货币政策成为国家对宏观经济进行调控的重要手段之一。

货币政策理论所要研究的问题主要涉及以下几个方面的内容：①货币政策的目标体系；

②货币政策工具；③货币政策传导机制；④货币政策效应。这几个方面的内容基本反映了货币政策从确立目标开始到取得最终目标效果的全部运行过程。

12.1.2 货币政策的目标体系

货币政策的目标可以分为最终目标、操作目标和中介目标。所谓最终目标是指中央银行通过货币政策操作最终要想实现的宏观经济目标，如稳定币值、经济增长、充分就业以及国际收支平衡等目标。中央银行为了实现这些目标必须运用各种政策工具，但由于任何一种政策工具都不能直接作用于实际经济活动，并且实施了货币政策工具后还要经历一段较长的时间才能间接地作用于实际经济活动，因此，中央银行必须选择一些中间变量插入货币政策工具和货币政策的最终目标之间，以作为操作和跟踪的对象。这些中间变量又可根据其与最终目标的关联程度分为操作目标和中介目标。

1. 货币政策的最终目标

货币政策的最终目标又称货币政策目标，是指中央银行通过货币政策的制定和实施所期望达到的最终目的，它是中央银行组织和调节货币流通的出发点与归宿，反映了社会经济对货币政策的客观要求。

（1）货币政策的最终目标的内容。

1）稳定币值。稳定币值目标是中央银行货币政策的首要目标，而币值稳定的实质是物价的稳定。在现代信用货币流通条件下，衡量币值稳定与否，已经不再是根据单位货币的含金量，而是根据单位货币的购买力，即在一定条件下单位货币购买商品的能力。它通常以一揽子商品的物价指数，或综合物价指数来表示。目前世界各国通常采用综合物价指数来衡量币值是否稳定。物价指数上升，表示货币贬值；物价指数下降，则表示货币升值。稳定币值是一个相对概念，并不是只控制通货膨胀率，而是要使一般物价水平在短期内不发生急剧的波动。

衡量币值稳定与否，从各国的情况看，通常使用的指标有三个：一是 GDP 平减指数，它以构成 GDP 的最终产品和劳务为对象，反映最终产品和劳务的价格变化情况。二是消费物价指数，它以消费者日常生活支出为对象，能较准确地反映消费物价水平的变化情况。三是生产物价指数，用来衡量工业企业产品出厂价格变动趋势和变动程度。需要注意的是，在动态的经济社会里，要将物价控制在一个绝对的水平上是不可能的，问题在于能否把物价控制在经济增长所允许的限度内。对于这个限度的确定，各个国家不尽相同，主要取决于各国经济发展情况。

2）经济增长。所谓经济增长就是指 GDP 的增长必须保持合理、较高的速度。货币政策目标所追求的经济增长是指发展速度加快、结构优化与效率提高三者之间的统一。目前各国衡量经济增长的指标一般采用人均实际 GDP 的年增长率，即用人均名义 GDP 年增长率剔除物价上涨率后的人均实际 GDP 年增长率来衡量。政府一般对计划期的实际 GDP 增长幅度定出指标，用百分比表示，中央银行即以此作为货币政策的目标。

虽然目前世界上大多数国家的中央银行普遍将经济增长列为货币政策目标之一，但由于它在各国货币政策目标中所处的地位不同，其重要程度不尽相同。就一国而言，在各个历史时期也并不一样。从美国来看，高度重视经济增长是在 20 世纪 30 年代至 20 世纪 50 年代，因为当时美国面临第二次世界大战之后的产能严重下降，以及随后出现的经济衰退。而自 20 世纪 70 年代以来，尤其是 1981 年里根担任总统之后，货币政策目标则以反通货膨胀为重点。

3）充分就业。充分就业是针对所有可利用资源的利用程度而言的，严格意义上的充分就业是对所有资源而言，它不仅包括劳动力的充分就业，还包括其他生产要素的"充分就业"即充分利用。但人们通常所说的充分就业仅针对劳动力而言，是指凡是有能力并自愿参加工作者，都能在较合理的条件下随时找到适当的工作。一般情况下，以劳动力的就业程度为基准，即以失业率指标来衡量劳动力的就业程度。失业从理论上讲，表示生产资源的一种浪费，失业率越高，对社会经济增长越是不利，因此，各国都力图把失业率降到最低水平，以实现其经济增长的目标。

西方学者认为，除需求不足造成的失业外，其他种种原因造成的失业是不可避免的。从经济效率的角度看，保持一定的失业水平是适当的，充分就业目标不意味着失业率等于零，美国多数学者认为 4% 的失业率即为充分就业，而一些较为保守的学者则认为应将失业率压低到 3% 以下。

4）国际收支平衡。保持国际收支平衡是保证国民经济持续稳定增长和国家安全稳定的重要条件，也是货币政策的重要目标。所谓国际收支平衡目标，就是采取各种措施纠正国际收支差额使其趋于平衡。因为一国国际收支出现失衡，无论是顺差或逆差，都会对本国经济造成不利影响，长时期的巨额逆差会使本国外汇储备急剧下降，并承受沉重的债务和利息负担；长时期的巨额顺差，又会造成本国资源使用上的浪费，使一部分外汇闲置，特别是如果因大量购进外汇而增发本国货币，则可能引起或加剧国内通货膨胀。当然，相比之下，逆差的危害更大，因此各国调节国际收支失衡一般着力于减少以致消除逆差。

（2）货币政策的最终目标之间的关系。货币政策的最终目标要同时实现是非常困难的。在具体实施中，以某项货币政策工具来实现某一货币政策目标，经常会干扰其他货币政策目标的实现，或者说，为了实现某一货币政策目标而采用的措施很可能与实现另一个货币政策目标所应采取的措施相矛盾。

1）稳定币值与充分就业。稳定币值与充分就业两个目标之间经常发生冲突。若要降低失业率，增加就业人数，就必须增加货币工资。若货币工资增加过少，充分就业目标就无明显促进作用；若货币工资增加过多，致使其上涨率超过劳动生产率的增长，就会造成成本推进型通货膨胀，必然造成物价与就业两项目标的冲突。如西方国家在 20 世纪 70 年代以前推行的扩张政策，不仅无助于实现充分就业和刺激经济增长，反而造成了"滞胀"局面。

2）稳定币值与经济增长。这两个目标是可以相辅相成的，稳定币值有利于发展经济，经济发展也有利于稳定币值。一般而言，劳动力增加，资本形成并增加，加上技术进步等因素促进生产的发展和产量的增加，随之而来的是货币总支出的增加。由于生产率是随时间的进程而不断发展的，货币工资和实际工资也是随生产率的提高而增加的。只要物价稳定，整个经济就能正常运转，维持其长期增长的势头。但是，世界各国的经济发展史表明，过分强调币值的稳定，经济的增长与发展就会受阻。在现代社会中，经济增长总是伴随着物价上涨，近百年的经济史说明了这一点。从西方货币政策实践的结果来看，要使稳定物价与经济增长齐头并进并不容易。其主要原因在于：政府往往较多地考虑经济发展，刻意追求经济增长的高速度。如采用扩张信用和增加投资等办法，其结果必然造成货币发行量增加和物价上涨，使币值稳定与经济增长之间出现矛盾。

3) 经济增长与国际收支平衡。经济增长引起进口增加，随着国内经济的增长，国民收入及支付能力的增加，通常会增加对进口商品的需要。如果该国的出口贸易不能随进口贸易的增加而相应增加，必然会使得贸易收支状况变坏。同时，要促进国内经济增长，就要增加投资，提高投资率。在国内储蓄不足的情况下，必须借助外资，引进外国的先进技术，以此促进本国经济发展。这种外资的流入，必然带来国际收支中资本项目的逆差。尽管这种外资的流入可以在一定程度上弥补贸易逆差而造成的国际收支失衡，但并不一定就能同时确保经济增长与国际收支平衡。另外，如果一国国际收支顺差，则会带来基础货币的增加、通货膨胀的压力，也会影响经济的增长。

4) 充分就业与经济增长。经济增长能够创造更多的就业机会，就业人数越多，经济增长速度就越快，而经济增长速度越快，为劳动者提供的就业机会也就越多。但在某些情况下，两者也会出现不一致。例如，以内涵型扩大再生产所实现的高经济增长，不可能实现高就业。再如，片面强调高就业，硬性分配劳动力到企业单位就业，造成人浮于事，效率下降，产出减少，导致经济增长速度放慢。

2. 货币政策的操作目标和中介目标

（1）操作目标和中介目标的含义。中央银行在实施货币政策中所运用的政策工具无法直接作用于最终目标，需要有一些中间环节来完成政策传导的任务。因此，中央银行在政策工具和最终目标之间，插进了一些中间变量，这些变量既能为货币政策的工具所左右，又与货币政策的目标相关。根据其与货币政策目标的相关程度，分为操作目标指标和中介目标指标。操作目标指标是与货币政策操作密切相关的变量，是中央银行通过货币政策工具能直接有效控制的一组指标，如准备金、基础货币等指标。中介目标指标处于最终目标和操作目标之间，是中央银行通过货币政策操作和传导后能够以一定的精确度达到的政策变量，主要有市场利率、货币供应量等。

（2）操作目标和中介目标的选择。货币政策的中介目标是连接货币政策的最终目标与政策工具操作的中介环节，是货币政策运行过程中的重要环节，也是实施货币政策的关键步骤。因此，中介目标通常具备三个特点。①可测性。它是指中央银行能够迅速获得中介目标相关指标的变化状况和准确的数据资料，并能够对这些数据进行有效分析和做出相应判断。显然，如果没有中介目标，中央银行直接去收集和判断最终目标的数据，如价格上涨率和经济增长率是十分困难的，短期内是不可能获得这些数据的。②可控性。它是指中央银行通过各种货币政策工具的运用，能对中介目标变量进行有效的控制，能在较短时间内（如1~3个月）控制中介目标变量的变动状况及其变动趋势。③相关性。它是指中央银行所选择的中介目标，必须与货币政策的最终目标有密切的相关性，中央银行运用货币政策工具对中介目标进行调控，能够促使货币政策的最终目标的实现。

通过货币政策的中介目标的选择标准可以知道，作为中介目标的金融指标主要有：长期利率和货币供应量。

1) 长期利率。西方传统的货币政策均以利率为中介目标。利率能够作为中央银行货币政策的中介目标是因为：首先，利率不但能够反映货币与信用的供给状态，而且能够表现供给与需求的相对变化。利率水平趋高被认为是银根紧缩,利率水平趋低则被认为是银根松弛。其次,利率属于中央银行影响可及的范围,中央银行能够运用政策工具设法提高或降低利率,符合可控性。再次,利率资料易于及时收集获得并能够经常汇集,符合可测性。最后,利率的变动能直接影响经济活动,符合相关性。

2) 货币供应量。以弗里德曼为代表的现代货币数量论者认为,宜以货币供应量或其变动率为主要中介目标。他们的主要理由是:首先,货币供应量的变动能直接影响经济活动,符合相关性。其次,货币供应量及其增减变动能够为中央银行所直接控制。货币供应量增加,表示货币政策松弛,反之则表示货币政策紧缩,符合可控性。再次,货币供应量的数据是可测的。最后,货币供应量作为指标不易将政策性效果与非政策性效果相混淆,因而具有准确性的优点。

以货币供应量为指标有几个问题需要考虑:一是中央银行对货币供应量的控制能力。货币供应量的变动主要取决于基础货币的改变,但还要受其他种种非政策性因素的影响,如现金漏损率、商业银行超额存款准备金率、定期存款与活期存款的比率等,这是非中央银行所能完全控制的。二是货币供应量传导的时滞问题。中央银行通过变动准备金以期达到一定的货币量变动率,但此间却存在较长的时滞。三是货币供应量与最终目标的关系。对此有些学者尚持怀疑态度。但从衡量的结果来看,货币供应量仍不失为一个性能较为良好的指标。

各国中央银行通常采用的操作目标主要有:短期利率、商业银行的存款准备金、基础货币等。

1) 短期利率。短期利率通常是指市场利率,即能够反映市场资金供求状况、变动灵活的利率。它是影响社会的货币需求与货币供给、银行信贷总量的一个重要指标,也是中央银行用以控制货币供应量、调节市场货币供求、实现货币政策目标的一个重要的政策性指标,如西方国家中央银行的贴现率、伦敦银行间同业拆放利率等。作为操作目标,中央银行通常只能选用其中一种利率。美联储主要采用联邦基金利率,日本中央银行采用银行同业拆借利率。英国的情况较特殊,英格兰银行(英国的中央银行)采用一组短期利率和一组长期利率作为标准,其用作操作目标的短期利率有:隔夜拆借利率、3个月期的银行同业拆借利率、3个月期的国债利率;用作中介目标的长期利率有:5年期的国债利率、10年期的国债利率、20年期的国债利率。

2) 商业银行的存款准备金。中央银行以准备金作为货币政策的操作目标,其主要原因是无论中央银行运用何种政策工具,都会先行改变商业银行的准备金,然后对中介目标和最终目标产生影响。因此可以说变动准备金是货币政策传导的必经之路,由于商业银行准备金越多,银行贷款与投资的能力就越大,从而派生存款和货币供应量也就越多。因此,银行准备金增加被认为是货币市场银根放松,准备金减少则意味着市场银根紧缩。

3) 基础货币。基础货币是中央银行经常使用的一个操作指标,也常被称为"强力货币"或"高能货币"。从基础货币的计量范围来看,它是商业银行准备金和流通中通货的总和,包括商业银行在中央银行的存款、银行库存现金、向中央银行的借款、社会公众持有的现金等。通货与准备金之间的转换不改变基础货币总量,基础货币的变化来自那些提高或降低基础货币的因素。

知识拓展

中国人民银行创设
临时隔夜正、逆回
购操作的影响

多数学者都认为基础货币是较理想的操作目标。因为基础货币是中央银行的负债，中央银行对已发行的现金和它持有的存款准备金都掌握着相当及时的信息，因此中央银行对基础货币是能够直接控制的。基础货币比商业银行的存款准备金更合适，因为它考虑到社会公众的通货持有量，而准备金却忽略了这一重要因素。

12.2 货币政策工具

货币政策工具是指中央银行为实现货币政策目标所运用的策略手段。中央银行的政策工具主要有一般性货币政策工具、选择性货币政策工具、直接信用控制、间接信用指导等政策工具，这些货币政策工具分别包括各种具体货币政策。具体来说，我国货币政策工具主要包括：公开市场业务、存款准备金、中央银行贷款、利率政策、常备借贷便利、中期信贷便利、抵押补充贷款、定向中期借贷便利、结构性货币政策工具。

12.2.1 一般性货币政策工具

一般性货币政策工具也被称为"货币政策的总量调节工具"，是中央银行调控的常规手段，它主要调节货币供应总量、信用量和一般利率水平。因此，它又被称为数量工具。一般性货币政策工具主要包括法定存款准备金政策、再贴现政策和公开市场业务三大工具，即货币政策的"三大法宝"。

1. 法定存款准备金政策

法定存款准备金率是商业银行按规定向中央银行缴纳的存款准备金占其存款总额的比率。法定存款准备金政策是指中央银行通过调高或调低商业银行上缴中央银行的法定存款准备金率，影响商业银行的信用扩张能力和社会的货币供应量，进而实现其货币政策目标。这一政策的效用主要体现在它对商业银行的信用扩张能力、对货币乘数的调节上。由于商业银行的信用扩张能力与中央银行投放的基础货币存在乘数关系，而乘数的大小与法定存款准备金率成反比。因此，若中央银行提高法定存款准备金率，商业银行可创造信用的能力就下降，商业银行放款的提供及信用的扩张能力就会受到限制，货币乘数就会变小，从而降低了整个商业银行体系创造信用、扩大信用规模的能力，其结果是社会的银根偏紧，货币供应量减少，利息率提高，投资及社会支出都相应缩减。反之亦然。

与其他货币政策工具相比，法定存款准备金政策具有如下优点：①中央银行具有完全的自主权，它是三大货币政策工具中最容易实施的手段。②法定存款准备金率的变动对货币供应量的作用迅速，一旦确定，各商业银行及其他金融机构都必须立即执行。③法定准备金制度对所有的商业银行一视同仁，所有的金融机构都同样受到影响。

但是法定存款准备金政策也存在缺陷。一是产生告示效应。当中央银行调整法定存款准备金率时，存款货币银行可以变动其中央银行的超额存款准备金，从反方向抵消法定存款准备金率政策的作用。在商业银行有大量超额准备金的情况下，中央银行提高法定存款准备金率，商业银行会将超额准备金的一部分作为法定准备金，而不收缩信贷规模，这就难以实现中央银行减少货币供给的目的。二是法定存款准备金率对货币乘数的影响很大,作用力度很强,往往被当作一剂"猛药",难以实现货币供给和利率的微小变动,其调整对整个经济和社会心理预期的影响都太大,不宜作为中央银行日常调控货币供给的工具。三是提高法定存款准备金率会使拥有低超额存款准备金的银行面临流动性问题。因此,法定存款准备金政策往往是作为货币政策的一种自动稳定机制,而不将其当作适时调整的经常性政策工具来使用。

2. 再贴现政策

再贴现是指商业银行持客户贴现的商业票据向中央银行请求贴现,以取得中央银行的信用支持。再贴现政策是中央银行根据政策需要通过调高或调低再贴现率(包括中央银行掌握的其他基准利率,如其对存款货币银行的贷款利率等)以实现货币政策目标。通过变动贴现率,影响贴现贷款和基础货币的规模,从而影响货币供给。

当中央银行提高再贴现率时,存款货币银行借入资金的成本上升,基础货币减少,因此商业银行申请较少的贴现贷款,从而缩减货币供给;反之亦然。与法定存款准备金率工具相比,再贴现政策工具的弹性相对要大一些、作用力度相对要缓和一些,在商业银行陷入倒闭困境时,中央银行通过贴现向银行提供资金融通,可阻止银行危机和金融危机。但是,再贴现政策具有告示效应,从反方向抵消其作用,而且主动权掌握在商业银行手中,因为向中央银行请求贴现票据以取得信用支持,仅是商业银行融通资金的途径之一,商业银行还有其他诸如出售证券、发行存单等融资方式。因此,中央银行的再贴现政策是否能够获得预期效果,还取决于商业银行是否主动配合。

再贴现政策是中央银行的三大货币政策工具之一,它不仅影响商业银行筹资成本,限制商业银行的信用扩张,控制货币供应总量,而且可以按国家产业政策的要求,有选择地对不同种类的票据进行融资,促进结构调整。

3. 公开市场业务

公开市场业务是指中央银行通过在金融市场上公开买卖有价证券等业务活动来调节信用规模、货币供应量和利率以实现其金融控制和调节的活动,是货币政策最重要的工具。中央银行在金融市场上公开进行证券交易活动,其目的在于调控基础货币,进而影响货币供应量和市场利率。当中央银行判断社会上资金过多时,它会卖出债券,减少存款准备金和基础货币,相应地收回一部分资金,从而减少了货币供给,使短期利率提高。相反,中央银行则买入债券,直接增加金融机构存款准备金和基础货币,从而增加货币供给,使短期利率降低。

公开市场业务是比较灵活的金融调控工具。与法定存款准备金政策相比较,公开市场操作政策更具有弹性和优越性:一是中央银行能够运用公开市场业务,影响存款货币银行的准备金,从而直接影响货币供应量。二是公开市场业务没有"告示效应",不会引起社会公众对货币政策意向的误解,因而不会造成经济的紊乱。这是具有强烈"告示效应"的再贴现率政策和法定存款准备金政策所做不到的。三是在公开市场业务中,中央银行始终处于积极主动的地位,完全可以按自己的意愿来实施货币政策。四是中央银行可以连续、灵活地进行公开市场业务,不受时间、数量、方向限制,不会因为经济主体的适应性调整造成经济运行的紊乱,即使中央银行出现政策失误也可以及时进行修正。此外,由于公开市场业务的规模和方向性可以灵活安排，中央银行有可能用其对货币供应量进行微调。五是公开市场业务可以普遍运用，广泛地影响社会经济活动。

但是，公开市场业务的局限性也比较明显：一是金融市场不仅必须具备全国性，而且具有相当的独立性，可用以操作的证券种类必须齐全并达到必需的规模。二是中央银行必须具有强大的、足以干预和控制整个金融市场的金融实力。三是必须有其他货币政策工具配合。例如，如果没有法定存款准备金制度配合，这一工具就无法发挥作用。四是它的收效缓慢，因为国债买卖对货币供给及利率的影响需要一定时间才能缓慢地传导到其他金融市场，影响经济运行。

12.2.2 选择性货币政策工具

一般性货币政策通过对货币总量的调节来影响整个宏观经济。除了这些一般性政策工具以外，还可以有选择地针对个别部门、个别企业或某些特殊领域的信用加以调节和影响。其中包括消费者信用控制、证券信用控制、不动产信用控制、优惠利率等。

1. 消费者信用控制

消费者信用控制是指中央银行对不动产以外的各种耐用消费品的销售如分期购买或贷款融资予以控制。其主要内容包括规定分期付款购买耐用消费品的首期付款最低限额、消费信贷最长期限等。

2. 证券信用控制

证券信用控制是指中央银行对有关证券交易的各种贷款规定应支付的保证金限额。其目的在于限制过度投机。比如可以规定一定比例的证券保证金，即客户在购买证券时只需要缴纳一定比率的保证金就可向银行借入一定的金额或一定数量的证券，从事证券交易。中央银行可根据经济发展需要调高或调低准备金比率，并随时根据证券市场状况进行调整，以达到紧缩或放松银根的目的。

3. 不动产信用控制

不动产信用控制是指中央银行对商业银行等金融机构向客户提供不动产抵押贷款的管理措施，以抑制房地产交易中的过度投机带来房地产价格的暴涨或暴跌。不动产信用控制主要包括商业银行或其他金融机构房地产贷款的最高限额、最长期限以及首次付款和分期付款的最低金额等。

4. 优惠利率

优惠利率是指中央银行对国家确定的重点发展部门、行业和产品规定较低的利率，如农业、高新技术企业、基础产业、出口创汇企业等，以鼓励其发展。优惠利率不仅在发展中国家被采用，在发达国家也普遍被采用。

12.2.3 直接信用控制

直接信用控制是指中央银行以行政命令或其他方式，从质量和数量两个方面，直接对金融机构尤其是存款货币银行的信用活动进行控制。其手段包括信用配额、直接干预、利率最高限额、流动性比率管理等。其中，利率最高限额是最常使用的直接信用控制工具。

1. 信用配额

信用配额是指中央银行根据金融市场的供求状态及客观经济需要，对各个商业银行的信用规模加以合理分配和限制等措施。在大多数发展中国家，由于发展经济的资金缺乏，这种手段被相当广泛地采用，成为一种较常用的直接控制手段。

2. 直接干预

直接干预是指中央银行可以直接对商业银行的信贷业务如放款范围、放款期限、放款条件施以合理的干预，如对业务经营不规范的商业银行采取高于一般利率的惩罚性利率或拒绝再贴现、再贷款等。

3. 利率最高限额

利率最高限额是指中央银行以法律的形式规定商业银行和其他金融机构的定期及储蓄存款所能支付的最高利率水平。如在 1980 年美国实行的 Q 条例规定：对活期存款不准支付利息，对定期存款和储蓄存款付息不得超过规定的最高利率水平，其目的是防止商业银行和金融机构之间为了争夺存款竞相提高利率而带来不正当竞争，给金融行业带来不必要的风险。

4. 流动性比率管理

流动性比率管理是指中央银行为了限制商业银行扩张信用，规定商业银行流动资产对存款的比重，从而使商业银行不能任意将流动性资产用于长期性商业贷款。在一般情况下，商业银行的流动性与收益率呈反方向变动关系，流动性越强，收益率越低，商业银行为了提高资产的流动性，达到规定的比重，必须减少长期贷款、增加短期贷款和增加持有的现金资产和短期证券等易于变现的资产数量。

12.2.4 间接信用指导

间接信用指导是指中央银行通过道义劝告、窗口指导等办法间接影响存款货币银行的信用创造。

道义劝告是指中央银行利用自己在金融体系中的特殊地位和威望，对存款货币银行及其他金融机构经常发出通告或指示，或与各金融机构负责人面谈，以影响其放款的数量和投资方向，使其遵守政府政策并自动采取贯彻政策的相应措施，从而达到控制和调节的目的。

窗口指导是指中央银行根据产业行情、物价趋势和金融市场动向等经济运行中出现的新情况和新问题，对存款货币银行提出信贷的增减建议。若存款货币银行不接受，中央银行将采取必要的措施，如可以减少其贷款的额度，甚至采取停止提供信用等制裁措施。窗口指导虽然没有法律约束力，但影响力往往比较大。

间接信用指导的优点是较为灵活，但要发挥效果，必须以中央银行在金融体系中有较高的地位为前提，并拥有足够的法律权利和手段来控制信用。

12.3 货币政策传导机制

货币政策传导机制是指中央银行在确定了货币政策目标后,从选用一定的货币政策工具并付诸实施开始,到实现其最终目标之间,通过金融机构的经营活动和金融市场,传导至企业和居民,对其生产、投资和消费等行为产生影响的过程。货币政策传导机制问题历来是货币政策理论的核心内容之一,这是由于它与货币政策的中介目标的选择、货币政策操作方式等共同决定货币政策的效果,它所经历的中间环节和因果关系如图 12-1 所示。

知识拓展

结构性货币政策的发展、效果及建议

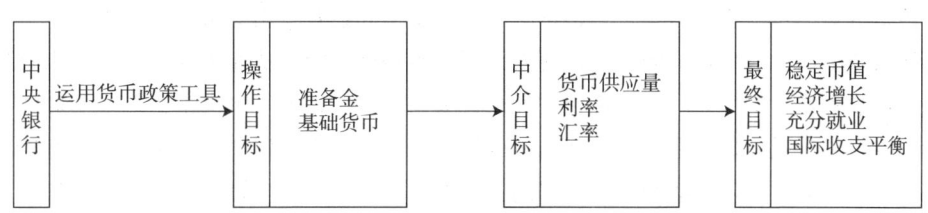

图 12-1 货币政策传导机制

中央银行运用货币政策工具首先影响操作目标和中介目标,然后通过操作目标和中介目标影响人们的经济活动,但是在传导过程中究竟哪一种变量起主要作用,西方学者有着不同的解释,从而形成了不同的传导机制理论。

12.3.1 资产结构效应传导和财富效应传导

货币政策传导理论的第一阶段是 20 世纪 30 年代至 20 世纪 70 年代末期,在凯恩斯主义学派和货币主义学派的基础上展开的,主要是凯恩斯主义学派的资产结构效应传导和货币主义学派的财富效应传导。

1. 凯恩斯主义学派的资产结构效应传导

所谓资产结构,是指一系列具有各种不同收益率、风险和到期日资产的投资组合。这种传导强调金融资产的价格——利率,而不是金融变量的存量,例如货币。当货币当局扩大货币供给时,就会打破原有的资产组合平衡,引起经济主体调整资产结构,经过一系列环节对实际经济部分发生作用,从而影响国民收入。托宾提出的 Q 传导理论全面研究了这一理论,极大地丰富了凯恩斯传导途径中 $R\rightarrow I$ 的作用机制。按照凯恩斯的思路:假定货币供给相对于需求突然增加,首先发生的变化是利率(R)下降;利率下降后,资本的边际效率提高,投资(I)就会增加,投资的增加必然影响总支出(E)和总收入(Y)。这一传导过程简单表示为

M(货币)↑→R(利率)↓→I(投资)↑→E(总支出)↑→Y(总收入)↑

托宾的 Q 理论认为,Q 值为企业的真实资本的当期证券价格(企业市场价值)与资本的当期重置成本之比。中央银行运用货币政策工具调节货币资产的供应量,从而影响货币资产的价格——利率,利率变化必然引起股票价格发生变化。当 Q 值大于 1 时,即企业的真实资本的

当期股票的市场价值大于企业资本当期的重置成本，建立一家新的工厂和增加新的设备相对于企业的市场价值来说要便宜，这时企业乐于增加新设备，购买投资品，以扩大生产规模获得更大收益。当所有的厂商都扩大投资时，即社会净投资增加，整个社会的投资水平就会增加，国民收入也会相应增加。反之，当 Q 值小于 1 时，企业股票的市场价值较低，股市低迷，这时，投资者宁愿购买一家旧企业，获得旧资本，而不愿意进行新的投资，这对整个社会而言，总投资并没有增加，因而国民收入也不会增加。这一传导过程可表示为

$$M(货币)\uparrow \to R(利率)\downarrow \to P_s(企业市价)\uparrow \to Q(企业市场价值与企业重置成本之比)\uparrow$$
$$\to I(投资)\uparrow \to Y(总收入)\uparrow$$

2. 货币主义学派的财富效应传导

货币是财富的重要表现形式之一，是决定消费支出和投资支出的重要决定因素。货币供应量的增加或减少，会改变财富的数量，使人们感到富裕或贫穷，从而改变自己的支出意愿，进而影响国民收入水平的变动。这一传导过程被称为财富效应传导。中央银行调节基础货币，增加社会的货币供应量后，社会公众会感觉自己比以前更为富有，他们会：①增加持有的货币量以满足流动性偏好。②增加消费支出以提高生活水平。③增加投资以增加收益。其中，用来增加流动性偏好的一部分货币并没有改变社会公众当期的支出意愿，对国民收入变动不产生影响；用来增加消费支出的那部分货币会通过扩大社会总需求直接促进国民收入的增加，即直接效应；用来增加投资支出的那部分货币，通过资本价值的变动、资本数量的变动和资本收益率的变动，对实际投资起作用，进而影响国民收入，即间接效应。这一传导过程可表示为

$$M(货币)\uparrow \to C(消费)\uparrow \to AD(总支出)\uparrow \to Y(总收入)\uparrow$$
$$P_e(资本价值)\uparrow \to I(投资)\uparrow \to Y(总收入)\uparrow$$

12.3.2 信用供给可能性传导

货币政策传导理论的第二阶段是从 20 世纪 80 年代至今，这一段时期货币政策的信贷传导途径理论得到迅速发展，与货币途径之间的争论也越来越尖锐和成熟，主要是信用供给可能性传导理论。信用传导机制主要包括银行借贷传导理论与资产负债表传导两种具体的信用传导理论。

1. 银行借贷传导理论

这种理论认为，在信息不对称环境下，商业银行的资产业务与负债业务一样，具有独特的政策传导功能。换言之，银行贷款与其他金融资产（如债券）不可完全替代，特定类型的借款人的融资需求只能通过银行贷款得以满足，从而使得货币政策除经由一般的利率机制传导以外，还可通过银行贷款的增减变化进一步强化其对经济运行的影响。伯南克与布林德率先对货币政策如何经由银行借贷传导进行正式探讨（Bernanke and Blinder, 1988），其传导机制可以表示如下：随着货币政策紧缩，银行活期存款（D）相应减少，从而当银行资产结构基本不变时，银行贷款（L）的供给也被迫削减，结果在因利率普遍升高而抑制投资的基础上，还致使那些依赖银行贷款融资的特定借款人进一步削减投资，国民收入随之滑落。银行借贷传导理论表明，即便存在如凯恩斯所述的流动性陷阱，使传统的利率传导机制失效，货币政策也可通过

信用供给的变动造成货币供给的变动，从而继续发挥作用。由此可见，银行借贷为货币传导提供了另外一条重要渠道。这一传导过程表示为

$$M(货币)\downarrow \to 银行贷款\downarrow \to 投资\downarrow \to Y(总收入)\downarrow$$

2. 资产负债表传导

资产负债表传导又称净财富额传导，在表现形式上非常接近银行借贷传导，即同样认为货币政策对经济运行的影响可以经由特定借款人受信能力的制约而得以强化。然而实质上二者存在显著差异：前者从银行贷款供给角度解释信用对经济的独特影响；后者从不同货币政策态势对特定借款人资产负债状况的影响角度解释信用在传导过程中的独特作用（Bernanke and Gertler，1995）。随着货币供给减少与利率的普遍上扬，借款人的资产状况将从两个方面遭到削弱。

从净现金流量看，利率的上升导致利息等费用开支增加，从而直接减少净现金流；销售收入下降则从间接渠道进一步减少净现金流。

从资产价值看，利率的上升意味着股价的下跌，从而现有资本品的价值随之减少，资产状况相应恶化。由于上述原因，借款人担保品价值下降，贷款的逆向选择与道德风险问题趋向严重，结果部分资信状况不佳的借款人既无法从市场直接融资，又无法获得银行贷款，导致投资与产出额外紧缩。

资产负债表传导不以中央银行能够影响银行贷款供给为前提，因而适用范围更加广泛。这一传导过程表示为

$$M(货币)\downarrow \to P_e(资本价值)\downarrow \to NCF(净现金流量)\downarrow \to 逆向选择和道德风险\uparrow \to 贷款\downarrow$$
$$\to 投资额\downarrow \to Y(总收入)\downarrow$$

12.4 货币政策效应

货币政策效应是指中央银行实施货币政策达到的效果和预期效果之间的偏离程度。中央银行选择一定的货币政策工具作用于商业银行和金融市场，以实现其最终目标，但是其预期所要达到的效果和实际的效果之间总是存在一定程度的偏差。由于货币政策在传导过程中总是受到各种因素的影响，不同国家、不同时期的影响因素是不一样的，主要有以下几个方面。

1. 货币政策时滞

货币政策时滞是指货币政策从研究、制定到实施后发挥实际效果全过程所经历的时间，主要包括内部时滞和外部时滞两个部分。内部时滞是指从政策开始制定到实施政策工具这段时间。它又可细分为两个阶段，第一段叫认识时滞，它是指经济生活发生变化时，中央银行要获得反映这种变化的各种资料并进行分析和研究，以确定货币的政策意向所需要的时间。第二段叫行动时滞，它是指货币政策意向确定后，中央银行要根据对经济活动变化规律及其后果等的分析，决定实施具体的政策工具所需要的时间。外部时滞是指中央银行从实施货币政策工具开始，到对政策目标产生影响所经过的时间。

货币政策时滞是客观存在的，虽然可以通过各种措施缩短，但不可能完全消失。时滞的长短对货币政策的效果有很大的影响。如果货币政策时滞较短或者中央银行能准确预测货币政策时滞，货币政策工具在实施和传导的选择中就容易把握方向和力度，货币政策比较容易达到预期的效果；如果货币政策时滞较长且不稳定，政策效果难以观察和预测，政策工具在实施和传导过程中可能会变得无所适从，政策的取向和力度不能根据对政策生效程度的判断而随时确定和灵活调整，从而难以达到理想的政策目标。

2. 中央银行的独立性

从历史经验看，中央银行的独立性是货币政策有效传导的必要条件。中央银行在制定货币政策的过程中如果缺乏足够的独立性，需要顾及相关部门的利益，甚至在某些情况下，中央银行只是货币政策的执行机构而非最终决策机构，就会导致货币政策的决策过程过长、环节过多。从经济形势发生变化，到实施货币政策，再到取得效果，由于决策过程长、环节多，经过的时间较长，可能经济形势又发生了新的变化，从而对货币政策目标的实现产生不利的影响。

3. 商业银行的自我约束机制

商业银行如果不能建立真正完善的自我约束机制，受利益机制的驱动或过于强调不良贷款比率的下降，会极大地降低货币政策效应。例如，在经济过热时，中央银行的货币政策意图是采取法定存款准备金政策、提高存款准备金率，以控制投资规模，达到紧缩银根、抑制消费和投资的目的，但商业银行为了利益，会减少其手中的超额准备金。这样，贷款数量并没有减少，货币政策也难以达到预期的效果；在经济萧条时，中央银行的货币政策意图是降低存款准备金率，扩大贷款规模，以达到放松银根、刺激投资和消费的目的，但商业银行为了减少不良贷款比率，会增加其手中的超额准备金。这样，贷款数量并没有增加，经济复苏缺乏资金，也难以实现中央银行预期的目标。

4. 金融市场的发达程度

金融市场是货币政策传导的基础，具有信息传递功能、市场导向功能和价格传递功能。如果金融市场的利率市场化程度不高，利率缺乏弹性就会使公开市场业务传导货币政策的作用有限，并在一定程度上影响公开市场业务操作的实际效果；如果金融市场的票据发展落后，再贴现政策的传导只能是简单的中央银行与商业银行的资金与票据的置换，再贴现政策的传导效应也必然低下；如果资本市场规模较小，中央银行基准利率的变动对债券和股票市场的影响力不足，资本市场难以及时、准确地把货币政策意图的信息反映在债券和股票价格中，使价格信号对资源配置的调节作用受阻，中央银行通过资本市场调节投资和消费的政策目标就难以实现；如果资本市场和货币市场脱节，货币市场的资金不能以公开、合法的渠道流入资本市场，两个市场的资金价格结构的相关性不强就会失衡，使金融工具价格之间的比例关系不合理，进而制约货币政策实施的效果。

5. 国际经济政策的协调性

在开放经济条件下，各国经济相互联系、相互影响的程度加大，一国国内的经济政策会对其他国家产生影响，即国内经济政策的"溢出效应"。同时，国外的经济政策也会影响到本国经济，产生"反馈效应"，转而反过来影响本国经济。影响的结果通过各国的外部经济部门运行状况表现出来，即表现在国际收支和汇率波动上。如果本国的宏观经济政策与有关国家的宏观经济政策取向相互冲突，各国的外部平衡就会遇到麻烦，导致内外平衡的政策目标相背离，在一定程度上影响货币政策的效果。

本章小结

货币政策是指货币当局（主要是指中央银行）为实现其预期的宏观经济目标，运用货币政策工具调节和控制货币供给、信用、利率等经济变量的具体措施。

货币政策的目标体系包括货币政策的最终目标、操作目标和中介目标。最终目标包括稳定币值、经济增长、充分就业、国际收支平衡。操作目标包括短期利率、商业银行的存款准备金、基础货币。中介目标包括长期利率、货币供应量。

货币政策传导机制是指中央银行在确定了货币政策目标后，从选用一定的货币政策工具并付诸实施开始，到实现其最终目标的过程。

货币政策效应是指中央银行实施货币政策达到的效果和预期效果之间的偏离程度。影响货币政策效应的因素有：货币政策时滞、中央银行的独立性、商业银行的自我约束机制、金融市场的发达程度、国际经济政策的协调性。

学习建议

在本章的学习过程中，建议根据近年来国内外经济形势的变化以及我国政府为应对变化所采取的措施，结合实例分析货币政策的目标以及中央银行为实现货币政策目标而采取的政策工具。

本章重点

货币政策的最终目标及其各目标之间的关系、资产结构效应传导和财富效应传导以及银行借贷传导的过程及其理论内容。

本章难点

货币政策的最终目标、中介目标、操作目标之间的内在联系，影响货币政策效应的因素。

核心概念

货币政策	货币政策目标	货币政策的中介指标	存款准备金政策
再贴现政策	公开市场政策	道义劝告	窗口指导
消费者信用控制	货币政策传导机制	货币政策效应	货币政策时滞

课后思考与练习

1. 货币政策的最终目标有哪些？简述各目标之间的关系。
2. 货币政策的操作目标和中介目标分别包括哪些？如何选择货币政策的中介目标？
3. 什么是货币政策传导机制？简述凯恩斯主义学派的货币政策传导机制理论的主要内容。

4. 影响货币政策效应的因素有哪些?
5. 一般性货币政策工具和选择性货币政策工具有哪些?试比较货币政策"三大法宝"的优缺点。

补充阅读 12-1

中美货币政策调控的差异

我国和美国货币政策调控往往相异。除了经济周期不同步造成两国货币政策方向往往不一致外,在货币政策工具运用上,中美两大经济体也各具特点。近年来,我国货币政策运用以调整法定存款准备金率为主,并且越来越多使用结构性货币政策工具,美联储虽然也会使用数量型工具(如量化宽松、资产购买等),但总体上仍以调节联邦基金利率为主。

1. 我国货币政策运用以调整法定存款准备金率为主,美国则以调节联邦基金利率为主

法定存款准备金率是法律规定的商业银行准备金与商业银行吸收存款的比率。商业银行吸收的存款不能全部放贷出去,必须按照法定比率留存一部分在中央银行。目前我国根据银行按规模大小划分了三档存款准备金率,工商银行、农业银行、中国银行、建设银行、交通银行以及邮政储蓄银行六大商业银行实行10.75%的存款准备金率,股份制商业银行、城市商业银行、外资银行和部分规模较大的农村商业银行实行7.75%的存款准备金率,农村信用社、农村合作社、村镇银行、服务县域的农村商业银行实行5%的存款准备金率。

2016年至2023年9月,我国法定存款准备金率调整过20次,均为向下调整(降准)。其中,有8次下调了0.5个百分点,4次下调了1个百分点。而同期我国政策利率(如中期借贷便利MLF利率)调整过12次,其中,向上调整(加息)4次,向下调整(降息)8次,每次以调整5到10个基点为主,最多的一次性下调幅度为15个基点。

相比之下,美国货币政策运用以调节利率为主。自20世纪80年代以来,美联储主要采用调节短期利率(联邦基金利率)来达到维持就业率和通货膨胀率的双重任务目标。所谓联邦基金利率,就是商业银行借入或融出准备金的利率。至今,这一利率仍是美联储主要政策工具。2016年至2023年8月31日,美国政策利率(联邦基金利率)调整过24次,向上调整(加息)19次,向下调整(降息)5次,每次以调整25个基点为主,新冠疫情以来,调整幅度较大,以50个基点为主,甚至高达75个基点。

在决策程序上,美联储进行利率调控的便利性远高于准备金率的调整。美联储调整利率主要通过每年在华盛顿召开的8次议息会议。联邦公开市场委员会(Federal Open Market Committee, FOMC)的成员投票决定联邦基金利率升降。美国调节法定准备金率则更为复杂,需要对关于存款准备金率的相关法案进行修改,该法案修改需由联邦储备委员会(The Board of Governors of the Federal Reserve System)批准同意。联邦储备委员会是美联储的管理机构,监督储备银行的运作并提供一般性指导。7位委员均由美国总统提名、美国国会任命,均是联邦公开市场委员会的成员。虽然美联储调节法定准备金率并不需要美国国会的直接同意,但仍要经过内部一系列的分析讨论后,依照法定程序进行审批。由于法定准备金率直接关系到商业银行利润,美联储在使用这一工具时比较慎重。

自20世纪90年代,美联储几乎不再使用存款准备金工具。与中国的"三档"准备金率不同，美联储是对不同账户（净交易账户、非个人定期存款、欧洲美元存款）、不同金额（针对净交易账户）设置不同的准备金率，机构之间的规定是同样的。1990年12月27日，美联储将非个人定期存款、欧洲美元存款的法定准备金率设为零，且一直保持不变。2020年3月26日，美联储将净交易账户的法定准备金率设为零，此前则规定：净交易账户中低于"准备金要求豁免金额"的，其准备金要求率为零；超过"准备金要求豁免金额"但低于"低准备金部分"这一指定金额的，其准备金要求率为3%；超过"低准备金部分"的，其准备金要求率为10%。至此，美国所有金融机构的所有存款的法定存款准备金率为零。

2. 我国货币政策实施更需要商业银行体系的配合

与财政政策可以直接介入经济活动不同，货币政策一般是间接发挥作用的，需要商业银行，甚至整个金融体系的配合，其实施效果在相当程度上受市场反馈的影响。

一般而言，紧缩的货币政策更容易对经济产生影响，而当经济面临下行压力、需要通过流动性宽松鼓励信贷扩张时，商业银行往往"惜贷"，中央银行宽松性货币政策向实体经济传导的过程就会受阻，商业银行的超额准备金则大量增加。例如2008年金融危机后，美国商业银行超额存款准备金率大幅提升。直到2023年7月，美国商业银行的超额存款准备金率仍高达15.3%。这样的情形下，准备金率政策的实施效果就会大打折扣。以提高法定存款准备金率为例，如果商业银行超额存款准备金率很高，那么银行可以把一部分超额存款准备金转化为法定存款准备金，这样银行的流动性约束几乎没有变化。

2023年6月，我国金融机构超额存款准备金率仅有1.6%，较2023年3月末下降0.1个百分点，并且为2022年以来的最低值。此时降低法定存款准备金率对商业银行流动性改善是比较有效的。

我国金融体系的一个重要特征是以间接融资为主，因而商业银行在我国货币政策调控中的作用就更为关键。目前我国商业银行的资本补充途径少、资本压力较高。在此背景下，将商业银行的净息差与利润维持在一定水平，能够有效帮助银行补充核心资本，增强其服务实体经济的能力。

从LPR报价看，截至2023年12月，1年期LPR为3.45%，5年及以上LPR为4.2%，均已处于2019年8月LPR改革以来的最低值。这体现了我国逆周期调控政策中，金融部门向企业部门让利。2023年上半年，商业银行累计实现净利润1.3万亿元，同比增长2.6%，增速较2022年同期下降4.5个百分点。我国商业银行净息差较低。截至2023年6月末，我国商业银行净息差为1.74%，为2010年有统计数据以来的最低值。相比之下，海外银行在连续加息的背景下，净息差已经大幅恢复，美国银行的平均净息差已经达到3.3%以上。净息差高于不良贷款率将是防范银行风险的重要保证。

3. 我国消费和投资的利率弹性较低，尤其是在经济下行期

从中国过去很长一段时间的历史经验来看，经济高增长时期和平稳增长时期的利率弹性比较高；在经济增速不佳的时候，利率弹性往往是很低的。这是因为，在经济上行期，居民收入提升，往往更愿意消费和追逐投资收益，此时利率调整对消费和储蓄的影响明显；在经济下行期，居民收入增速转弱，其倾向于增加储蓄、延迟消费，此时降息对促进消费的作用可能更为有限。类似地，经济上行期企业投资收益比较高，其融资需求对利率变动比较敏感；在经济下行期间，企业投资主要考虑的是风险，而不太会考虑利率成本。所以，在经济下行期，投资的

利率弹性也不高，即使调低利率，也未必能拉动投资。

2023 年以来，利率下行与消费降速并存，这意味着单单依靠降低存款利率可能难以带来居民消费的提升。原因有很多。首先，在预期未来收入下降时，居民会审慎考虑当下的消费选择。其次，资产价格低迷将强化居民降杠杆意愿，进一步抑制消费。目前我国房地产市场总体较为低迷，以中长期按揭贷款购房的居民，其资产端预期收益下降并可能低于负债端成本，因而更倾向于提前还款，而不是增加消费。最后，居民风险偏好逐渐降低，预防性储蓄持续累积，也会拖累当前消费。2018 年至 2021 年，我国居民部门每年平均新增存款为 9.5 万亿元，2022 年则高达 17.84 万亿元，而 2023 年一季度新增存款就为 9.9 万亿元，2023 年 1—7 月累计新增 11.1 万亿元。

此外，我国利率市场化未最终完成，部分重要利率仍未完全市场化，例如存款利率。这意味着，我国政策利率变动对其他市场利率的影响还不强，从而对投资和消费的调控效果还有待提高。这也是中国人民银行较少调节政策利率的原因之一。否则，在利率市场化尚未完成的情况下，过度依赖利率调控不仅不能达到政策目的，还有可能带来潜在金融风险，如流动性淤积在金融体系等。相比之下，美国居民和企业的投资和融资渠道较丰富，利率市场化程度高。美联储调节政策利率后，金融机构和金融市场利率随之变动，从而对居民和企业的消费、投资产生较为直接和明显的影响。

4. 中美货币政策和财政政策配合的方式不同

目前我国超过一半的国债由商业银行持有，大部分地方政府债由商业银行持有。2023 年 7 月 24 日中央政治局会议提出，要加快地方政府专项债券发行和使用。截至 2023 年 8 月末，地方政府新增专项债已发行全年额度的 82.5%，而 2022 年同期为 96.4%。财政部表示，2023 年新增专项债券力争在当年 9 月底前基本发行完毕。而降准将增加商业银行可自由使用的资金，从而更好地支持国债和地方债发行。从这一点看，我国未来还会降准。

而美国国债持有者更加多元化。截至 2022 年末，美国国债的 29.7% 由海外投资者持有，在国内持者中，美联储、商业银行、政府基金和其他机构分别持有美国国债的 20.7%、7.3%、6.1% 和 36.2%。与商业银行相比，美联储是美国国债更重要的持有者。尽管美联储已经启动了持续性的缩表，但目前其持有美国国债仍超过 5 万亿美元，占美联储资产负债表总规模的 61.6%。

美联储成为美国国债的重要持有者，与应对新冠疫情冲击期间，美联储大量增持美国国债不无关系。当时美联储通过大量购买美国国债向市场注入流动性，同时推动美债收益率下降，可使新发美债票面利率降低，减轻美债利息负担。这是从宏观政策协调配合的视角下，中美货币政策调控的又一个不同。

5. 中美货币政策对外溢效应的考虑不同

作为国际金融体系的主导货币，美元流动性遍布全球，美联储货币政策外溢效应也很明显。早在 20 世纪 70 年代，尼克松任总统时期的美国财政部长康纳利就曾说"美元是我们的货币，却是你们的麻烦！"，一语道出了美联储货币政策对本国和海外影响的不对称性。本轮美联储加息的激进程度是罕见的，同样产生了很强的外溢效应。欧元对美元一度大幅贬值，甚至于 2022 年 7 月跌破了欧元兑美元的平价，为 2002 年以来首次。

我国货币政策在"以我为主"的同时，也需要兼顾内外平衡。目前处于经济恢复的关键期,还应该继续加强逆周期调控,这有助于夯实经济企稳回升的基础。但加力逆周期调控可能持续加剧中美货币政策的分化。从海外看,在杰克逊霍尔召开的2023年全球央行峰会上,美联储主席鲍威尔、欧洲央行行长拉加德都表达了对于通货膨胀的担忧远超对于经济下行的顾虑,传递了超过市场预期的"鹰派"信号。

我国利率调整的信号效应比较显著,货币政策更倚重准备金率的调节。截至2023年9月,我国金融机构加权平均存款准备金率约为7.6%,仍有一定的政策空间。

总而言之,造成中美货币政策调控差异的原因有很多。除了货币政策决策机制不同,一个重要的因素是我国以间接融资为主,商业银行体系在货币政策实施中起到关键作用,我国存款准备金率政策的效率也相对更高。目前我国投资和消费的利率弹性较低,货币政策目标多元化,以及兼顾内外平衡的需要,也造成中美货币政策调控方式的差异。

资料来源:盛松成,金融信息中心网,2023年9月7日。

思考题:分析中美货币政策的不同对经济的不同影响。

补充阅读 12-2

央行降准:原因、效果及前瞻

中国人民银行(简称"央行")决定自2024年2月5日起下调金融机构存款准备金率0.5个百分点,是两年来的降准幅度最大的一次,大约释放1万亿元长期流动性。同时,央行以利率招标方式开展了1 000亿元14天期逆回购操作,中标利率为1.95%,与此前持平。

1. 方式:全面降准+定向降准

从降准的时间和幅度看,此次降准超过预期。一般情况下,降准幅度为0.25个百分点(2023年两次降准均为0.25个百分点),而2024年2月5日的这次降准为0.5个百分点,为常规降准幅度的2倍,向市场提供长期流动性约1万亿元,每年降低银行成本超过120亿元。同时,央行还宣布下调支农支小再贷款、再贴现利率0.25个百分点,由2%下调到1.75%。这些措施将引导银行进一步降低贷款利率,推动社会融资成本稳中有降。另外,此次下调不含已执行5%存款准备金率的金融机构。下调后,金融机构加权平均存款准备金率约为7%。

2. 原因:恢复经济,提振市场信心

2024年,我国货币政策面临的外部环境有所转变,全球加息潮将结束。随着美国就业市场紧张局势有所缓解,叠加美债收益率上升推动金融条件收紧,减轻了加息压力,美联储大概率已经结束加息进程,2024年美联储或将在年中附近开启降息周期。欧央行方面,欧元区通货膨胀率走势较为明确,欧洲央行加息的必要性较低,为避免经济硬着陆风险,欧洲央行年内加息可能性较小;降息时点取决于后续经济恶化速度。随着全球加息潮结束及可能开启的新一轮降息周期,虽然中美利差仍然处于高位,但随着人民币汇率逐步企稳,我国货币政策外部掣肘逐步改善,央行用降息来刺激经济的压力下降,然而仍处于负区间的通货膨胀率提升了降息的必要,因而市场对2024年一季度降息、降准的预期攀升。

虽然目前国内经济加快恢复的迹象增多,多项经济指标回升,但恢复的态势并不十分稳固,特别是经营主体的信心和预期仍在恢复之中,需求有待进一步提振。一是由于房地产市场低迷导致房地产投资持续下降,地方财政压力增大制约基建投资增长,投资对经济增长的拉动作用减弱。2023年商品房销售额、房地产开发投资、房企资金来源分别同比下降6.5%、9.6%和13.6%。二是流感多发、寒潮降温等因素对消费活动造成制约，消费增长势头有所放缓。2023年12月社会消费品零售总额同比增长7.4%，较上月回落2.7个百分点。家电、家具、建筑装潢等房地产相关商品消费表现依然偏弱。同时，国际需求不足效应显现，出口增速下滑。从供给端来看，供给端恢复整体好于需求端。

本次降准就是央行抓紧落实中央经济工作会议部署、根据形势变化前瞻布局的有力政策措施，及时向市场传递了年初就加大宏观政策调控力度的政策信号，充分展现了宏观当局稳固支持经济回升向好的决心，有助于提振经营主体和投资者信心，更好地支持经济恢复回升，也有助于稳定资本市场。

3. 效果：稳定经济增长，营造良好的货币金融环境

此次降准和定向降息旨在提振经济恢复，支持实体经济，推动经济增长。主要表现在以下几个方面。

第一，有效满足银行新增流动性需求。本次超预期降准能够释放约1万亿元的资金，再加上其他结构性货币工具，大体可以满足银行的新增准备金需求。2024年信贷"开门红"，叠加地方政府专项债提前发行，短期内资金面仍有一定压力，但央行春节前后呵护资金面意愿较强，后续央行主动收紧资金的概率偏低，但在"防止资金空转"持续升温的背景下，防空转已经成为当前货币政策的重要目标，预计资金利率大幅低于政策利率的概率亦较低。在流动性合理充裕背景下，预计资金面仍将维持整体宽松。

第二，维持相对宽松的货币政策，提振需求，有助于支持重点领域和薄弱环节。有效需求不足仍然是当前经济的主要矛盾，货币政策需要维持一个相对宽松的态势。2018年至2024年1月，央行通过14次降准，把平均的法定存款准备金率从近15%降到了7%，降低了8个百分点。用降准的办法来提供长期流动性，支持实体经济，综合考虑还是一种比较有效的方式，它使整个流动性保持在合理的水平上。另外，本次发布会还宣布了结构性降息，即下调支农支小再贷款、再贴现利率0.25个百分点，从2%下调到1.75%，与碳减排再贷款、设备更新再贷款等工具1.75%的利率对齐，且几项工具余额合计约为1.6万亿元，在基础货币中占比不大，整体影响不大，但有助于银行支持重点领域和薄弱环节。降准、降息释放低成本流动性，有利于引导金融机构加大信贷投放，引导社会综合融资成本下降，有利于社会预期修复。

第三，债券市场能够短期提振市场表现。2012年以来，每次降准后，债券市场利率走势并无明显规律，但降准对于短端利率的利好程度相对更大，并且降准落地对于资金和情绪面均有提振作用。展望来看，本次降准释放中长期流动性，有助于稳定流动性环境与投资者对货币政策的预期，短端利率受到的资金面收紧影响在降准后缓解，但市场对货币宽松定价较为充分，行情提前演绎，需警惕利空出尽后的调整；而长债利率的走势取决于流动性和稳增长预期的博弈，需要密切跟踪地产修复的情况，警惕超长期债券的小幅波动。

第四，有助于打好宏观政策"组合拳"。在内外部环境仍有不确定性的背景下，央行选择年初降准，体现了货币政策继续做好逆周期调节、巩固经济恢复向好的基调，给市场吃下了"定心丸"。降准作为传统的重量级货币政策工具，具有较强的信号意义，有利于增强社会信心和底气。而且，降准体现了政策的加力，"真金白银"激励金融机构增加对实体的资金投入，有助于国内经济基本面不断恢复向好，从根本上提振市场信心。同时，降准有助于打好

"组合拳",体现宏观政策取向一致性。

4. 前瞻:后续仍有降准空间

未来中国的货币政策工具箱依然丰富,货币政策仍有足够空间。在货币政策的调控中,将更加注重平衡好短期与长期、稳增长与防风险、内部均衡和外部均衡的关系,强化逆周期和跨周期调节,着力提振信心、稳定预期、稳定物价,为经济运行发展营造良好的货币金融环境。下阶段货币政策将在四个方面发力。

总量方面,保持融资和货币信贷合理增长。合理把握债券与信贷两个最大融资市场的关系,准确把握货币信贷供需规律和新特点,综合运用多种货币政策工具,保持流动性合理充裕,保持社会融资规模、货币供应量同经济增长和价格水平预期目标相匹配。加强信贷均衡投放,增强贷款增长的稳定性和可持续性。支持采取债务重组等方式盘活信贷存量,提高资金使用效率。

价格方面,促进社会综合融资成本稳中有降。发挥央行政策利率引导作用,进一步完善贷款市场报价利率形成机制,落实存款利率市场化调整机制,理顺贷款利率与债券收益率等市场利率的关系,促进融资成本稳中有降。把握好内外均衡,引导企业和金融机构树立"风险中性"理念,保持人民币汇率在合理均衡水平上的基本稳定。

结构方面,做好金融"五篇大文章"。坚持"聚焦重点、合理适度、有进有退",实施好存续的各类专项再贷款工具,整合支持科技创新和数字金融领域的工具方案,引导金融机构加大对科技创新、绿色转型、普惠小微、数字经济等方面的支持力度。用好新增的抵押补充贷款(pledged supplemental lending, PSL)额度,加大对保障性住房建设、"平急两用"公共基础设施建设、城中村改造的支持。

协同方面,加强政策配合,发挥政策合力。坚持系统思维,加强与财政、产业等政策的协调配合,加快培育增长新动能,畅通宏观经济大循环,巩固和增强经济回升向好态势。

资料来源:陈静,金融界,2024年1月27日。

思考题:降准会对经济发展起到什么作用?

第 13 章　通货膨胀与通货紧缩

○ **学习目标**

1. 了解通货膨胀、通货紧缩的定义和分类方法；
2. 了解通货膨胀的度量方法及其对经济的影响；
3. 掌握通货膨胀、通货紧缩产生的原因及治理方法。

○ **引言**

委内瑞拉是一个石油资源国，通过向欧洲、亚洲售卖石油获得了巨额财富。因为产业结构过于单一，在油价越来越低的情况下，它的经济出现了崩盘。媒体报道，2019 年 5 月 23 日，受恶性通货膨胀影响，在委内瑞拉，买 1 枚鸡蛋的钱能买 9 330 万升汽油。但与此同时多地陷入油荒，加油站外排起数十米长队，有人甚至需彻夜等待才能加上油。委内瑞拉政府每年的燃油补贴约为 100 亿美元，这使得汽油价格能一直保持低价，但这也进一步加剧了国内通货膨胀。截至 2020 年年底，委内瑞拉的通货膨胀率约为 3 000%。对于这种程度的通货膨胀，绝大多数人都很难想象。什么是通货膨胀？通货膨胀对经济的影响是什么？本章将就相关问题展开讨论。

13.1　通货膨胀

13.1.1　通货膨胀的定义

通货膨胀是一种世界性经济现象，目前世界各国的经济学家对通货膨胀都做了大量的研究，取得了一定的成果。但关于通货膨胀，不同学者有不同的定义，比较有代表意义的有以下几个。

经济学家萨缪尔森认为："通货膨胀是指商品和生产要素的价格在一段时期内普遍上升的现象。"

经济学家弗里德曼认为："通货膨胀是一种货币现象，起因于货币量的急剧增加超过生产的增长……如果货币数量增加的速度超过能够买到的商品和劳务增加的速度，就会发生通货膨胀。"

金融学家米什金认为："通货膨胀是经济中商品和劳务的平均价格水平持续上涨。"

我国 1985 年出版的《经济与管理大辞典》对通货膨胀的定义是："由于纸币发行量超过流通中所需的金属货币量而引起纸币贬值和物价上涨的情况。"

关于通货膨胀的定义主要有"物价派"和"货币派"之争。物价派的定义着重于价格上涨，而货币派则认为通货膨胀是由货币的过量发行所致。一个普遍能接受的通货膨胀定义是：经济中商品和劳务的平均价格水平明显而持续的上涨过程。这个定义包含三层含义：①平均价格水平上涨，而不是单独某一类产品价格上涨，例如，单独食品类的价格上涨不能被称为通货膨胀。另外，关于价格平均水平上涨的程度，经济学家的看法也不相同，有的认为价格总水平上涨幅度超过 2% 为通货膨胀，低于 2% 不是通货膨胀。更多经济学家认为通货膨胀是可以觉察到的价格总水平的上涨这类模糊的定义。②通货膨胀是指实体经济中资产价格的上升，而一些虚拟经济中的资产价格，如有价证券等价格上升并不包括在通货膨胀的范畴内。③价格上涨应该持续一段时间，如果是偶然或者是间歇性价格上涨都不能被称为通货膨胀。通货膨胀具体应该持续多长时间，目前没有统一标准，有的经济学家认为持续 1 年以上，有的经济学家则认为持续 3 年以上。

13.1.2 通货膨胀的度量

通货膨胀用通货膨胀率来度量，通货膨胀率主要用三种指数来衡量，分别是消费物价指数（CPI）、生产物价指数（PPI）和 GDP 平减指数。通货膨胀率的计算公式为

$$通货膨胀率 = \frac{指数(t) - 指数(t-1)}{指数(t-1)} \times 100\%$$

式中，指数（t）、指数（$t-1$）分别表示第 t 期和第 $t-1$ 期的价格指数（CPI、PPI 或 GDP 平减指数中的任一指数）。

1. 消费物价指数

消费物价指数是综合反映一定时期内居民消费品和服务项目价格变动的趋势与程度的价格指数。其主要构成有食品、烟酒及用品、衣着、家庭设备用品及维修服务、医疗保健及个人用品、交通和通信、娱乐教育文化用品及服务、居住。目前有 600 种左右的商品和服务项目的代表规格品，作为经常性调查项目。消费物价指数的权重是依据居民消费支出的比重确定的。消费物价指数所采用的商品都是和消费者日常生活息息相关的商品，能够反映公众日常生活中所受通货膨胀的影响程度。

消费物价指数的计算可以分为以下几个步骤：①固定一揽子商品。②找出一揽子商品在不同年份的价格，计算一揽子商品的价格。③选定基期，以基期的价格为 100；其他年份的价格比上基期的价格乘以 100 即为当年的价格指数。

需要指出的是：①CPI 中不直接包括商品房销售价格，在 CPI 中居住类价格包括：建房和装修材料费用、公房和私房的房租、房屋贷款利率的变化、物业管理费用和维修费用等。②消费物价指数由于采用固定商品进行计算，只记录了价格的变化，而不能反映产品质量的变化。③计算消费物价指数中的商品在一定时期内是固定不变的产品，所以它忽略了新产品的影响，使消费物价指数计算出的通货膨胀率与实际有一定的差距。

2. 生产物价指数

生产物价指数又称批发物价指数，反映不同时期一国生产资料批发价格变动和趋势的物价

指数。这一指数的优点是能灵敏反映厂商生产成本变化的状况。根据价格传导规律，PPI 对 CPI 有一定的影响。PPI 反映生产环节价格水平，CPI 反映消费环节的价格水平。整体价格水平的波动一般首先出现在生产领域中，然后通过产业链向下游产业扩散，最后波及消费品。因此，PPI 是判断市场价格的一个先行指标。

3. GDP 平减指数

GDP 平减指数是按当年价格计算出来的 GDP 与按不变价格计算出来的 GDP 的比率。

$$\text{GDP 平减指数} = \frac{\text{名义 GDP}}{\text{实际 GDP}} \times 100$$

$$= \frac{\text{当年 } A \text{ 产量} \times \text{当年 } A \text{ 价格} + \text{当年 } B \text{ 产量} \times \text{当年 } B \text{ 价格} + \cdots}{\text{当年 } A \text{ 产量} \times \text{基年 } A \text{ 价格} + \text{当年 } B \text{ 产量} \times \text{基年 } B \text{ 价格} + \cdots} \times 100$$

GDP 平减指数由一国所生产的全部最终产品和服务的价格变动计算出来，覆盖范围广，因此其反映出来的价格变动较为全面。但资料较难搜集，由于很多产品人们日常生活中很少购买，通常计算出来的结果与人们对价格的感受相差甚远。

13.1.3 通货膨胀的类型

1. 按程度分类

按通货膨胀的程度分类，通货膨胀分为温和的通货膨胀、飞奔的通货膨胀和恶性的通货膨胀。通货膨胀率在 10% 以下被称为温和的通货膨胀。一些经济学家认为，如果每年的物价上涨率在 2.5% 以下，不能认为是发生了通货膨胀。在经济发展过程中，温和的通货膨胀可以刺激经济的增长。因为提高物价可以使厂商多得一点利润，以刺激厂商投资的积极性。同时，温和的通货膨胀不会引起社会太大的动乱。将物价上涨控制在 1%～2%，至多 5% 以内，则能促进经济的发展。

飞奔的通货膨胀又被称为奔腾的通货膨胀、急剧的通货膨胀、快速的通货膨胀或疾驰的通货膨胀。它是一种不稳定的、迅速恶化的、加速的通货膨胀。在这种通货膨胀发生时，通货膨胀率较高（一般达到 10% 或 10% 以上），所以在这种通货膨胀发生时，人们对货币的信心产生动摇，经济社会产生动荡，这是一种较危险的通货膨胀。

恶性的通货膨胀也被称为极度的通货膨胀、超速的通货膨胀或脱缰的通货膨胀。这种通货膨胀一旦发生，通货膨胀率非常高（一般达到 100% 或 100% 以上），而且完全失去控制，其结果是导致社会物价持续飞速上涨，货币大幅度贬值，人们对货币彻底失去信心。这时整个社会金融体系处于一片混乱之中，正常的社会经济关系遭到破坏，最后容易导致社会崩溃、政府垮台。这种通货膨胀在经济发展史上是很少见的，通常发生于战争或社会大动乱之后。

知识拓展

世界历史上恶性通货膨胀的 10 个故事

2. 按表现形式分类

按表现形式，通货膨胀分为公开的通货膨胀和隐性的通货膨胀。公开的通货膨胀又被称为开放型通货膨胀。在市场机制充分有效运行的条件下，政府对经济并不加以严格管制，对物价的上涨也不施加任何干预和控制，物价向上波动的特征十分明显。

隐性的通货膨胀又被称为抑制型通货膨胀，主要源于政府对价格的控制，导致物价与市场供求的脱节。过度的需求没有引起物价水平的上扬，此时的通胀就是隐性的通货膨胀。解决抑制型通货膨胀的办法是排队、凭票供应等，这里的"票"实际是一种辅助货币。

3. 按产生原因分类

按产生的原因分类，通货膨胀分为需求拉动的通货膨胀、成本推动的通货膨胀和混合型通货膨胀。需求拉动的通货膨胀是从总需求的角度来分析通货膨胀的原因的，认为通货膨胀的原因在于总需求过度增长，总供给不足，即"太多的货币追逐太少的货物"，或者是"因为物品与劳务的需求超过按现行的价格可得到的供给，所以一般物价水平便上涨"。总之，就是总需求大于总供给所引起的通货膨胀。

成本推动的通货膨胀是由于成本上升、利润上升等因素导致供给减少进而形成的通货膨胀。这是从总供给的角度来分析通货膨胀产生的原因。从总供给的角度看，引起通货膨胀的原因在于成本的增加。成本增加意味着只有在高于从前的价格水平时，才能达到与以前一样的产量水平，即总供给曲线向左上方移动使国民收入减少、价格水平上升，这种价格上升就是成本推动的通货膨胀。例如1973年10月第四次中东战争爆发，为打击以色列及其支持者，石油输出国组织的阿拉伯成员国当年12月宣布收回石油标价权，并将其原油价格从每桶3.011美元提高到10.651美元，使油价猛然上涨了两倍多。1978年年底，世界第二大石油出口国伊朗的政局发生剧烈变化，引发第二次石油危机。此时又爆发了两伊战争，全球石油产量受到影响，从每天580万桶骤降到100万桶以下。随着产量的剧减，油价在1979年开始暴涨，从每桶13美元猛增至1980年的每桶34美元。由于石油是一种原材料，石油价格上升，造成各国的生产停滞，产品价格上升。

由需求、供给和结构因素共同起作用所引起的物价总水平持续上涨被称为混合型通货膨胀。在现实经济中，纯粹的需求拉动型通货膨胀和成本推进型通货膨胀是不常见的，长期的通货膨胀大多是两种类型混合起作用的。

4. 按预期程度分类

按预期程度分类，通货膨胀分为预期的通货膨胀和未预期的通货膨胀。对于预期的通货膨胀，人们可以根据自己的经验能够正确预期通货膨胀率，从而使债权人计算借款利息时会将通货膨胀率考虑在内，而工人签订工资合同时会加上通货膨胀率，人们会采取各种措施避免受到损失。

对于未预期到的通货膨胀，人们不能正确预期通货膨胀率或者预期的通货膨胀率小于实际的通货膨胀率，常常会导致社会财富的重新分配。

13.1.4 通货膨胀的原因

1. 需求拉动说

当需求增加超过供给时，会引起价格的上升。货币主义学派认为，货币供应量增加势必会扩大社会总需求，需求增加会使社会总供给增加，而社会总供给要受到社会资源、产出水平、充分就业等条件限制，不能无限增加。所以货币主义学派的代表弗里德曼认为，通货膨胀是一种货币现象，如果货币数量增加的速度超过能够买到的商品和劳务增加的速度，就会发生通货膨胀，即需求拉动的通货膨胀。

如图 13-1 所示，横坐标代表国民收入 Y，纵坐标代表价格 P，AD 代表社会总需求，AS 代表社会总供给，如果社会总需求增加，则 AD 右移至 AD_1，结果是价格上升到 P_1，出现了通货膨胀，而同时国民收入增加到 Y_1。

2. 成本推动说

成本推动是 20 世纪 50 年代后期流行的一种关于通货膨胀的理论。由于需求拉动的通货膨胀的结果是价格上升的同时国民收入增加，当出现"滞胀"，即生产停滞（国民收入减少）和通货膨胀并存时，这种现象用需求拉动无法解释，于是研究人员开始用供给曲线变动来解释滞胀现象，即成本推动的通货膨胀。如图 13-2 所示，社会总供给减少则供给曲线 AS 左移至 AS_1，结果是价格由 P 上升至 P_1，而同时国民收入由 Y 减少至 Y_1。

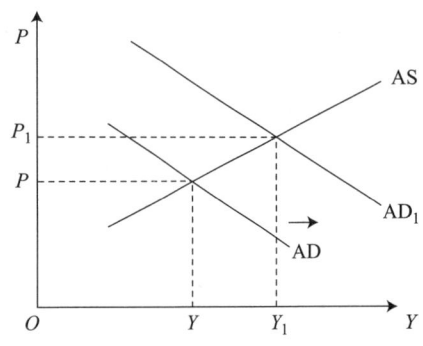
图 13-1　需求拉动的通货膨胀

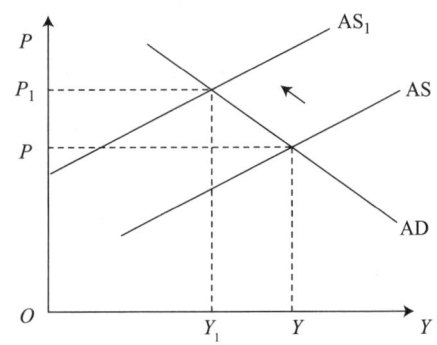
图 13-2　成本推动的通货膨胀

成本推动的通货膨胀又可分为以下几种。

（1）工资推动型通货膨胀。该理论认为，由于强大的工会压力，使得工资增长率超过劳动生产率增长率，从而产品成本提高和物价水平上涨。由于部门之间的攀比效应，会造成全社会部门工资的水平上涨，导致通货膨胀。按西方经济学家的观点，如果工资率完全取决于完全竞争的市场情况，那么工资推动型通货膨胀就不会发生，工资率升降的变化只说明了劳动力供给的变化，但只要有相当多的劳动力组织起来，就会使货币工资的提高超过劳动生产率的增长，从而造成工资推动型通货膨胀。有工会组织劳动力的工资同没有工会组织劳动力的工资有着密切的联系，只要前者工资提高，就会使后者的工资也提高。而且，由于垄断企业，特别是寡头垄断部门存在着力量强大的工会，从那里开始的工资压力和工资增长会蔓延到整个经济体系，结果，在没有对整个经济中的产量出现任何增加的需求时，就产生了相当程度的工资推动型通货膨胀。

知识拓展

"大通胀"会重现吗——基于工资物价螺旋形成机制的分析

(2)利润推动型通货膨胀。一些寡头或垄断性行业为了获得更多的利润,以成本增加为借口,使产品价格上升的幅度大于成本增加的幅度,从而导致通货膨胀。在不完全竞争市场上,具有垄断地位的厂商控制了产品的销售价格,从而提高价格以增加利润。尤其是工资增加时,垄断厂商以工资的增加为借口,更大幅度地提高物价,使物价的上升幅度大于工资的上升幅度,其差额就是利润的增加。这种利润增加使物价上升,形成通货膨胀。在完全竞争的市场中,商品价格由买卖双方决定,卖方不可能单独左右价格,价格的提高不会快于成本的增长,利润推动型通货膨胀也就无从产生。

(3)进口成本推动型通货膨胀。这是指在开放经济中,由于进口的原材料价格上升而引起的通货膨胀。在这种情况下,一国的通货膨胀通过国际贸易渠道而影响到其他国家。这种通货膨胀发生时,物价的上升会导致生产减少,从而引起萧条。20世纪70年代的石油危机,使许多石油输入国发生严重的滞胀。与这种通货膨胀相对应的是出口型通货膨胀,即由于出口迅速增加,国内产品供给不足,引起通货膨胀。

3. 供需混合推动说

通货膨胀一旦发生,大都包含需求和供给两方面的因素,如果通货膨胀由需求开始,需求提高导致物价上升,物价上升会引发工资增加,工资增加又会导致物价进一步上升;如果通货膨胀由成本开始,成本提高导致物价上涨,物价上涨会引发工资提高,生产减少,失业率增加,政府往往会采取扩张性政策刺激总需求,从而导致工资和物价呈螺旋式上升状态,即螺旋形通货膨胀(见图13-3、图13-4)。

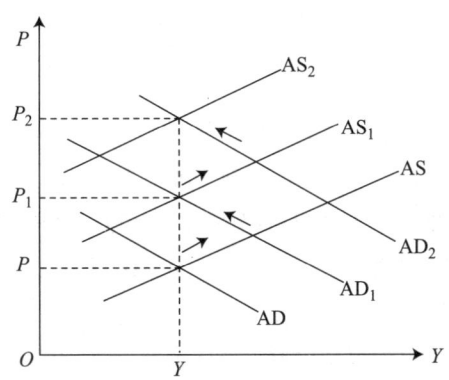

图13-3 由需求拉动而导致的螺旋形通货膨胀

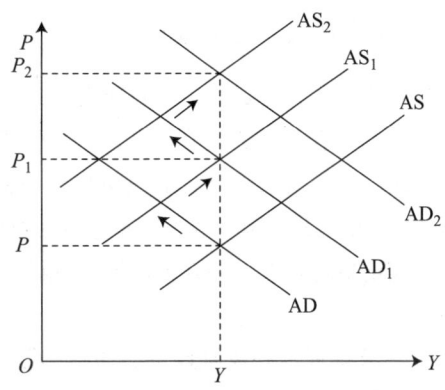

图13-4 由成本推动而导致的螺旋形通货膨胀

13.2 通货膨胀的影响及治理

13.2.1 通货膨胀的影响

1. 通货膨胀对经济增长影响的理论

关于通货膨胀对经济增长的利弊,经济学家有不同的看法,主要分为三种:促进论、促退论和中性论。

（1）促进论。促进论认为通货膨胀对经济增长具有积极的影响作用，其主要理由是：第一，经济长期处于有效需求不足、生产要素尚未充分有效地使用、劳动者没有充分就业、实际经济增长率低于潜在的经济增长率情况。因此，政府可以选择通货膨胀政策，实行财政赤字预算，扩大货币发行，增加政府的投资性支出，以扩大总需求，促使劳动总供给增加，从而刺激经济增长。第二，通货膨胀有利于社会收入再分配向富裕阶层倾斜，而富裕阶层的边际储蓄倾向比较高，因此会提高储蓄率从而促进经济增长。第三，通货膨胀出现后，公众预期的调整有一个时滞过程，在此期间，物价水平上涨而名义工资未发生变化，企业的利润率会相应提高，从而刺激私人投资的积极性，增加总供给，推动经济增长。

（2）促退论。这种理论认为，通货膨胀与经济增长负相关，不仅不会促进经济增长，而且会损害经济的发展。在有效需求不足的情况下，通货膨胀对经济增长的刺激作用是十分短暂的。其理由是：第一，通货膨胀会使纸币贬值，妨碍货币职能的发挥；第二，通货膨胀会降低借款成本，诱发过度的资金需求；第三，持续的通货膨胀会使企业的生产成本包括原材料价格、工资、利息成本大幅度上升，企业与个人预期的利润率降低，不利于调动生产和投资者的积极性；第四，通货膨胀会破坏正常的信用关系，增加生产性投资的风险和经营成本，使资金更多地流向非生产性部门；第五，通货膨胀使国内商品价格高于国际市场价格，从而阻碍国内产品的出口。

（3）中性论。这种观点认为人们对通货膨胀的预期最终会综合它对经济的各种效应，因此通货膨胀对经济增长既无正效应也无负效应，它是"中性"的。公众通过预期，在一段时间内对物价上涨做出合理的行为调整，因此通货膨胀对经济的各种效应会相互抵消。

2. 通货膨胀的社会成本

通货膨胀的社会成本主要表现为以下几个方面。

（1）资源配置失误。在市场经济条件下，价格是资源配置的指标，当通货膨胀扭曲了相对价格时，消费者与生产者的决策也被扭曲了，市场不能把资源配置到其最好的用途上。如20世纪80年代我国部分居民对彩色电视机的抢购造成彩色电视机价格大幅度上升，价格不能反映真实的资源配置，导致很多地方盲目上马彩色电视机生产线，从而在一定程度上造成了资源的浪费。

（2）菜单成本和皮鞋成本。通货膨胀时，货币的购买力在下降，为了减少损失，人们会更倾向于持有更少的现金而将更多的钱存入银行，如此当要使用现金时，就需要去银行取款，持有现金少了就意味着需要增加跑银行的次数，这种多去几次银行所花费的时间和精力被经济学家称为皮鞋成本——奔波带来的鞋底磨损。与之相关的是菜单成本，菜单成本是指厂商改变加工，需要重新印刷它的产品价格表，向客户通报改变价格的信息和理由，就像餐厅印刷新的菜单。所有这一切都会引起一笔开支和费用。虽然菜单成本的数值并不大，但如果菜单价目表变动的次数很多，也会给厂商带来一些不利之处，如使顾客感觉不快和麻烦等。大多数企业并不每天改变它们产品的价格。相反，企业往往宣布价格，并使价格在几周、几个月，甚至几年内不变。一种研究发现，大多数企业大约一年改变一次自己产品的价格。企业不经常改变价格是因为改变价格有成本。菜单成本包括印刷新清单和目录的成本、把这些新价格表和目录送给中间商与顾客的成本、为新价格做广告的成本、决定新价格的成本，甚至还包括处理顾客对价格变动怨言的成本。通货膨胀增加了企业必须承担的菜单成本。

（3）通货膨胀的财富分配效应。通货膨胀的财富分配效应主要是指未预期到的通货膨胀或者是预期的通货膨胀率小于实际的通货膨胀率。在有通货膨胀的情况下，必将对社会经济生活产生影响。如果社会的通货膨胀率是稳定的，人们可以完全预期，那么通货膨胀率对社会经济生活的影响很小。但是，在通货膨胀率不能完全预期的情况下，通货膨胀将会影响社会收入分配及经济活动。因为这时人们无法准确地根据通货膨胀率来调整各种名义变量，以及他们应采取的经济行为。

1）在债务人与债权人之间，通货膨胀将有利于债务人而不利于债权人。在通常情况下，借贷的债务契约都是根据签约时的通货膨胀率来确定名义利率，所以当发生了未预期的通货膨胀之后，债务契约无法更改，从而就使实际利率下降，债务人受益，而债权人受损。其结果是对贷款，特别是长期贷款带来不利的影响，使债权人不愿意发放贷款。贷款的减少会影响投资，最后使投资减少。

2）在雇主与工人之间，通货膨胀将有利于雇主而不利于工人。这是因为，在不可预期的通货膨胀之下，工资增长率不能迅速地根据通货膨胀率来调整，从而即使在名义工资不变或略有增长的情况下，实际工资仍会下降。实际工资下降会使利润增加，利润的增加有利于刺激投资，这正是一些经济学家主张以温和的通货膨胀来刺激经济发展的理由。

3）在政府与公众之间，通货膨胀将有利于政府而不利于公众。由于在不可预期的通货膨胀之下，名义工资总会有所增加（尽管并不一定能保持原有的实际工资水平），随着名义工资的提高，达到纳税起征点的人增加了，有许多人进入了更高的纳税等级，这样就使得政府的税收增加。然而，因为纳税数额增加，公众的实际收入减少了。政府从这种通货膨胀中所得到的税收被称为"通货膨胀税"。一些经济学家认为，这实际上是政府对公众的掠夺。这种"通货膨胀税"的存在，既不利于储蓄的增加，也影响了私人与企业投资的积极性。

13.2.2 通货膨胀的治理

1. 降低总需求的政策

（1）紧缩性财政政策。紧缩性财政政策是减少消费和政府支出，主要有：①提高税率，增加税收。政府可以提高所得税、增值税等税率，减少企业和个人收入，从而抑制消费和投资需求。②缩减政府预算，限制公共事业投资。其主要目的是减少政府购买的需求。③降低政府转移支付水平，削弱人们购买力，减少消费需求。

（2）紧缩性货币政策。紧缩性货币政策主要影响投资和社会总需求，主要有：①出售政府债券，以缩减货币供应量。②提高贴现率和再贴现率。③提高法定存款准备金率。④提高利率，紧缩信贷。

（3）收入政策。收入政策是以工资管制为主要内容，防止工资和物价呈螺旋上升的通货膨胀，主要有：①工资—物价指导线。政府允许一定年份内工资增加的一个目标线，不允许超过。②工资管制，即控制全社会的工资总额增长幅度。③以税收为基础的收入政策。政府以税收作为奖励手段限制工资和物价增长。如果工资增长幅度在政府规定的范围内，则减少公司与个人的所得税。反之，则增加公司与个人的所得税。

2. 增加供给的政策

增加供给的政策是以拉弗为代表的"供给学派"提出的,用来治理由成本推动的通货膨胀,即滞胀。

(1) 降低边际税率。一般情况下,税率越高,政府的税收就越多,但美国供给学派经济学家拉弗认为当税率的提高超过一定的限度时,企业的经营成本提高,投资减少,收入减少,即税基减小,反而导致政府的税收减少。描绘这种税收与税率关系的曲线叫作拉弗曲线。所以降低边际税率可以增加人们和企业的积极性,从而增加需求和产品供给。

(2) 鼓励企业采用新技术、新设备。企业采用新技术和新设备可以提高生产率,提供更多的产品,另外在政策上给企业更多自由,以便企业更好地增加产品供给。

另外,治理通货膨胀的措施还有工资指数化政策、改变人们的预期等,但需要注意的是,在不同时期、不同国家、不同的社会制度下,通货膨胀产生的原因是不同的,所以治理通货膨胀的方法也是不固定的,往往需要社会各个方面、各种方案相互配合才能达到效果。

13.2.3 我国的通货膨胀周期及治理

自 1978 年改革开放以来,我国经历过多次通货膨胀周期,以下对其中的几次通货膨胀周期进行介绍。改革开放以来我国历年通货膨胀率如表 13-1 所示。

表 13-1 改革开放以来我国历年通货膨胀率(1980—2022 年) (单位:%)

年份	通货膨胀率	年份	通货膨胀率	年份	通货膨胀率	年份	通货膨胀率	年份	通货膨胀率
1980	6.0	1989	18.0	1998	-0.8	2007	4.8	2016	2.0
1981	2.4	1990	3.1	1999	-1.4	2008	5.9	2017	1.6
1982	1.9	1991	3.4	2000	0.4	2009	-0.7	2018	2.1
1983	1.5	1992	6.4	2001	0.7	2010	3.3	2019	2.9
1984	2.8	1993	14.7	2002	-0.8	2011	5.4	2020	2.5
1985	9.3	1994	24.1	2003	1.2	2012	2.6	2021	1.1
1986	6.5	1995	17.1	2004	3.9	2013	2.6	2022	2
1987	7.3	1996	8.3	2005	1.8	2014	1.9		
1988	18.8	1997	2.8	2006	1.5	2015	1.4		

资料来源:《中国统计年鉴》。

1980 年的通货膨胀发生在我国刚开始实行改革开放政策,党的工作重心刚转移到现代化建设上来这个时期,宏观上经济增长速度迅猛,投资规模猛增、财政支出加大导致出现较严重的财政赤字,盲目扩大进口导致外贸赤字,外汇储备迅速接近于零。1980 年通货膨胀达到 6%。1980 年 12 月,国务院发出《关于严格控制物价、整顿议价的通知》,随后中央经济工作会议做出了继续对国民经济进行大的调整的决策。经过这一阶段的调整,商品零售价格指数在 1982 年和 1983 年分别回落到 1.9% 和 1.5% 的水平上。

1984—1985 年的通货膨胀体现为固定资产投资规模太大,引起社会总需求过旺,工资性收入增长超过劳动生产率提高,引起成本上升。另外,伴随着基建规模、社会消费需求、货币信贷投放急剧扩张,经济出现过热现象,通货膨胀加剧。1985 年居民消费物价指数上涨 9.3%。

为了抑制高通货膨胀，国务院采取紧缩信贷和紧缩财政的宏观调控措施，以抑制经济过热的势头。在这些措施的作用下，居民消费物价指数由9.3%回落到1986年的6.5%，GDP增长速度由13.5%回落到1986年的8.8%。

1987—1989年的通货膨胀是由于1984—1985年政府采取的紧缩政策在尚未完全见到成效的情况下，1986年又开始全面松动，导致需求量的严重膨胀。此间，1988年的零售物价指数创造了从中华人民共和国成立开始直到当时的最高纪录。1988年8月，我国出现了中华人民共和国成立以来第一次储蓄存款的净下降，1988年居民消费物价指数达到18.8%。1988年9月，党中央、国务院提出用3年左右的时间把改革和建设的重点放到"治理经济环境、整顿经济秩序"上来，并实行财政金融"双紧"的政策。这次治理整顿，很快取得了抑制通货膨胀的成效，居民消费物价指数由18.8%降至1990年的3.1%，进而维持在1991年3.4%的水平上。

1993—1995年，中国经济进入高速增长的快车道。此时期的通货膨胀起因主要是固定资产投资规模与金融资产投资规模扩张过猛。有人形象地总结为"四热"（房地产热、开发区热、集资热、股票热）和"四高"（高投资膨胀、高工业增长、高货币发行和信贷投放、高物价上涨）。1993年，通货膨胀率突破了两位数，1994年居民消费物价指数上升到24.1%。针对当时经济过热导致的宏观经济失衡的局面，1993年6月，党中央、国务院发布了《中共中央、国务院关于当前经济情况和加强宏观调控的意见》，采取了16条以治理通货膨胀、消除经济过热为首要任务的综合治理措施。到1996年年底，适度从紧的货币政策取得明显成效，通货膨胀得到控制，国民经济实现"软着陆"。

2003—2006年，我国居民消费物价指数上升幅度较小，分别为1.2%、3.9%、1.8%和1.5%。而进入2007年后，物价上涨幅度明显加大，特别是受食品价格持续上涨的影响，2007年1—11月CPI累计上涨4.6%。新一轮通货膨胀主要源于以下几方面：①国内存在价格的结构性上涨，猪肉和粮食等价格上涨带动其他食品价格上涨。②国际粮食价格普遍上涨，带动国内食品价格上涨。③人民币升值和高额外汇储备导致货币供应量过大。④低利率推动投资和资产泡沫导致货币供应量过大。⑤国际能源价格大幅上涨，带动消费价格上涨。⑥劳动力成本上升促进物价水平总体走高。⑦居民对通货膨胀未来进一步发展的预期增强。这一段时间的治理措施表现在2007年以来中国人民银行曾连续14次上调存款准备金率，多次加息，发行中央银行票据等从紧货币政策，同时执行稳健的财政政策，主要体现在税收手段的运用、对房地产和股市的调控等方面上。

2011—2016年，我国通货膨胀率有了一定幅度的上升，原因是：①中国人民银行发放的人民币贷款逐年攀升，2011—2015年M2供应增长率快于GDP增长率，且在GDP增长率下降的情况下M2供应增长率反而上升，如2015年GDP增长率较2014年下降了0.4个百分点，但是M2供应增长率上升了1.1个百分点，大规模政府投资与巨量信贷投放使得市场上的货币供应量增加；②企业生产成本提高。我国劳动力工资上涨是导致通货膨胀压力增加的因素之一，以城镇单位就业人员平均工资为例，2010—2014年城镇单位就业人员平均工资呈现逐年上涨趋势。这是由于我国正处于经济转型期，随着产业结构升级、创新，劳动力供求出现结构性趋紧，加之我国政府不断出台措施提高劳动者福利水平，如政府公布下调劳动者缴纳养老保险、公积金比例，各地方政府也相继提高最低工资标准等。此外，我国城镇单位就业人员平均工资在2010—2014年连续5年实现两位数增长，超过同期GDP增长率。在此情况下，工资上涨压力增大，工资成本的增加最终由消费者承担，进而推动物价上涨。此外，人民币升值、巨额外汇储备、经济结构调整等因素，也会进一步推高物价水平。

2020—2022年受新冠疫情影响，内需较弱，我国2022年的CPI相比2020年有所回落。从内需看，2021年下半年以来我国经济复苏步伐虽有所放缓，但在政策环境宽松的背景下，我国内需在未来有望好转并带动通货膨胀率回升。

13.3 通货紧缩

13.3.1 通货紧缩的定义

通货紧缩是与通货膨胀相对的概念，是指商品和劳务的平均价格水平明显而持续下跌。依据诺贝尔经济学奖得主萨缪尔森的定义：价格和成本正在普遍下降就是通货紧缩。经济学者普遍认为，当CPI连跌3个月，即表示已出现通货紧缩。通货紧缩就是产能过剩或需求不足导致物价、工资、利率、粮食、能源等各类价格持续下跌。

在经济实践中，判断某个时期的物价下跌是不是通货紧缩，一是看CPI是否由正转变为负，二是看这种下降的持续时间是否超过了一定时限。也有学者将通货紧缩细分为deflation与disinflation，前者的标志是CPI转为负数，即物价指数与前一年度相比下降；后者的标志是CPI连续下降，即物价指数月度环比连续下降。

13.3.2 通货紧缩的成因

相对通货膨胀来说，对通货紧缩的研究相对较弱，关于通货紧缩的成因，经济学者并没有统一的观点。从目前世界上发生的通货紧缩的原因来看，主要有以下几点。

1. 需求不足

（1）消费抑制型。由于对未来的预期不确定，人们不敢消费或者预期未来价格会下跌而不愿消费等因素，导致消费大幅度下降，从而导致物价大幅度下跌。如发生在2008年的美国金融危机，冲击了美国消费者的消费心理，抑制了美国消费者的支出。2008年10月服装销售较2007年同期减少12.2%，鞋类销售下降9.7%。电子和电器产品销售继2008年9月下降13.8%后，10月又大减19.9%。这种趋势加上房地产市场的持续低迷，令家居类产品的销售承压，家具销售较2007年同期下降15.1%，家居装饰用品的销售下降20.6%。

（2）投资抑制型。总需求中的投资需求减少，从而导致通货紧缩。由于企业主对未来的经济前景不乐观，产品销售情况差，企业主会减少投资需求，从而导致总需求减少。

（3）国外需求不足型。一些外向型的国家由于国外需求不足导致产品出口锐减，而国内的消费水平无法消费这些产品，从而出现国内的产品过剩，价格出现下跌的现象。如由于金融危机的产生，导致欧美国家消费受到抑制，从而我国的出口总额大幅度减少。2008年第四季度，我国进出口形势出现恶化趋势，11月出现2000年以来进出口各项指标首次同时负增长的状况。进入2009年2月出口达到最大为降幅25.73%，虽然受出口退税等扶持政策的影响，出口快速下降的势头在3月得到明显减缓，降幅为17.1%，但由于我国本身存在消费不足的现象，所以产品大量过剩，出现通货紧缩迹象。党的十八大以来，高质量发展深入推进，外贸结构持续优化。2024年前三季度，我国货物贸易进出口总值为32.33万亿元，同比增长5.3%。机电产品出口金额为11.03万亿元，占出口总值的59.3%。

2. 货币供给不足

中央银行过度的紧缩性政策可能会导致货币供应量大幅度下降，从而过多的商品追逐过少的货币，出现商品价格的持续下跌。

3. 供给过剩

由于较低的融资成本导致过量的资本设备投资、重复性投资严重等，使生产能力过剩、商品供给过剩，市场上产品供给大于需求的矛盾十分突出，最终导致通货紧缩。如我国20世纪90年代各地盲目上马集装箱生产线，中国国际海运集装箱（集团）股份有限公司在南通和上海都有工厂，两家厂相距仅15km。当时行业内40个厂家如充足开工，年生产能力达145万标准箱，是国内需求量的2倍，甚至超过全球需求量的30%，造成产品在一定程度上过剩，价格跌破成本。

13.3.3 通货紧缩的影响

1. 社会财富的再分配

通货紧缩造成的社会财富再分配与通货膨胀是相对的。这表现为：实物资产的持有者受损，现金资产将升值；固定利率的债权者获利，而债务人受损；通货紧缩使企业利润减少，一部分财富向居民转移；通货紧缩使企业负债的实际利率上升，收入进一步向个人转移；政府财富向公众转移，其运行过程如下：

实质债务加重→贷款人减少开支、出售资产→企业获利下降进而缩减劳工成本，
贷款人收入与资产价格下降→贷款人实质贷款增加、经济需求减少（恶性循环开始）

2. 加剧经济衰退

通货紧缩时期，价格效应使消费者倾向于增加消费，但由于失业预期和工资收入下降，收入效应使消费者减少支出。从实际情况看，由于通货紧缩时期，人们预期价格会进一步下降，消费总量并不呈上升趋势。而消费增长缓慢加剧促使产品进一步供大于求，使通货紧缩进一步恶化。

3. 价格信号扭曲

在通货紧缩时，价格出现扭曲，不能正确配置资源，直接影响到企业投资的积极性和金融的风险。通货紧缩会使实际利率上升，投资成本增加，企业对投资的收益预期下降，投资的倾向降低。所以在通货紧缩时期，投资减少，生产萎缩，利润降低，金融机构的风险增加。

4. 妨碍结构调整

一般处于发展阶段的产业，产品的需求弹性较大，价格的下降有可能产生较大的市场需求，通货紧缩对这类产业的不利影响较小。相反，处于研发阶段或成熟的产业，产品的需求价格弹性较小，价格的下跌有可能使产品不能正常进入成长期，也有可能使成熟的产品加速进入衰退期。在通货紧缩时期，资金使用的实际成本上升，资本密集型产业面临大量的困难。

13.3.4　通货紧缩的治理

1. 增加需求的政策

增加需求政策的主要目的是增加人们的消费需求、政府购买的需求、企业的投资需求、对国外的出口需求。

（1）宽松的货币政策。宽松的货币政策是指增加货币的供应量，主要措施有降低贴现率、法定存款准备金率，买进政府债券，降低利率，扩大信贷规模。采用宽松的货币政策，可以增加流通中的货币量，从而刺激总需求。

（2）宽松的财政政策。宽松的财政政策扩大财政支出，发挥政府支出在社会总支出的使用。其主要措施有：增加政府投资，增加基础设施建设；降低税率，刺激私人部门或民间投资；增加转移支付，从而增加低收入人群的消费需求；完善社会保障体制，适当改善国民收入的分配结构，提高中下层居民的收入水平和消费水平，以增加消费需求。

（3）增加外部需求。采取各种措施鼓励产品出口，从而增加出口需求。如财政部和国家税务总局联合发布的《关于提高部分机电产品出口退税率的通知》，从2009年1月1日起，我国提高退税率共涉及553种产品，其中航空惯性导航仪、工业机器人等产品的出口退税率将由13%、14%提高到17%；摩托车、缝纫机等产品的出口退税率将由11%、13%提高到14%。产品出口退税率调整是我国增加外部需求，缓解企业困难的举措。

（4）改变预期。公众的预期对通货紧缩的治理影响很大，所以应利用各种宣传手段，说服公众相信政府治理通货紧缩的决心和措施的有效性，增加公众对未来经济发展趋势的信心。

2. 增加有效供给的政策

通货紧缩是由某些行业的产品或某个层次的商品生产绝对过剩引发的，对此一般应采用结构性调整的手段，即减少过剩部门或行业的产量，鼓励新兴部门或行业的发展。

13.3.5　我国的通货紧缩及其治理

1993年，面对当时过热的经济，我国实施了紧缩的财政政策及货币政策，通货膨胀得到了有效控制。1996年，我国成功实现宏观经济"软着陆"。但是进入1997年后，经济发展出现了新挑战，到了1998年5月，消费物价指数持续下跌，企业经营效益未能得到明显改善，国内需求出现严重不足迹象。按照国际通行标准，我国出现了一定程度上的通货紧缩。

面对通货紧缩的局面，我国采取了一系列的宏观经济调控政策，实施积极的财政政策和稳健的货币政策。1998年，我国提出了扩大内需、拉动经济增长的方针。其主要政策包括：

①增加国债发行,实施积极的财政政策。仅 1998—2001 年就发行长期建设国债 5 100 亿元,用于高速公路、交通、水利和发电等工程的建设,刹住了投资下滑的势头。②实施稳健的货币政策在实际操作中是适度扩张。中央银行 7 次降低存贷款利率,增加了货币供应。③四大国有商业银行对国债投资项目的配套资金与财政拨款总额也大致相等。经过中国政府的努力,2000 年年初,经济增长速度下滑的势头得到遏制,2000—2003 年 GDP 分别增长 8%、7.5%、8.3% 和 9.3%。

本章小结

通货膨胀是指经济中商品和劳务的平均价格水平明显而持续的上涨过程。其度量可以用 CPI、PPI 或 GDP 平减指数中的任一指数来进行计算。

通货膨胀按不同的分类方法可以分为不同类型。对于通货膨胀对经济的影响,不同经济学家有不同的看法,存在以下三种:促进论、促退论和中性论。通货膨胀会产生一定的社会成本,具体包括资源配置失误、菜单成本与皮鞋成本以及财富分配效应。

治理通货膨胀的措施主要有降低总需求和增加总供给的方法。降低总需求有紧缩性财政政策、紧缩性货币政策和收入政策。增加供给的政策有降低边际税率和鼓励企业采用新技术、新设备。

通货紧缩指商品和劳务的平均价格水平明显而持续下跌。通货紧缩的影响包括社会财富的再分配、加剧经济衰退、价格信号扭曲和妨碍结构调整。通货紧缩的治理措施有增加需求的政策和增加有效供给的政策。

学习建议

通货膨胀是目前较常见的经济现象之一,由于通货膨胀产生的原因各有不同,建议在学习中结合具体的年代和国家来进行分析,以便更好地理解和记忆。另外,由于通货膨胀和通货紧缩产生的原因不同,所以治理措施也不尽相同,不能生搬硬套。

本章重点
通货膨胀的度量方法和对经济的影响。

本章难点
通货膨胀的度量方法及对通货膨胀的治理。

核心概念

通货膨胀	消费物价指数	GDP 平减指数
生产物价指数	菜单成本	通货紧缩

课后思考与练习

1. 什么是通货膨胀?它是如何衡量的?
2. 简述通货膨胀产生的原因。
3. 通货膨胀的治理措施主要有哪些?
4. 简述通货紧缩产生的原因及对经济的影响。

补充阅读

CPI 构成的国际比较

CPI 是国际上通用的衡量一国通货膨胀水平的基础数据,是宏观经济分析和决策的重要指标。因此,各国政府都高度重视对这一指标的统计和研究。由于不同国家的经济发展水平、居民生活消费水平、恩格尔系数、民族消费习惯等不同,CPI 中的消费品和服务的类别以及权重也不尽相同。比如,发达国家的恩格尔系数较低,食品在整个居民生活消费支出中所占比例明显低于发展中国家,因而 CPI 中食品类的权重低于发展中国家食品类的权重。

由此可以看到,CPI 的数值高低,一方面取决于各个类别中每一个规格品种的价格变化,另一方面取决于 CPI 的构成,即各个类别在 CPI 中所占的权重。一个占 30% 权重的类别和一个占 10% 权重的类别产生相同幅度的价格变化,对 CPI 的影响是明显不同的。

近十几年来,一些发达国家将 CPI 中的食品和能源特别是石油等的消费价格剔除,形成核心 CPI(core CPI),作为分析价格水平和宏观经济形势的重要指标。其目的是更真实和准确地分析一国或地区的总供求关系及其动态变化,有助于对宏观形势做出比较准确的判断,进而做出更加符合实际的政策选择。食品和能源价格最易受自然气候或国际政治经济因素的影响而出现剧烈的波动,从而推动价格总水平的较大波动,而这种波动实际上并不代表市场总供求关系的实质性变动。一般来说,核心 CPI 是测算潜在通货膨胀水平的最好指标。

1. 我国 CPI 的构成

我国统计的 CPI,由食品烟酒、衣着、居住、生活用品及服务、交通通信、教育文化娱乐、医疗保健、其他用品及服务八大类产品价格构成,涵盖了衣食住行各个方面。八大类产品在 CPI 中的权重不一样,国家统计局每 5 年会对权重进行更新。

2. 美国 CPI 的构成

美国劳工部劳工统计局按月发布两种 CPI,即 CPI-W(统计调查只针对工资收入者和神职人员,这两类人员占全部雇员的 1/3)和 CPI-U(统计调查针对所有的城市消费者,不包括农村消费者,这类人员占全国消费者总数的 87%)。

美国的 CPI 包括 8 个大类、211 个基本分类、38 个地区指数。每个基本分类所占的权重,随着居民消费支出的结构变动而相应调整,每两年调整一次。

3. 欧盟 HICP 的构成

每个欧盟成员国都统计和发布各自的调和消费者物价指数(harmonized index of consumer prices,HICP)。欧盟统计局在各国 HICP 的基础上汇总编制欧盟 HICP,即欧盟官方价格指数。欧盟 HICP 包括 12 个大类、160 个基本分类。欧盟 HICP 各类别所占权重,随着居民消费支出的结构变动每 5 年调整一次,并发布年度分析报告。

4. 日本 CPI 的构成

日本 CPI 的统计包括十大类别。这十大类别分别是:食品、家具和家用器具、交通运输和通信、文化和娱乐、医疗保健、燃料照明及水费、教育、服装和鞋类、住房、杂项。

通过对美国、欧盟国家、日本的 CPI 构成进行比较分析,我们可以总结出以下特点。

1)当今世界各国的 CPI 构成类别大致相同,权重因各国经济发展情况和恩格尔系数的不同而有所不同。

2）CPI 构成中各类别权重的确定都是在抽样调查的基础上，依据居民消费支出的构成比例进行算术平均或几何平均方法得到的。

3）各国 CPI 构成中分歧较大的类别是"住房"或"居住"项。美国 CPI-U 的"住房"项中包含虚拟租金的价格变动，即当居民没有自有住房时每月租房的等值租金支出水平高低。除了美国，世界各国居住类商品和服务价格均不含自有住房的虚拟租金部分。此外，有些国家将购置房屋的"抵押贷款利息"和"物业费"等计入"居住"类价格之中，比如加拿大。

4）食品、居住、交通类商品和服务价格是 CPI 构成中权重最大的三类价格，三者权数之和超过 50%，所以稳定这三类商品和服务的价格将会有效地控制 CPI，进而控制通货膨胀率；反之，这三类价格的上涨将直接导致 CPI 的上升。

思考题：你认为我国 CPI 构成与其他国家有什么不同？是否需要改进？

第 14 章　外汇与国际收支

学习目标

1. 理解外汇、汇率的含义及其标价方法；
2. 了解国际收支平衡表的内容及其记账原理；
3. 掌握国际收支平衡表的分析方法、汇率的决定因素和汇率变动对经济的影响以及国际收支失衡的原因及调节措施。

引言

2023 年，国际环境错综复杂，世界经济增速放缓，全球贸易和投资低迷，不稳定、不确定因素较多，但我国经济表现出较强的韧性，主要经济指标处在合理区间，人民币汇率弹性增强并保持基本稳定。2023 年全年，人民币对美元中间价累计贬值 1 181 个基点，贬值幅度不到 2%。截至 2023 年 12 月末，我国外汇储备规模为 32 380 亿美元，较 2022 年 12 月末增加 1 103 亿美元，升幅为 3.5%，国际收支呈现基本平衡格局。影响汇率以及国际收支的因素有哪些？一国国际收支和汇率的变化对本国经济会产生怎样的影响？从本章开始，我们将转入国际金融的学习。这一部分的内容主要涉及外汇与国际收支、国际货币体系、国际金融市场等。

14.1　外汇与汇率

14.1.1　外汇概述

外汇，即国际汇兑，是国际经济活动得以进行的基本手段，是国际金融最基本的概念之一。我们可以从动态和静态两个不同的角度理解外汇的含义。

动态的外汇是指把一国货币兑换为另一国货币以清偿国际间债权债务关系的实践活动或过程。从这个意义上说，外汇等同于国际结算。

静态的外汇是指国际间为清偿债权债务关系而进行的汇兑活动所凭借的手段和工具。静态的外汇概念是从动态的汇兑行为中衍生出来并广为运用的，它又有广义与狭义之分。各国外汇管理法令所称的外汇就是广义的外汇。如 2008 年修订施行的《中华人民共和国外汇管理条例》第三条规定，外汇是指以外币表示的可以用作国际清偿的支付手段和资产，它们是：①外币现钞，包括纸币、铸币；②外币支付凭证或者支付工具，包括票据、银行存款凭证、银行卡等；③外币有价证券，包括债券、股票等；④特别提款权；⑤其他外币资产。而狭义的外汇，也就是我们通常所说的外汇，它是指外国货币或以外国货币表示的用于国际结算的支付手段。

但是，不是所有的外国货币都能成为外汇。一种外币成为外汇有三个前提条件：第一是自由兑换性，即这种外币能自由地兑换成本币；第二是可接受性，即这种外币在国际经济交往中被各国普遍地接受和使用；第三是可偿性，即这种外币资产是能得到补偿的债权；这三个前提条件即外汇的三大特征，只有满足这三个条件的外币及其所表示的资产才是外汇。

照此推理，以外币表示的有价证券由于不能直接用于国际间的支付，故不属于外汇；同样，外国钞票也不能算作外汇。外国钞票只有被携带回发行国并贷记在银行账户上后，才能被称作外汇。在这个意义上，只有存放在国外银行的外币资金，以及将对银行存款的索取权具体化了的外币票据，才构成外汇。具体来看，外汇主要是指以外币表示的银行汇票、支票、银行存款等。其中银行存款是狭义外汇概念的主体，这不仅是因为各种外币支付凭证都是对外币存款索取权具体化了的票据，而且还因为外汇交易主要是运用国外银行的外币存款来进行的。人们通常就是在这一狭义意义上使用外汇的概念。

改革创新：人民币汇率市场化改革与我国外汇市场建设

中央金融工作会议强调"要加快建设金融强国"，金融是国民经济的血脉，货币是金融的根基。强大的国力催生强大的货币与市场，强大的货币与完善的金融市场又将助力经济繁荣和国力强盛，这一点在我国外汇市场发展的过程中得到了集中体现。

14.1.2 汇率及其标价法

外汇汇率又称外汇汇价，是一个国家的货币折算成另一个国家货币的比率，即两种不同货币之间的折算比率。也就是，在两国货币之间，用一国货币所表示的另一国货币的相对价格。

当一种商品参与国际交换时，就需要将该种商品以本国货币所表示的价格折算成以外国货币所表示的价格，这样就产生了两种货币之间的折算。外汇作为可以在国际上自由兑换、自由买卖的资产，也是一种特殊的商品。在国际汇兑中，两种货币之间可以相互表示对方价格，这种用一种货币所表示的另一种货币的价格就是汇率，或者说汇率就是外汇这种特殊商品的"特殊价格"。这里，本币和外币都具有同样的表示对方货币价格的功能，也就是说，外汇汇率具有双向特征：既可以用本币表示外币的价格，也可以用外币表示本币的价格。确定两种不同货币之间的比价，应先确定用哪个国家的货币作为标准，由于确定的标准不同，于是便产生了不同的外汇汇率标价法。

1. 直接标价法

直接标价法是以一定单位（1个外币单位或100个、10 000个、100 000个外币单位）的外国货币作为标准，折算为一定数额的本国货币来表示其汇率。例如，在我国2024年10月22日公布的外汇牌价中，每100美元价值人民币712.23元，这一标价方法就是直接标价法。

国际上绝大多数国家（除英国和美国以外）都采取直接标价法。美国长期以来也一直采用直接标价法，但在第二次世界大战后，美元在国际支付和国际储备中逐渐取得统治地位。为了与国际外汇市场上对美元的标价一致，美国从 1978 年 9 月 1 日起，除对英镑继续使用直接标价法以外，对其他货币一律改用间接标价法公布汇价。

2. 间接标价法

间接标价法是以一定单位的本国货币为标准，折算为一定数额的外国货币来表示其汇率。英国一直使用间接标价法。

在直接标价法下，外国货币的数额固定不变，汇率的高低或涨跌都以相对的本国货币数额的变化来表示。一定单位以外币折算的本国货币越多，说明本国货币的币值越低，而外国货币的币值越高。反之则本国货币币值越高，而外币货币币值越低。同理，一定单位以外币折算的本国货币增多，说明外币汇率上涨，即外国货币币值上升，或本国货币币值下降。反之则外国货币币值下降，或本国货币币值上升。在间接标价法下，本国货币的数额固定不变，汇率的高低或涨跌都以相对的外国货币数额的变化来表示。此种关系正好与直接标价法下的情形相反。

3. 美元标价法

直接标价法和间接标价法都是针对本国货币和外国货币之间的关系而言的。相对于某个国家或某个外汇市场而言，本币以外其他各种货币之间的比价则无法用直接或间接标价法来表示。事实上，第二次世界大战以后，特别是欧洲货币市场兴起以来，国际金融市场之间外汇交易量迅速增长，为便于国际间外汇业务的交易，银行间的报价都以美元为标准来表示各国货币的价格，至今已成习惯。例如，从瑞士苏黎世向德国法兰克福经营外汇的银行询问欧元的汇率，这家银行的报价，不是直接报瑞士法郎对欧元的汇率，而是报美元对欧元的汇率。这种非本币之间以一种国际上的主要货币或关键货币来作为汇价标准的标价方法被称为"美元标价法"。世界各金融中心的国际银行所公布的外汇牌价，都是美元对其他主要货币的汇率。非美元货币之间的汇率则通过各自对美元的汇率套算，作为报价的基础。

14.1.3 影响汇率变动的主要因素

1. 国际收支状况

如果其他条件不变，一国国际收支出现顺差，就会引起外国对该国货币需求的增长与外国货币供应的增加，因此顺差国的货币汇率就会上升；反之，一国国际收支若出现逆差，其货币汇率就会下降。

2. 通货膨胀因素

物价水平是一国货币价值在商品上的体现，因此，一国通货膨胀率上升意味着该国单位货币的价值减少，即它所代表的购买力下降。所以，通常认为一国通货膨胀率超过另一国通货膨胀率，该国货币的汇率就要下跌，反之，则上浮。

3. 利率水平

利率的高低会使国际间的短期资本发生移动，从而影响汇率。其过程是：当一国利率较高时，会吸引外国资本流入该国，从而减少对外汇的需求，增加对本币的需求，本币汇率就会趋于上浮；反之，当一国降低利率时，会引起国内短期资本流出，而这些资本流出该国前，须先把该国货币兑换成外币，从而增加该国货币的供给，使该国货币汇率下跌。

4. 财政政策与货币政策

一般来说，扩张性的财政政策和货币政策造成的巨额财政收支逆差和通货膨胀，会使本国货币对外贬值；紧缩性的财政政策和货币政策会减少财政支出，缓和通货膨胀，而使本国货币对外升值。

5. 政府的市场干预

当外汇市场汇率波动对一国经济产生不良影响或政府需要通过汇率调整达到一定的政策目标时，货币当局便可以参与外汇买卖，在市场上大量买进或抛出本币或外汇，以改变外汇供求关系，促使汇率变化。

6. 市场心理预期

如果人们预期某国的通货膨胀率高，实际利率水平较低，人们就会预期该国货币贬值，就会在外汇市场上抛售该国货币，从而导致该国货币真正贬值；反之，该国货币则会升值。

14.1.4 汇率变动对经济的影响

1. 汇率变动对贸易收支的影响

在其他条件不变的情况下，一国货币贬值可使贬值国的出口产品在国际市场上以外币表示的价格较贬值前下降，从而提高该国的出口产品在国际市场上的竞争能力。本国货币升值对该国进出口贸易所起的作用正好相反，一国货币升值将不利于出口而有利于进口。

2. 汇率变动对资本流动的影响

汇率变动对短期资本流动有很大影响。当一国汇率下跌时，国内资金持有者和外国投资者为回避汇率变动所受的损失，就会把该国货币兑换成汇率较高的货币，从而导致资本外流。但是一国货币贬值将有利于该国长期资本的输入，特别是有利于国外企业到该国进行直接投资。一国货币升值将会刺激该国企业到国外去投资。

3. 汇率变动对物价的影响

货币贬值后，出口商品和进口商品的国内价格都会有所提高，出口商品价格的提高主要体现为出口利润的增加，对国内价格水平影响不大；相比之下，如果进口商品数量没有受到有效的控制，则进口商品价格的提高会对整个物价水平产生上涨的压力。因此一国货币贬值后必须辅之以限制进口或控制物价的措施才能保持国内价格的稳定。货币升值产生的作用则相反。

4. 汇率变动对国际经济关系的影响

一国货币贬值在改善其贸易收支、增加国内产出的同时也会恶化贸易伙伴国的国际收支状况并降低其经济增长速度，这很可能会造成贸易摩擦甚至引起相互贬值的汇率战。

14.2 国际收支与国际收支平衡表

14.2.1 国际收支

1. 国际收支的内涵

国际收支是国际金融中重要的概念之一，它有狭义和广义两个层面的含义。狭义的国际收支的概念是建立在现金基础上的，即一个国家或地区在一定时期内，由于经济、文化等各种对外交往而发生的，必须立即结清的外汇的收入与支出。由于这一概念仅包含已实现外汇收支的交易，因此被称为狭义的国际收支概念。广义的国际收支概念是指一国或地区居民与非居民在一定时期内全部经济交易的货币价值之和，它以交易为基础，不仅包括贸易收支和非贸易收支，而且还包括资本的输出输入，既包括已实现外汇收支的交易，也包括尚未实现外汇收支的交易。只有建立在全部经济交易基础之上的广义的国际收支概念才能较好地完整反映当今一国对外经济总量状况。

根据国际货币基金组织所编的《国际收支和国际投资头寸手册》，国际收支是一定时期的统计报表，它着重反映：①一国与其他国家之间商品、劳务和收入的交易。②该国货币、黄金、特别提款权以及对其他国家债权、债务的所有变化和其他变化。③无偿转移支付，以及根据会计处理的需要，平衡前两项没有相互抵消的交易和变化的对应记录。目前世界各国一般都采用这一概念。

2. 国际收支的特征

要全面地准确掌握国际收支的含义，需要把握以下几个方面的特征。

1) 国际收支是一个流量概念，它与一定的报告期相对应。各国一般是以一年为报告期。

2) 国际收支所反映的内容是以货币记录的经济交易。所谓经济交易是指经济价值从一个单位向另一个单位的转移，它包括四类：第一是交换，即一个交易者向另一个交易者提供一宗经济价值（如实际资源、金融资产等）并从对方得到价值相等的回报；第二是转移，即一个交易者向另一个交易者提供了经济价值，但是没有得到任何补偿；第三是移居，指一个人把住所从一个经济体搬迁到另一个经济体的行为，由此导致的对外资产、债务关系的变化均应被记录在国际收支中；第四是其他交易，如在某些情况下可以根据推论确定交易的存在，尽管并没有发生实际流动，但也需记录在一国的国际收支中。

3) 国际收支记录的经济交易必须是本国居民与非居民之间发生的经济交易，居民与非居民的划分是以居住地为标准进行的。在国际收支统计中，居民是指一个国家的经济领土内具有经济利益的经济单位和自然人,在一国居住超过一年以上的法人和自然人均属该国的居民,而不管该法人和自然人的注册地与国籍。作为例外,一个国家的外交使节、驻外军事人员、出国留学和出国就医者,尽管在另一国居住一年以上,但仍是本国居民,是居住国的非居民。此外,国际性机构(如国际货币基金组织等)不是某一国的居民,而是任何一国的非居民。

我国自 1996 年 1 月 1 日起实施,经 2013 年 11 月修订的《国际收支统计申报办法》第三条规定,该文件所称中国居民,是指:①在中国境内居留 1 年以上的自然人,外国及香港、澳门、台湾地区在境内的留学生、就医人员、外国驻华使馆领馆外籍工作人员及其家属除外;②中国短期出国人员(在境外居留时间不满 1 年)、在境外留学人员、就医人员及中国驻外使馆工作人员及其家属;③在中国境内依法成立的企业事业法人(含外商投资企业及外资金融机构)及境外法人的驻华机构(不含国际组织驻华机构、外国驻华使馆领馆);④中国国家机关(含中国驻外使馆领馆)、团体、部队。

4)国际收支是一个事后的概念。前面提到的"一定时期"一般是指过去的会计年度,显然它是对已发生事实的记录。

14.2.2　国际收支平衡表

国际收支平衡表是按照复式簿记原理,以某一特定货币为计量单位,运用简明的表格形式总括地反映一个经济体(一般是指一个国家或地区)在特定时期内与世界其他经济体间发生的全部经济交易。各国或地区分析的目的不同,所编制的报表格式也就不一样。国际货币基金组织为使各国的国际收支平衡表具有可比性,对国际收支平衡表的概念、准则、惯例、分类方法以及标准构成等都做了统一的规定和说明。

1. 国际收支平衡表的记账原理

国际收支平衡表是根据"有借必有贷、借贷必相等"的复式簿记原理编制的,即每笔国际经济交易都是由两笔价值相等、方向相反的账目表示。根据复式记账法的惯例,无论是对实际资源还是金融资产,借方表示该经济体资产(资源)持有量的增加,贷方表示资产(资源)持有量的减少。因此记入借方的账目包括:

1)反映进口实际资源的经常项目。
2)反映资产增加或负债减少的资本与金融项目。

记入贷方的账目包括:

1)反映出口实际资源的经常项目。
2)反映资产减少或负债增加的资本与金融项目。

2. 国际收支平衡表的主要内容

根据国际货币基金组织(IMF)2008 年 12 月发布的《国际收支和国际投资头寸手册》(第 6 版),国际收支平衡表中的全部账户可分为经常账户、资本和金融账户以及净误差与遗漏三项。

(1)经常账户。经常账户(current account)又称经常项目,是本国与他国进行经济交易时经常发生并在整个国际收支总额中占有重要比重与地位的项目,是国际收支平衡表中最基本、最重要的项目。它显示的是居民与非居民之间货物服务、初次收入和二次收入的流量，反映了一国与其他国家之间实际资源的转移，与该国的国民收入账户有着密切的联系。同时，它也表现了一国的创汇能力，影响和制约着其他账户的变化。经常账户包括货物和服务、初次收入以及二次收入三个明细账户。

1）货物和服务。货物和服务账户列示属于生产活动成果的交易项目，侧重于居民与非居民之间货物和服务的交换环节，在所提供经济价值的性质上与其他分录之间存在区别。

货物（goods）包括一般商品、用于加工的货物、货物修理、各种运输工具、在港口购买的货物及非货币黄金。货物可以用来满足家庭及社会的需求，或者用来生产其他货物或服务。由于输出或输入的商品是看得见、摸得着的实物，因此货物又称有形贸易。

货物对一国国际收支的经常项目乃至整个国际收支都起着举足轻重的作用，其经济所有权可以通过交易进行转移，并可对其建立所有者权益。按国际货币基金组织规定，进出口商品价格均应按离岸价格（FOB）计算，但各国做法并不一致。在海关统计中，习惯以离岸价格计算出口商品价格，而以到岸价格（CIF）计算进口商品价格，大多数国家在国际贸易统计中也习惯如此。因此，在国际收支平衡表中记录进口商品的支出时，应把到岸价格的运费、保险费等一切抵岸之前的费用予以扣除，换算成离岸价格，并把运费、保险费等国外发生的费用分别列入服务账户中。

服务（service）是指劳务的输出输入，是改变消费条件或促进产品或金融资产交换的生产活动成果。它同国际进出口商品一样是价值的交换行为，但它不像商品交换那样看得见、摸得着，因此又被称为无形贸易。服务通常无法与其生产分离开来，一般也不能单独对其建立所有者权益。但个别产品，如知识获取型产品等一些涉及知识产权的产品，也可以像货物一样进行交易。

该账户记录的内容较为复杂，主要包括运输、旅游、通信、建筑、保险、金融、电子计算机和信息等方面的服务，专有权（专利、版权、商标、制作方法、经销权等）的使用费和特许权使用费，其他商业服务，个人文化和娱乐服务以及别处未提及的政府服务等。

2）初次收入。初次收入账户显示的是作为允许另一个实体暂时使用劳动力、金融资源或非生产非金融资产的回报，而应付和应收的金额，是居民与非居民之间的初次收入流量。

初次收入反映的是机构单位因其对生产过程所做的贡献或向其他机构单位提供金融资产或出租自然资源而获得的回报，主要包括与生产相关的收入（如雇员报酬、对生产的税收和补贴等）以及与金融资产和其他非生产性资产所有权相关的收入（如投资收益、财产收入等）两个细分账户。我们以雇员报酬和投资收益两个账户为例进行说明。

雇员报酬表示个人在企业生产过程投入劳务而获得的收入，一般由现金形式的工资和薪金、实物形式的工资和薪金、雇主的社保交款三个部分组成。在国际收支平衡表中，判断雇员报酬的重要因素之一为确定企业和个人之间是否存在雇主与雇员的关系，当雇主和雇员为不同经济体的居民时，雇员所获得的酬金回报计入雇员报酬。另外，在居民个人由非居民聘用或者居民聘用非居民个人时同样将会产生跨境雇员报酬。

投资收益是提供金融资产所得的回报，是一国资本在另一国投资而获取的利润、股息、利息等收益，或者可以被看作居民和非居民之间有关的投资收益，一般与特定类型的金融工具紧密相连。

投资收益可进一步细分为直接投资收益、证券投资收益、其他投资收益（如借贷产生的利息）、储备资产投资收益等。其中，直接投资收益包括来自居民和非居民机构单位之间直接投资头寸的所有投资收益；证券投资收益包括居民与非居民之间除直接投资和储备资产以外的股权与债务证券头寸而产生的收益流量；其他投资收益包括居民和非居民机构之间与存款、贷款、贸易信贷和预付款以及其他应收或应付款账户相关的流量；储备资产投资收益包括股权和投资基金份额收益与利息、特别提款权持有利息等。

特别要注意的是，购买股票或债券的资本本金损益不记入收入账户，而要记入资本和金融账户。

3）二次收入。二次收入账户显示的是收入的再分配，即一方提供用于当前用途的资源，但该方没有得到任何直接经济价值回报。

二次收入账户表现的是居民与非居民之间的经常转移，包括个人转移、对所得与财富等征收的经常性税收、社保缴款、社会福利、非寿险净保费、非寿险索赔、经常性国际援助、其他经常转移等项目。

特别要指出的是，二次收入账户中的经常转移项目（current transfers）又称无偿转移，通常是指单方的、不对等的收入和支出，不产生债权债务关系，却直接影响可支配收入水平和对货物或服务的消费能力，具体包括除下面三项的所有权转移：①固定资产所有权的资产转移；②同固定资产收买或放弃相联系的资产转移或以其为条件的资产转移；③债权人不索取任何回报而取消的债务。经常转移又可细分为私人无偿转移和政府无偿转移两类：前者主要包括侨民汇款、年金、赠予等；后者主要包括政府间经济援助、军事援助、战争赔款、捐款，对慈善、宗教机构及科学文化组织定期的捐款，罚没走私品，债务及利息的豁免等。

（2）资本和金融账户。

1）资本账户。资本账户反映的是居民与非居民之间，非生产非金融资产的取得和处置，以及应收和应付资本的转移。资产从居民向非居民转移，会增加或减少居民对非居民的债权；资产从非居民向居民转移，则会增加或减少居民对非居民的债务。因此，这个账户表明本国在两个时点之间的时期内资产与负债的增减变化。

①资本转移。资本转移是资产（非现金或存货）的所有权从一方向另一方的转移，或者是使一方或双方获得或处置资产（非现金或存货）的转移，抑或是债权人减免债务的转移，主要包括六个方面的内容，即债务减免、非人寿保险索赔、投资捐赠、一次性担保和其他债务承担、税金以及其他资本转移。一般情况下，政府、住户和非营利机构进行转移是为了向另一方转让收益，而由于商业实体一般不会有向其他实体转移资源而不要求回报的动机，因此商业实体之间进行资本转移的情况比较有限，在个别情况下会出现债务承担和一次性担保的启动。

②非生产非金融资产的取得和处置。非生产非金融资产的取得和处置是指各种不是由生产创造出来的有形资产（如土地、自然资源等）和无形资产（如专利、商标、版权、经销权等）以及租赁和其他可转让合同的交易。

2）金融账户。金融账户包括引起一个经济体对外资产和负债所有权变更的所有交易，它反映的是居民和非居民之间投资与借贷的增减变化，以及金融资产和负债的获得与处置净额，表明了用于净国际融资交易的类别、部门、金融工具和期限。

按照投资类型和功能划分，金融账户可细分为直接投资、证券投资、金融衍生工具、其他投资和储备资产，前4项为非储备性质的金融账户。

①直接投资。直接投资的主要特征是投资者对非居民企业的经营管理拥有有效的控制权，投资者和企业之间存在长期的合作关系。投资者直接投资可以采取直接在国外投资兴建企业的形式，或采取购买非居民企业一定比例股票的形式，也可以采取将投资利润进行再投资的形式。

②证券投资。证券投资也称间接投资，是居民购买非居民企业的股票、债券、大额存单、商业票据以及其他衍生金融工具等的投资行为，是一种跨国的股本证券和债务证券的投资。当证券投资超过一定比例时（国际货币基金组织规定达到10%以上，我国规定5%以上），就成为直接投资。

③金融衍生工具。该账户包括金融衍生产品和雇员认股权，它们具有类似的特征。金融衍生产品往往与其他金融工具、指标或商品相联系，通过市场对特定金融风险进行交易。由于在现实中我们很难将服务费从金融衍生产品的价值中剔除，因此常常将其整个价值归于金融资产。而雇员认股权更多的是作为一种报酬形式，是企业向雇员提供的一种购买公司股权的期权。

④其他投资。其他投资是一个剩余项目，凡不包括在直接投资、证券投资、金融衍生工具和储备资产中的一切资本交易均记录在此，即包括其他几个账户未包括的金融交易，如保险技术准备金、养老基金权益和启动标准化担保的准备金、证券回购协议等。

⑤储备资产。储备资产包括货币当局可随时动用，用于维持国际收支平衡及稳定汇率的外部资产，包括货币性黄金（所有不计入货币黄金的金块交易都作为非货币黄金计入货物和服务账户）、特别提款权、在基金组织的储备头寸和外汇储备等官方对外资产。它是政府的调节账户，当自发性交易的借贷不能平衡时，就需要通过增加或减少官方储备资产的方式加以调节。

储备资产为平衡账户，反映的是国际收支平衡表中的官方储备资产增减额而不是官方储备资产持有额，所以我们可以将该账户理解为当年的"储备变动"。

某一个金融账户中的会计分录可以作为货物、服务、收入、资本账户或其他金融账户分录的对应分录。但与经常账户不同，由于金融资产交易的发生总额常常缺乏充分的数据，再加上交易总额对国际收支分析并不很重要，因此金融账户的各个项目并不按借贷方总额来记录，而是按净额来记入相应的借方或贷方。

（3）净误差与遗漏。净误差与遗漏是由于统计技术和其他一些原因使表上借贷双方总额无法平衡而人为设置的一个账户，以轧平借贷差额。这一账户主要反映国际收支平衡表记录过程中出现的误差，通过分析误差与遗漏净额的大小和趋势，有助于找出有关数据信息中出现的问题。

尽管从理论上讲，国际收支平衡表的复式簿记原理保证了借方总额与贷方总额的平衡，但在实际的记录过程中，由于记录时间不同、账户资料来源不一、原始数据不准确，还有一些人为原因和技术原因等因素，可能导致借方总额与贷方总额不同而出现误差。净误差与遗漏账户就是为了从技术角度消除误差而设立的，在公布的数据中被单独列出。

如果经常账户、资本账户、金融账户的贷方出现余额，就在净误差与遗漏下的借方记入与贷方余额相等的数额；如果这几个账户的借方出现余额，则在净误差与遗漏下的贷方记入与借方余额相等的数额。虽然净误差与遗漏可以达到使账面平衡的目的，但它是人为的平衡，对于数额大、持续时间长的差额，会妨碍对国际收支统计值的分析或解释，可信度较低，因此一定要重视这一环节。

14.2.3　国际收支平衡表的分析

一国的国际收支平衡表反映了该国对外经济交易的规模、结构等状况。对一国的国际收支平衡状况进行细致的分析具有非常重大的意义，可以为对外经济分析和制定对外经济政策提供依据。国际收支平衡表的分析重点是分析国际收支差额，并找出原因，以便采取相应对策，扭转不平衡状况。

按照人们的传统习惯和国际货币基金组织的做法，国际收支差额的衡量可分为以下四种口径。

1. 贸易收支差额

贸易收支差额即商品进出口收支差额，是传统上用得比较多的一个口径。实际上，贸易项目仅仅是国际收支的一个组成部分，可作为国际收支的代表，但绝不能代表国际收支的整体。对一些国家来说，贸易收支在全部国际收支中所占的比重比较大。出于简便，人们常常将贸易收支作为国际收支的近似代表。

贸易收支在国际收支中有着特殊重要性。一般来说，贸易收支即商品的进出口情况可综合反映一国的产业结构、产品质量和劳动生产率状况，反映该国产业在国际上的竞争能力。即使是像美国、日本等资本与金融项目比重相当大的国家，也十分重视贸易收支的差额。

2. 经常项目收支差额

经常项目包括贸易收支、无形收支（即服务和收入）和经常转移收支。前两项构成经常项目收支的主体。经常项目的收支也不能代表全部国际收支，但它综合反映了一个国家的进出口状况（包括无形进出口，如劳务、保险、运输等），可以反映一国的国际竞争能力，被当作制定国际收支政策和产业政策的重要依据。国际经济协调组织如国际货币基金组织特别重视各国（地区）经常项目的收支状况，经常采用这一指标对成员方经济进行衡量。

3. 资本和金融项目差额

资本和金融项目具有十分复杂的经济含义，必须对它进行综合分析和谨慎运用。

通过资本和金融项目余额，可以了解一个国家资本市场的开放程度和金融市场的发达程度，对一国货币政策和汇率政策的调整提供有益的借鉴。资本市场越开放的国家，其资本和金融项目的流量总额就越大。由于各国在经济发展程度、金融市场成熟度、货币价值稳定程度等方面存在较大差异，资本和金融项目差额往往会产生较大的波动。

资本和金融项目与经常项目之间具有融资关系，从资本和金融项目的余额可以折射出一国经常项目的状况与融资能力。经常项目中实际资源的流动与资本和金融项目中资产所有权的流动是同一问题的两个方面。不考虑错误与遗漏因素时，经常项目中的余额必然对应着资本和金融项目在相反方向上的数量相等的余额。经常项目出现赤字，对应着资本和金融项目有相应盈余,这意味着一国利用金融资产的净流入为经常项目赤字融资。影响金融资产流动的因素很多,包括影响国内和国外各种资产的投资收益率与风险的各种因素,如利率、各种其他投资的利润率、预期的汇率走势和政治风险等因素。

4. 综合项目差额

综合项目差额是指经常项目与资本和金融项目中的资本转移、直接投资、证券投资、其他投资项目所构成的余额,也就是将国际收支项目中的官方储备项目剔除后的余额。综合项目差额必然导致官方储备的反方向变动,因此可以用它来衡量国际收支对一国储备造成的压力。

如果一国出现了国际收支不平衡,就必须分析国际收支不平衡的原因,并适时采取措施加以纠正。

14.2.4 国际收支不平衡的原因

一国国际收支不平衡可能是由多种原因引起的。按照这些原因,国际收支不平衡可分为以下5种。

(1) 临时性不平衡。临时性不平衡是指由短期的、非确定或偶然的因素,如自然灾害、政局动荡等引起的国际收支不平衡。这种国际收支失衡程度一般较轻、持续时间不长、带有可逆性,是一种正常现象。

(2) 结构性不平衡。结构性不平衡是指因国内经济、产业结构不能适应世界市场的变化而发生的国际收支失衡。这种失衡通常反映在贸易项目或经常项目上。

(3) 周期性不平衡。周期性不平衡是指一国经济周期波动所引起的国际收支失衡。

(4) 货币性不平衡。货币性不平衡是指在一定汇率水平下,一国的物价与商品成本高于其他国家,引起出口货物价格相对高、进口货物价格相对低,从而导致国际收支失衡。

(5) 收入性不平衡。收入性不平衡是指一国国民收入相对快速增长,导致进口增长超过出口增长从而引起国际收支失衡。

14.2.5 国际收支失衡的政策调节

政府对国际收支进行调节的手段多种多样,各国政府根据本国的国情采取不同措施对国际收支进行调节。

1. 外汇平准基金

中央银行拨出一定数量的外汇储备,作为外汇平准基金。当国际收支发生短期不平衡时,通过中央银行在外汇市场上买卖外汇来调节外汇供求,影响汇率,从而推进出口,增加外汇收入和改善国际收支。

2. 财政政策

当一国出现国际收支逆差时,政府可采用紧缩的财政政策,如削减政府开支,或提高税收,迫使投资和消费减少,物价相对下降,从而有利于出口,抑制进口,改善贸易收支及国际收支。反之，政府可实行积极的财政政策，如扩大政府开支，或减少税收，减少贸易收支及国际收支顺差。

3. 货币政策

当一国出现国际收支逆差时，中央银行可提高再贴现率，市场利率也随之上升，投资和消费受到抑制，物价开始下降，从而有利于出口，抑制进口，改善贸易收支。同时市场利率的提高，也有利于吸纳国外资本，从而改善国际收支。

4. 汇率政策

当一国发生国际收支逆差时，该国可使本国货币贬值，以增强本国商品在国外的竞争力，扩大出口；同时，国外商品的本币价格上升，竞争力下降，进口减少，国际收支逐步恢复平衡。反之，当一国长期存在国际收支顺差时，该国可使本国货币升值，刺激进口、减少出口。

5. 直接管制政策

直接管制政策是指政府直接干预对外经济往来，以实现国际收支调节的政策措施。直接管制包括外汇管制、贸易管制和财政管制等形式。

实际上，一国政府到底采用什么样的政策来调节国际收支，首先取决于国际收支失衡的性质，其次取决于国际收支失衡时国内社会和宏观经济结构，最后取决于内部均衡与外部平衡之间的相互关系。每一种国际收支调节政策都会对宏观经济带来或多或少的调节成本，所以必须进行相机抉择，搭配使用各种政策，以最小的经济和社会代价达到国际收支的相对平衡。

◉ 本章小结

外汇，即国际汇兑，是国际经济活动得以进行的基本手段，是国际金融最基本的概念之一。外汇汇率又称外汇汇价，是一个国家的货币折算成另一个国家货币的比率，即两种不同货币之间的折算比率。

影响汇率变动的主要因素有：国际收支状况、通货膨胀因素、利率水平、财政政策与货币政策、政府的市场干预、市场心理预期。

汇率变动对经济的影响：汇率变动对贸易收支的影响、汇率变动对资本流动的影响、汇率变动对物价的影响、汇率变动对国际经济关系的影响。

广义的国际收支是指一国或地区居民与非居民在一定时期内全部经济交易的货币价值之和。它体现的是一国的对外经济交往，是一个流量的概念，也是一个事后的概念。

国际收支平衡表是按照复式簿记原理，以某一特定货币为计量单位，运用简明的表格形式总括地反映一经济体（一般是指一个国家或地区）在特定时期内与世界其他经济体间发生的全部经济交易。国际收支不平衡的衡量可分为以下四种口径：贸易收支差额、经常项目收支差额、资本和金融项目差额、综合项目差额。

一国国际收支不平衡的类型包括：临时性不平衡、结构性不平衡、周期性不平衡、货币性不平衡、收入性不平衡。

国际收支失衡的政策调节措施包括：外汇平准基金、财政政策、货币政策、汇率政策、直接管制政策。

学习建议

外汇、汇率与国际收支是国际金融的核心内容和基础，建议在学习过程中，对核心概念加以重点掌握，联系现实中外汇、汇率和国际收支对人们生活的影响，以进一步巩固知识要点。

本章重点

外汇的概念、汇率的含义、国际收支的概念。

本章难点

国际收支差额分析、美元标价法。

核心概念

外汇	汇率	直接标价法	间接标价法
国际收支	居民	非居民	国际收支平衡表
国际收支不平衡			

课后思考与练习

1. 简述外汇、汇率以及国际收支的基本含义。
2. 影响外汇汇率的因素有哪些？
3. 汇率变动对经济的影响是什么？
4. 国际收支平衡表由哪些项目组成？其编制原则是什么？
5. 国际收支不平衡的衡量标准和口径是什么？
6. 试述国际收支不平衡的原因及调节措施。

补充阅读 14-1

国际收支顺差支持人民币汇率走强

人民币汇率波动的直接影响来自外汇供求变化，而外汇供求变化主要是由于国际收支的变化。

国际收支规模和结构对人民币汇率具有重要影响。当国际收支顺差扩大，外汇供大于求时，对人民币的需求就会上升，人民币具有升值压力；反之国际收支逆差扩大，外汇供小于求时，对人民币的需求可能走弱，人民币面临贬值压力。从2014年12月以来国际收支差额与人民币汇率的走势中，可以看到美元兑人民币汇率中间价和我国国际收支差额呈较为明显的负相关性（见图14-1）。

长期以来，我国经常账户顺差是国际收支顺差的主要来源，其顺差规模与人民币汇率的走势大致同步。2015年以来国际收支总顺差与经常账户顺差走势基本一致。经常账户包括货物贸易、服务贸易、初次分配和二次分配四个子项，其中货物贸易收支差额是经常账户中差额变动最大的项目，是经常账户顺差的主要来源，2022年，货物贸易顺差占经常账户顺差的比重高达167%。服务贸易多年来一直是逆差，但服务贸易总量占比较低，约为15.3%，对经常账户差额的影响有限。初次分配近年来持续逆差，其中占比最高的投资收益这一项起到主要作用，主因是我国吸收外商直接投资的规模较大，且外来投资收益率高于对外投资收益率，从而造成外来投资收益的持续净流出。二次分配主要是指国际转移性支出，数额相对较小，占经常账户的总差额的比重仅4%左右。可见，货物贸易大幅顺差是支持人民币汇率基本稳定和偏强的主要因素（见图14-2）。

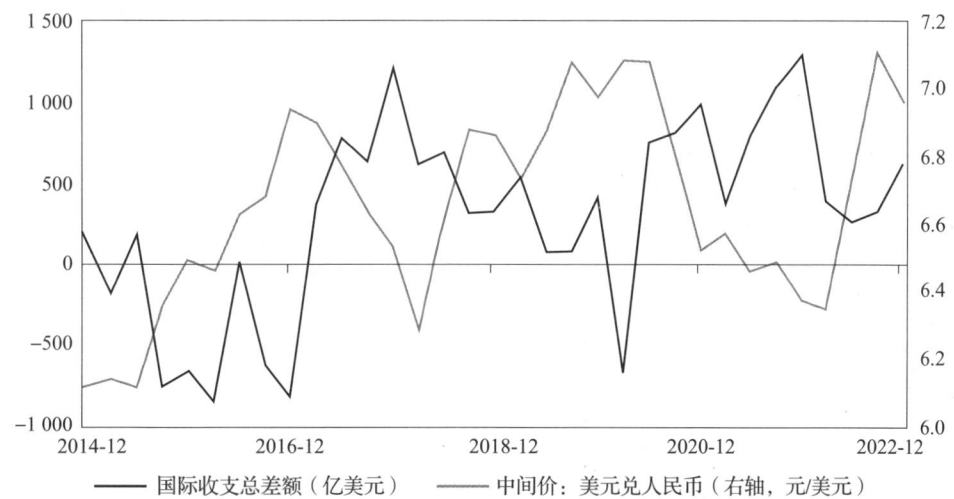

图14-1　国际收支差额与人民币汇率走势

资料来源：Wind数据库。

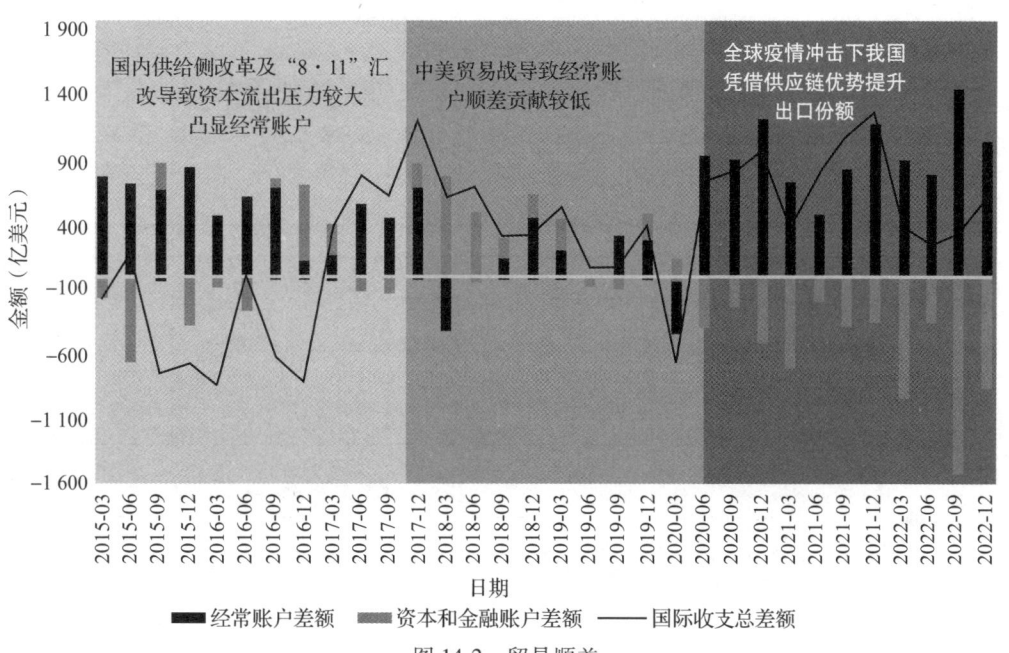

图14-2　贸易顺差

资料来源：Wind数据库。

证券投资和其他投资体现的是短期跨境资本流向，可解释多数情况下人民币汇率的短期波动。在债券投资方面,中外利差走阔(或收缩)影响资本流动,推动人民币汇率升贬值,其中体现最为明显的是两个时期。一是2020年第2至第4季度,美国天量的货币宽松带动其10年期国债收益率不断下行,中美10年期国债收益率之差由1.3%走阔至2.5%,债券投资项下资本大量净流入约1 519亿美元,同比增速高达70.2%,人民币汇率在此期间升值约8%。二是2022年第1至第3季度,随着美联储开启激进加息,中美10年期国债收益率之差急速收窄并倒挂,由1.4%降至-1.1%,外资机构的人民币债券持有量连续8个月下降,共计6 648亿元,加之国内经济在一定程度上受新冠疫情影响,人民币汇率期间贬值约10.6%。

在股票投资方面,跨境资金流动是通过陆股通(即北向资金)实现的,主要受市场风险偏好的影响,对人民币汇率的阶段性影响明显。2015年以来,北向资金出现4次单月净流出规模超400亿元,基本都是来自风险事件的影响,并直接触发了人民币汇率的波动。2019年5月,中美贸易摩擦升级导致人民币汇率承压,跌幅约为3.0%;2020年3月,新冠疫情在全球大范围蔓延,美股市场风险指数急剧上行,北向资金净流出679亿元,是2014年以来的最大净流出,当月人民币贬值约2.6%;2022年3月,在俄乌冲突和新冠疫情的双重影响下,北向资金连续数日大规模净流出,人民币结束升值周期,4月贬值约4.2%;2022年10月,在美联储激进加息、房地产风险增大等因素的影响下,北向资金再度大幅流出573亿元,当月美元兑人民币汇率突破1∶7.25。

一般情况下,其他投资与贸易和直接投资的收支情况互补,但其他投资的波动性较大,其差额变动与人民币汇率走势不完全一致,对人民币汇率的影响既有顺周期性也有调节性。其他投资项在2020年以来成为非储备金融账户中波动最大的一项,是因为其他投资项下的市场主体来自商业银行及其他金融机构。这些机构的资金行为带有市场调节性或投机性目的,受多方面因素的影响,波动方向和规模有较大不确定性(见图14-3)。

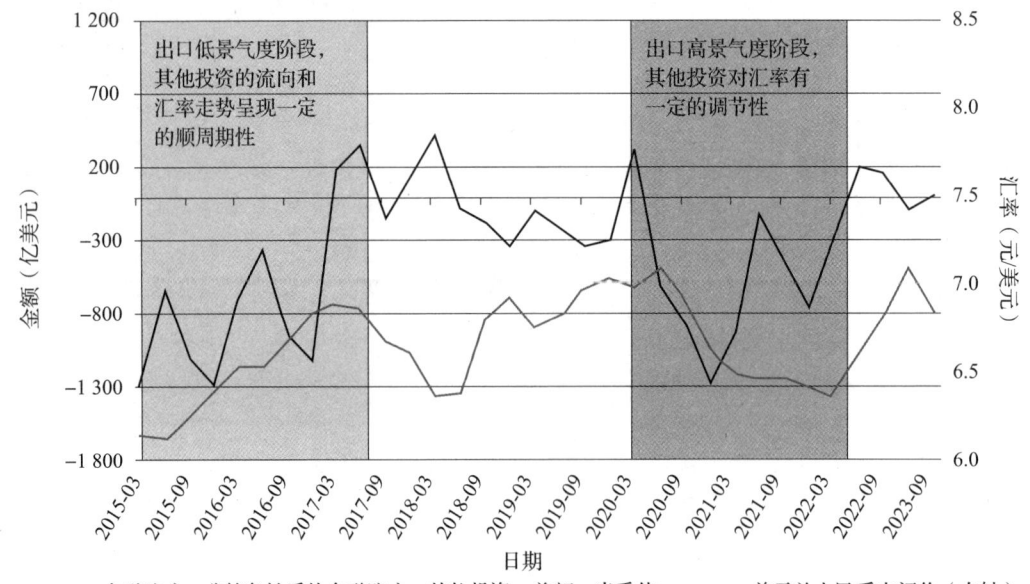

图14-3 其他投资项资金流动与人民币汇率走势

资料来源:Wind数据库。

其他投资项的资产和负债端的变动主要受到"货币存款""贷款""贸易信贷"三个子项的影响。2015—2016 年，我国出口增速明显放缓，经常账户顺差的降低意味着负债端"货币存款"和"贸易信贷"减少，即跨境资金净流入的降低。"一带一路"倡议推动下对外直接投资增加，带动了资产端"贷款"的增加。最终其他投资项下跨境资金净流出与人民币汇率贬值同步呈现。但在 2020—2021 年，我国出口保持高景气度，不仅提升了对"贸易信贷"的融资需求，也促进"藏汇于民"和金融机构外汇存款余额的增长，带动了资产端"货币存款"和"贷款"的扩张，即跨境资金流出的增加。此时，其他投资的资金流出只是持汇金融机构的市场调节行为，并未影响因强势出口和证券投资资金流入带来的人民币升值趋势。

资料来源：《中国外汇》2023 年第 17 期。

思考题：汇率与国际收支的关系如何？国际收支的规模和结构对人民币汇率影响的机制和路径是什么？

补充阅读 14-2

2023 年上半年我国国际收支主要状况

经常账户延续合理规模顺差，非储备性质的金融账户呈现逆差。2023 年上半年，我国经常账户顺差为 1 463 亿美元，与同期国内生产总值（GDP）之比为 1.7%，继续处于合理均衡区间；非储备性质的金融账户逆差为 849 亿美元（见表 14-1）。

表 14-1　我国国际收支差额主要构成　（金额单位：亿美元）

项目	2015 年	2016 年	2017 年	2018 年	2019 年	2020 年	2021 年	2022 年	2023 年上半年
经常账户差额	2 930	1 913	1 887	241	1 029	2 488	3 529	4 019	1 463
占 GDP 的比重	2.60%	1.70%	1.50%	0.20%	0.70%	1.70%	2.00%	2.20%	1.70%
非储蓄性质的金融账户差额	-4 345	-4 161	1 095	1 727	73	-611	-303	-2 110	-849
占 GDP 的比重	-3.90%	0.90%	1.20%	0.10%	0.10%	-0.40%	-0.20%	-1.20%	-1.00%

资料来源：中华人民共和国国家外汇管理局、中华人民共和国国家统计局。

货物贸易顺差处于历史同期较高水平。按国际收支统计口径 1，2023 年上半年，我国货物贸易出口为 15 264 亿美元，进口为 12 332 亿美元；贸易顺差为 2 932 亿美元，为历年同期次高值。

服务贸易逆差合理恢复。2023 年上半年，服务贸易逆差为 1 022 亿美元，同比增长 2.1 倍。其中，旅行项目逆差为 814 亿美元，同比增长 67%，为新冠疫情前 2019 年同期规模的七成，我国居民跨境旅行呈现稳定恢复态势。

初次收入逆差减少。2023 年上半年，初次收入项下收入为 1 218 亿美元，支出为 1 751 亿美元，逆差为 533 亿美元，同比减少 59%。其中，雇员报酬顺差为 90 亿美元，投资收益逆差为 631 亿美元。从投资收益看，外资来华各类投资收益合计 1 720 亿美元，我国对外投资收益合计 1 089 亿美元。

二次收入延续顺差。2023 年上半年，二次收入项下收入为 204 亿美元，支出为 119 亿美元，顺差为 85 亿美元。

直接投资呈现逆差。按国际收支统计口径 3，2023 年上半年，直接投资逆差为 616 亿美元。我国对外直接投资净流出（资产净增加）888 亿美元，其中对外股权投资净流出 556 亿美元；外商来华直接投资净流入（负债净增加）273 亿美元，其中来华股权投资净流入 337 亿美元。

证券投资逆差收窄。2023 年上半年，证券投资逆差为 623 亿美元，同比收窄 61%。其中，我国对外证券投资净流出（资产净增加）524 亿美元；来华证券投资更加积极，境外对我国证券投资由一季度的净流出（负债净减少）转为二季度净流入（负债净增加）84 亿美元。

其他投资顺差增加。2023 年上半年，存贷款、贸易应收应付等其他投资顺差为 415 亿美元，同比增长 40%。其中，我国对境外的其他投资净回流（资产净减少）516 亿美元，境外对我国的其他投资净流出（负债净减少）101 亿美元。

储备资产基本稳定。2023 年上半年，因交易形成的储备资产（剔除汇率、价格等非交易变动影响）增加 417 亿美元。其中，外汇储备因交易增加 356 亿美元。

资料来源：国家外汇管理局国际收支分析小组，《2023 年上半年中国国际收支报告》。

思考题：分析国际收支差额形成的主要原因。

第 15 章　国际货币体系与国际金融市场

○ 学习目标

1. 理解国际货币体系的发展演变及其原因、欧洲货币体系的发展演变；
2. 了解欧洲货币市场的产生及其发展历程；
3. 掌握不同国际货币体系的基本内容与特点、国际金融市场的基本构成。

○ 引言

20 世纪，国际货币体系经历了三大变化，从金本位制到美元本位制（布雷顿森林体系），再到"一超多强"的货币体系（牙买加体系），而目前正在向多强并存的货币体系过渡。国际货币体系为什么会发生上述演变？欧洲货币体系是国际货币体系的重要组成部分，它是如何形成的？本章将就这些内容加以论述。

15.1　国际货币体系及其演变

15.1.1　国际货币体系的含义

国际货币体系是指规范国与国之间金融关系的有关法则、规定及协议的全部框架，或者说，它是各国政府对货币在国际范围内发挥世界货币的职能所确定的原则、所采取的措施、所建立的组织形式。

国际货币体系一般包括三个方面的内容：①国际交往中使用什么样的货币——金币还是不兑现的信用货币。②各国货币间的汇率安排——是钉住某一货币，还是允许汇率随市场供求自由变动。③各国外汇收支不平衡如何进行调节。在这三个方面中，国际本位货币的选择，即在国际交往中使用金币还是不兑现的信用货币是最根本的，这决定着国际货币制度的性质和运作特点。

国际货币体系的主要功能是促使国际生产与分配的基本经济过程尽可能顺利而有效地运行。一个理想而有组织的国际货币体系，可以促成世界各国劳动力的有效分工和充分运用，以达到世界生产总值的极大化，并使全部生产在世界各国之间的分配处于最能被接受的状态。

按国际货币体系的历史演进过程以及国际上的习惯称谓，国际货币体系大体可分为国际金本位制、布雷顿森林体系（美元本位制）以及当前的牙买加体系。

15.1.2 国际货币体系的演变

1. 国际金本位制

国际金本位制是在英国、拉丁货币同盟（1865—1880 年，成员包括法国、比利时、意大利、瑞士）、荷兰、德国、美国及其他若干北欧国家实行国内金本位制的基础上形成的，它盛行于 19 世纪 70 年代至第一次世界大战爆发期间，是历史上第一个国际货币制度。

（1）金本位制条件下的固定汇率制。在金本位制下，汇率的决定基础是铸币平价。但在实际经济中，外汇市场上的汇率水平及其变化还要取决于许多其他因素，最为直接的就是外汇供求关系的变化。汇率以铸币平价为中心，在外汇供求关系的作用下上下浮动。当某种货币供不应求时，其汇率会上涨，超过铸币平价；当某种货币供大于求时，其汇率会下跌，低于铸币平价。但是，值得注意的是，金本位制下由供求关系变化造成的外汇市场汇率变化并不是无限制地上涨或下跌，而是被界定在铸币平价上下各一定界限内，这个界限就是黄金输送点（gold point）。黄金输送点是指在金本位制下外汇汇率波动引起黄金输出和输入国境的界限，它等于铸币平价加（减）运送黄金的费用。这是因为金本位制下黄金具有自由熔化、自由铸造和自由输入输出的特点，黄金可以代替货币、外汇汇票等支付手段用于国际间的债务清偿，只是黄金的运送需要一定的费用。这样，对一国来说，当外汇汇率上涨超过铸币平价加上向外输送黄金的各种费用时，该国的债务人用黄金对外清算较为有利，黄金会替代外汇流向国外。由此，铸币平价加上黄金运送费用便构成黄金输出点，即汇率上涨的上限。反之，当一国的外汇汇率下跌至低于铸币平价减黄金运送费用时，则该国债权人收进黄金比收进外汇更为有利，黄金会替代外汇流向国内，由此铸币平价减去黄金运送费用则构成黄金输入点，即汇率下跌的下限。

例如，在 1925—1931 年，英镑与美元的铸币平价为 1 英镑 = 4.866 5 美元，英美两国之间 1 英镑黄金的运送费用为 0.02 美元，则汇率变动的上下限分别为

$$上限 = 铸币平价 + 运送费用$$

即 1 英镑 = 4.866 5 美元 + 0.02 美元 = 4.886 5 美元。

$$下限 = 铸币平价 - 运送费用$$

即 1 英镑 = 4.866 5 美元 - 0.02 美元 = 4.846 5 美元。

因此，1 英镑 = 4.846 5 美元被称为美国的黄金输入点、英国的黄金输出点。

汇率波动幅度很小的汇率制度即固定汇率制。在金本位制下，每对货币汇率的法定平价决定于它们之间的铸币平价，市场汇率的波动以黄金输送点为界限。黄金输送点和铸币平价之间的差异决定于黄金在国家间运输的各种费用。

在金本位制下，汇率的波动幅度是自动而不是靠人为措施维持的。只要外汇市场上汇率超过了黄金输出点，如美元/英镑汇率 > 4.886 5，在外汇市场上英镑需求大于供给，对美国债务人来说，偿还同样数量的英镑债务，直接输出黄金将比在外汇市场上购买英镑更便宜，这使外汇市场上英镑需求下降，从而汇率下降，这种行为将一直持续到市场汇率为 4.866 5。类似地，当外汇市场汇率低于黄金输入点，如美元/英镑汇率 < 4.846 5，在外汇市场上英镑供给大

于需求，对英国债权人来说，了结同样数量的美元债权，直接输入黄金比先收取英镑再在外汇市场兑换美元获利更大，这使外汇市场上英镑供给下降，从而汇率上升，直到市场汇率为4.866 5。可见，在金本位制下，由于黄金可以自由地在国家之间运送，外汇市场上外汇供求之间的差距不会很大，外汇汇率虽可能偏离铸币平价，但不会超越黄金输送点的界限。

（2）金本位制下的储备资产和国际结算。在金本位制下，由于各国货币的金平价是法定的并且保持不变，因此国家间货币汇率是稳定的，不存在外汇风险。在这种情况下，各国货币可以自由兑换，实行多边自由结算，黄金作为唯一的储备资产，是最后的国际结算手段。

尽管如此，在1880—1914年，黄金的国际流动并不是唯一的和最重要的国际债权债务清算方式。由于当时英国经济实力堪称世界第一，是全球最大的贸易国和金融资产的供给者，因此英镑成为代替黄金的世界货币。国际贸易通常以英镑计价，并且90%以上用英镑结算，许多国家中央银行的主要国际储备是英镑而不是黄金。所以，这一时期的金本位制有时也被称为英镑本位制。

1929年世界性的经济危机使原本就由于黄金数量不足而很脆弱的国际金本位制最终崩溃。各国进行激烈的货币战，使国际货币金融关系呈现出一片混乱局面。而以美元为中心的布雷顿森林体系的建立，使国际货币金融关系又有了统一的标准和基础，混乱局面暂时得以稳定。

2. 布雷顿森林体系

第二次世界大战即将结束时，一些国家深知，国际经济的动荡乃至战争的爆发与国际经济秩序的混乱存在着直接或间接的联系。因此，重建国际经济秩序成为促进战后经济恢复和发展的重要因素，在国际金融领域中重建经济秩序就是建立能够保证国际经济正常运行的国际货币制度。

（1）布雷顿森林体系的建立。1944年7月1日至22日，在美国新罕布什尔州的布雷顿森林城举行了由44个国家参加的"联合国货币金融会议"，围绕战后国际货币制度的结构和运行等问题，会议通过了以"怀特计划"为基础的《国际货币基金组织协定》和《国际复兴开发银行协定》，总称《布雷顿森林协议》，协议确立了新的国际货币制度的基本内容。该协议的宗旨是：

1）建立一个永久性的国际货币机构以促进国际货币合作。

2）促进汇率稳定，防止竞争性的货币贬值，以促进国际贸易的发展和各国生产资源的开发。

3）向成员方融通资金，以减轻和调节国际收支的不平衡。

根据上述宗旨，协议还就战后国际货币制度的具体内容做了规定。

（2）布雷顿森林体系的内容。布雷顿森林体系包括5个方面的内容，即本位制度、汇率制度、储备制度、国际收支调整制度及相应的组织形式。

1）本位制度。在本位制方面，布雷顿森林体系规定美元与黄金挂钩。各国确认1934年1月美国规定的1美元的含金量为0.888 671g纯金，35美元等于1oz⊖黄金的黄金官价。美国承

⊖ 1oz=31.103 5g。

担向各国政府或中央银行按官价兑换美元的义务。同时，为了维护这一黄金官价不受国际金融市场金价的冲击，各国政府需协同美国政府干预市场的金价。

2）汇率制度。在汇率制度方面，它规定国际货币基金组织的成员方货币与美元挂钩，即各国货币与美元保持稳定的汇率。各国货币与美元的汇率按照各自货币的含金量与美元含金量的比较确定或者不规定本国货币的含金量，只规定与美元的汇率。这意味着国际货币基金组织成员方之间的汇率是固定汇率，各国不能任意改变其货币的含金量。如果某种货币的含金量需要做10%以上的调整，就必须得到国际货币基金组织的批准。国际货币基金组织允许的汇率波动幅度为±1%。成员只有在国际收支发生根本性不平衡时，才能改变其货币平价。

3）储备制度。在储备制度方面，美元取得了与黄金具有同等地位的国际储备资产的地位。

4）国际收支调整制度。在国际收支调整机制方面，成员对于国际收支经常项目的外汇交易不得加以限制，不得施行歧视性的货币措施或多种货币汇率制度。

5）组织形式。为了保证上述货币制度的贯彻执行，1945年12月，国际货币基金组织成立。该组织的职能主要有两个：一是当成员方出现短期性经常项目逆差，而紧缩性货币政策或紧缩性财政政策会影响国内就业水平时，国际货币基金组织随时准备向它们提供外币贷款，以帮助它们渡过难关。用于这种贷款的黄金与外币由该组织成员的基金提供。二是可调整的货币平价。尽管该货币体系规定成员之间的汇率保持固定，但是当该组织认为一国的国际收支处于"根本性不平衡"状态时，该国可以调整其汇率。

1945年12月，国际复兴开发银行（世界银行）成立。其宗旨是：为发展中国家用于生产目的的投资提供便利，以协助成员方的复兴与开发，并鼓励发展中国家征税与资源的开发；通过保证或参与私人贷款和私人投资的方式，促进私人对外投资；用鼓励国际投资以开发成员方生产资源的方法，促进国际贸易的长期平衡发展，维持国际收支平衡；在提供贷款保证时，应同其他来源的国际贷款进行配合。世界银行作为国际货币制度的辅助性机构在促进发展中国家经济发展，摆脱长期贸易收支或国际收支逆差方面起到了非常重要的作用。

（3）布雷顿森林体系的局限性。第二次世界大战后的国际货币体系是以美元和黄金为基础的金汇兑本位制。它必须具备两个基本前提：一是美国国际收支能保持平衡；二是美国拥有绝对的黄金储备优势。但是进入20世纪60年代后，随着资本主义危机的加深和政治经济发展不平衡的加剧，各国经济实力对比发生了变化，美国经济实力相对减弱。1950年以后，美国的国际收支除个别午度略有顺差外，其余各年度都是逆差，并且有逐年增加的趋势。至1971年，仅上半年，逆差就高达83亿美元。随着国际收支逆差的逐步增加，美国的黄金储备也日益减少。1949年，美国的黄金储备为246亿美元，占当时整个资本主义世界黄金储备总额的73.4%。此后，其黄金储备逐年减少，至1971年8月，尼克松宣布"新经济政策"时，美国的黄金储备只剩下102亿美元，而短期外债为520亿美元。美元大量流出美国，导致"美元过剩"，1973年年底，游荡在各国金融市场上的"欧洲美元"就达1 000多亿。由于布雷顿森林体系前提的消失，也就暴露了其致命弱点，即"特里芬难题"。也就是说，在这一制度下，如果美国要保持国际社会有足够的美元用于国际支付，就要不断地增加美元的发行，通过购买各国商品向各国输出美元，以满足各国国际支付的需要，这必然导致美国国际收支出现逆差，美元发行过多，人们就会担心美国持有的黄金能否兑换各国持有的美元，从而导致对美元的信心，进而是对布雷顿森林体系的信心发生动摇；另外，如果美国力图消除国际收支逆差，以维持人们对美元的信任，就必须控制美元的发行，那么美元的供应就不可能充足。因此，在这个货币体系中存在着"美元灾"或"美元荒"的双重威胁。美元国际信用严重下降，各国争先向美国挤兑黄金，而美国的黄金储备已难于应付，这就导致了从1960年起，美元危机迭起，货币金融领域陷入日益混乱的局面。为此，美国于1971年宣布实行"新经济政策"，停止各国政府用美元向美国兑换黄金，这就使西方货币市场更加混乱。在1973年美元危机中，美国再次宣布美元贬值，导致各国相继实行浮动汇率制代替固定汇率制。美元停止兑换黄金和固定汇率制的垮台，意味着布雷顿森林体系的基础发生动摇，标志着布雷顿森林体系的瓦解。

3. 牙买加体系

布雷顿森林体系瓦解后，重新建立至少是改革原有货币体系的工作成了国际金融领域的中心问题。1971年10月，国际货币基金组织理事会提出了修改《国际货币基金协定》的意见。1972年7月，理事会决定成立"20国委员会"，具体研究改革国际货币制度的方案。该委员会及后来替代这个委员会的"临时委员会"为改革做了大量的准备工作。1976年1月，成员方在牙买加首都金斯敦举行会议，讨论修改国际货币基金协定的条款，会议结束时达成了《牙买加协定》。同年4月，国际货币基金组织理事会又通过了以修改《牙买加协定》为基础的《国际货币基金协定》第二次修正案，并于1978年4月1日起生效，实际上形成了以《牙买加协定》为基础的新的国际货币制度。

（1）《牙买加协定》的主要内容。新的国际货币制度的主要内容包括三个方面，即汇率制度、储备制度和资金融通问题。《牙买加协定》认可了浮动汇率的合法性。它指出，国际货币基金组织同意固定汇率和浮动汇率的暂时并存，但成员方必须接受国际货币基金组织的监督，以防止出现各国（地区）货币竞相贬值的现象。该协议明确提出黄金非货币化，成员方可以按市价在市场上买卖黄金；取消成员方之间、成员方与国际货币基金组织之间以黄金清偿债权债务的义务，降低黄金的货币作用；逐步处理国际货币基金组织持有的黄金，按市场价格出售国际货币基金组织黄金总额的1/6，另有1/6归还各成员方。同时，确定以特别提款权为主要的储备资产，将美元本位改为特别提款权本位。特别提款权是国际货币基金组织1969年为解决国际清偿能力不足而创立的一种国际储备资产和计账单位，代表成员在普通提款权之外的一种特别使用资金的权利。普通提款权是国际货币基金组织提供的最基本的普通贷款，用以解决受贷国因国际收支逆差而产生的短期资金需要。特别提款权按照成员在国际货币基金组织认缴份额比例进行分配。分配到的特别提款可通过国际货币基金组织提取外汇，可同黄金、外汇一起作为成员方的储备，故又称"纸黄金"。其设立时的价值相当于1美元。1974年7月1日以后改用一揽子16种货币定值。1981年1月1日以后，国际货币基金组织又改用美元、马克、法郎、英镑和日元5种货币定值，扩大对发展中国家的资金融通。国际货币基金组织用出售黄金所得收益建立信托基金，以优惠条件向最贫穷的发展中国家提供贷款。将国际货币基金组织的贷款额度从100%提到145%，并提高国际货币基金组织"出口波动补偿贷款"在份额中的比重，由占份额的50%增加到75%。

（2）《牙买加协定》后国际货币制度的运行特征。牙买加会议后，国际货币制度进入了一个新时期，体现在国际储备走向多元化、汇率制度多元化、国际收支调节多样化三个方面。首先，尽管《牙买加协定》提出用特别提款权代替美元的方案，但由于特别提款权只是一个计账单位,现实中需要有实在的货币作为国际经济交往的工具,因而客观上形成了国际储备多元化的结构。其次,各国的具体情况不同,所选择的汇率制度也不同。《牙买加协定》的精神在于避免成员方竞争性货币贬值的出现,因此只要各国的汇率制度是相对稳定或合理的,它就可以合法存在。这是《牙买加协定》能够获得广泛认可的重要因素之一。最后,从国际收支的调节看,在允许汇率调整的情况下,各国国际收支调节的政策选择余地加大了。各国既可动用本国储备,又可借入国外资金或国际货币基金组织的贷款,也可通过调整汇率调节国际收支,所以在新的国际货币制度下,成员方具有较大的灵活性。整齐划一的国际货币制度消失了,代替它的是多样化、灵活的体系。正是由于这一点,各国自我约束、自主管理的责任也日趋重要了。

(3)对当前国际货币制度的评价。当前的国际货币体系(牙买加体系)仍然存在许多问题,主要表现在以下三个方面。

1)汇率纪律荡然无存。从各国实行浮动汇率的实际经验来看,在浮动汇率制下,汇率波动频繁而急剧,因而国际贸易和金融市场受到严重影响;浮动汇率加剧了世界性通货膨胀,因为浮动汇率总的来讲是提高了各国物价;基金组织对国际储备的控制被削弱了;浮动汇率使一些国家可以长期地实行通货膨胀政策,而不必考虑国际支付问题;汇率经常变动,不仅影响对外贸易和资本流动,而且使发展中国家的外汇储备和外债问题也变得复杂化了;世界经济全球化和一体化趋势的发展,使各国在浮动汇率制下也不能充分实行独立的政策。为此,主要工业国都采取了一些措施来稳定汇率,实施所谓的"管理浮动",对外汇市场进行必要的干预。

2)造成储备货币管理的复杂性。国际储备多样化对美元是一种制约,在调节不同货币的供应方面具有一定的灵活性,同时还相对降低了单一中心货币(如美元)对世界储备体系稳定性的影响。此外,多种货币储备体系为一国进行外汇管理提供了更多的手段,减少了单一货币本位下汇率变动带来的危险。但是,多种储备体系又具有内在的不稳定性。首先,由于实行了浮动汇率制,主要的储备货币(无论是美元、还是英镑或日元)的汇率经常波动,这对于发展中国家是很不利的。其次,储备货币的多样化增大了国际金融市场上的汇率风险,致使短期资金流动频繁,增加了各国储备资产管理的复杂性。最后,多种储备货币并没有从本质上解决储备货币同时担负世界货币和储备货币所在国本币的双重身份所造成的两难。当维护世界金融秩序和支付能力目标与维护国内经济平衡的目标发生冲突时,这些国家必然侧重于后者,从而对别国乃至世界经济带来负面影响。

3)缺乏有效的国际收支调节机制。牙买加体系寄希望于通过汇率的浮动来形成一个有效而灵活的国际收支调节机制。但多年来的实践结果表明,这一机制并没有起到预期的效果。

首先,汇率的过度浮动只是增加了市场上的不稳定性,甚至恶化了各国的国际收支状况,就连大力支持浮动汇率制的主要储备货币国(美国、日本、德国等国家)之间的贸易不平衡都无法通过汇率变动来调节。

其次,国际货币基金组织的贷款机制并不能很好地促进国际收支的平衡。国际货币基金组织的主要任务是维护多边支付体系和货币的自由兑换。但是,除非国际收支失衡已经或即将导致债务或金融危机并危及以上两个目标,否则国际货币基金组织不会轻易出手。反而是各国的商业银行对收支起到了相当大的调节作用,而且目前庞大的国际收支不平衡往往还要依靠国际货币体系以外的力量来进行调节。

再次,目前的国际收支调节任务仍然大部分落在逆差国家身上,牙买加体系并没有吸取布雷顿森林体系的教训，建立制度来约束或帮助逆差国恢复国际收支平衡。例如，美国在发生经常项目逆差时，通常总是通过引进短期资金来平衡，而不愿意调整汇率或紧缩国内经济，于是各国纷纷效尤。但人们忽略了非常重要的一点：美国是储备货币发行国，只要发行美元就可以偿还外债，而其他国家，尤其是非储备货币发行国则不能这样做。因此，借债还债只会造成债台高筑，并不能从根本上解决问题。

最后，由于储备货币多样化和汇率安排多样化，货币危机和国际金融危机的来源点也多样化。但牙买加体系缺乏有效的主观或客观危机预警指标，从而使防范危机无从下手。20 世纪 90 年代开始，国际市场上危机四起，牙买加体系的缺陷日益突现，改革现行国际货币体系的呼声不断高涨。

15.2 欧洲货币体系

欧洲货币一体化被认为是自布雷顿森林体系崩溃以来在国际货币安排方面最有意义的实践，是迄今为止最适度货币区最为成功的案例。在欧洲货币一体化的发展过程中，成员国建立起一个"货币稳定区域"，使它们免受区域外金融不稳定的影响，区域内的固定汇率安排更是方便了成员国间的经济交往和合作。

15.2.1 欧洲货币体系的产生

欧洲国家从 20 世纪 60 年代末开始努力寻求货币政策的一致性和汇率的更大稳定性，主要有三个原因。

首先，为了提高欧洲在世界货币体系中的地位。1969 年的货币危机使得欧洲对美国在将其国际货币职责放在其国家利益之前的可靠性失去信心。面对美国越来越自私的政策，欧洲国家为了更加有效地维护它们自己的经济利益，决定在货币问题上采取一致行动。

其次，为了把欧洲变成一个真正的统一市场。尽管 1957 年《罗马条约》的签订使欧洲建立了经济共同体和原子能共同体，但在欧洲内部商品和要素的流动仍存在很大的官方障碍，欧洲国家的长远目标就是要消除所有这些障碍，以美国为模式把欧洲变成一个巨大的统一市场。欧洲国家的官员认为汇率的不确定性像官方贸易障碍一样，是减少欧洲国家间贸易的主要原因之一。在他们看来，只有在欧洲国家之间建立起固定的相互汇率，才能形成一个真正统一的大市场。

最后，为了避免欧共体共同农业政策的失衡。因为汇率的变动给欧共体共同农业政策带来了调整难题，而共同农业政策保证了农产品的最低支持价格。为了使欧共体内所有国家的农民都享受平等待遇，共同农业政策规定予以一揽子欧共体国家货币为单位的农产品支持价格。

1969 年 12 月在海牙召开的欧共体首脑会议标志着欧洲货币统一改革的开始，会上指定皮埃尔·维尔纳（时任卢森堡首相兼财政大臣）组织委员会，制定具体措施，消除欧共体内部汇率的波动，集中欧共体货币改革决定权，减少彼此间的贸易壁垒。欧洲货币联盟的第二阶段是欧洲货币体系的建立与发展，它是欧洲货币联盟进程中的一个新阶段。建立欧洲货币体系的动议是 1978 年 4 月在哥本哈根召开的欧共体首脑会议上提出来的。同年 12 月 5 日，欧共体各国首脑在布鲁塞尔达成协议，自 1979 年年初正式实施欧洲货币体系协议。

15.2.2 欧洲货币体系的主要内容

欧洲货币体系主要有三个组成部分。

1) 欧洲货币单位。欧洲货币单位类似于特别提款权,其价值是欧共体成员国货币的加权平均值,每种货币的权数根据该国在欧共体内部贸易中所占的比重和该国 GNP 的规模确定。

2) 欧洲货币合作基金。为了保证欧洲货币体系的正常运转,欧共体于 1979 年 4 月设立了欧洲货币合作基金,集中起成员国各 20% 的黄金储备和外汇储备,作为发行欧洲货币单位的准备。

3) 稳定汇率机制。稳定汇率机制是欧洲货币体系的核心组成部分。根据该机制的安排,汇率机制的每一个参加国都确定本国货币同欧洲货币单位的(可调整的)固定比价,即确定一个中心汇率,并依据中心汇率套算出与其他参加国货币相互之间的比价。

15.2.3 欧洲货币一体化的进程

从实质性取得进展角度而言,欧洲货币一体化经历了以下几个演变阶段。

1. 第一阶段(1972—1978 年):维尔纳计划

布雷顿森林体系瓦解之际,欧洲经济共同体国家为了减少世界货币金融不稳定对区内经济的不利影响,同时也为了实现西欧经济一体化的整体目标,于 1969 年提出建立欧洲货币联盟的建议。1970 年 10 月,以卢森堡首相兼财政大臣维尔纳为首的一个委员会,向欧共体理事会提交了一份《关于在共同体内分阶段实现经济和货币联盟的报告》,即维尔纳计划。根据该计划,欧共体建立了欧洲货币合作基金和欧洲货币计算单位,并于 1972 年开始实行成员国货币汇率的联合浮动。所谓联合浮动,又称可调整的中心汇率制。对内,参与该机制的成员国货币相互之间保持可调整的钉住汇率,并规定汇率的波动幅度;对外,则实行集体浮动汇率。按照当时的规定,参与联合浮动的西欧 6 国货币汇率的波动不得超过当时公布的美元平价的 ±1.125%,这样,在基金组织当时规定的 ±2.25% 的汇率波动幅度内又形成一个更小的幅度。欧共体 6 国货币汇率对外的集团浮动犹如"隧道中的蛇",故又称其为蛇形浮动。这种联合浮动机制为随后产生的欧洲货币体系稳定汇率机制提供了参考依据。

2. 第二阶段(1979—1998 年):欧洲货币体系

为了制止汇率剧烈波动,促进共同体国家经济的发展,在法、德两国推动下,1978 年 12 月欧共体各国首脑在布鲁塞尔达成协议,决定建立欧洲货币体系。1979 年 3 月,欧洲货币体系正式启动。其主要内容有:

1) 继续实行过去的联合浮动汇率机制。除了维持原有的 ±2.25% 波动幅度以外,还规定了汇率波动的警戒线,一旦货币波动超出此线,有关国家就要进行联合干预。

2) 创设欧洲货币单位(European currency unit,ECU),即埃居。在欧共体内部,ECU 具有计价单位和支付手段的职能。

3) 成立欧洲货币基金,以增强欧洲货币体系干预市场的力量,为共同货币 ECU 提供物质准备以及给予国际收支困难的成员国更多的信贷支持。

3. 第三阶段（1999年至今）：《德洛尔报告》与《马斯特里赫特条约》

1989年6月，以欧共体委员会主席雅克·德洛尔为首的委员会向马德里峰会提交了德洛尔计划。该计划与维尔纳计划相似，规定从1990年起，用20年时间，分三阶段实现货币一体化，完成欧洲经济货币同盟的组建。鉴于各成员国对《德洛尔报告》的反应各不相同，为实现欧洲经济和货币联盟，推进欧洲的统一，1991年12月，欧共体在荷兰马斯特里赫特峰会上签署《关于欧洲经济货币联盟的马斯特里赫特条约》，简称《马斯特里赫特条约》。《马斯特里赫特条约》的目标是：最迟在1999年1月1日前建立"经济货币同盟"（Economic and Monetary Unit，EMU）。届时将在同盟内实现统一的货币、统一的中央银行以及统一的货币汇率政策。

4.《马斯特里赫特条约》签订后的一体化进程与欧元的产生

根据《马斯特里赫特条约》规定，EMU应分三阶段实现。第一阶段从1996年年底到1998年年底。该阶段为准备阶段，其主要任务是确定首批有资格参加货币联盟的国家，决定发行欧元的合法机构，筹建欧洲中央银行。第二阶段，从1999年1月1日起到2002年1月1日。该阶段为过渡阶段。"欧元"一经启动，便锁定各参加国货币之间的汇率。各国货币仅在本国境内是合法支付手段。在此阶段中，没有有形的欧元流通，但新的政府公债可以用欧元发行。另外，将由欧洲中央银行制定统一的货币政策。第三阶段，从2002年1月1日起，欧元开始正式流通。欧洲中央银行将发行统一货币的硬币和纸钞，有形的欧元问世，并且各参加国原有的货币退出流通，欧元将成为欧洲货币联盟内唯一的法定货币。

1999年1月1日，欧元准时启动。欧洲货币单位以1∶1的比例转换为欧元，欧元与成员国货币的兑换率锁定，欧洲中央银行投入运行并实施统一的货币政策，欧元可以以支票、信用卡等非现金交易的方式流通，各成员国货币也可同时流通，人们有权选择是否使用或接受欧元。从2002年1月1日起，欧元纸币和硬币开始全境流通，欧洲中央银行和成员国将逐步回收各国的纸币和硬币，届时人们必须接受欧元。至2002年7月1日，各成员国货币完全退出流通，欧盟货币一体化计划完成，欧元正式启动。

欧洲货币一体化的完成与欧元的产生，是世界经济史上一个具有里程碑意义的事件，它不仅对欧盟内部成员国的经济活动，而且对世界其他国家的经济往来以及国际金融市场、国际货币体系的运作与发展等方面，均产生了重大而深远的影响。

15.3 国际金融市场

15.3.1 国际金融市场的含义

国际金融市场是指从事各种国际金融业务活动的场所或以现代化通信设施相联结的网络体系，包括国际货币市场、国际资本市场、国际外汇市场、国际黄金市场以及金融衍生工具市场等。

一方面，国际金融市场可以是有形的市场，它们作为国际性金融资产交易的场所，往往是国际性金融机构聚集的城市或地区，也称为国际金融中心，它们已经遍布于北美、欧洲、亚太、中东和拉美及加勒比海地区，其中既有传统意义上的国际金融中心，也有新型的离岸金融中心，在这些金融中心有相当数量的具体市场如各国的证券交易所，交易非常活跃；另一方面，国际金融市场也可以是无形的，这个无形的市场由各国经营国际金融业务的机构如银行、非银行金融机构或跨国公司构成，它们在国际范围内进行的资金融通、有价证券买卖及其有关的国际金融业务活动，都是通过现代化的通信设施相联系的网络体系来完成的。

国际金融市场可以分为传统的国际金融市场和新型的国际金融市场。传统的国际金融市场又称在岸金融市场，是从事市场所在国货币的国际借贷，并受市场所在国政府政策与法令管辖的金融市场。传统的国际金融市场是国际金融市场的起点，一般都是以本国雄厚的综合经济实力为后盾，依靠国内优良的金融服务和较完善的银行制度发展起来的。传统的国际金融市场与国内金融市场存在密切的内在联系，是在国内金融市场的基础上自然形成的，世界上一些主要的国际金融市场如早期英国的伦敦、两次世界大战前后美国的纽约及第二次世界大战后日本的东京等都是如此的轨迹。传统的国际金融市场的主要特点是：

1）该市场要受到市场所在国法律和金融条例的管理与制约，各种限制较多，借贷成本较高。
2）交易活动是在市场所在国居民和非居民之间进行的。
3）通常只经营所在国货币的信贷业务，本质上是一种资本输出的形式。因此，传统的国际金融市场还称不上真正意义上的国际金融市场。

新型的国际金融市场又称离岸金融市场或境外市场，是指非居民的境外货币存贷市场。"离岸"不是地理意义上的概念，而是指基本不受市场所在国和其他国家金融法规的制约和管制。因此，离岸金融市场有如下特征：

1）市场参与者是市场所在国的非居民，即交易关系是外国贷款人和外国借款人之间的关系。
2）交易的货币是市场所在国之外的货币，包括世界主要的可自由兑换的货币。
3）资金融通业务基本不受市场所在国及其他国家的政策法规约束。离岸金融市场的产生主要是制度和政策推动的产物，它突破了国际金融市场首先必须是国内金融市场的限制，使国际金融市场不再限于少数发达国家的金融市场，而是向亚太地区、中东、拉美和全世界范围扩展。以上特征表明离岸金融市场是国际化的金融市场，是真正意义上的国际金融市场。欧洲货币市场作为离岸金融市场的代表，它的出现标志着这一新型的国际金融市场的诞生。

15.3.2 国际金融市场的结构

国际金融市场的结构一般是按市场功能的不同来划分的。广义上包括国际货币市场、国际资本市场、国际外汇市场、国际黄金市场。

1. 国际货币市场和国际资本市场

从狭义的角度讲，国际金融市场就是国际资金借贷和融通的市场。根据融资期限长短划分，国际金融市场由国际货币市场和国际资本市场构成。

国际货币市场是资金融通业务和借贷期限在1年（含1年）以下的短期资金市场。国际货币市场的主要功能是为政府、中央银行、工商企业及个人等参与货币市场交易的各方调节短期资金余缺，解决临时性资金周转困难。货币市场具有期限短、资金周转速度快、数额巨大、金融工具流动性强、有较强的货币性、价格波动小、投资风险较低等特征。国际资本市场是指经营一年期以上的国际性中长期资金借贷和证券业务的国际金融市场。

> **道路自信：金融强国，艰难的过程、伟大的目标**
> 中国要建设的金融强国谋求的是为中国现代化建设提供源源不断的动能，为中国乃至全球投资者提供新的金融福利，能有效地改善全球金融体系和金融结构。

2. 国际外汇市场

国际外汇市场是进行国际性货币兑换和外汇买卖的场所或交易网络，是国际金融市场的核心。外汇市场作为国际经济联系的纽带，集中反映了国际经济、世界金融及各国货币汇率变化的趋势，为促进国际贸易、信贷、投资及各种国际资金活动的实现提供了便利条件。随着现代通信技术和国际金融业的迅猛发展，外汇交易日益脱离实物经济。电子技术的广泛应用、现代化通信设施使世界各外汇市场的交易都可以通过电传、电报、计算机网络进行，从而形成全球统一的市场。由于外汇市场的国际化和全球化，外汇市场动荡在各市场间迅速传递和扩张的可能性增强。

3. 国际黄金市场

国际黄金市场是世界各国集中进行黄金交易的场所，是国际金融市场的特殊组成部分。虽然随着国际金本位制的消亡以及信用货币制度的建立，黄金已退出货币流通领域，黄金市场逐渐在名义上成为一种贵金属商品市场，但由于黄金市场既是国家调节国际储备资产的重要手段，也是居民调整个人财富储藏形式的一种方式，黄金的保值、清偿功能的现实延续，使黄金在实质上仍然保留货币的作用，黄金市场仍然属于国际金融市场。

目前世界上有5大国际性黄金市场：伦敦、苏黎世、纽约、芝加哥和香港，这5大黄金市场形成了两大黄金集团：伦敦-苏黎世集团，纽约、芝加哥-香港集团，其市场价格的形成及交易量的变化对世界其他市场有很大影响。自20世纪70年代以来，国际黄金市场发展很快，黄金期货市场发展迅猛，交易手段日益先进，市场规模进一步扩大，数量不断增加，全世界已经有40多个国际黄金市场，时差因素也把分布在世界各地的黄金市场连为一体，基本上形成了一个全天候交易的全球性黄金市场。

15.4 欧洲货币市场

15.4.1 欧洲货币市场的概念

欧洲货币市场是离岸金融市场的核心组成部分。欧洲货币又称境外货币，是在货币发行国境外被存储和借贷的各种货币的总称。它并不是指欧洲国家的货币，"欧洲"一词也不是地理意义上的概念，而被赋予了经济上的含义，是"境外""离岸"和"在货币所在国管辖之外"的意思。最早出现的交易主体是欧洲美元，即境外美元，后来扩展到欧洲英镑、欧洲马克、欧洲日元、欧洲瑞士法郎等。货币名称之前被冠以"欧洲"，是因为欧洲美元最初是在欧洲地区的银行被交易的。欧洲货币市场起源于20世纪50年代末的英国伦敦，其货币是美元，因而也叫欧洲美元市场。后来这个市场逐渐扩大，其主要借贷货币不仅有美元，还有其他国家的货币，如英镑、德国马克、法国法郎、瑞士法郎和日元等。这些货币和美元一起形成范围广泛的欧洲货币市场。由于在欧洲货币市场的交易量中所占比重最大，欧洲美元一直是欧洲货币市场交易的主体。

15.4.2 欧洲货币市场产生和发展的原因

1. 美苏冷战

欧洲货币市场是随着欧洲美元的出现而产生的。第二次世界大战后，美国对西欧提供大量的经济援助和军事援助，使大量的美元流入西欧。当时英国政府出于振兴战后经济和恢复英镑地位的考虑，准许伦敦的商业银行接受美元存款和办理美元信贷业务。另外，早在20世纪50年代初期，由于冷战期间美苏关系恶化，苏联和一些东欧国家鉴于美国冻结了其在美国的存款这一情况，便把它们持有的剩余的未被冻结的美元转存到美国境外的银行，多数存在伦敦。伦敦首先开始了以欧洲美元为主的外币交易，但交易规模不大。

2. 1957—1958年经济危机是促成欧洲美元形成的重要条件

1957—1958年经济危机，英国政府为保卫英镑加强了外汇管制，禁止英国商业银行用英镑对英镑区以外的国家和地区进行贸易融资，致使英国商业银行纷纷转向经营美元，开始大量地吸收美元存款，并将美元存款贷给国际贸易商，这就使欧洲美元的数量大大增加。这样，一个在美国境外经营美元存放款业务的新兴欧洲美元市场即后来的欧洲货币市场便形成了。

3. 美国政府对国内银行活动的管制

进入20世纪60年代，美国的国际收支逆差越来越大，美国为了平衡国际收支，采取了一系列限制资本外流的措施，如1963年7月实行的利息平衡税，规定美国购买国外有价证券所获得的高于本国证券利息的差额，必须作为税款上缴。1965年1月，"自动限制贷款计划"限制美国银行对外国人的贷款数额。1968年1月，美国政府又对对外投资实行强制性控制。这些都使美元通过跨国公司和外国公司转向欧洲货币市场，以逃避管制。此外，美国联邦储备系统的"Q条例"对银行定期存款利率规定了上限，但此项措施不适用于境外银行，境外银行的利率水平完全随市场的供求而浮动，不受美国法规的管制。在20世纪60年代中期，市场利率上升后，大量存款便从美国银行提出，转存于欧洲货币市场。美国联邦储备系统的"M条例"规定，美国商业银行对国外银行的负债必须缴纳存款准备金，而美国商业银行国外分行不受此项条例的约束，国外的欧洲美元不必缴纳任何存款准备金，这又使大量的国内存款变成欧洲美元存款，美国的海外企业也不愿意将海外经营利润汇回国内，而投向欧洲货币市场。

4. 西欧国家外汇管制的放松

20世纪60年代末到20世纪70年代初，由于投机性短期资本的冲击，原西德、瑞士等国曾采取对非居民存款不付利息，甚至倒收利息的限制性措施，导致大量资金涌向欧洲美元市场。有的国家为遏制通货膨胀，采取鼓励持有外币的措施，以减少本国货币的流通和供应，从而造成境外居民的本币账户改成境外居民的外币账户，助长了欧洲美元市场的扩大。

20 世纪 70 年代以后，一些新的因素推动欧洲货币市场继续扩张。第一，美国持续巨额的国际收支逆差，使国际市场美元供给增多。第二，1973 年后，国际市场石油大幅提价，石油输出国获得巨额盈余资金，即石油美元，石油美元被大量地投入到欧洲货币市场生息获利，使欧洲货币市场存款总额急剧增加和市场规模迅速扩大。第三，跨国公司巨额资金的借贷活动继续成为欧洲货币市场发展的推动力。第四，发展中国家为发展本国经济，也到欧洲货币市场筹措资金。

进入 20 世纪 80 年代，欧洲货币市场的资产总额继续成倍增长。但从 20 世纪 80 年代中期到 20 世纪 90 年代初，欧洲货币市场的增长速度因金融自由化的影响稍有回落，但 20 世纪 90 年代中期以后，其增长规模又有所扩大。欧洲货币市场经过几十年的发展，已从开始的欧洲地区扩展到世界各地。分布在西欧、加勒比海和中美洲、中东、亚洲和美国等主要区域的离岸市场已有 40 多个，经营的币种已扩展到 20 多个可自由兑换货币。

15.4.3 欧洲货币市场的特征

欧洲货币市场作为一种新型的国际金融市场，自由化、国际化程度都很高，与西方发达资本主义国家的国内金融市场以及传统的国际金融市场有明显的不同，主要表现在以下几个方面。

1）欧洲货币市场经营十分自由，很少受市场所在国金融政策、法规以及外汇管制的限制，资金借贷自由，调拨方便。对于本国货币的借贷业务，各国政府通常都要求缴纳存款准备金，并且在存贷款利率、税收和转账等方面都有不同程度的限制与管制。但是，由于欧洲货币市场上交易的是境外货币，市场所在国政府无权也无法进行管理。相反，当地政府为吸引更多的欧洲货币资金，往往会采取一些优惠措施，例如境外资金免交存款准备金、享受低税率等。

2）欧洲货币市场上交易的货币是境外货币，币种较多，大部分都是可完全自由兑换的货币；交易规模大，可以满足各种不同期限与不同用途的资金需求。非居民是市场的交易主体，包括国际性商业银行、非银行金融机构、跨国公司、政府部门和国际性组织等。

3）欧洲货币市场有独特的利率结构。欧洲货币市场利率体系的基础是伦敦银行间同业拆放利率。由于欧洲银行不用缴纳存款准备金，并且不受存款利率上限的限制，所以存款利率略高于货币发行国国内存款利率，贷款利率低于国内贷款利率。较小的利差使欧洲货币市场的存放款业务更富有吸引力和竞争性。

4）欧洲货币市场的交易以银行间交易为主，银行同业间的资金拆借占欧洲货币市场业务总额的很大比重。它是一个资金批发市场，每笔交易数额很大。少则数万美元，多则数亿美元。欧洲货币市场的业务活动一般都是通过现代化通信网络在银行之间和银行与客户之间进行的，不受地理限制，交易方便而灵活。

欧洲货币市场推动了第二次世界大战后世界经济的恢复和发展，打破了传统的国际金融市场相互分割的状态，使国际金融市场的各种潜力得到最大程度的发挥，由于没有管制，交易自由，欧洲货币市场为金融创新提供了良好的外部环境。但是，欧洲货币市场对国际金融体系的稳定也带来了不利影响。欧洲货币市场在一定程度上削弱了各国货币政策的效力，由于资金流动不受管制，欧洲货币市场为外汇投机活动提供了方便，容易造成国际金融市场汇率的波动，影响国际金融市场和各国货币金融的稳定。

本章小结

国际货币体系是指规范国与国之间金融关系的有关法则、规定及协议的全部框架。国际货币体系经历了国际金本位制、布雷顿森林体系和牙买加体系。

第二次世界大战后建立的国际货币体系又称为布雷顿森林体系,其基本内容可概括为美元与黄金挂钩,各国货币与美元挂钩。该体系对当时的世界经济起到过积极的作用,但本身存在着致命的缺陷,这一缺陷被称为"特里芬难题"。

当前的货币体系是牙买加货币体系。它是对布雷顿森林体系进行改革的结果,主要内容是黄金非货币化、汇率制度多样化及储备货币多样化。

欧洲货币一体化的演进被认为是自布雷顿森林体系崩溃以来在国际货币安排方面最有意义的发展。欧洲联盟各成员国达成的《马斯特里赫特条约》是欧洲货币一体化的里程碑,也是国际货币体系发展演变过程中的一个重要事件。

国际金融市场是指从事各种国际金融业务活动的场所或以现代化通信设施相联结的网络体系,包括国际货币市场、国际资本市场、国际外汇市场、国际黄金市场。

欧洲货币市场是离岸金融市场的核心组成部分。欧洲货币又称境外货币,是在货币发行国境外被存储和借贷的各种货币的总称。

欧洲货币市场的特征是资金借贷自由,调拨方便;交易的货币是境外货币;有独特的利率结构;以银行间交易为主。

学习建议

国际货币体系与国际金融市场是国际金融的核心内容和基础,因此应对不同国际货币体系的基本内容与特点、国际金融市场的基本构成加以重点掌握。

本章重点

国际货币体系发展演变及其原因、欧洲货币体系发展演变、不同国际货币体系的基本内容与特点、国际金融市场的基本构成、欧洲货币市场的特征。

本章难点

国际货币体系发展演变及其特征、欧洲货币体系发展演变、欧洲货币市场的特征。

核心概念

国际货币体系　　金本位制　　布雷顿森林体系　　牙买加体系
特里芬难题　　欧洲货币体系

课后思考与练习

1. 简述金本位制的内容。
2. 简述布雷顿森林体系的内容、局限性及其崩溃的原因。
3. 简述牙买加体系的内容及其运行特征。
4. 简述欧洲货币体系的内容。
5. 简述现行国际货币体系的基本困难。
6. 简述国际金融市场的构成。

7. 欧洲货币市场是如何形成的？
8. 欧洲货币市场的特征是什么？

补充阅读

人们迟早会抛弃以美元为主导的国际货币体系

自 2022 年 3 月开启本轮加息周期以来，截至 2023 年 12 月，美联储已经进行了 11 次加息，联邦基准利率升至 5.25%~5.50%的水平。和历史上每一轮美元的加息周期一样，美联储的加息导致了资本从新兴市场国家撤离，由于资本账户开放，对本国货币的抛售造成新兴市场国家货币的集体贬值。

1. 方舟的诞生

美元一加息，世界就颤抖，这好像成为目前全球金融制度安排之下的宿命和必然。我想很多读者已经想到了问题的根源就在第二次世界大战之后建立的"布雷顿森林体系"。

让我们把目光转向第二次世界大战之前。第二次世界大战前的世界货币市场，分为美元区、英镑区和法郎区。三大集团以各自国家的货币作为储备货币和国际清偿力的主要来源，同时展开了世界范围内争夺国际货币金融主导权的斗争。一时重商主义当道，鼓励出口，限制进口，国际贸易大幅锐减。各国政府对外汇的控制骤然严格。拿罗斯福新政时的美国来说，一年中最大的货币贬值幅度曾超过 50%。

有人说，商品过不去的地方，军舰就会过去。在这样的背景下，爆发了第二次世界大战。

战争的残酷引发了各国的反思，第二次世界大战后，人们决定改革原有的货币制度，建立一个有利于战后重建和国际贸易发展的合作、开放、包容的全球货币秩序。于是在第二次世界大战即将结束的 1944 年 7 月，44 个国家的经济特使在美国新罕布什尔州的布雷顿森林召开了联合国货币金融会议（简称"布雷顿森林会议"），当时中国派出以孔祥熙为全权代表的代表团参加该会议，商讨战后国际货币体系问题。

在这场战后国际货币秩序的博弈中，新兴资本主义强国美国和老牌资本主义帝国英国都派出了它们最为强大的金融智囊。英国首席谈判代表是宏观经济学的创始人约翰·梅纳德·凯恩斯，而美国首席谈判代表则是经济学家哈里·怀特，他被称为国际战后货币秩序的总设计师。

每一次谈判都伴随着无止境的争吵。在优美的布雷顿森林华盛顿山度假宾馆，各个代表团的争吵和通宵达旦的工作也是家常便饭。但在以背后实力作为谈判筹码的现实下，来自 44 个国家的总共 730 多位代表，最终达成了以下共识。

首先，黄金是不可能放弃的，并且还是谈判最大的筹码。其次，国际货币秩序也绝不能回到二战之前三分天下的局面，必须要有一种统一的货币出现，执行交易清算和储备货币职能。

怀特和凯恩斯的分歧在于这种"统一的货币"到底是什么。凯恩斯建议成立一个清算联盟，由债权国和债务国共同负担国际收支不平衡问题，由这个机构发行 300 亿美元价值的货币无偿提供给各成员，进行国际贸易结算。这种国际货币名为"班科"（bancor），它以固定比例直接与黄金挂钩。其实凯恩斯建议中的"班科"便是一种超主权货币。

如果当时能够建立超主权货币的发行安排，今天世界经济贸易的格局将绝不是现在这样。凭借美国在二战中积累的 200.8 亿元黄金储备，占世界黄金储备数量惊人的 95%，怀特认为,根本无须成立这样的清算联盟发行超主权货币,只有拥有充足保证的美元才有资格担当国际货币的重任,其他货币应该直接与美元挂钩。

最终的谈判结果以英国大幅让步而告终,1944年7月,布雷顿森林会议上最终通过了以怀特计划为蓝本、凯恩斯计划为补充的《国际货币基金协定》和《国际复兴开发银行协定》,总称为《布雷顿森林协定》。

这是一个金融货币领域的"雅尔塔协定",其主要内容是:各国的货币与美元以固定汇率挂钩,在平价1%的范围浮动;美元则与黄金挂钩,各国政府可以以35美元一oz的价格向美国兑换黄金。另外各国还同意成立一家"准国际银行"——国际货币基金组织,向流动性出现困难的国家提供帮助。

至此,美元作为一种主权货币登上了国际储备货币的神台。

以美元为中心的布雷顿森林体系在结束金融混乱、促进国际贸易方面取得了相当大的成功。固定汇率制让汇兑风险大大降低,促进了资本与贸易的自由流动,1948—1976年,国际贸易的年平均增长率为7.8%,为第二次世界大战前的10倍。美国通过援助、信贷、投资、购买商品和劳务活动,向全球提供了大量的美元,比如对欧洲的"马歇尔计划"和向日本提供的经济援助,在一定程度上,有力带动了战后资本主义世界经济的恢复。

更重要的是,布雷顿森林体系彻底粉碎了战前几个殖民帝国的货币势力范围,停止了恶性贬值带来的贸易冲突。货币管制瓶颈的削弱,为国际经济一体化开拓了全新的视野和思维。

2. 我的货币,你的麻烦

1960年,美国经济学家罗伯特·特里芬(Robert Triffin)在其《黄金与美元危机:自由兑换的未来》一书中提出的布雷顿森林体系这一国际货币制度存在着其自身无法克服的设计结构的矛盾。

"由于美元与黄金挂钩,而其他国家的货币与美元挂钩,美元虽然因此而取得了国际核心货币的地位,但是各国为了发展国际贸易,必须用美元作为结算与储备货币,这样就会导致流出美国的货币在海外不断沉淀,对美国来说就会发生长期贸易逆差,而美元作为国际货币核心的前提是必须保持美元币值稳定与坚挺,这又要求美国必须是一个长期贸易顺差国。这两个要求互相矛盾,因此是一个悖论。"

1971年8月15日,时任美国总统尼克松宣布实行"新经济政策",停止对各国用黄金兑换美元。

1976年,经过8次美元危机的冲击之后,布雷顿森林体系在牙买加正式宣告结束。它的解体,剥离了美元兑换黄金的义务,却无法停止各国对于美元的需求。

美联储的货币政策、美元的供给只针对美国国内经济目标,并没有考虑到美元作为国际储备货币对其他各国,尤其是发展中国家的影响。

尽管美元存在种种弊端,出于各种原因,发展中国家依然使用美元、储备美元。这就是之后历次发展中国家遭受一次次货币危机的一大制度性原因。

1994年墨西哥比索危机、1997年东南亚金融危机、1998年俄罗斯货币危机、1999年巴西货币危机,这些国家享受了美元流入的繁花似锦、烈火烹油,也不得不承受国际投机资本回流的痛苦,留下一片狼藉。多年发展的成果毁于一旦。很多国家陷入了所谓的"中等收入陷阱",几十年如一日,GDP原地踏步,重复货币崩溃的轮回,阿根廷就是这样的一个典型悲剧国家。这就是美元作为主要国际储备货币的"负外部性"。

这里不得不多说几句，至今全球最主要的支付交易系统 SWIFT 系统，依然由美国人把持。SWIFT 又称"环球同业银行金融电信协会"，是国际银行同业间的国际合作组织，这本应是中立的非营利银行间组织，但是由于 SWIFT 系统的支付结算也是以美元作为基础币种运行的，且美国的 CHIPS（美元大额清算系统）是 SWIFT 的重要组成部分，因此美国能够控制 SWIFT 支付系统。

"9·11"事件后，为了打击全球性恐怖主义，美国通过相关法案，要求 SWIFT 共享数据。根据相关法律，美国使用 SWIFT 数据来了解和控制恐怖组织的资金往来。这些做法确实起到了对恐怖组织资金进行监控的作用，增强了美国对 SWIFT 系统的控制力，也使得 SWIFT 成为美国对与其有冲突的国家进行经济制裁的重要武器。

从理论上来说，全世界任何一笔通过该系统的国际资金流动，美国人均能够掌握。这对于世界其他国家的国家安全造成了巨大的威胁，也是美国全球霸权的重要支点之一。目前尚未有银行汇款系统能够取代 SWIFT 系统。

3. 危机后的反思

2009 年全球金融危机之后，时任中国人民银行行长周小川发表文章《关于改革国际货币体系的思考》，提出："此次金融危机的爆发与蔓延使我们再次面对一个古老而悬而未决的问题，那就是什么样的国际储备货币才能保持全球金融稳定、促进世界经济发展。历史上的银本位制、金本位制、金汇兑本位制、布雷顿森林体系都是解决该问题的不同制度安排，这也是国际货币基金组织成立的宗旨之一。但此次金融危机表明，这一问题不仅远未解决，由于现行国际货币体系的内在缺陷反而愈演愈烈。"

周小川指出："全世界为现行货币体系付出的代价可能会超出从中的收益。不仅储备货币的使用国要付出沉重的代价，发行国也在付出日益增大的代价。危机未必是储备货币发行当局故意为之，却是制度性缺陷的必然。"

如何解决问题？周小川提出："创造一种与主权国家脱钩并能保持币值长期稳定的国际储备货币，从而避免主权信用货币作为储备货币的内在缺陷，是国际货币体系改革的理想目标。"

对此提议，各利益方反应不一。时任国际货币基金组织总裁多米尼克·斯特劳斯-卡恩表示，中国方面提出探讨创造一种可以替代美元的新型国际储备货币的建议是"合理的"。而时任美国总统奥巴马则对此坚决反对："全球投资者将购入美元视作安全投资，没有必要设立一种新的全球货币。"

各方反应迥然不同，这也反映了战后世界货币格局的两种声音。事实上直到今天，世界银行行长一职都由美国总统提名，每一任行长都是美国人，而国际货币基金组织的每一任总裁则一直由欧洲人担任。

资料来源：朱强．人们迟早会抛弃以美元为主导的国际货币体系［EB/OL］．(2018-11-22)[2024-10-11]．http://finance.sina.com.cn/stock/usstock/c/2018-11-22/doc-ihmutuec2706464.shtml.

思考题：以美元为主导的国际货币体系对世界经济的影响是什么？

第 16 章　金融发展与金融监管

○ 学习目标

1. 掌握金融发展的基本概念以及衡量金融发展的指标；
2. 理解金融发展与经济发展之间的相互关系；
3. 了解金融抑制和金融深化的概念，熟悉金融监管目标。

○ 引言

随着 2008 年美国次贷危机的不断蔓延，美国次贷危机已经逐步演变成自 1997 年亚洲金融危机以来全球最为严重的一次危机，它给全球金融市场和金融机构造成的直接损失已经超过千亿美元。这场危机给全球金融体系带来了很大的损失并造成了深刻影响。金融对经济发展究竟有何影响？金融应如何深化发展？在金融市场和产品复杂性不断增加的同时如何提升金融监管能力？如何建立一个适应金融市场发展水平和风险状况的有效的金融监管制度环境？2024 年 7 月下旬以来，世界主要经济体陆续公布了第二季度和上半年的数据。2024 年上半年，世界经济整体呈现温和增长、缓慢复苏态势，在当前全球经济正在复苏的大背景下，我们不得不对这些问题进行更深入的思考。

16.1　金融发展与经济发展

16.1.1　金融发展的含义及衡量指标

1. 金融发展的含义

美国经济学家雷蒙德·W. 戈德史密斯（Raymond W. Goldsmith）在其《金融结构与金融发展》一书中，首先使用了金融发展的概念。在考察了几十个国家的金融发展历史之后，戈德史密斯指出："一国现存的金融工具和金融机构共同构成了该国的金融结构，而金融结构的变化就是金融发展。"金融发展程度越高，金融工具和金融机构的数量、种类就越多，金融的效率也就越高。金融发展一般呈现以下几个特征。一是直接融资比例逐渐升高，并且从直接融资的内部结构来看，随着金融机构的发展，债权比股权增长更快，而且长期债权的增长快于短期债权。二是在大多数国家,金融机构在金融资产发行与持有上所占份额随经济发展显著提高。三是银行资产占金融机构全部资产的比重趋于下降,非银行金融机构的资产占有比重相应提高。

2. 金融发展的衡量指标

(1) 货币化率。货币化率是指经济活动中以货币为媒介的交易份额逐步增大的过程,一般用一定时期的货币存量与名义收入之比来表示,表现为广义货币 M2 占 GDP 或 GNI（国民总收入）的比重。这个比重越高,说明一国的货币化程度越高。货币化程度越高,就意味着金融发展程度越高。由于统计货币化程度的数据极为缺乏,所以通常采用货币供应量与 GDP 的比值来间接表示。我国 1996—2023 年货币供应量与货币化率如表 16-1 所示。

表 16-1 我国 1996—2023 年货币供应量与货币化率 （金额单位：亿元）

年份	M2	GDP	货币化率（%）
1996	76 094.9	71 176.6	106.91
1997	90 995.3	78 973.0	115.22
1998	104 498.5	84 402.3	123.81
1999	119 897.9	89 677.1	133.70
2000	134 610.4	99 214.6	135.68
2001	158 301.9	109 655.2	144.36
2002	185 007.0	120 332.7	153.75
2003	221 222.8	135 822.8	162.88
2004	254 107.0	159 878.3	158.94
2005	298 755.7	183 084.8	163.18
2006	345 577.9	209 407.0	165.03
2007	403 442.2	257 306.0	156.70
2008	475 166.6	300 670.0	158.03
2009	606 225.0	340 903.0	177.83
2010	725 851.8	401 513.0	180.78
2011	851 590.9	473 104.0	180.00
2012	974 159.5	519 470.0	187.53
2013	1 106 509.2	568 845.0	194.52
2014	1 228 375.0	641 280.0	191.55
2015	1 392 278.0	685 992.0	202.96
2016	1 550 067.0	740 060.0	209.45
2017	1 690 235.0	820 754.0	205.94
2018	1 770 178.0	900 309.0	196.62
2019	1 986 488.82	990 865.1	200.48
2020	2 186 795.89	1 015 986.2	215.24
2021	2 382 899.56	1 143 669.7	208.36
2022	2 664 320.84	1 210 207.2	220.15
2023	2 922 713.33	1 260 582.1	231.85

资料来源：《中国统计年鉴》及统计公报。

(2) 金融相关率。金融相关率是指某一时期一国全部金融资产价值与该国经济活动总量的比值。为计算方便,金融资产总量一般通过加总货币资产、债券资产和股票资产得到。经济活动总量在实际统计时常用 GNI 或 GDP 来表示。金融相关率越高,说明储蓄与投资的分离程度越高。同时,金融相关率还受到一国经济结构基本特征的影响,诸如生产集中程度、财富分配状况、投资动力、储蓄倾向等。

(3) 金融市场发展指标。金融市场包括股票市场、债券市场、外汇市场、货币市场、期货市场、保险市场等，其中以前三种为主。金融市场发展的衡量指标包括证券市场规模指标、证券市场效率指标和证券市场国际化指标。证券市场规模指标主要通过资本化总额来测度证券市场规模，其中包括股票发行总额、国内股票市价总值、私人长期债券发行总额以及私人和公共债券市价总值。证券市场效率指标包括市场流动性、市场波动性和集中性指标。

(4) 其他指标。除了以上提到的指标外，还可以根据研究的实际需要构造适宜的金融发展指标进行实证分析。比如，金融中介体系的结构就可以通过中央银行国内资产与 GDP 的比率以及商业银行-中央银行比率（商业银行资产除以商业银行与中央银行资产之和）等指标来衡量，以反映不同金融机构的相对重要性；私人信贷比率，即分配给私人部门的信贷与国内总信贷的比率以及通过金融中介分配给私人部门的信贷与 GDP 的比率，用来衡量信贷在私人部门与公共部门之间的分配。

16.1.2 金融发展对经济发展的作用

1. 金融发展对经济发展的积极作用

(1) 金融发展有利于促进投资，优化资源配置。金融集筹集、融通和经营货币资金等多种特殊功能于一身，它的"借短贷长"功能使金融中介机构能够将短期资金转变为长期资金，并同时保证最终债权人资产的高度流动性。金融体系的重要作用就在于将储蓄转化为实际投资，使那些投资者能够得到自己需要的资金，从而支持经济的发展。此外，金融深化还能动员那些阻滞在传统部门的资源转移到促进经济增长的现代部门，从而使一个社会的经济资源能最有效地配置在效率更高或效用更大的领域。

(2) 金融发展有利于分散投资风险。一个功能完善、运作良好的金融体系具有在大量的储蓄者和投资者之间分散与分担金融风险的能力。它可以通过向投资者提供具有各种不同风险等级的资产，把这些资产分配给对风险有不同态度和不同感受程度的投资者。比如有的投资者是风险规避型，他们愿意持有低收益、低风险的金融资产；有的投资者是风险偏好型，他们愿意持有高收益、高风险的金融资产。在这个过程中，金融机构起着桥梁和媒介的作用。

(3) 金融发展有利于产业结构的优化升级。金融调整的作用不仅体现在有效动员储蓄，更好地完成产业升级所需资金的积累和积聚，更重要的是它能通过一系列的金融渠道、金融工具加快储蓄向投资的转化，从而加快现有产业部门资本形成和存量的提高，推动产业结构的变动。例如，商业银行的信用扩张和货币创造功能就可以很好地满足区域产业结构升级的巨大资金需求，推动产业结构的升级。金融体系还为产业结构的调整提供必要的资金配置和重组机制，在推进产业结构调整和升级的过程中，促进主导产业的形成与转变。

(4) 金融发展促进了经济结构的改善，创造了新的就业机会。金融发展推动了服务业的发展和经济发展进程的深化。一个国家服务业产值占 GNI 的比重又从另外一个侧面反映了这个国家的经济发达程度，服务业产值比重的增加意味着从不发达经济向发达经济转变的进程。同时，金融业也是吸纳劳动者就业的重要部门，金融业的增长能够带动就业率的增长。

2. 金融发展对经济发展的消极影响

2008 年的次贷危机给各国经济和人们的生活都带来非常大的负面影响。金融危机正是金融对经济的负外部性的最直接的表现。具体而言，金融发展对经济发展的消极影响主要表现在以下几个方面。

（1）金融总量失控导致通货膨胀和信用膨胀。在现代信用货币制度下，货币发行在技术上有无限供应的可能性。在国家为促进经济发展而采取扩张性的货币政策的前提下，一旦货币管理当局对经济发展趋势出现认识上的偏差或操作失误，就可能造成超过经济发展需要的货币供给而导致通货膨胀。同样，过度的信用膨胀会使本已失衡的经济运行进一步扭曲，加剧供求之间的矛盾，甚至导致信用危机和金融危机。

（2）金融业自身经营不善会导致金融危机。金融业本身是一个高风险的行业，风险伴随着其经营的全过程。一旦风险失控，就会出现债务危机，并且由这种债务危机带来的信用危机会波及整个金融体系，最终导致金融危机而拖累经济的发展。

（3）过度的信用膨胀会产生金融泡沫。众所周知，金融在现代经济发展中起着先导作用。特别是近年来，大量的金融衍生工具的出现，从设计到交易都与真实信用和现实的社会再生产无直接关联。这种虚拟资本通过在金融市场上的交易而不断得到膨胀，拉大了虚拟资本与真实资本在价值上的差距，滋生了金融泡沫。消除这种泡沫的代价必然是金融市场上有价证券价格的暴跌，导致金融市场动荡和社会融资秩序混乱。

16.2 金融抑制与金融深化

16.2.1 金融抑制与经济增长

1. 金融抑制的提出及其含义

美国经济学家格利（J. G. Gurly）和肖（E. S. Shaw）认为，经济的发展是金融发展的前提和基础，而金融的发展是经济发展的动力和手段。麦金农（R. I. Mckinnon）和肖在批判传统货币理论与凯恩斯主义的基础上，论证了金融发展与经济发展相互制约、相互促进的辩证关系。他们根据发展中国家的实际情况提出了金融抑制理论。

金融抑制是指政府过分干预和管制金融业，强行配给信贷，人为压低利率和汇率，造成金融业的落后和缺乏效率，制约了经济发展，而经济的滞后反过来又制约了金融业的发展，从而使金融和经济发展之间陷入了一种恶性循环状态。

2. 金融抑制的原因

发展中国家在发展之初，一方面由于金融市场比较落后，金融组织残缺不全，政府难以通过对货币供应量的调节来促进经济发展；另一方面政府也希望集中有限的资金来加速工业化进程，而低利率限制和其他的金融管制手段则有利于政府对金融资源的控制和直接干预。因此，在发展中国家，金融抑制政策是一种相当普遍的发展战略选择。概括来说，发展中国家采取金融抑制政策主要有以下几个原因。

(1) 发展中国家的二元经济结构造成了其金融体系的二元化。发展中国家的经济由两个部门组成，即城市中以制造业为中心的现代化部门和农村中以农业、手工业为主的传统部门，属于典型的二元经济结构。而这种二元经济结构也导致了其金融体系的二元化，形成二元金融结构。二元金融结构是指现代金融结构与传统金融结构并存的金融格局。在发展中国家，现代金融机构主要包括国有银行机构和少量外国银行机构，这些银行机构大都集中在全国各大中小城市，并服务于占主体地位的大公司、大企业；另外，发展中国家还存在着诸如钱庄、当铺之类的传统金融机构，这些机构主要分布在经济落后的小城镇和广大农村地区，并主要为小商品经济和个人消费提供金融服务。

(2) 发展中国家的货币化程度低。在发展中国家，由于市场的分割性，商品交易的范围和规模都受到许多限制。在整个经济中，货币经济所占的比重较小，而自给自足的非货币经济所占的比重较大。因此，相对于发达国家而言，其货币化程度低，货币在整个经济中所起的作用受到限制。

(3) 发展中国家的金融机构单一，金融资产种类少。商业银行在金融活动中居于绝对的主导地位，非银行金融机构很不发达，金融机构专业化程度低，中央银行独立性差。国内正式金融市场能提供的金融资产仅限于现金、活期存款、定期存款及一级市场上的政府债券等。金融资产占 GNI 的比例很低。

(4) 发展中国家的金融市场发展不均衡，资本市场落后。资本市场的主要资金来源是现代金融机构的长期贷款，而通过证券化实现的融资非常有限，金融工具种类少，且发行范围狭小。政府部门是证券的主要发行者，国家债务在证券市场上占主要地位。企业的资金来源主要靠自我积累和银行贷款。

3. 发展中国家金融抑制的政策手段和经济后果

(1) 金融抑制的政策手段。

1) 规定存贷款利率上限。发展中国家之所以要进行利率限制，一是因为低利率政策能够有效地刺激民间部门的投资活动，加快资本形成的步伐；二是便于对政府认为需要扶植的企业提供低息贷款和优惠利率。据世界银行统计，自 20 世纪 60 年代以来，许多发展中国家在高速发展过程中，经常出现负实际利率。20 世纪 70 年代以后，这种现象略有改观，但并未发生根本性变化。1984—1995 年，世界上有 36 个增长较快的发展中国家（地区）的实际利率平均为 -1.6%。在这些国家（地区）中，官方利率明显低于非官方金融机构的利率水平，而后者往往接近市场均衡值。表 16-2 列举了某些亚洲国家（地区）的利率抑制情况。

表 16-2 某些亚洲国家（地区）的利率抑制情况

国家（地区）	时期（年）	官方实际利率（%）	市场实际利率（%）	利率抑制程度（%）
韩国	1972—1976	4.92	22.66	-17.74
中国台湾	1956—1962	8.9	32.71	-23.81
印度尼西亚	1979—1984	9.42	21.16	-11.74
泰国	1970—1979	-1.33	19.49	-20.82
菲律宾	1971—1977	-2.45	17.73	-20.18

资料来源：麦金农. 经济自由化的顺序：向市场经济过渡中的金融控制 [M]. 李若谷，吴红卫，译. 北京：中国金融出版社，1993.

2)信贷配给。利率限制政策使得利率低于市场的均衡利率水平,信贷市场就会因此出现过度的贷款需求。在这种情况下,发展中国家政府不得不实行信贷配给,通常建立许多特别信贷机构,专门从事信贷额度的分配,如各种开发机构、发展银行等。在信贷配给的条件下,决定信贷分配的往往是裙带关系而非经济效率标准,而且通常是政治影响决定着投资资金的分配。

3)国际资本流动受到严格管制。大多数发展中国家或地区对国际资本流动实施比较严格的管制,有的限制本国或本地区居民购买外国金融资产,有的实行外汇管制。政府对外汇市场实行管制,使汇率无法真正反映外汇的实际供求状况。而国内企业因技术水平低下,急需进口大量的先进技术和设备,以提高生产力。在这种情况下,实行进口替代的发展中国家通常采用高估本币币值的汇率政策,以降低进口成本。但是,高估本币币值会损害本国出口,刺激进口,导致对外汇的过度需求。正因为在发展中国家利率和汇率不能正确地反映资金和外汇的真正成本与机会成本,结果导致资源的不合理配置以及严重的浪费,致使就业不足,经济落后。

4)高额准备金要求。在资本短缺的发展中国家,准备金成为中央银行积聚信贷资金、直接进行信贷分配的一项重要手段,因而中央银行的准备金要求非常高。20 世纪 70 年代,哥伦比亚要求商业银行将其存款的 31% 作为不生息的准备金存入中央银行,并规定贷款组合中的 26% 由中央银行指定。与此同时,其他具有吸收存款功能的金融机构必须将其存款的 25% 作为准备金,另外规定存款的 44% 必须投放于低收益的住房贷款。

(2)金融抑制的经济后果。

1)金融抑制中的通货膨胀税。低利率常常导致货币当局推行扩张性货币政策。因为持久地实行低利率政策,将形成长期旺盛的资金需求,中央银行会误认为信贷供给不足,从而增发货币,造成通货膨胀。通货膨胀实际上是对货币持有者的一种隐性税收,通常被称为通货膨胀税或铸币税。通货膨胀税的税基是公众持有的实际货币余额,所以只要让货币流通量保持快速增长,导致物价总水平升高,政府就总能从中获益。金融抑制实际上是政府对本国金融业实行的歧视性税收。

2)金融抑制造成产业结构扭曲。存款利率上限减少了存款人的利息收入,抑制了储蓄,而贷款利率上限往往导致投资需求过于旺盛,政府则垄断融资渠道,实行信贷配给政策。在这种金融体制下,能够获得资金支持者往往是市场垄断者或政府偏爱者,这样资金配置的低效率将导致产业结构的扭曲。低利率政策导致信贷资金长期供不应求,使贷款机构的权力过分集中。

3)扭曲了金融资源价格,导致金融市场发育不健全。实际利率(存款利率、贷款利率)被压得过低,不能真实反映资金的稀缺程度和供求状况。其表现为政府对公营部门实行强制性低息信贷以及对外汇市场的外汇管制等。对银行体系规定过高的存款准备金率和流动性比率也是价格扭曲的一种形式。金融抑制是以人为的力量替代市场力量,其直接成本是各项管理费用,间接成本是阻断市场力量的资源配置作用而产生的对银行等金融企业效率的破坏,同时,金融业务易被少数国有金融机构所垄断,缺乏竞争,金融效率低下。

16.2.2 金融深化与经济增长

1. 金融深化理论的提出及发展

1973 年,麦金农的《经济发展中的货币与资本》和肖的《经济发展中的金融深化》两本书的出版,标志着以发展中国家(地区)为研究对象的金融发展理论真正产生。麦金农著作的核心内容就是揭示"发展中国家金融市场自由化的内在原因和如何在不造成较大的社会与经济代价的前提下实现这种金融自由化"。

肖在 1964—1967 年受国际发展机构的委派,帮助韩国制定金融政策,推动金融改革的实践,以后他又被派遣到乌拉圭工作,这些经历使得肖积累了大量有关发展中国家金融改革的经验数据和政策设计方案,对发展中国家金融抑制的弊端和金融自由化的路径有了更为深刻的认识。麦金农和肖的金融深化理论主要有以下观点。

第一,通过取消高额存款准备金、最高利息限制和指令规定的信贷配给,保持正的和比较统一的实际利率。

第二,采取积极措施来稳定物价水平,其目的是使储蓄者和投资者"看到"资本的稀缺价格,缩小投资于不同经济部门的盈利性的差距。

第三,建立多样化的金融机构,使得经济中的金融机构专业化程度提高,同时鼓励各金融机构之间的竞争,消除金融体系中的银行垄断和市场准入限制,从而提高整个经济中的资金融通效率和增加可贷资金数量。

2. 金融深化的具体政策措施

(1) 提高或放开利率。政府应放弃对利率的人为干预,保证货币的实际收益率为正,使利率能正确地反映资金的供求状况和稀缺程度,有助于吸收储蓄,增加投资并优化投资结构。由于发展中国家资金缺乏,投资机会极多,投资的边际收益较高,因而即使提高名义利率,也不会压制投资。但是,放松利率管制并不意味着政府放松宏观金融调控,政府应当以名义货币量作为调节目标,有效减少过多的货币所带来的通货膨胀。

(2) 放宽对金融机构的管制。政府应放弃对金融体系和金融市场的管制与限制,以鼓励各种金融事业的发展。在可能的范围内,政府应尽量允许和鼓励民间金融事业的发展,特别是对农村地区的金融事业(如农村商业银行、农村信用合作社)应大力支持,以不断完善金融机制。

(3) 抑制通货膨胀。政府应努力通过采取紧缩货币或提高存款利率的方法抑制通货膨胀,提供一个稳定的经济环境以促进经济发展。在这里应注意,降低通货膨胀率并不意味着实际货币量的缩减和投资减少,因为实际货币量与名义货币量是不同的概念。如果物价持续稳定,而金融体系又能以合理的均衡利率吸收存款,则实际货币量就能稳定增长。由于实际货币量与资本形成(投资)的相辅相成关系,经济发展也能以非通货膨胀的形式实现。

(4) 进行财政和外贸配套改革。金融深化还包括贸易自由化、税制合理化及财政支出政策的改革,如逐步消除贸易保护,促使国内企业同国外企业进行竞争;实行有利于进出口贸易的增值税,提高税制结构的收入弹性;取消对亏损企业的补贴,以减轻财政负担,缓解通货膨胀的压力,为金融深化提供良好的经济环境。政府还应放宽外汇管制,在适度范围内允许汇率浮动,使汇率能正确反映外汇的实际供求状况。同时,要开放资本账户,吸引大量的外资以发展本国经济。

> **改革创新:我国金融开放持续深化步稳步疾行**
>
> 金融开放是我国金融业改革发展的重要动力。党的十八大以来,我国主动有序推动金融业开放,持续拓展金融开放的广度和深度。近年来,多个"第一"陆续诞生,是我国金融开放连出实招的结果。

3. 金融深化的经济效应

肖认为，通过实施促进金融深化的金融自由化政策，也就是消除对利率与汇率的管制，可以获得很多正面的经济效应。具体如下。

（1）储蓄效应。金融深化的储蓄效应主要体现在两个方面。一是在收入效应的作用下，金融深化使得人们实际收入增加，使得社会总储蓄水平增加。二是金融深化提高了储蓄的实际利率、货币的实际收益率，从而提高了私人部门的储蓄积极性，增加了社会储蓄水平。

（2）收入效应。金融深化的收入效应是指实际货币余额的增长导致社会货币化程度提高，从而使得实际国民收入增长。

（3）投资效应。在金融深化的经济中，利率作为一种有效的相对价格引导着资源的配置。储蓄者的资产选择范围扩大，更大范围内的信息也就更容易获得，资本通过自由流动而使得投资效率提高。同时，统一的国内资本市场也使地区间、行业间和市场间的投资收益差异减少，提高了投资的平均收益率。此外，投资效应还表现在金融深化的储蓄效应带来的投资总量增加。

（4）就业效应。金融深化通过减少对利率的限制，可以改善由于低利率造成的生产要素价格扭曲的状况，体现资金稀缺的真实现状，从而使发展中国家多利用自身的劳动力优势，发展劳动密集型产业，缓解社会的就业压力。

16.2.3　金融自由化改革及其反思

1. 发展中国家的金融自由化改革与实践

所谓金融自由化改革，是指解除利率上限控制、对公共金融机构实行私有化、取消对进入金融业的限制、鼓励金融机构竞争、取消指导性信贷、推进利率与汇率市场化等一系列放松管制的改革。20 世纪 70 年代中期的"南锥体国家"（智利、阿根廷、乌拉圭）金融自由化改革，拉开了发展中国家金融自由化的序幕。各国金融深化改革实践主要从以下几个方面入手。

（1）利率市场化。自 20 世纪 60 年代以来，韩国、菲律宾、阿根廷、智利等新兴工业化国家都逐步放松了对利率的管制，朝着利率市场化的方向迈进。在亚洲，印度尼西亚和韩国比较成功地进行了以放开利率为核心的货币改革，对资本积累和实际增长产生了直接的影响。1965—1971 年，韩国进行了以提高存款利率为主要内容的金融改革，把定期存款利率从 15% 提高到 30%。当时的效果很明显，定期存款大增，通货膨胀率从 1965 年的 30% 下降到 1971 年的 8%，投资额增加了 1 倍，GDP 的年增长率超过 9%。

（2）发展多种金融机构，优化金融结构。很多发展中国家（如印度尼西亚）在其金融自由化的第二阶段改革的重点就是降低进入金融部门的壁垒，放松对本国银行开设分行和外国银行进入国内的限制；允许非银行机构办理定期存款业务；允许银行和非银行机构在股票市场上筹措资金；放松对租赁业、保险业、风险投资业、消费信贷业和证券业的管制。印度尼西亚还规定允许公共部门将不超过 50% 的存款存入非国有银行，将银行准备金要求从 15% 降低到 2%。进入壁垒降低使得更多的金融机构进入金融市场，在 1988—1991 年，印度尼西亚开设了 75 家新银行。同时，股票市场也有了很大发展，有 200 家股票经纪公司获得经营许可。

（3）取消信贷配给制度，实行信贷资金分配的市场化。在改革的过程中各国纷纷取消信贷配给制度，同时也为储蓄者和借款者提供大量的金融产品与金融服务，租赁业务、消费者信贷、分期付款业务等新的金融服务开始在金融市场中出现并得到快速发展。银行的中介成本降低，促使信贷规模扩张。但是，随着银行数量和信贷规模的扩大，金融体系中隐含的风险也在加大。

2. 发展中国家金融自由化改革的反思

对于大多数发展中国家来说，麦金农和肖的理论为它们的金融改革提供了基本的理论依据和政策导向。在发展中国家进行的金融自由化实践中，尽管南锥体国家与亚洲国家和地区采取的方式不同，具体实施带来的结果也有很大差异，但金融自由化实践确实给发展中国家的金融业带来了许多新变化：利率自由化有利于发展中国家的出口增长；当面临国际投机攻击时，高利率客观上使得投机资本因炒作的成本加大而不敢轻易进入，从而可以用于保护本国货币；外资金融机构进出自由后，竞争加剧，从而提高了国内金融机构的效率。金融自由化在发展中国家取得了成效。但是，它们的金融自由化过程中蕴含着巨大的风险，许多金融自由化改革往往都以金融危机的爆发而告终。自20世纪80年代以来，短短几十年间，发展中国家就爆发了三次比较大的金融危机，即1982年爆发的拉美主权债务危机、1994年爆发的墨西哥金融危机及1997年开始的亚洲金融危机。

经济学界纷纷对金融自由化进行反思。凯恩斯学派从有效需求的观点来反驳麦金农和肖的理论，认为不是储蓄决定投资，而是投资决定储蓄，而金融自由化带来的高利率抑制了投资，导致汇率被高估，出口需求下降，同时还促使银行从事高风险项目融资，从而增加了金融业的不稳定性。新制度经济学派认为，麦金农、肖等人忽略了制度的作用和制度对经济绩效的影响。发展中国家所需要的是更好地理解市场是如何运作的，以及制度以何种方式发挥着重要作用，金融自由化的战略应该与发展已有的金融机构和创建新金融机构结合起来。

麦金农（1997）也强调发展中国家在实施金融自由化战略中，应注意财政政策、货币政策和外汇政策如何排序的重要性，必须对经济市场化做出最优的排序。麦金农认为，经济自由化的步骤是：第一步，平衡中央政府的财政，限制政府开支、广泛征税。第二步，开放国内资本市场。第三步，外汇的自由化。在前两步完成之后，再考虑外汇的自由化。

金融开放之所以要渐进，是因为金融监管体系无法一夜即成，尤其是发展中国家对金融业管理的水平有待提高。发展中国家金融机构的操作水平、内部监控水平的提高需要时间。如果一下子就把发达国家的银行、基金和其他金融机构放进来，政府不知如何去监管，也没有手段去监管。金融开放与金融监管是一个相辅相成的过程，如果金融监管滞后，就会出现问题。

16.3 金融风险

在现代市场经济中，随着经济货币化、证券化和金融化程度的不断提高，金融风险不仅客观存在，而且在相当大的程度上反映了国民经济的运行风险。自20世纪70年代以来，由于金融自由化、全球化和金融创新的发展，金融机构所面临的风险环境日益复杂。随着世界的多极化和全球经济金融一体化进程的加快,特别是中国加入 WTO 以后,利率市场化程度的提高、外汇管制的放开、互联网金融的发展,以及信息技术促使金融业以前所未有的深度和广度向前发展,金融机构所面临的竞争越来越激烈。建立现代的风险管理机制,降低系统或全局性金融风险,努力避免金融危机的发生成为各国金融机构和监管当局面临的主要问题。

16.3.1 金融风险的特征及种类

1. 金融风险的特征

金融风险是指与金融有关的风险,有广义和狭义之分。任何从事资金融通的经济主体都存在受损失的可能。广义的金融风险包括政府风险(代表国家风险)、金融机构风险、企业风险、个人风险和国际风险。由于企业和个人的金融活动涉及面窄,产生的风险主要给其自身带来一些损失,对外影响小,而其他三项风险,特别是金融机构的金融活动产生的金融风险大,常发展成为系统性金融风险,这三项风险被称为狭义金融风险。其中金融机构发生的风险所带来的后果,往往超过对其自身的影响。金融机构在具体的金融交易活动中出现的风险,有可能对该金融机构的生存构成威胁;具体的一家金融机构因经营不善而出现危机,有可能对整个金融体系的稳健运行构成威胁;一旦发生系统风险,金融体系运转失灵,必然会导致全社会经济秩序的混乱,甚至引发严重的政治危机。

金融风险的主要特征有不确定性、社会性、扩张性、可控性、周期性以及双重性。①不确定性:影响金融风险的因素难以事前完全把握。②社会性:金融机构不同于其他行业中的机构,自有资本占全部资产的比重一般较小,绝大部分资金来自存款和借入资金,因而金融机构的特殊地位决定了社会公众与金融机构的关系是一种依附性的债权债务关系。如果金融机构经营不善,无偿债能力,就会导致挤兑,损害公众利益。③扩张性:现代金融业不断发展,各金融机构更加紧密相连、互为依存,使得金融风险带有扩张性的特点。一家银行出现问题,往往会使整个金融体系周转不灵乃至诱发信用危机,这就是所谓的"多米诺骨牌"效应。④可控性:虽然存在经济形势变化和经济情况不确定因素带来的风险,但就微观意义上的某一金融机构而言,并不是说风险就不能抵御和控制。恰恰相反,金融机构可以通过采取增加资本金、调整风险性资产来增强抵御风险的能力,并及时以转移、补偿等方式将风险控制在一定的范围和区间内,从而使得金融风险具有一定的可控性。⑤周期性:任何金融机构都是在既定的货币政策环境中运营的,而货币政策在周期规律的作用下,有宽松期和紧缩期之分,这使得金融风险也带有一定的周期性。一般来说,在宽松期放款,投资及结算矛盾相对缓和,影响金融机构安全性的因素逐渐减弱,金融风险相对较小;反之,在紧缩期,金融同业间及金融与经济间的矛盾加剧,影响金融机构安全性的因素逐渐增强,金融风险相对较大。⑥双重性:由于金融风险既可能给从事金融活动的经济主体带来损失,也可能给它们带来收益,因此金融风险具有双重性。

2. 金融风险的种类

按金融风险的形态划分,金融风险可以分为以下九种。

(1)信用风险。信用风险又称违约风险,是指债务人不能或不愿履行债务而给债权人造成损失的可能性,或是交易一方不履行义务而给交易对方带来损失的可能性。信用风险存在于一切信用活动中,也存在于一切交易活动中。

(2) 流动性风险。流动性风险是指由于流动性不足给经济主体造成损失的可能性。保持良好的流动性,对企业、家庭乃至国家而言都是至关重要的。但是,流动性不是越高越好,因为流动性与效益性是有矛盾的,流动性越高,往往效益性就越低。

(3) 利率风险。利率风险是指利率变动的不确定性给商业银行造成损失的可能性。巴塞尔委员会在1997年发布的《利率风险管理原则》中将利率风险定义为:利率变化使商业银行的实际收益与预期收益或实际成本与预期成本发生背离,使其实际收益低于预期收益,或实际成本高于预期成本,从而使商业银行遭受损失的可能性提高。

(4) 汇率风险。汇率风险又称外汇风险,是指汇率的变化可能给当事人带来的不利影响。汇率风险主要分为三种。一是交易汇率风险:在用外币进行计价收付的交易中,经济主体因外汇汇率的变动而蒙受损失的可能性。交易汇率风险主要发生在以下几种场合:商品劳务进口和出口交易中的风险、资本输入和输出的风险、外汇银行所持有的外汇头寸的风险。二是折算汇率风险:又称会计风险,指经济主体在对资产负债表的会计处理中,将功能货币转换成记账货币时,因汇率变动而导致账面损失的可能性。功能货币是指经济主体与经营活动中流转使用的各种货币。记账货币是指在编制综合财务报表时使用的报告货币,通常是本国货币。三是经济汇率风险:又称经营风险,是指意料之外的汇率变动通过影响企业的生产销售数量、价格、成本,引起企业未来一定期间收益或现金流量减少的一种潜在损失。

(5) 操作风险。巴塞尔银行监管委员会对操作风险的定义是:操作风险是指由于不完善或有问题的内部操作过程、人员、系统或外部事件而导致的直接或间接损失的风险。这一定义包含法律风险,但是不包含策略性风险和声誉风险。根据巴塞尔银行监管委员会的相关规定,操作风险可以分为由人员、系统、流程和外部事件所引发的四类风险,并由此分为七种表现形式:内部欺诈,外部欺诈,聘用员工和工作场所安全性,客户、产品及业务做法,实物资产损坏,业务中断和系统失灵,交割及流程管理。

(6) 法律风险。法律风险主要关注商业银行所签署的各类合同、承诺等法律文件的有效性和可执行能力。与法律风险相类似或密切相关的风险有外部合规风险和内部监管风险。

(7) 通货膨胀风险。通货膨胀风险又称购买力风险,是指通货膨胀可能使经济主体的实际收益率下降,或使其筹资成本提高。通货膨胀造成单位货币购买力下降。因为实际利率近似于名义利率与通货膨胀率之差,名义利率保持不变时,通货膨胀率越高,实际利率就越低,因此通货膨胀会导致实际利率下降。

(8) 环境风险。环境风险是指金融活动的参与者面临的自然、政治和社会的变化而带来的风险。如自然灾害、意外事故可能给借款人造成的财产损失和人身伤害,致使借款人无法按期归还贷款,进而间接地给发放贷款的银行造成损失。

(9) 国家风险。国家风险是指在国际经济活动中,由国家的主权行为所造成的损失的可能性。国家风险是国家主权行为所引起的,或与国家社会变动有关。在主权风险的范围内,国家作为交易的一方,通过其违约行为(如停付外债本金或利息)直接构成风险,通过政策和法规的变动(如调整汇率和税率等)间接构成风险。在转移风险的范围内,国家不一定是交易的直接参与者,但国家的政策、法规影响着该国国内的企业或个人的交易行为。

16.3.2 金融风险的成因

1. 金融体系主体的缺陷

（1）金融主体的有限理性。这与西方经济学的经济人假说相反，是指人们既具有自利性又缺乏理性的行为。在这点上，金融主体尤为突出，主要是过度投机和盲目恐慌，表现为：人类竞相追求财富的利益冲动，对虚幻增长的财富的臆想；大众的盲从导致了过度投机，并使其愈演愈烈；对卷入投机狂潮的人进行劝导是无济于事的。

（2）内部人控制。它是指在财产所有权和经营权分离的情况下，经营者利用在信息和管理上的优势，偏离所有者的利益目标，为获得自身的最大利益而损害所有者利益的行为。在金融体系中，内部人控制会导致逆向选择和道德风险。逆向选择是在选择代理人的过程中，委托人在考虑了代理人可能存在的问题后，不选择符合要求的代理人，反而选择不符合要求的代理人。道德风险是经营者在行使资金使用权时，以自身利益最大化为依据，选择对出资人不利的方案。金融欺诈是逆向选择的极端例子，利用职权的金融违法犯罪行为是道德风险的极端例子。在内部人控制下，任何形式的风险都被转嫁给出资人，且出资人未能从加大的风险中获得额外的收益。这样就破坏了风险与收益成正比的风险配置机制，必然会影响金融体系的正常运作功能，这是金融体系风险的一个根源。

2. 金融体系客体的缺陷

1）金融产品具有不确定性。金融产品要经过一段时间的交易活动才能够真正完成，由此带来了违约风险或信用风险。这反映了金融活动的信用本质，是金融交易中最基本的风险。

2）金融产品是一项高度复杂的合同。以贷款合同为例，其主要内容包括：贷款数量、贷款利率、贷款期限、有关抵押和担保的条款、贷款违约条款等，这往往导致合同的履行存在不确定性。

3）合同的复杂性与不确定性的结合，使金融产品的定价十分困难。在现代经济环境中，一些经济变量是很难预测的，金融产品难以定价，金融活动常出现不规范的内幕交易，给金融体系的正常运作留下隐患。

4）金融产品具有虚拟性。金融产品一产生，就脱离实物经济运动，遵循自身的规律。金融产品的运动脱离实物经济的运动；其价格只是资本化的收益，受收益、投机、预期、利率等影响，对生产资本没有直接影响，具有独特的价格决定机制；金融产品具有派生功能，其数量大大超过实物产品的数量。

3. 金融体系运作方式和组织结构上的缺陷

（1）风险补偿机制不健全。金融体系的资金配置主要有两种方式：价格配置、非价格配置。这两种方式都缺乏风险完全补偿的机制。受金融体系主体和客体缺陷的影响，价格配置存在逆向选择和道德风险的问题，风险得不到完全的补偿。非价格配置有两种。一是在政府干预下的资金配置。政府出于宏观经济调控目的，控制信用规模，在不允许金融机构提高金融产品的价格基础上，进行行政干预使资金供给和需求达到均衡；二是金融机构为了保护市场份额，不及时地调整利率，而形成的非价格配置。

（2）过度竞争。金融机构之间存在着过度竞争的问题：一是金融机构为了自身经营目标，扩大市场份额，无节制地扩张经营能力，加大竞争力度；二是金融机构为了逃避较强的金融监管而过度竞争；三是在市场准入条件降低的情况下，由于金融机构的增多而过度竞争。过度竞争既能使金融业快速地发展，又能使金融机构陷入困境，整个金融体系处于一种快速变动和不稳定的状态。

（3）金融体系的脆弱性。它取决于以下几个因素。①金融活动主体对经济活动变化的敏感程度。由于经济变化在金融体系中的传递速度很快，经济主体的经营和财务风险增大，投资者的短期行为和大量的游资会导致金融体系过于敏感和脆弱。②金融体系结构的问题。金融体系过于单一，金融机构、金融市场和金融产品的种类与数量有限，金融体系的应变能力就差，传递不利变化的速度就加快，容易受外界因素的影响。③金融体系中各个组成部分的相对强弱。在金融体系中，各个金融机构的业务是相互交叉的，为了争夺市场，竞争力较弱的机构将降低业务办理门槛参与竞争，给金融市场带来了巨大的风险。④传染性。按照传染病的机理，一个金融机构的问题可能传染到其他的金融机构，乃至整个金融体系。

4. 金融体系风险的外部因素

（1）宏观经济因素。金融体系与宏观经济紧密相连。一方面，金融混乱会导致经济混乱，进而引致政治混乱；另一方面，每次金融危机或金融动荡都有深刻的经济根源，金融体系的状况是经济活动的集中体现。金融体系与宏观经济有着千丝万缕的联系，又具有相对独立性。对金融体系造成冲击的宏观经济因素包括：经济增长率、通货膨胀率、整体经济效益水平、经济结构、国际收支状况、财政收支状况。宏观经济的恶化一方面通过影响各个经济主体对金融体系造成冲击；另一方面通过影响人们对整个经济的信心来影响金融体系。此外，政府的宏观经济政策也会对金融体系构成冲击。

（2）非经济因素。非经济因素包括政治和法律环境的变化，战争、自然灾害等，这些因素都能对金融体系的稳定构成威胁。从人类社会的发展规律看，政治、法律制度必须与经济发展相协调，否则就会影响和阻碍经济的发展。现代市场经济客观上要求廉洁、公正和透明的政治、法律制度；反之，金融体系的风险就会加大，造成政局不稳，人们对政府失去信心，影响经济金融的稳定运行。战争和自然灾害使得市场发生紊乱，影响金融体系的安全和稳定。

（3）非正式金融体系。正式金融体系是由经过政府批准、接受政府监管、有固定的经营场所和规范的业务流程、提供主要的金融服务的金融机构所组成的金融体系，而不符合上述条件的金融体系就是非正式金融体系，如民间借贷、地下钱庄等。在一定条件下，非正式金融活动是对正式金融活动的有益补充，但是如果超出一定的限度，非正式金融体系就会对正式金融体系造成冲击，导致正式金融体系的资金外流，宏观调控信息失真，非法金融活动猖獗，扰乱整个社会的经济秩序。

16.3.3 金融风险防范的基本方法

1. 通过内部控制降低风险

由于现代内部控制大多以美国 COSO 报告（由美国反对虚假财务报告委员会下属的五家机

构成立的"发起组织委员会"1992年提出、1994年修订的"内部控制整体框架")为参考准则,因此现代内部控制的目标、原则、要素等内容基本一致。中国银行业监督管理委员会[一]印发的《商业银行内部控制指引》(2014年修订)指出,内部控制是通过制定和实施系统化的制度、流程和方法,实现控制目标的动态过程和机制。

内部控制应当包括以下5个方面的内容。

(1) 内部控制环境。内部控制环境包括以下内容。①员工的诚实性和道德观,如是否确定了可接受的商业行为、利益冲突、道德标准方面的行为准则。②员工的胜任能力,如雇员是否能胜任质量管理要求。③董事会或审计委员会,如董事会是否独立于管理层,④管理哲学和经营方式,如管理层对人为操纵的或错误的记录态度。⑤组织结构,如信息是否到达合适的管理阶层。⑥授予权利和责任的方式,如对关键部门的经理的职责是否有充分规定。⑦人力资源政策和实施,如是否有关于雇用、培训、提升和奖励员工的政策。

(2) 风险识别与评估。风险识别与评估是指管理层识别并采取相应行动来管理对经营、财务报告、符合性目标有影响的内部或外部风险,包括风险识别和风险分析。风险识别包括对外部因素(如技术发展、竞争、经济变化)和内部因素(如员工素质、公司性质、信息系统处理的特点)进行检查。风险分析涉及估计风险的重大程度、评价风险发生的可能性、考虑如何管理风险等。

(3) 内部控制措施。内部控制措施是对所确认的风险采取必要的措施,以保证单位目标得以实现的政策和程序。在实践中,控制活动形式多样,可归结为以下几类。

1) 直接的职能(或活动)管理。例如,负责银行消费贷款审批的分行经理,通过按分行、地区及贷款(抵押品)类型来审阅贷款报告,了解总体情况,识别发展趋势,并将相关结果与经济统计和目标联系起来。同样,分行经理从贷款人员和负责本地客户的部门获得新业务的数据。分行经理也要遵守监管规定,审阅监管部门对超过一定余额的新存款所要求的报告;每日的现金流都要对账,集中报告净头寸以便进行隔夜转账和投资。

2) 信息处理。信息处理是为了检验交易的准确性、完整性和授权情况。输入的数据还要经过在线编辑审查或与已经批准的控制文件保持一致。例如,只有在检查批准顾客档案和信用额度后方可接受顾客的订单;交易的顺序号需要检查;如有例外就必须跟进并上报上一级主管。对新系统的开发和现存系统的改变都是有控制的,数据、文件和项目也不能随便接触。

3) 物理控制。物理控制是指设备、存货、证券、现金和其他资产要确保安全、定期盘点并与控制账户上的金额一致。

4) 业绩指标。业绩指标是指发现运营数据或财务数据等不同的数据之间的相互关系,并分析这一关系以及采取调查、校正措施,这也是控制活动的一种。通过考察意外结果和反常趋势,管理层识别出一些情况,在这些情况下完成关键流程的能力不充分就意味着目标实现的可能性降低。经理如何利用这些信息将决定业绩指标是仅用于内部经营决策,还是同时用于外部信息披露。

5) 职责分离。各种功能性职责分离是为了防止单独作业的员工从事或隐藏不正常行为。

[一] 国务院原直属事业单位,现在是国家金融监督管理总局。

一般来说，下面的职责应被分开：业务授权（管理功能）、业务执行（保管职能）、业务记录（会计职能）、对业绩的独立检查（监督职能）。

（4）信息交流与反馈。为了使员工能执行其职责，必须识别、捕捉、交流外部和内部信息。外部信息包括市场份额、法规要求、客户投诉等信息和市场价格信息。内部信息包括会计信息和信贷信息，即由管理当局建立的报告经济业务和事项，维护资产、负债和客户权益的信息。交流（沟通）是使员工了解其职责，保持对财务报告的控制，包括使员工了解在会计制度中他们的工作如何与他人相联系、如何对上级报告例外情况。沟通的方式有政策手册、财务报告手册、备查簿，以及口头交流或管理示例等。

（5）监督评价与纠正。监督评价与纠正是评价内部控制质量的进程，即对内部控制改革、改进活动进行评价，包括内部审计和与单位外部人员、团体进行交流。

内部控制环境是内部控制的基础，它直接影响风险识别与评估、控制活动与措施、信息交流与反馈、监督评价与纠正等要素功能的发挥，构建良好的内部控制环境是内部控制的关键所在。风险识别与评估是内部控制的第一步，是首先发挥职能的要素，也是金融机构特别是商业银行内部控制的前提。控制活动与措施是内部控制系统具体实施内部控制的过程，是内部控制系统的核心和神经中枢。信息交流与反馈是经营管理的技术保障，是内部控制的血液系统。监督评价与纠正主要由内部审计部门来完成，是防范风险的最后一道屏障，也是对内部控制的再控制。

2. 通过内部评级分类管理风险

内部评级法是巴塞尔协议Ⅱ框架中有关信用风险的管理办法。巴塞尔银行监管委员会允许银行业在两大类计算信用风险所要求的最低资本需求的方法中进行选择：一种方法为依靠外部信用评级机构评估结果的标准法，另一种方法是由内部评级来支持的内部评级法。

内部评级法的优势在于，它以银行内部对其交易对手的风险评估结果为支持，将客户或交易按风险分级，对不同风险层级的客户或交易采用不同的风险管理策略。同时，不同风险特征、不同风险管理水平的银行所需的风险资本是不同的。这样就使得商业银行信用风险管理更为细致，有更高的风险敏感度，对资本的要求更加精确。促进资本要求与银行内部的信用风险管理水平相匹配，可使商业银行提高自身的信用风险管理能力。

（1）内部评级法的体系结构。商业银行内部评级体系（IRS）是实施内部评级法（IRB）的前提和主体。内部评级体系包括商业银行评级系统和与其配套的内部评级制度。内部评级制度是与内部评级要求相适应的一系列规范和原则，包括人员的管理和评级工作的规章条例等。根据巴塞尔银行监管委员会的有关规定，商业银行的各项评级都必须经过独立的内部评级机构的评审和确认。风险评级需要银行建立完善的操作流程和组织体系。内部评级体系主要采用先进的评级模型，并以数据管理作为支持。内部评级体系通过对数据的收集、处理与挖掘分析、模型的设计、调整与运用来实现商业银行内部评级的量化分析。因此，内部评级体系是商业银行实现内部评级的根本手段和方法。

商业银行如果采用了内部评级法，按照要求，其内部评级过程和标准应当受到监管机构的监督。商业银行监管机构的外部监管是内部评级法实施的保证。例如，巴塞尔协议Ⅱ提出了一整套商业银行内部评级法的监督要求，包括资本充足率要求、信息披露与公开、评级体系的检查与验证和监管指令的下达等内容。巴塞尔协议Ⅱ规定各国监管机构应当要求银行向市场提供更多的信息，以此加强监管的力度和实施效果。这些信息包括银行的信用级别和敞口分析、违约损失率和违约率分布等。同时银行还必须按照监管要求对其内部评级所使的方法进行检查和纠正，对评级过程中使用的模型和数据、提交的文件材料等都要有规范的报告制度，以便及时接受监管当局的检查。结合以上两个方面，内部评级法的基本体系结构如图 16-1 所示。

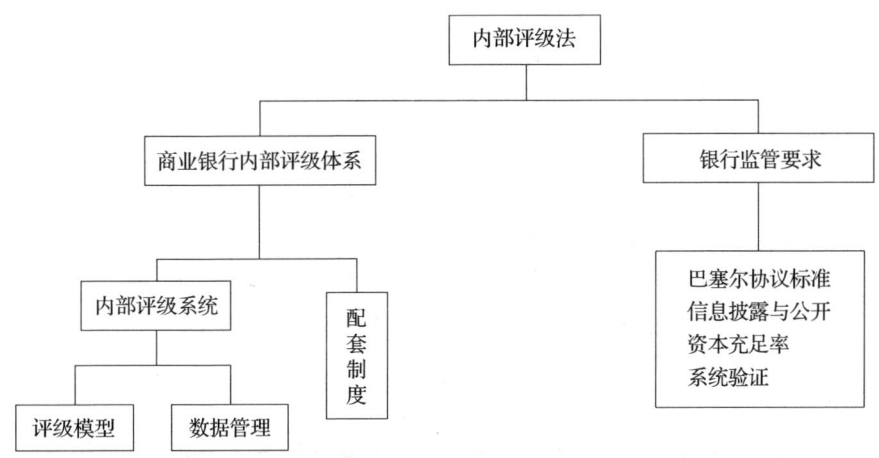

图 16-1　内部评级法的基本体系结构

在内部评级法下，银行必须根据其业务的风险特性，将资产分为六大类，即公司、主权、银行同业、零售、项目融资和股权，对于任何不属于这六类业务的敞口一概划归为公司敞口。以上这种划分方式是与银行经营的实践相一致的，允许某些银行在其内部评级体系和风险管理工作中使用其他与此类似的定义，但必须要求其分类标准在不同时间上保持一致。内部评级法的关键是如何根据内部评级体系确定 4 个风险要素，即违约概率、违约损失率（给定）、期限和风险敞口。它们是计算风险加权资产（RWA）的重要参数，后者可以用来计算资本充足率，如表 16-3 所示。

表 16-3　资本充足率

风险加权资产				资本	
风险权重（RW）			风险敞口	核心资本	附属资本
违约概率	违约损失率	期限			

（2）商业银行信用风险管理与实施内部评级法的关系。商业银行实施内部评级法对商业银行信用风险管理有着重要的意义。按照内部评级法要求，商业银行的内部评级通常包括客户评级、债项评级和组合评级三个部分。内部评级当中提供的违约概率、违约损失率、预期损失以及非预期损失等关键指标在授信审批、贷款定价、限额管理、风险预留等信贷管理流程中起着决策支持作用。同时，内部评级系统的计量分析结果也是制定信贷政策、计提准备金、分配经济资本以及实施风险调整后的资本收益率组合管理的重要基础。

从商业银行贷前分析角度来看，贷前分析是信贷业务的起始，也是一个难点。贷前分析的标准和规范，需要具备充足的内部评级信息作为决策基础。实施了内部评级法的商业银行，可以通过内部评级体系来提供标准化的数据录入模板和指标参考值，以便于信贷管理人员从经济周期、行业、区域、市场格局、银企关系等多个角度全面掌握客户的经常性活动、财务风险和经营状况，从而提高贷前调查分析的效率和质量。商业银行通过内部评级可以对客户的信用风险进行多层次、多角度、连续性的监测、分析和预警，通过聚类分析等手段搜索与目标客户相似的企业信用风险特点，准确界定客户风险等级，为贷款决策提供清晰、完整的参照系，降低决策失误率。

从贷后管理的角度来看，内部评级系统可以定期跟踪和监测其客户的信用风险状况，以提前发现客户经营状况的异常变化，为及早采取措施化解风险提供技术支持。信用风险管理的主要目的是为承担可能发生的风险损失提供足够的经济资本，使银行在遭受信用损失时，保持较高的财务灵活性。

从风险资本计算的角度看，内部评级法可以实现风险资本的科学度量。国际实践证明，要实施全面风险管理，就必须以经济资本为基础，建立一套有效的、风险调整后的资本收益率管理体系。商业银行通过实施内部评级法，可以实现经济资本的计算、分配与监测。从整个流程来看，要确定和分配经济资本，可以通过计算单个客户和单笔资产的违约概率、违约损失率以及风险敞口等关键指标来实现。因此，内部评级法为商业银行度量风险、实现经济资本配置提供了手段。

巴塞尔协议Ⅱ对加强信用风险管理提出了新的要求，即商业银行必须建立自己的内部风险评估机制，运用自己的内部评级体系，决定自己对资本的要求。这对商业银行的信用风险内部评级提出了更高的要求。加强内部评级建设，建立定量化内部评级模型，在此基础上结合企业的行业地位、管理水平等定性指标，制定出科学有效的内部评级方法，才能使商业银行达到有关机构的监管要求。因此，商业银行实施内部评级法可以加强信用风险管理的精细化程度，使资本管理与信用风险管理相互协调统一。

3. 通过风险压力测试把握风险

金融机构压力测试是一种以定量分析为主的风险分析方法，通过测算该机构在遇到假定的小概率事件等极端不利情况下可能发生的损失，分析这些损失对该机构盈利能力和资本金带来的负面影响，进而对单个金融机构、金融集团和金融体系的脆弱性做出评估与判断，并采取必要措施，目的是防止出现重大损失。

按风险形态，压力测试可分为信用风险压力测试、市场风险压力测试、利率风险压力测试、汇率风险压力测试、流动性风险压力测试、操作风险压力测试。按测试内容，压力测试可分为具体资产或产品、资产组合的风险压力测试（如房屋贷款资产组合），金融机构的风险压力测试（如银行、证券公司），金融系统风险压力测试（如银行的清算系统、保险公司的保单系统）。压力测试的具体操作步骤包括但不限于以下内容。

1) 针对某一风险管理模型或内控流程，假设可能会发生哪些极端情景。极端情景在非正常情况下发生概率很小，而一旦发生，后果十分严重。对极端情景做假设时，不仅要考虑本企业或与本企业类似的其他企业的历史教训，还要考虑历史上不曾出现但将来可能会出现的情景。

2) 评估极端情景发生时该风险管理模型或内部控制流程是否有效，并分析对目标可能造成的损失。

3）制定相应措施，进一步修改和完善风险管理模型或内部控制流程。以信用风险管理为例。一家企业已有一个信用很好的交易伙伴，该交易伙伴除发生极端情景一般不会违约。因此，在日常交易中，该企业只需"常规的风险管理策略和内部控制流程"即可。采用压力测试方法，是假设该交易伙伴将来发生极端情景（如其财产毁于地震或火灾），被迫违约对该企业造成了重大损失。而该企业"常规的风险管理策略和内部控制流程"在极端情景下不能有效防止重大损失事件，为此，该企业采取了购买保险或相应衍生产品、开发多个交易伙伴等措施，来防范极端情景发生可能导致的重大损失。

4. 通过资产抵押防范潜在风险

所谓资产抵押，是指债务人或者第三人以不转移对法定财产的占有，将该财产作为债权的担保，债务人不履行债务时债权人有权依法以该财产折价或者拍卖、变卖该财产的价款优先受偿。

资产抵押按其类型可以划分为动产抵押和不动产抵押，抵押中的动产主要包括机器设备、运输工具、航空器、船舶、电子设备等；不动产主要包括房屋、构筑物、土地。抵押贷款分为个人抵押贷款和企业抵押贷款。

实行抵押贷款制度，可以增强客户的信誉观念，提高借贷双方的经济效益。客户在办理抵押贷款后，获取贷款运用时，也有了按期如数归还贷款的压力。贷款人则可以事先设定贷款损失补偿措施，有助于防范信用风险和道德风险。

5. 提高资本充足率抵御风险

对商业银行而言，资本充足率是防范金融风险的又一利器。资本充足率是指商业银行的资本总额与加权风险资产总额的比例。资本充足率反映商业银行在存款人和债权人的资产遭到损失之后，能以自有资本承担损失的程度。规定该项指标的目的在于抑制风险资产的过度膨胀，保护存款人和其他债权人的利益、保证银行等金融机构正常运营和发展。各国金融管理当局一般都有对商业银行资本充足率的管制，目的是监测商业银行抵御风险的能力。

2023年10月，国家金融监督管理总局公布了《商业银行资本管理办法》，《商业银行资本管理办法》规定商业银行的核心一级资本充足率不得低于5%，一级资本充足率不得低于6%，资本充足率不得低于8%。商业银行应在最低资本要求的基础上计提储备资本。储备资本要求为风险加权资产的2.5%，由核心一级资本来满足。

16.4 金融监管

16.4.1 金融监管概述

1. 金融监管的含义

金融监管是金融监督管理的简称，一般是指国家授权的监管当局，为了维护金融秩序，保护投资者、投保者以及储户的利益，促使金融机构、金融市场、金融业务依法稳健运行而对其进行监督、管制、约束的监督管理行为。通常来说，金融监管一般涉及银行业、证券业、保险业、信托业等。金融监管实质上就是一种管理与约束行为，是一种政府对金融市场的管制与规范。

2. 金融监管的要素

金融监管要解决好以下几个问题：第一，谁来进行金融监管，即监管的主体是谁（who）；第二，谁是金融监管的对象，即监管的客体是谁（whom）；第三，为什么需要进行金融监管（why），即监管的目的是什么；第四，监管什么，即监管的内容是什么（what）；第五，通过什么手段来进行金融监管（how）。这五个问题可以概括为4W1H。

（1）金融监管主体。金融监管主体主要是政府及其授予权力的公共机构，有时还包括行业内普遍认可的非官方民间机构。

（2）金融监管对象。金融监管对象一般分为银行机构（主要是商业银行）、非银行金融机构、金融市场三类。早期监管对象主要是商业银行，但随着非银行金融机构的发展以及金融业务的多样化，金融监管的对象也逐渐增多。尤其是在金融衍生产品日益增多的金融环境下，保护投资者利益、监管金融市场的任务变得更加艰巨。

（3）金融监管目的。金融监管主要有三大目的：第一，克服市场失灵，确保公平的市场环境以保护投资者的利益；第二，防范系统性风险，维护金融体系安全；第三，规范与促进金融创新，提高金融运行效率。

（4）金融监管内容。从监管对象看，对商业银行的金融监管包括以下内容：市场准入监管、资本充足率监管、流动性监管、信贷风险监管、存款保险制度以及监管评级体系等；对证券的监管内容主要包括证券的发行与上市监管、证券交易监管以及对证券经营机构的监管。对保险业的监管包括市场准入与退出监管、保险经营监管、保险偿付能力监管、保险中介人监管等。

（5）金融监管手段。金融监管手段包括法律手段、行政手段、经济手段、技术手段、自律手段等。现代的信息技术手段也已经开始应用于金融监管之中，用以提高金融监管的有效性。

3. 金融监管的基本特征

（1）制度性。金融监管属于国家的法定制度，其法律关系的内容体现在被监管者和监管者同受法律约束，具有权威性、严肃性和相对确定性。

（2）系统性。金融监管是一个庞大的系统工程，由监管的依据、体制、客体、目标以及为实现目标而确定的监管内容和采取的方法等几大部分共同形成一个完整的系统。

（3）社会性。金融监管是在社会各界协调配合下共同完成的，不仅有当局的纵向监管、同业横向监管，而且有被监管者的自律性监管和社会各部门及公众舆论的公律性监管，从而形成一个相互联系、相互补充、相互制约的大监管体系及良好的社会监管环境。

16.4.2 金融监管目标

金融监管目标是金融监管行为要取得的最终效果或达到的最终目标，是实现金融有效监管的前提和监管当局采取监管行动的依据。金融监管的核心目标被概括为维持系统稳定性、维护金融机构稳健运行和保护消费者。近年来，金融监管目标则发展到有效控制风险、注重安全和效率的平衡方面。现代金融监管目标对原有目标进行不断完善和补充。当代金融监管目标具有多重性，即维护货币与金融体系的稳定，促进金融机构谨慎经营，保护存款人、消费者和投资者的利益以及建立高效率、富于竞争性的金融体制。

16.4.3 金融监管内容与手段

1. 金融监管内容

（1）市场准入监管。所有国家对金融机构的监管都是从市场准入开始的。市场准入是指政府行政管理部门按照市场运行规则设立或准许某一行业及其所属机构进入市场的一种管制行为。实行市场准入管制是为了防止不合格的金融机构进入金融市场，保持金融市场主体的合规性。市场准入监管的最直接表现是对金融机构开业登记、审批的管制。

对于商业银行而言，审批制是其市场准入的通行制度。严格控制银行的注册审批，进而限制新银行的成立，可以避免银行间过度竞争。证券业的市场准入主要是对证券发行上市的审查、核准和监控。世界各国对证券发行上市审核的方式有两种：注册制和核准制。各国普遍要求对保险组织的建立必须设立比一般工商企业更为严格的条件。

各国的金融监管当局一般都参与金融机构的审批过程。金融机构的设立申请主要包括三个方面：一是要有足够的总资本，金融监管当局主要监管资本充足率指标；二是要有专业素质较高的管理人员；三是要有最低限度的注册资本。

（2）业务运营监管。业务运营监管实质上是对市场运作过程的监管。业务运营监管是对金融机构的各项经营行为的监管。对金融机构业务运营监管的具体内容是根据其业务经营情况的特点而有针对性地实施的。虽然各国金融监管部门并不完全相同，但在监管内容上都体现了金融机构经营的安全性、流动性、效益性三个方面。近年来，随着各种金融创新的发展，金融监管的要求越来越高，内容越来越复杂，方式也在不断完善。例如，目前我国对商业银行业务运营监管的内容主要包括：资本充足率监管、流动性监管、信贷风险监管等。

（3）市场退出监管。市场退出监管是指监管当局对金融机构退出金融业、破产倒闭或合（兼）并、变更等的管理。金融机构退出市场，表明该金融机构已经停止经营金融业务，应依法处理其债权债务、分配剩余财产、注销工商登记，其最终结果是取消该金融机构的法人资格。金融机构市场退出监管主要考核支付存款本金和利息的债务清偿额（比例）指标等，包括6个方面，即接管、收购、分立或合作、解散、吊销经营许可证、破产。

2. 金融监管手段

（1）法律手段。法律手段是指通过政府立法和执法，将金融市场运行中的各种行为纳入法制轨道，依法规范金融活动中的各参与主体的行为。运用法律手段进行金融监管，具有强制力和约束性。法律手段是各国普遍应用的一种手段，一些不发达的发展中国家，也都积极完善相关的法律法规，使金融监管具有相当大的力度。运用法律手段要求树立金融法律的权威性和有效性，立法要超前，执法要严格。

（2）技术手段。监管当局实施金融监管必须采用先进的技术手段，如运用先进的通信设施实现全系统联网。技术手段的不断更新，使得监管部门可以提高搜集和处理信息的速度，提高监管能力。运用先进的技术手段进行监管，实际上是将监管当局监管的内容量化成各项监测指标，通过资料的整理、分析和对比，最后以监控指标的形式反映金融业的业务经营活动状况来判断风险程度。

（3）行政手段。行政手段是指金融监管当局通过计划、政策、制度、办法等行政方法对金融市场进行监管。行政手段具有见效快、针对性强的特点，尤其是当金融机构或金融活动出现波动时，行政手段甚至是不可替代的。但行政手段与市场规律在一定程度上是相抵触的，采取行政手段虽收效迅速，但震动大、副作用多、缺乏持续性和稳定性。从监管的发展方向看，各国都在实现非行政化，逐步放弃用行政命令的方式来管理金融业，而更多地采用法律手段、经济手段。

（4）经济手段。经济手段是指金融监管当局以监管金融活动和金融机构为主要目的，采用间接调控方式影响金融活动和参与主体的行为。金融监管的经济手段很多，如在对商业银行进行监管时，最后贷款人手段和存款保险制度等就是典型的经济手段。在证券市场监管中，金融信贷手段和税收政策都是重要的经济手段。

16.4.4 金融监管体制

1. 金融监管体制的含义

金融监管体制是指一国对金融机构和金融市场实施监督管理的一整套机构及组织结构的总和。从广义上讲，金融监管体制包括监管目标、监管范围、监管理论和监管方式、监管主体的确立及权限划分等。从狭义上讲，金融监管体制主要是指监管主体的确立及其职责、权限划分。如果从组织体系、运行机制诸方面来认识，金融监管体制则是指为了实现特定的社会经济目标而对金融活动施加影响的一整套机制和组织结构的总和。

金融监管体制的目的是通过建立一种较为完善的监管机制，实现外部监督管理下的内部有效自我约束，从而有效地防范金融风险甚至金融危机。适当的金融监管体制有助于防范金融危机、降低监管成本、提高监管效率，并会对货币政策有所影响。

2. 金融监管体制模式

金融业的经营模式一般分为分业经营和混业经营两种模式。相应地，金融监管体制模式也有分业监管体制模式和混业监管体制模式两种。

（1）分业监管体制。分业监管体制也被称为分头监管体制，它是在银行、证券和保险领域内分别设置独立的监管机构，专司本领域监管的体制。实行分业监管体制的代表性国家有美国、德国、波兰和中国等。

（2）混业监管体制。混业监管体制也被称为统一监管体制或集中监管体制，即只设一个统一的金融监管机构，对金融机构、金融市场和金融业务进行全面监管。在这一监管体制下，监管机构可能是中央银行，也可能是其他专设的金融监管机构。实行集中监管体制的代表性国家有英国、日本、韩国和新加坡等。

此外，还有一种介于这两者之间的监管体制，被称为不完全集中监管体制，也被称为不完全统一金融监管。这种监管体制又存在牵头式监管体制、双峰式监管体制和伞式监管+功能监管等模式。

3. 我国金融监管体制的演进

（1）集中监管阶段（1984—1992 年）。改革开放以前，我国实行的是高度集中的金融管理体制，当时全国的监管机构只有中国人民银行。1984 年中国工商银行成立，中国人民银行成为现代意义上的中央银行，负责货币政策的制定和金融监管。从此，银行、信托、保险、证券等所有金融业务都归中国人民银行监管，形成了初步的集中监管体制。

（2）分业监管阶段（1992—2017 年）。1992—2003 年，"一行三会"监管体系形成。1992 年，证券交易所成立，证券公司及股份公司数量增加，中国人民银行的监管难度加大，在此基础上国务院证券委员会和中国证券监督管理委员会（简称证监会）相继成立。1995 年，中国人民银行不再负责对证券公司的监管，相关监管职责划入证监会。1998 年，在亚洲金融危机之后，防范和化解金融风险的重要性日益凸显，中央召开首次全国金融工作会议，强调要从根本上解决金融领域存在的问题，并决定对金融业实行分业监管。在该背景下，中国保险监督管理委员（简称保监会）会成立，中国人民银行不再肩负保险业的监管职责。2003 年，在党的十六届二中全会和十届全国人大常委会第一次会议的国务院机构改革方案中，提出将中国人民银行对银行、金融资产管理公司、信托投资公司及其他存款类金融机构的监管职能分离出来，和中央金融工委的相关职能进行整合，成立中国银行业监督管理委员会（简称银监会），履行银行业的监管职责。在 2003 年中国人民银行"三定"方案中，提出维护金融稳定与制定和执行货币政策是央行最重要的两大职责。自此，正式形成了由中国人民银行负责货币政策和金融稳定，银监会、证监会和保监会实施分业监管的"一行三会"格局，开启了金融监管专业分工的监管阶段。

在分业监管的体系下，银监会逐渐形成以资本监管为主的审慎监管框架，下分资本充足率、资产质量、信用风险、市场风险等审慎监管指标，在公司治理、内部控制、合规风险等方面形成了较为健全的管理制度。保监会成立后，前期高回报率保单带来的利差损失逐渐修复，保险资金运用管理体制改革也取得了突破，并在"国十条"的推动下，扩大资产配置到股票等资产类别，但是随着保险资金投资范围不断拓展，按机构分业监管下存在监管漏洞，业内的乱象逐渐凸显。近年来，由于金融创新的过度表外化和融资业务的过度同业化，金融业的交叉风险一步步加剧，资管通道业务激增、资金过度运用杠杆，增加了金融系统性风险。

（3）从分业监管到监管协调（2017 年至今）。近年来，混业经营与分业监管的矛盾较为突出，造成分业监管模式对金融机构混业经营"无可奈何"的主要原因有两个，即监管部门的沟通成本与监管真空。就监管部门的沟通成本来讲，中国人民银行、银保监会、证监会行政级别相同，各部门对其他部门只具有建议权而无行政命令权，部门间的协调沟通与联合执法涉及众多的法律法规，时间成本、人力成本巨大，效率低下，监管信息无法及时共享。就监管真空来讲，随着包括商业银行在内的多数金融机构的业务经营呈现多元化与综合化的特征，跨行业、跨市场投融资业务链条增加，而在分业监管下，监管部门无法监测资金的真实流向，极易引发金融风险的跨行业、跨市场传染，更易于引发系统性风险，最为典型的就是资管产品的多层嵌套。

自分业监管以来，对混业经营与分业监管间矛盾的补救措施一直在推进之中。2003年，中国人民银行设立金融稳定局，其重要职能之一就是综合分析和评估系统性金融风险，提出防范和化解系统性金融风险的政策建议，下设科室负责银行业、证券业、保险业的风险监测与评估；2013年8月，国务院曾批准建立由中国人民银行牵头的金融监管协调部际联席会议制度，负责一行三会间的监管政策的协调；2016年年初，国务院办公厅在其经济局六处的基础上设立金融事务局，专门负责一行三会间的行政事务协调。2017年7月，全国金融工作会议宣布设立国家金融稳定发展委员会；在随后召开的央行党委扩大会议中，国务院确定将在央行设立金融稳定发展委员会办公室。

金融稳定发展委员会成立的意义在于履行"发展"与"稳定"职责，修补分业监管漏洞。从金融稳定发展委员会的职责方向上可以看出，"发展"与"稳定"是其核心职责目标所在，一行三会间的统筹协调并非其全部职责内容。单独设立副国级行政机构负责金融业的改革发展也表明当局将防范系统性风险、保证金融业健康发展的目标提升到了一个更高的层次。当下金融稳定发展委员会的监管方向或聚焦于影子银行、资产管理行业、互联网金融以及金融控股公司等分业监管所造成的风险隐患。

继金融稳定发展委员会填补监管空白后，对监管缺陷的修正拉开帷幕。在2017年第五次全国金融工作会议上，"维护金融安全"和"防范金融风险"被提到了前所未有的高度。3月13日，国务院机构改革报告提出，将组建中国银行保险监督管理委员会（简称银保监会），并将银监会和保监会的职责整合，作为国务院直属事业单位；同时还将银监会和保监会拟订银行业、保险业重要法律法规草案和审慎监管基本制度的职责划入中国人民银行。这意味着我国将不再保留银监会和保监会，银行业和保险业再度重启混业监管模式。

2023年3月，中国金融监管体系迈入新格局。国家金融监督管理总局在中国银行保险监督管理委员会基础上组建。改革后，国家金融监督管理总局作为国务院直属机构，统一负责除证券业之外的金融业监管，强化机构监管、行为监管、功能监管、穿透式监管、持续监管，统筹负责金融消费者权益保护，加强风险管理和防范处置，依法查处违法违规行为。同时调整的还有中国证券监督管理委员会。中国证券监督管理委员会由国务院直属事业单位调整为国务院直属机构，以强化资本市场监管职责。

（4）我国现阶段的金融监管目标。现阶段，我国的金融监管目标分为三个不同层次：一是最终目标，即金融监管要达到的社会目标，这是由金融业在国民经济发展中的地位所决定的；二是中间目标，即金融监管当局为了实现监管的最终目标，而对金融机构的经营规定一些可度量、可控制的指标体系，如资本充足率、风险资本评估、金融机构结构、市场结构、竞争实力等，以此作为金融监管的监测指标；三是操作目标，即金融监管当局制定的管理制度和工具，主要包括监管规则、现场监管、业务审批、市场干预、违规处罚等一些具有操作性的规定和细则。

我国现阶段金融监管的一般目标是：防范和化解金融风险，维护金融体系的稳定与安全；保护公平竞争和金融效率的提高，保证中国金融业的稳健运行和货币政策的有效实施。具体目标是：经营的安全性、竞争的公平性和政策的一致性。经营的安全性包括两个方面：保护存款人和其他债权人的合法权益，规范金融机构的行为，提高信贷资产质量。竞争的公平性是指通过中央银行的监管，创造一个平等合作、有序竞争的金融环境，保证金融机构之间的适度竞争。政策的一致性是指通过监管，使金融机构的经营行为与中央银行的货币政策目标保持一致。通过金融监管，促进和保证整个金融业与社会主义市场经济的健康发展。

特色金融：中国特色金融监管体制改革开启高质量发展新征程

我国金融监管与发展的相关改革已经到了破题的重要时刻。我们应该以习近平新时代中国特色社会主义思想为指导，以加强党中央集中统一领导为统领，以推进国家治理体系和治理能力现代化为导向，坚持稳中求进的工作总基调，适应构建新发展格局、推动高质量发展的需要，加强金融监管等重点领域的机构职责优化和调整，为全面建设社会主义现代化国家、全面推进中华民族伟大复兴提供有力保障。

育人园地

本章小结

金融发展与经济增长之间呈互相促进、互为因果的关系，即金融工具、机构和市场既促进经济增长，又被经济增长所推动。金融发展的衡量指标主要有货币化率、金融相关率、金融市场发展指标以及其他指标。金融发展有利于促进投资、优化资源配置，分化投资风险，促进产业结构的优化升级，创造新的就业机会。但是，金融发展也会引起通货膨胀和信用膨胀，导致金融泡沫，引发金融危机。

金融抑制是指政府对金融业实行过分干预和管制政策，人为压低利率和汇率，强行配给信贷，造成金融业的落后和缺乏效率，从而制约了经济发展。金融深化最重要的措施就是要解除政府对金融部门的广泛干预，放开对利率和信贷的管制。金融深化可以带来储蓄效应、收入效应、投资效应、就业效应等一系列正面效应，但过度自由化也给发展中国家带来了很多危机，引起人们的反思。

金融监管是指国家授权的监管当局，为了维护金融秩序，保护投资者、投保者以及储户的利益，促使金融机构、金融市场、金融业务依法稳健运行而对其进行监督、管制、约束的监督管理行为。它具有制度性、系统性、社会性。金融监管的核心目标可概括为维持系统稳定性、维护金融机构稳健运行和保护消费者。适当的金融监管体制有助于防范金融危机、降低监管成本、提高监管效率，并会对货币政策有所影响。

学习建议

金融深化有利于经济发展，但是需要有适当的金融监管措施，以保证经济有效地发展。建议在学习中着重分析 2008 年美国金融危机，这样可以对金融监管和金融深化概念有更为深入的理解，进一步掌握金融发展和金融监管的内容。

本章重点

金融发展和金融抑制的含义、金融监管目标及措施。

本章难点

金融自由化的反思、金融监管措施。

核心概念

金融发展　　货币化率　　金融相关率　　金融抑制
金融深化　　金融自由化　　金融监管

课后思考与练习

1. 衡量金融发展的指标有哪些？
2. 金融抑制与金融深化的主要内容是什么？二者的关系如何？
3. 结合现实，谈一谈对麦金农"经济自由化的最优顺序"的看法。
4. 结合2008年美国金融危机，谈一谈金融监管在金融发展过程中的作用以及对我国金融业的启示。

补充阅读 16-1

新型央地监管体制逐渐成形

肇始于2023年全国两会的央地金融监管体制改革正加速推进。新型央地金融监管体制如何协同？新意何在？"央地协同"具体如何操作，目前各地都还在探索。

1. 地方金融"两委一局"改革提速

2024年2月的最后一个工作日，武汉、沈阳和昆明3个省会城市金融"两委一局"同日挂牌。其中，昆明为首个挂牌的非副省级省会城市。时隔仅一天，广州市金融"两委一局"于3月1日上午正式完成挂牌，成为完成这一改革举措的第11个省会城市及第14个副省级城市。

省市金融"两委一局"改革始于2024年年初，并在此后于全国各地密集推进、遍地开花。2024年1月5日，江苏省委金融办、省金融工委、省地方金融管理局率先挂牌拉开全国省级金融"两委一局"改革序幕，其他省（区、市）的金融"两委一局"也陆续启动挂牌工作。

副省级城市的"两委一局"挂牌同样始于江苏。公开报道显示，2024年1月12日，南京市委金融委员会办公室已召开南京科创金融改革工作座谈会，南京是最早披露金融"两委一局"活动的省会城市和副省级城市。随后，成都、杭州、宁波均于1月底前发布了市级金融"两委一局"的相关活动报道。2月上旬，深圳和厦门两个经济特区及西安市的金融"两委一局"见诸媒体。2024年春节黄金周之后的两周时间，济南、长春、大连、武汉、沈阳、昆明、青岛、广州7个城市完成了金融"两委一局"挂牌。

2. 地方管理局为何去掉"监督"二字

值得一提的是，此次省市金融"两委一局"改革中，原来的"地方金融监督管理局"中的"监督"两字均被去掉，只保留了"地方金融管理局"。其用意为何？

2023年3月颁布的《党和国家机构改革方案》明确提出，深化地方金融监管体制改革，建立以中央金融管理部门地方派出机构为主的地方金融监管体制，统筹优化中央金融管理部门地方派出机构设置和力量配备。地方政府设立的金融监管机构专司监管职责，不再加挂金融工作局、金融办公室等牌子。

地方政府设立金融专职部门始于21世纪初，并在其后的二十多年间历经多次变革调整。最初，地方金融办主要定位为面向金融业的服务性机构，并不在地方党委政府的编制序列中。

如 2002 年成立的上海市金融服务办公室，初衷之一是为吸引国内外金融机构落户上海做好相关服务保障。

随着经济社会发展，金融业在国民经济中的地位作用日益重要，各地政府纷纷设立地方金融服务办公室，同时对其不断扩权扩编，成为地方政府获取和掌控金融资源的有力工具。尤其近十多年，民间金融、小贷公司和融资性担保公司等地方金融业发展迅猛，由此产生的各类金融风险隐患大幅增加，对地方金融健康发展和社会稳定构成挑战。

在此背景下，进一步理顺央地金融监管权责边界，压实地方政府金融监管职责，防范化解区域性金融风险成为愈加迫切的现实需求。正因如此，新一轮政府行政体制改革中，地方金融监管体制改革的一大方向便是强化地方金融监管机构对属地金融系统的日常监管职责和重大金融风险的监测、防范和处置的主体责任。而过去地方政府更为看重的服务、招引、发展等职能，势必会从新的金融"两委一局"架构中逐步剥离分流。

新的地方金融管理局从名称中去掉"监督"二字，并非意味着对地方金融运行活动状况的监测功能弱化。省市政府机构改革方案均由最高层批准后方可正式实施，其中也包括新机构的定名。2023 年挂牌的国家金融监督管理总局在各地的派出机构通常会被简称为当地的金融监管局，名称与原先各地方政府成立的金融管理部门较为相似。

3. 央地协同金融监管新在何处

随着省市金融"两委一局"批量官宣，新的央地协同金融监管体制也已初步构建。这一重大体制机制创新究竟新在何处？

尽管改革仍在进行时，但金融领域核心的制度性安排已基本明确：一是全面加强党对金融工作的集中统一领导。新的央地协同金融监管体制中，党的领导被置于首要位置，也是本次最大的改革创新。通过中央和地方两级金融"两委"的组建，将金融业的重大事项、重要人事、重要风险的管理全面纳入党的管理下。预计省市"两委"的职责，也会与中央"两委"保持高度一致。

二是聚焦落实最高层决策部署，"专司监管"。省市金融监管体制改革，最重要的任务便是强化地方政府对属地金融风险的监管责任和处置责任。《关于国务院机构改革方案的说明》指出，要压实地方金融监管主体责任，地方政府设立的金融监管机构专司监管职责。

三是地方金融监管生态面临重构。从目前改革情况看，省市金融"两委一局"基本采取合署办公的形式，意味着地方金融监管将呈现"三块牌子，一套人马"的新监管生态。此举一方面有利于"上下一致"明确监管责任，"如臂使指"提高地方金融监管的办事效率；另一方面，原地方金融工作局、金融服务办公室延续至今的一些职能或将从新的地方金融管理局切分出去。目前较为普遍的观点是，地方金融局原先承担的一些服务地方金融业发展和社会经济发展职能将被划给其他政府职能部门，同时将进一步细化强化属地金融业监管相关的职能。换言之，地方金融管理局将从过去以服务协调为主要职责转变为以强化地方金融监管为主要职责。但也有不同意见认为，地方金融管理局服务好本地社会经济发展职能应与加强属地金融监管并重。

资料来源：《南方周末》，2024 年 3 月 5 日。

思考题：新型央地金融监管体制改革的"新"主要体现在哪些方面？

补充阅读 16-2

从全球经济金融周期及结构性变化认识金融强国

进入 21 世纪以来，全球格局深度调整，经济周期、贸易周期、技术周期、政治周期多重叠加，为百年未有之大变局增添实质内涵，塑造着我国经济金融发展的外部大环境。未来三年，大国金融竞争更趋激烈，主要经济体货币政策转向的速度和深度，影响着国际资本流动，是决定国际金融市场走势的关键变量。

2024 年 1 月 16 日，习近平总书记在省部级主要领导干部推动金融高质量发展专题研讨班开班式上的重要讲话强调坚定不移走中国特色金融发展之路，推动我国金融高质量发展，阐释了金融强国的丰富内涵。

1. 四重周期叠加为百年未有之大变局增添实质内涵

进入 21 世纪以来，全球格局深度调整，经济、贸易、技术、政治四重周期叠加，经济周期探底主导全球经济发展。未来三年，全球经济发展进程不平衡，各区域经济加剧分化。世界银行预计，25% 的发展中国家和 40% 的低收入国家将较疫情前更加贫困。

2024 年，随着主要经济体高利率滞后效应的逐步显现，消费与服务业支出回落，市场信心走弱，投资低迷，全球经济仍较为疲软。主要国际组织预期 2024 年全球经济将连续第三年下探。中国银行研究院测算，2024 年全球 GDP 增速为 2.5%，较 2023 年低 0.2 个百分点。

2024 年，大多数经济体 GDP 增速仍低于疫情前水平。事实上，过去十余年，全球出现了较为明显的技术红利衰退，全要素生产率下行，全球经济增长动能逐步减弱。新冠疫情的暴发进一步拖累全球发展步伐。进入 21 世纪以来，全球格局深度调整，丰富了百年未有之大变局实质内涵。

贸易周期深受保护主义困扰。2023 年，全球贸易量价齐跌，基本零增长，世界贸易组织（WTO）预测全球贸易增速为 0.8%，世界银行估计值更低至 0.2%。2024 年，WTO 贸易增速估计值为 3.3%，一定程度上得益于低基数效应。未来三年，国际贸易依然笼罩着保护主义的阴霾，逆全球化导致国际贸易增长中枢下移。此外，在较高通货膨胀率、利率与债务背景下，全球经济下行，总需求承压，对国际贸易产生抑制作用。

第二次世界大战后，随着全球经贸规则的日益完善，全球化深入推进，国际贸易年均增长速度为 GDP 增速的 3 倍左右，极大地推动了全球经济发展。

2008 年金融危机后，技术发展与国际分工红利减退的影响日益显现，保护主义全面抬头，全球化被区域化替代，贸易格局"碎片化"。G20 国家进口限制性措施日益增长，大国贸易争端自 2017 年更加激烈。截至 2023 年年末，G20 进口限制性措施覆盖贸易额达 2.3 万亿美元，约占进口总额的 11.8%（见图 16-2）。全球出口年均增速已降至 3.7%。国际贸易由高速步入中低速增长时代，对经济的拉动作用明显减弱。

科技周期推动全球产业链重构。康波周期理论认为，技术发展"第一次浪潮"推动经济繁荣，而"第二次浪潮"将带来失误与过度投资，出现产能过剩、回报率下降，推动经济发展步入衰退与萧条，直至新一轮技术浪潮到来。20 世纪 90 年代以来，信息通信技术快速发展，推动全球经济高速增长。2008 年金融危机后，由于技术红利减弱，全球经济进入低增长甚至萧条阶段。在技术与经济萧条阶段，直接投资增长动能减弱，更多增长源于布局调整。

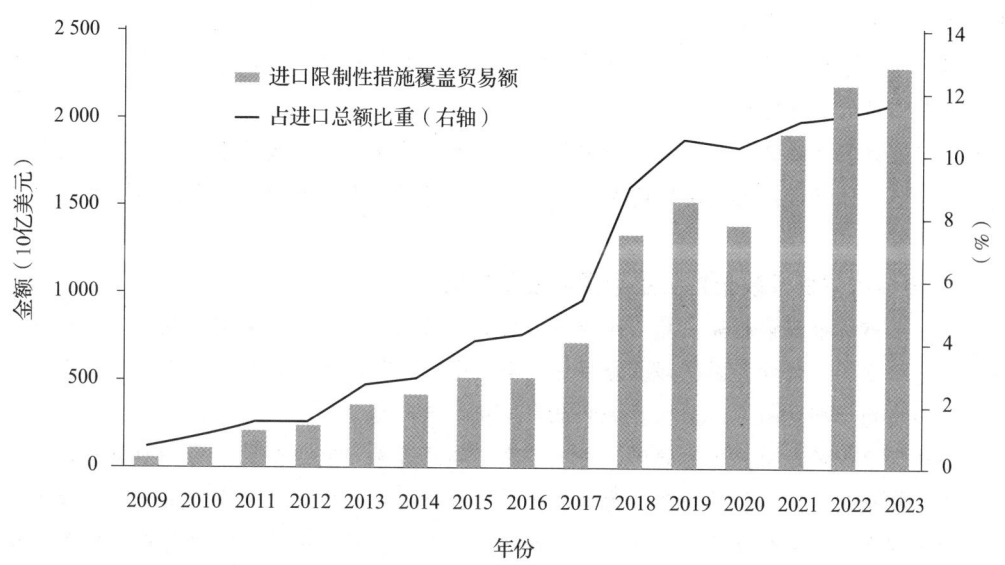

图 16-2 G20 进口限制性措施

资料来源：世界贸易组织。

2023 年，全球外商直接投资（FDI）实现 3% 增长，但这主要得益于跨国公司在卢森堡、荷兰等导管型经济体的投资中转。扣除这些重复统计后，全球 FDI 实际萎缩 18%。其中，北美 FDI 零增长，亚洲发展中经济体 FDI 锐减 12%。

未来三年，全球 FDI 形势面临较大不确定性，大规模产业链转移，固有国际分工格局受到冲击。从总量上，在低增长、高融资成本下，国际项目融资与并购面临压力，全球 FDI 增长总体放缓。从结构上，全球产业链转移，发达经济体外资流入放缓，部分新兴市场成为投资热点，中国、印度、东盟国家制造业绿地投资有望重返增长轨道。另外，投资审查与地缘政治日益成为重要扰动因素。美国等国家以"国家安全"的名义，大力推动近岸外包和友岸外包，影响固有贸易与投资格局。根据美国回流倡议协会（The Re-shoring Initiative）统计，2010 年至 2022 年，自中国、墨西哥、加拿大回流的美资制造业企业数量分别达 950 家、110 家和 75 家（见表 16-4），非经济因素对国际分工秩序的影响正在放大。

表 16-4 美资制造业企业回流情况

序号	国家	就业岗位（个）	企业数量（家）
1	中国	86 640	950
2	墨西哥	28 003	110
3	加拿大	11 663	75
4	韩国	10 650	35
5	印度	6 830	25

资料来源：美国回流倡议协会。

地缘政治周期深刻影响全球经济格局。近年来，乌克兰危机、巴以冲突相继发生，地缘政治风险高企。根据彼得森国际经济研究所（PIIE）报告，2020 年至 2023 年全球地缘政治风险指数（GPR）达 167.3，相当于冷战时期水平。

此外，政府更迭与政策调整，将进一步加大全球经济发展的不确定性。2024 年全球将有一半以上人口参与选举投票。

地缘政治关系日益紧张，大国博弈更加激烈，将严重影响经贸往来与多边合作，加剧安全理念与经济格局的深度转变。

主要经济体货币政策与资本流动是国际金融市场关键变量。未来三年，大国金融竞争更趋激烈，主要经济体货币政策转向的速度和深度，影响着国际资本流动，是决定国际金融市场走势的关键变量。

2. 主要经济体货币政策趋势主导国际金融市场

主要经济体货币政策趋势主导国际资本流动。未来三年，中国、美国、欧洲等中央银行将维持相对宽松立场。预计美国联邦基金目标利率呈下行趋势，但因较高的通货膨胀水平意味着基准利率仍将处于相对高位，全球资金大概率呈现紧平衡格局。

在全球货币政策走向分化的同时，一些国家实体经济无法支持金融市场不断刷新的历史高点，货币政策及其预期的轻微调整成为引发大幅度波动的导火索。投资者预期在货币政策提前降息、放缓缩表、降息与延后降息之间反复横跳，资金交易高度敏感，容易超前抢跑与大规模回撤，导致国际金融市场波动性大幅提高。

跨境资本流动更加频繁，金融传染效应不容忽视。经历21世纪以来数轮量化宽松政策后，国际资本流动的规模不断增长，2021年跨境资本流量达19万亿美元，约为全球GDP的两成。随着劳动生产率下行，资金配置更多地由直接投资转向证券投资、其他投资和金融衍生品交易。根据国际金融协会（IIF）统计，2023年新兴市场证券组合投资净流入1789亿美元，预计2024年这一趋势将持续。参考2019年历史水平，新兴市场月均净流入规模将由15亿美元上升至30亿美元左右。短期资本流动将强化金融周期与传染效应，加剧资产价格与市场潮汐式波动。

未来三年，全球经济金融周期转换，资金投机偏好与敏感度增强，短期跨境资本流动将更加频繁。从流向上，资金流入美国趋势放缓，欧洲面临资本净流出压力，部分新兴市场资本流入节奏将提速。

全球债务创历史新高，部分新兴市场可能陷入债务困境，甚至存在多个新兴市场同时出现债务危机的可能性。截至2023年第三季度，全球债务存量超过307万亿美元，约占全球国家GDP的333%，严重危害世界经济金融稳定发展。在上一轮货币政策紧缩周期中，发达经济体与新兴市场分别平均加息400个基点和650个基点，加大融资成本与偿债压力，进一步催化了债务风险。

未来三年，全球财政赤字、政府债务占GDP的比重预计分别为4.5%和96%。各国财政政策空间受到约束，部分经济体甚至可能陷入主权债务困境，引发金融连锁反应。从发达经济体来看，美国触及债务上限，联邦债务总额突破34万亿美元，欧元区主权债务市场"碎片化"。从新兴市场来看，由于"货币原罪"，部分国家高度依赖外债，融资结构短期化，债务脆弱性加剧。未来三年，新兴市场待偿还债务总额近15万亿美元，其中，美元计价债务为1.9万亿美元。世界银行警告，约60%低收入国家面临极高债务风险或已陷入债务困境。

国际金融中心竞争激烈，金融博弈乃至制裁风险加大。过去五年，全球政经力量对比变化显著，国际金融中心竞争愈演愈烈，主要金融中心排名出现较大变化（见表16-5）。美国掌握主导权，纽约领先地位稳固，旧金山、洛杉矶等排名出现不同幅度提升；伦敦位居第二大金融中心，法兰克福、巴黎等欧洲金融城市影响力下降；亚洲金融中心整体崛起，香港、新加坡相互赶超与挤压，东京地位衰落。

表16-5 主要金融中心排名

排名	2019年9月	2020年3月	2020年9月	2021年3月	2021年9月	2022年3月	2022年9月	2023年3月	2023年9月
1	纽约	纽约	纽约	纽约	纽约	纽约	纽约	纽约	纽约
2	伦敦	伦敦	伦敦	伦敦	伦敦	伦敦	伦敦	伦敦	伦敦
3	香港	东京	上海	上海	香港	香港	新加坡	新加坡	新加坡
4	新加坡	上海	东京	香港	新加坡	上海	香港	香港	香港
5	上海	新加坡	香港	新加坡	旧金山	洛杉矶	旧金山	旧金山	旧金山
6	东京	香港	新加坡	北京	上海	新加坡	上海	洛杉矶	洛杉矶
7	北京	北京	北京	东京	洛杉矶	旧金山	洛杉矶	上海	上海
8	迪拜	旧金山	旧金山	深圳	北京	北京	北京	芝加哥	华盛顿
9	深圳	日内瓦	深圳	法兰克福	东京	东京	深圳	波士顿	芝加哥
10	悉尼	洛杉矶	苏黎世	苏黎世	巴黎	深圳	巴黎	首尔	日内瓦
11	多伦多	深圳	洛杉矶	温哥华	芝加哥	巴黎	首尔	华盛顿	首尔
12	旧金山	迪拜	卢森堡	旧金山	波士顿	首尔	芝加哥	深圳	深圳
13	洛杉矶	法兰克福	爱丁堡	洛杉矶	首尔	芝加哥	悉尼	北京	北京
14	苏黎世	苏黎世	日内瓦	华盛顿	法兰克福	波士顿	波士顿	巴黎	法兰克福
15	法兰克福	巴黎	巴黎	波士顿	芝加哥	华盛顿	华盛顿	悉尼	巴黎

资料来源：Z/Yen各期全球金融中心报告。

未来三年，随着地缘政治格局调整，国际金融中心格局将继续竞争变化，大国在金融领域博弈将更加激烈，甚至烈度升级为局部金融制裁，金融安全的重要性大幅提升。

3. 金融强国建设迎来历史性的发展契机

综合上述分析，未来三年，全球经济金融环境复杂严峻，对中国金融业在效率、稳定与安全等领域提出了新挑战、新要求。同时，中国金融业将迎来历史性的发展机遇，金融强国建设恰逢其时。

中国经济增长的"含金量"更足，为金融服务实体经济提供广阔空间。未来三年，中国GDP增速将保持在5%左右，始终是全球增长的重要引擎。中国经济保持较高增速、实现高质量发展，将为金融业注入坚实底气和不竭动能。

2023年，中国经济持续恢复，GDP同比增长5.2%，高于年初目标，也远高于全球平均水平（发达经济体3.0%，新兴市场与发展中经济体4.0%）。特别值得关注的是，中国经济增长向高质量阶段迈进，出现一系列结构性变化。一是消费成为主要拉动因素，2023年贡献率达82.5%，拉动GDP增长4.3个百分点；二是服务业增长快于工业，新兴产业驱动力增强；三是贸易与投资升级，技术密集型出口占比、知识密集型服务贸易占比均有所提升，中国成为第二大对外直接投资大国，超七成资金流向亚洲地区。2023年前11个月，中国对"一带一路"国家非金融类直接投资增速达26.8%。

绿色转型为中国经济增长注入动能。当前，可持续发展从理念转化为行动，联合国190多个成员推动落实2030年可持续发展议程。全球绿色转型将为经济增长注入动能，推动新技术、新业态发展。根据麦肯锡测算，预计到2050年，绿色转型带来的经济增长规模将超10万亿美元。G20会议通过《2022年G20可持续金融报告》，决定共同促进金融支持绿色低碳转型。

近年来，全球绿色金融市场快速扩容。根据彭博（Bloomberg）统计，2023年上半年绿色债券发行金额高达 3 800 亿美元。我国金融业抓住先机，积极推动绿色金融发展。截至 2023 年第三季度，我国绿色贷款余额 28.58 万亿元，同比增长 36.8%，高于各项贷款平均增速；全年绿色债券发行 1.12 万亿元，连续两年发行规模超万亿元，居全球领先地位。绿色金融既为金融业发展提供了新的增长点，也将为我国经济高质量发展注入新动能。

数字经济发展驶入快车道。我国数字经济增速居世界首位，预计 2025 年数字经济核心产业在 GDP 中的比重将达 10%。我国电子支付全球领先，金融服务数字化渠道广泛铺开，在主要经济体中率先推出数字人民币，正在成为金融创新的重要发源地。

大数据、云计算、人工智能等新技术纷纷落地，深度重塑金融生态，金融效率与普惠性大幅提升。例如，在数字化工具加持下，跨境支付时长可以从过去的几天缩短至几秒钟。当前，金融科技公司不断扩张，传统机构通过拥抱金融科技加速数字化转型。伦敦、纽约等国际金融中心推动金融与科技相结合，积极打造科技金融竞争优势。

人民币国际使用不断取得新进展。国际货币体系改革知易行难，其格局很难在较短时间内突变，但经过十余年的努力，人民币的国际接受度与使用量有所提升，成为国际储备的新选择。根据国际资金清算系统（SWIFT）统计，2023 年 11 月人民币全球支付份额达 4.61%，超过日元，跃升第四大国际货币。

随着中美货币政策调整，人民币形成利率优势，1 年期中美国债利差达 2.6%，人民币国际融资功能将得到强化。同时，人民币金融资产处于估值洼地，外资增持人民币计价债券意愿提高。此外，国际环境的变化也有助于强化人民币安全属性。

资料来源：鄂志寰，《当代金融家》，2024 年 04 月 19 日。

思考题：我国如何打造金融竞争优势？

第 17 章　数字金融

○ 学习目标

1. 了解数字货币的概念、发展历程和价值来源；
2. 掌握数字人民币的运营架构；
3. 了解数字银行的演变历程；
4. 掌握大数据和区块链主流技术在数字银行的应用场景；
5. 理解去中心化金融市场及其应用场景；
6. 了解监管科技的含义和未来发展方向。

○ 引言

数字金融作为金融与科技融合的高级发展阶段，是金融创新和金融科技的发展方向。近年来，区块链、大数据和人工智能等技术发展迅速，一方面解决了传统金融业务存在的痛点问题，另一方面，也为投资者带来了更多的金融创新产品。本章将以数字货币、数字银行、去中心化金融市场和监管科技为切入点介绍数字金融的发展现状、技术应用及未来发展方向。

17.1　数字货币

17.1.1　数字货币的内涵

数字货币是以数字形式存在并基于网络记录价值归属和实现价值转移的货币，是价值的数字表达。数字货币的兴起与美元作为国际货币饱受诟病密切相关。20 世纪 40 年代建立的布雷顿森林体系力图在严格的金本位制和灵活的信贷货币之间取得平衡。这一体系确立了美元作为国际货币的地位，其核心内容是美元挂钩黄金，其他国家货币挂钩美元。1971 年，美元与黄金脱钩后，美联储负责决定货币供应量，随着国际经济的繁荣和国际金融体系的稳步发展，美元需求激增，美联储通过经常账户赤字增加美元供应，国际金融体系对美元的需求越大，美国欠世界其他国家的债务就越多，这就是"特里芬困境"。这种经常项目的失衡不利于美元币值的长期稳定，而币值与汇率的稳定是一种货币作为国际货币的前提。解决"特里芬困境"的方法之一是设计一种纯粹的国际货币，数字加密货币技术的实现使得这一方案成为可能。

数字货币是一种受较少管制的、数字化的货币，通常由开发者发行和管理，被特定虚拟社区的成员所接受和使用,具有以下特征。

第一,去中心化。与传统货币不同,数字货币的去中心化特征十分突出。一是数字货币运行、发行不依赖于中央银行、政府、企业等机构组织的支持或信用担保,而是依赖信息技术、密码算法、网络协议等来实现,理论上确保了任何个人、机构、政府等都不可能操控数字货币总量或制造人为通货膨胀。以比特币为例,它的货币总量按照预定设计的速率逐年增加,并最终在 2140 年达到 2 100 万个比特币的上限。二是数字货币没有一个集中的发行方,而是通过网络节点的计算产生,理论上任何人在任何时间、地点都可以参与制造数字货币,如比特币每 10min 向网络中释放 50 个(后调整为 25 个),并逐步减半。

第二,匿名性强。不同于以法定货币为基础的电子交易时身份的验证,数字货币具有较强的匿名性特征。一是数字货币交易可以在购买初期就实现匿名,用户仅需提供资金或通过信用卡就可以购买数字货币,交易过程中较少涉及用户的身份信息。二是数字货币的匿名性还在于其有不同于传统电子交易的替代支付方式,使得整个交易过程中外人无法辨认用户身份信息。如在 Ukash 支付平台,用户申请时不需要拥有银行卡或账户,也不需要注册和提供任何个人信息,即可将现金兑换成 19 位编码的代金券,在所有支持 Ukash 支付系统的国际网站上均可以使用,较好地实现了数字货币交易过程的匿名性。

第三,支付便捷。数字货币不受时间和空间的限制,能够快捷方便且低成本的实现境内外资金的快速转移,整个支付过程更加便捷有效。以货币跨境转汇为例,传统货币转汇境外需要通过银行机构进行较为复杂的手续,如环球银行金融电信协会的业务识别码、特定收款地的国际银行账户号码等,同时,完成整个资金转移过程耗时较长,一般为 1~8 个工作日,并且需要支付较高的手续费;而数字货币则能实现境外转汇的低成本便捷化服务,如通过 Paypal 办理境外转汇业务时,可以在接受支付命令后即时将转汇金额记入到收款人的 Paypal 账户,实现业务交易的即时性。

数字货币与虚拟货币、电子货币有着本质的区别。电子货币是通过电子化方式支付的货币,即用一定金额的现金或存款,从发行者处兑换并获得代表相同金额的数据,或者通过银行及第三方推出的快捷支付服务,通过使用某些电子化途径将银行中的余额转移,从而能够进行交易。电子货币本质上是法定货币的电子化和网络化,按照发行主体和应用场景分为储值卡、银行卡、第三方支付等;通常是指电子交易的当事人包括消费者、企业、金融机构使用数字化的支付手段,通过网络向另一方进行货币支付或者资金流转的过程。虚拟货币是由其开发者发行并控制,被某一特定虚拟社区成员接受并使用的。简单来说,虚拟货币由特定主体发行,被特定成员接受和使用,货币价值、用处、管理和控制均由发行主体控制。例如腾讯 Q 币就是一种典型的虚拟货币。2009 年之后国家文化部(2018 年 3 月,根据第十三届全国人民代表大会第一次会议审议通过的《国务院机构改革方案》,组建文化和旅游部,不再保留文化部)和商务部联合发布通知,上述虚拟货币仅能够在特定平台上流通,不可兑换人民币、不可赎回。虚拟货币、电子货币、数字货币的比较如表 17-1 所示。

表 17-1 虚拟货币、电子货币和数字货币的比较

项目	虚拟货币	电子货币	数字货币
发行主体	网络运营商	金融机构、非金融机构	不定
使用范围	网络企业内部	一般不限	不限
发行数量	发行主体决定	法定货币决定	可限可不限

(续)

项目	虚拟货币	电子货币	数字货币
存储形式	账号	磁卡或账号	数字加密算法
货币价值	与法定货币不对等	与法定货币对等	与法定货币不对等
信用保障	企业	政府	暂无（央行数字货币除外）
交易安全性	较低	较高	较高
交易成本	较低	较高	较低
运行环境	企业服务器与互联网	内联网、外联网、读写设备	开源网络、P2P网络
典型代表	Q币、游戏币	银行卡余额、公交卡余额、支付宝余额	比特币、以太币

17.1.2 数字货币的发展历程

在技术推动下金融创新层出不穷，逐渐改变人们的生产生活方式，不仅让金融科技新领域出现，还将很多国家和地区带入数字经济社会，数字货币在多种因素的催化下应运而生，其发展历程可以分为三个阶段。

1. 以比特币为代表的加密资产

加密资产是以加密技术和分布式账本技术为特征的私人资产，具有数字支付手段的特征，但不受任何发行人或其他数字货币背书。1982 年，戴维·乔姆（David Chaum）在顶级密码学术会议——美国密码年会上发表《用于不可追踪的支付系统的盲签名》，提出利用盲签名构建一个具备匿名性和不可追踪性的电子现金系统，这是最早的数字货币理论，也是最早能够落地的实验系统。2009 年，中本聪挖出了比特币的第一个区块——创世区块，获得了 50 个比特币的挖矿奖励，比特币自此走进大众的视野。2015 年 3 月 20 日，以太币问世，随后各种加密数字货币相应问世，如瑞波币、币安币、泰达币等。一般而言，货币具有三个特点：币值相对稳定、发行量便于调整、交易方便。由于早期的数字货币不具有内在价值，其价格波动过于剧烈，因此也很难真正扮演货币的角色，更多的是用作投机的工具。

2. 以 Libra 为代表的数字稳定币

为了解决币值波动过大问题，数字稳定币应运而生。数字稳定币是相对某特定资产或一篮子资产保持价值稳定的加密资产。最具代表性的是 2019 年 Facebook 推出的数字货币 Libra。与大多数加密货币不同，Libra 完全由真实资产储备提供支持。对于每个新创建的 Libra 加密货币，在 Libra 储备中都有相对应价值的一篮子银行存款和短期政府债券，以此建立人们对其内在价值的信任。Libra 储备的目的是维持 Libra 加密货币的价值稳定，确保其不会随着时间剧烈波动。为创造一个区块链，然后治理该区块链，2019 年 Libra 协会成立，该协会是独立的非营利性成员制组织，旨在协调和提供网络与资产储备的管理框架，并牵头进行能够产生社会影响力的资助，为普惠金融提供支持。而 Libra 的流通则需要区块链技术的支持。因此，Libra 具有发行中心化和交易去中心化的特点。然而，Libra 也不是完美的。首先，Facebook 并非任何国家法定银行，其发行的货币不具备法偿性；其

知识拓展

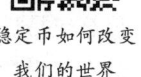

稳定币如何改变
我们的世界

次，Libra 可能与主权货币发生竞争关系，导致国家货币政策的失效，同时无法避免洗钱等犯罪问题。

加密资产和数字稳定币均不是由公共货币当局发行的，因此常被统称为私人数字货币。

3. 以 Sand Dollar 为代表的央行数字货币

数字稳定币是通过公司发行，没有国家信用做背书，所以存在发行机构道德风险和用户隐私保护问题。这些问题催生了央行数字货币的诞生。央行数字货币能够解决当前数字加密货币存在的效率问题、道德风险和监管问题。

央行数字货币是一种法定货币，具有国家信用，与法定货币具有同样效力，其功能属性与纸币一样，任何机构和个人不能拒绝使用，只是以数字的方式存在。央行数字货币在一些功能实现上与电子支付有很大的区别。以往电子支付工具的资金转移必须通过传统银行账户才能完成，采取的是"账户紧耦合"的方式，无法完全满足公众对易用和匿名支付服务的需求。而央行数字货币采用账户松耦合形式，即可脱离传统银行账户实现价值转移，使交易环节对账户的依赖程度大为降低，既可和现金一样易于流通，又能实现可控匿名。数字货币持有人可直接将其应用于小额、零售、高频的业务场景，满足便携和匿名的需求，是替代纸币较好的工具；且数字货币不会改变现有货币投放体系和二元账户结构，不会构成对商业银行存款货币的竞争，不会影响商业银行的放贷能力，也不会对实体经济产生负面影响。

2020 年 10 月，巴哈马推出全球首个央行数字货币 CBDC。同年，瑞典央行发行"e 克朗"，中国人民银行推出法定数字人民币（DCEP，现在发展为数字人民币）。全球至少约 80% 的央行开始了数字货币的研究，40% 的国家处于实验阶段，包括荷兰、意大利等国，同时已有 10% 的国家开始试点，包括中国、韩国、乌拉圭、瑞典等。2022 年 3 月，美国总统拜登签署《关于确保负责任地发展数字资产的行政命令》，标志着美国的数字资产发展上升到国家战略层面。2023 年，欧盟议会批准了具有里程碑意义的《加密资产市场监管法案》。该法案在欧盟层面建立了统一的加密资产规则，具体目标包括提供加密资产的法律框架、促进加密资产技术创新、确保消费者/投资者保护、增强金融稳定性。2023 年 4 月，日本中央银行启动了零售领域的数字货币试点项目。

17.1.3 数字货币的价值来源

数字货币的价值来源有四种：第一种来源于记账权。以比特币挖矿为例，成功挖到区块的矿工就具有记账权。第二种是功能的实现。以以太币为例，它的价值体现在实现和执行智能合约。客户通过合约地址发送交易后，智能合约被触发，智能合约通过交易命令触发流程，进行自动运行。矿工在基于权益的证明机制中，获得潜在的区块链上的记账权限，从而获得以太币的奖励。第三种是存在真实的货币背书，JPM Coin 由摩根大通银行创建，主要用于实现跨境支付体系，一枚 JPM Coin 对应摩根大通银行中的一美元，可在交易时进行货币兑换，其存在是用于记账和结算，从而实现账户之间的支付行为。前提条件是对该笔交易进行抵押的美元保存在指定账户中。第四种源于国家信用，也就是目前各个国家都在探索的央行数字货币。

17.1.4 数字人民币的发展

为创建一种以满足数字经济条件下公众现金需求为目的、数字形式的新型人民币，配以支持零售支付领域可靠稳健、快速高效、持续创新、开放竞争的金融基础设施，支撑中国数字经济发展，提升普惠金融发展水平，提高货币及支付体系运行效率，保护人民币的主权和法定货币地位，中国人民银行于 2020 年 7 月 28 日正式推出数字人民币。《中国数字人民币的研发进展白皮书》中明确了数字人民币的定义：数字人民币是中国人民银行发行的数字形式的法定货币，由指定运营机构参与运营，以广义账户体系为基础，支持银行账户松耦合功能，与实物人民币等价，具有价值特征和法偿性。

数字人民币是有国家信用背书、法偿能力的法定货币，其发行的目的是在小额高频支付的场景下替代一部分纸质现金。数字人民币主要定位于流通中的货币（M0），与实物人民币都是中央银行对公众的负债，具有同等法律地位和经济价值，不收取利息，不会对现有的经济产生影响。且数字人民币与实物人民币管理方式一致，中国人民银行不对其计付利息，分级分类设计数字人民币钱包，不向指定运营机构收取兑换流通服务费用，指定运营机构也不向个人客户收取数字人民币的兑出、兑回服务费。

1. 运营及管理

数字人民币采取中心化管理、双层运营。中心化管理是指中国人民银行在数字人民币运营体系中处于中心地位，负责向指定运营机构的商业银行发行数字人民币并进行全生命周期管理，指定运营机构及相关商业机构负责向社会公众提供数字人民币兑换和流通服务。双层运营体系是指中国人民银行作为第一层，负责数字人民币额度管理、发行和注销、跨机构互联互通和钱包生态管理，对数字人民币兑换流通服务进行监督管理；具备资产规模、盈利能力、风险管理能力、现金服务能力、支付服务能力和科技创新能力等方面要求的商业银行等指定运营机构作为第二层，根据客户信息识别强度为用户开立不同类别的数字人民币钱包，牵头提供数字人民币兑换和流通服务。在中心化发行之后，依靠区块链技术构建一个确认数字货币状态的体系，储存多方信息，增加交易隐私性和可追溯性。

数字人民币在国内的应用场景范围不断扩大。2019 年以来，数字人民币试点的测试相继在深圳、苏州、雄安、成都 4 个地区以及北京冬奥会场启动。2020 年 10 月，增加了上海、海南、长沙、西安、青岛、大连 6 个试点测试地区。2021 年年底，扩展试用中有 2.61 亿用户进行了 138 亿美元的交易，相关机构还向 2022 年北京冬季奥运会的外国运动员进行了推广。2022 年 3 月 31 日，测试范围进一步扩大到天津、重庆、广州、福州、厦门和举办 2022 年亚运会的 6 个城市（杭州、宁波、温州、湖州、绍兴、金华）。北京和张家口也被列入 2022 年冬奥会后的测试城市名单。同年 12 月 16 日，数字人民币测试扩大到济南、防城港、南宁、昆明、西双版纳 5 个地区。至 2024 年 1 月 2 日，福建省已实现数字人民币全场景缴纳税费，全省累计办理数字人民币缴纳税费金额超 360 亿元；深圳市罗湖区发行了全国首个"数字人民币商圈预付卡"；江苏省交出的"成绩单"则显示，2023 年全省数字人民币消费金额全国第一，以数字人民币形式发放消费红包、补贴 6 亿元，下一步将深化数字人民币在智能合约、物联网支付、绿色发展等领域应用。截至 2024 年 5 月底，数字人民币试点范围已拓展至 17 个省级行政区的

26个地区,在批发零售、餐饮文旅、教育医疗、公共服务、城市治理等领域广泛推广应用,并推出基于数字人民币智能合约的预付资金管理、供应链金融、信贷服务、小微企业服务等产品;累计交易金额达6.6万亿元。

2. 推广使用的意义

(1) 提升居民支付的便捷性和私密性。一方面,与纸币和硬币相比,居民在日常生活中使用数字人民币进行支付时,更易携带和储存,不易破损、丢失、被盗,还能避免收到假钞造成的损失,交易速度快,无须计算和找零,支付的便利性和安全性都得到了提高。另一方面,数字人民币支持双离线支付,克服了微信、支付宝等线上支付平台的局限性,不依赖网络信号,即便在地震、台风等通信中断的极端情况下,居民也可顺利完成交易。

(2) 减少纸币和硬币在印制、发行、运输、储存、安保等环节中的管理成本。伴随快速增长的M0而来的是庞大的货币管理成本。以印制成本为例,2019年版第五套人民币纸币的成本居高不下。此外,商业银行等机构运送、储存实物现金的成本也颇高,对经济造成了一定的负担。与实物现金相比,数字人民币免除了高昂的防伪、印刷、回笼、运输、库存和安保成本,提高了交易效率,减轻了社会的经济负担。

(3) 有助于政府打击滥用货币的违法犯罪行为,维护社会治安稳定。由于实物现金可被伪造且完全匿名,政府无法落实每笔资金的流向,因此往往被用于洗钱、逃税、恐怖融资和贪污腐败等非法行为。相比之下,由于数字人民币具有可控匿名特征,中国人民银行可在后台获取每笔交易的具体金额和交易双方的实名信息,锁定真实身份,实时追踪资金流向,有利于协助政府迅速高效地打击贩毒、走私、诈骗等犯罪行为;降低逃税造成的财政损失;提前遏制犯罪分子的行动,保障人民的生命财产安全。

(4) 有利于增强金融稳定性,防范系统性金融风险。数字人民币的普及弥补了过去的监管短板,意味着社会上任何个人或机构的资金流量与存量都处在中国人民银行的监管系统之下,所有的资金交易行为都实时在线,现金流和信息流实时纳入中国人民银行数据库,每笔资金的去向都清晰可见。在此背景下,监管部门能够持续监测到个人、制造业等实体企业,银行、证券公司等金融机构,股市、汇市等金融市场中的资金流量与存量的实时动态关系,且能够穿透底层资产并掌握资金的最终流向。推动监管部门对金融风险的管理由事后补救转向事前和事中的实时监测,有助于决策者及时采取措施对冲市场主体的心理预期,将金融风险提前扼杀于摇篮之中,降低金融危机发生的概率,确保国民经济稳健运行。

(5) 提高货币政策和财政政策的有效性。一方面,数字人民币的落地推动中国率先完成对传统货币政策体系的升级改造,释放货币政策工具的创新红利。另一方面,数字人民币有助于提高财政资金的使用效率。利用数字人民币的可追踪性,可对政府公共支出进行追踪,保障财政资金的专款专用,增强财政政策执行的有效性。

(6) 降低中小企业的融资门槛和融资成本,支持实体经济加快发展。数字人民币落地后,由于其具有可追溯性,经由企业授权,银行等金融机构能以较低的成本迅速获取企业真实的经营状况和财务信息,评价企业的信用等级和偿还能力,甚至能实时观测企业的风险变化情况,从而提高其向中小企业发放贷款的意愿,扶持国内小微企业和民营企业健康发展,增强金融服务实体经济的能力。

17.2 数字银行

数字银行（digital bank）是以数字网络作为银行的核心，借助大数据、区块链、人工智能、5G等前沿技术为客户提供在线金融服务，服务趋向定制化和互动化，银行结构趋向扁平化。数字银行的运作模式和传统银行相比，更加注重数字化、自动化和个性化。数字银行的出现使得金融服务更加便捷、快速和个性化。客户无须前往银行分支机构，即可随时进行各种金融操作。同时促进了金融创新和竞争，鼓励新技术的应用和发展，推动了整个金融行业的数字化转型。

17.2.1 数字银行的发展历程

银行自动化。19世纪70年代花旗银行开始使用ATM（自动柜员机）解决用户一部分日常事务。利用磁性代码卡或智能卡实现金融交易的自助服务，一定程度代替银行柜面人员的工作，减少了人力成本，提高了交易效率。

银行电子化。伴随着互联网和移动电子设备的兴起，传统银行展开线上银行业务，电子银行被广泛使用。无论是网页版的电子银行，还是基于移动手机开展的在线银行业务，从最初的在线转账、查看结算单和电子账单支付，到在线购买理财产品、借款等日渐丰富的功能，数字银行参与主体仍以传统银行机构为主。

银行数字化。此阶段参与的主体从传统银行机构扩大到科技公司、互联网公司和数字银行。金融科技开始影响银行业的发展，众多银行业务的开展开始依托大数据、人工智能、区块链、云计算、生物识别等关键技术。自2009年开始，花旗银行、富国银行、摩根大通、摩根士丹利、美银、高盛等大型银行开始向金融科技领域发力，先后在支付、借贷、财富管理领域追加战略投资。我国国内的大型银行也加快在金融科技领域的布局。腾讯发起的微众银行和阿里发起的网商银行以科技赋能金融业务，直接进军银行行业，成为数字银行的主要参与者。

17.2.2 数字银行的技术应用

数字银行具有无纸化、移动性、个性化服务、开放性和安全性的特点。目前，大数据和区块链技术作为前沿技术在银行中得到了深入应用，变革了传统银行业态。

1. 大数据技术

大数据技术是一种规模大到在获取、存储、管理、分析方面远远超出了传统数据库软件工具能力范围的数据集合，具有海量的数据规模、快速的数据流转、多样的数据类型和价值密度低四大特征。其在银行的应用主要有以下几个。

第一个应用是大数据信用评级。大数据信用评级（big data credit rating）是指利用大数据技术和算法模型对个人或机构的信用状况进行评估和量化的过程。传统的信用评级通常依赖于信用报告、财务数据和个人资料等有限的信息来源，而大数据信用评级则通过整合和分析大规模的数据，如金融交易记录、社交媒体活动、在线消费行为等获取更全面和准确的信用评估结果。大数据信用评级主要针对财务制度不健全、财务报表也不够完善的中小微企业。一方面，利用大数据技术，评估企业信用的范围从传统的财务类数据扩大到商务行为、市场行为、社会舆论等。既能考察企业本身，也可以覆盖企业高层的个人行为，从而构造出企业的全息画像。既能统计历史状况，也能在一定范围内预测企业的前景，避免传统评级方式过分依赖财务报表生成企业信用评分和信用报告的缺陷；另一方面，大数据技术的应用使得评级机构能够利用智能算法进行数据分析和模型建立，快速处理大规模的企业数据，为金融机构和企业提供更及时、全面的信用评估结果；大数据信用评级的核心思想是通过挖掘和分析庞大的数据集，发现隐藏在其中的关联和模式，从而识别风险和评估信用能力。

大数据信用评级的关键特点有以下几个。

数据来源广泛。大数据信用评级利用多种数据源，包括金融交易数据、电子支付记录、社交媒体数据、在线消费行为、手机定位数据等。这些数据来源覆盖面广泛，能够提供更全面和多样化的信息。

自动化和实时性。大数据信用评级利用自动化的算法和模型，实时地处理和分析大规模的数据，快速生成信用评估结果。相比传统的人工评估方法，大数据信用评级具有更高的效率和准确性。

非传统指标。大数据信用评级关注个体的非传统指标，如社交媒体活动、在线购物行为等。这些指标能够提供更多关于个体信用状况的信息，从而提高信用评估的精准度。

个性化评估。大数据信用评级可以根据个体的特定行为和特征进行个性化评估。相比传统的群体评估方法，个性化评估能够更准确地反映个体的信用能力和风险水平。

大数据信用评级在金融领域得到广泛应用，不仅可以帮助金融机构进行更准确的信贷风险评估，提高贷款决策的效率和准确性，还可以应用在以下几个领域。①客户关系管理。主要涉及获取高价值潜在客户和客户流失预警与挽留，如招商银行通过构建客户流失预警模型，对流失率等级前20%的客户发售高收益理财产品予以挽留，使得高净值客户流失率分别降低15个和7个百分点；②精准营销。商业银行利用大数据分析用户的影响力、用户聚集区域和日常活动轨迹、用户基础银行业务使用的规律、用户关注点等来实现客户营销。③运营优化。包括市场和渠道分析优化。通过大数据，银行可以监控不同市场推广渠道尤其是网络渠道推广的质量，从而进行合作渠道的调整和优化。银行可以将客户行为转化为信息流，并从中分析客户的个性特征和风险偏好，更深层次地理解客户的习惯，智能化分析和预测客户需求，从而进行产品创新和服务优化。银行还可以通过爬虫技术，抓取在线论坛和微

商业银行数据资产
未来发展

博上关于银行以及银行产品和服务的相关信息，并通过自然语言处理技术进行正负面判断，尤其是及时掌握银行以及银行产品和服务的负面信息，及时发现和处理问题；对于正面信息，可以加以总结并继续强化。

第二个应用是征信管理。银行征信业务分为个人征信和企业征信，大数据技术要针对不同的业务场景提取有价值的特征进行征信管理。

大数据个人征信是利用大数据技术和算法分析个人的行为数据和信用信息，评估其信用状况和风险水平的过程。随着大数据的快速发展，个人消费者出现电子商务、社交网络和搜索行为等许多信息纬度，通过收集、整合和分析个人的支付记录、借贷历史、消费习惯、社交媒体

活动等各种数据，从多个维度构建个人用户画像，生成个人信用评分和信用报告。相较于传统信用评估模式的封闭性，大数据信用评级解决风险评估的优势日益凸显：通过大数据采集技术，挖掘借款人信用的角度变得更加多元化。通过多元化的信息采集，一方面传承传统信用体系的金融决策变量，重视深度挖掘授信对象的信贷历史，另一方面能够将影响用户信贷水平的社交网络数据、用户申请信息等因素也考虑进去，从而实现深度和广度的高度融合。

大数据企业征信是指利用大数据技术和算法分析企业相关数据，评估企业的信用状况和风险水平的过程。大数据企业征信可以识别和预测企业的财务困境、经营不善、市场变化等潜在风险，帮助金融机构和供应链合作伙伴更早地发现风险信号并采取相应的措施，降低潜在风险的影响。根据企业的征信数据，金融机构可以设计更具针对性和个性化的金融产品和服务，满足企业的融资需求，推动企业的创新和发展。可见，借助大数据技术不仅可以帮助金融机构完善风控管理机制，还有利于资本环境公平透明，更有助于企业管理科学规范。

2. 区块链技术

区块链是一种块链式存储、不可篡改、安全可信的去中心化分布式账本，它结合了分布式存储、点对点传输、共识机制、密码学等技术，通过不断增长的数据块链记录交易和信息，确保数据的安全和透明性。区块链的特点包括去中心化、不可篡改、透明、安全和可编程性。每个数据块都链接到前一个块，形成连续的链，保障了交易历史的完整性。智能合约技术使区块链可编程，支持更广泛的应用。区块链技术对传统银行业态的变革主要体现在以下几个方面。

变革支付和清算系统。传统银行支付服务的痛点表现在：涉及世界各地银行的汇款通常需要几个工作日才能完成，而且会包含种类繁多的手续费，还可能存在与汇款所需证明文件过多、反洗钱法律的遵守、隐私等相关的问题。而加密货币允许绕过在转账过程中攫取可观利润的中间人，转账速度更快、转账交易会无条件地被处理，并且支付更低的手续费。例如，将加密货币转移到全球任何一个账户仅需花费 15s 到 5min 的时间以及支付一笔很少的手续费。

> **法治监管：非银行支付机构将迎监管新规**
>
> 国务院于 2023 年 12 月发布《非银行支付机构监督管理条例》（以下简称《条例》），将非银行支付机构及其业务活动纳入法治化轨道监管，以促进非银行支付行业规范健康发展，切实保护用户合法权益，更好发挥其服务实体经济、满足用户多样化支付结算需求等作用。

提高金融服务的可获取性。据世界银行估计，截至 2022 年，有 17 亿人没有在银行开设账户，其中一半以上来自发展中国家。他们没有银行账户的主要原因包括贫困、地理位置和信任上的问题。对 17 亿没有银行账户的人群来说，获得银行服务是十分困难的——但"区块链+银行"使之变得简单。访问去中心化应用程序（Dapp）只需要用户拥有一部接入互联网的手机，而不需要经过冗长的验证流程。世界银行估计，在 17 亿没有银行账户的人群中，2/3 的人拥有移动电话。因此，区别于传统银行，Dapp 可以成为这些人获取金融产品的门户。

提高银行业务的透明度。银行是导致金融体系崩溃的中心节点之一。让权力和资金过度集中于银行是危险的，普通投资者无法充分了解金融机构的运作，包括信用评级机构对高风险抵押贷款支持证券给予了 AAA 评级。建立在公共区块链（如以太坊）上的协议大都是开源的，便于审计和提升透明度。这些协议通常会有去中心化的治理组织来确保每个人都清楚发生的事情，并确保没有作恶者能够单独地做出恶意决策。由于代码是开源的，能够供大众审查，有任何漏洞都会很快地显现出来。

身份验证和了解客户（know your customer，KYC）。区块链可以提供去中心化的身份管理系统，使得个人的身份信息更加安全和可控。个人可以在区块链上创建和管理自己的身份，而不需要依赖单一的中心化机构。这样可以减少身份信息泄露和盗用的风险。区块链使用加密算法和分布式存储，可以提供更高的数据安全性和隐私保护。个人的身份信息可以以加密的形式存储在区块链上，只有授权的参与方才能解密和访问这些信息，提高了个人数据的安全性，并简化和改进了解客户流程。个人可以选择将其身份信息存储在区块链上，并通过智能合约授权金融机构访问这些信息。这样可以减少重复的 KYC 验证过程，提高客户体验，同时确保个人数据的安全性和隐私保护。区块链上的身份信息通过多个参与方验证，增加了身份验证的可信度。金融机构通过区块链上的身份验证记录确认个人的身份和信用状况，减少欺诈和虚假身份的风险。区块链可以促进金融机构之间的合作和信息共享。不同的金融机构可以在区块链上共享验证过的身份信息，提高跨机构的 KYC 效率和准确性。

供应链金融。一是区块链技术可以提供供应链的可追溯性和透明性。通过在区块链上记录和验证供应链中的交易和物流信息，银行和其他参与方可以实时了解货物的流转和状态，减少信息不对称和欺诈风险。二是用于确保供应链中资产的真实性和可信度。银行通过将资产的信息和验证数据记录在区块链上，验证资产的来源、真实性和价值，降低潜在的风险。三是区块链上的智能合约可以使供应链金融交易和合同执行自动化。通过智能合约，银行实现自动的融资释放、支付和结算，减少人为错误和降低交易成本。四是改善供应链融资的效率和可靠性。通过区块链技术，银行可以更准确地评估供应链中各个环节的风险和信用状况，提供更好的融资和资金流动解决方案。五是帮助建立去中心化的供应链网络，减少中间环节和降低交易成本。银行可以与供应链中的各个参与方直接合作，提供更高效、透明和安全的供应链金融服务。

17.3 去中心化金融市场

去中心化金融市场是在数字化环境中运行的市场，其特点是没有中心化机构或中介机构来控制市场的运作和交易，是数字化时代新兴的市场模式之一。去中心化金融市场依赖区块链技术和智能合约来实现交易的自动化和透明化。在传统的中心化金融市场中，市场运营者通常拥有对市场的控制权和决策权，负责管理交易、设置规则和收取手续费。而在去中心化金融市场中，市场参与者直接通过区块链网络进行交易，无须信任第三方或中介机构。交易的规则由智能合约编码，并且在区块链上可见、不可篡改，确保交易的透明性和安全性。去中心化市场的一个重要特点是去除了中介机构的需求，降低了交易成本，并为用户提供了更大的自主权和控制权。此外，去中心化市场还可以促进全球范围内的交易，无论参与者的地理位置如何，只要具备访问互联网和区块链的能力，就可以参与其中。

去中心化市场在加密货币领域得到广泛应用，例如去中心化交易所（Decentralized Exchange，DEX）允许用户直接在区块链上交易加密货币，而无须通过传统的中心化交易所。还有一些去中心化市场平台提供其他类型的资产交易，如非同质化代币（Non-Fungible Token，NFT）等。未来，去中心化交易市场甚至可以替代银行、券商、支付系统等传统中介机构，使用区块链智能合约来交易资产。

17.3.1 去中心化金融市场应用场景

1. 去中心化交易所

NASDEX（Nebulas Decentralized Exchange）是基于Nebulas区块链的去中心化交易所。Nebulas是一个开源的区块链平台，旨在通过提供高度可扩展和自适应的区块链基础设施来支持去中心化应用的开发和部署。去中心化交易所是首个关注并解决亚洲传统股票实现链上交易的去中心化交易所，在全球范围内可用，也是第一个为散户和机构提供铸造、投资和交易代币化亚洲股票的平台。除了交易之外，NASDEX还提供质押和挖矿功能，让用户能够在持有的股票上产生额外收益。该平台还扩展到ETF及更多的资产类别和衍生品。NASDEX的目标是提供安全、高效和不需要信任的资产交易平台，使用户可以在Nebulas生态系统中自由地交换数字资产。其关键特点和功能有以下几个方面。

第一，去中心化交易。NASDEX是一个去中心化交易所，类似于其他的DEX。允许用户直接在Nebulas区块链上进行点对点的资产交易，而无须借助中介机构。

第二，安全性和透明性。NASDEX基于Nebulas区块链，利用区块链的安全性和透明性保护用户的资产和交易数据。所有的交易记录都被记录在区块链上，并且可以被公开查看。

第三，自主控制资产。在NASDEX上，用户完全掌握自己的私钥，可以直接控制和管理自己的资产。这意味着用户对资金的控制更加直接和安全，无须将资产交由交易所托管。

第四，市场选择和流动性。NASDEX提供了多个交易对供用户选择，并且通过流动性提供者来确保交易的顺畅进行。用户可以选择参与提供流动性，通过提供资金帮助维持交易对的流动性，并获得相应的奖励。

第五，去中心化治理。NASDEX的治理机制是去中心化的，参与者可以通过持有代币并参与投票来影响交易所的发展和决策。这种去中心化的治理模式确保了交易所的开放性和民主性。

以股票市场为例，传统股票市场主要存在以下不足之处。①证券交易所通常受地域限制。投资者必须遵守管辖范围内的法律法规和监管政策以及严格的KYC；②链上和链下平台之间转移资产和调整投资组合困难。常规交易所强制执行交易时间，限制交易者交易时段且投资组合产品种类和选择有限；③传统市场需要购买整只股票。过去投资者因为资金门槛无法投资高价格股票，很多小资金量的用户被拒之门外。

而NASDEX构建的去中心化市场则消除了传统股票市场的不足，带来如下变革：①NASDEX实现全球接入，全球散户和机构投资者不需要KYC即可铸造和交易代币化股票；②NASDEX可一周七天二十四小时（7×24）全天轻松交易任何代币化的股票。平台为交易者提供多头和空头头寸等功能。此外，随着越来越多的用户投资于股票，流动性得到加强，并且很容易将代币化股票与其他加密货币进行交换,这在以前是一件很难实现的事情;③在 NASDEX 中可以不用购买整只股票,降低了投资者的资金门槛,使全球大小投资者都可以轻松实现交易;④由于人人都可以将任何资产进行代币化,随着平台的成熟,NASDEX 将不断提供一系列的 ETF、指数和其他衍生品,投资者不会受到有限数量和可用资产的限制,可以在不同的代币化股票之间进行切换,而无须持有整个标的资产。

2. 去中心化利率市场

Compound 是基于以太坊区块链的去中心化借贷平台,诞生于 2017 年 8 月,由总部位于美国加利福尼亚州的科技公司 Compound Labs 开发,主要提供不需要中介的借贷服务。简单地说,用户(贷款人)将加密货币资产存入资金池,而借款人可以借走部分或全部资产,但是必须支付利息给贷款人。Compound 是基于流动性的资金池,借贷利率由资金池供需决定。用户的存款利息和贷款利息之间差额的利息,构成了 Compound 的收入。具体而言,根据用户存储到 Compound 智能合约的货币市场的底层资产,智能合约按照兑换率发放对应数量的由 Compound 铸造的 Token 到用户账户。持有 Token 的用户可以收取利息,也可以随时赎回 Token,还可以设置作为抵押物借出其他 Token。例如,用户在 Compound 上存入 100 个 Token 单位,可以获得 8% 的年收益;在平台上借出 100 个 Token 单位,则需要支付 13% 的利息。差额 5% 的利息,就是 Compound 的收入。

可以看出,Compound 的业务有点像银行的借贷,都是把贷款人的钱出借给借款人,由此解决二者的需求。然而,它们之间是存在差别的,具体如表 17-2 所示。

表 17-2 Compound 与银行之间的差别

项目	Compound	银行
实现技术	区块链	传统互联网或线下
合同类型	代码编写的智能合约	纸质或电子合同
执行	自动	手动
透明度	高	低
监管	比较松	严格
资产存储	加密货币钱包	银行账户、现金
资产控制权	用户	银行

17.3.2 去中心化金融市场风险

去中心化金融市场可以保障执行、提升透明性并且不需要许可就能访问,因此降低了交易门槛。然而,去中心化市场也存在一系列风险,其中包括但不限于以下风险。

1. 智能合约风险

区块链可以非常安全地执行金融交易。然而,智能合约的代码质量却取决于开发团队的技术和经验。智能合约会出现 Bug,也可能被黑客攻击或操控,因此可能导致 DEX 用户资金损失。开发者可以开展安全审计、代码同行评审(peer review)以及完善的测试流程,以消除这些风险,但仍需要保持谨慎态度。

2. 流动性风险

虽然去中心化市场越来越主流，但一些去中心化市场仍存在流动性较低的问题，导致交易滑点大且用户体验不佳。由于流动性会产生网络效应（流动性越高的市场会吸引到更多流动性，而流动性低的市场则会陷入恶性循环），因此大部分交易仍然在中心化交易平台上，这也会导致 DEX 交易中的流动性相对较低。

3. 抢跑风险

由于链上交易是公开透明的，因此 DEX 交易可能会被套利者或最大可提取价值（maximal extractable value，MEV）自动化脚本发起抢跑攻击，以榨取普通用户的价值。这些自动化脚本跟传统金融市场中的高频交易者类似，通过支付更高的交易费并利用网络延迟，抓住市场低效的漏洞，从普通 DEX 用户的交易中获利。

4. 中心化风险

虽然许多去中心化市场都希望在最大程度上实现去中心化并抵御操控，但它们仍有可能存在中心化风险。这些风险包括去中心化市场将撮合引擎部署在中心化服务器上，开发团队对去中心化市场的智能合约拥有管理权限并使用低质量的通证桥。

5. 网络风险

由于资产在链上交易，去中心化市场的成本必然会很高，而且一旦网络出现拥堵或宕机，成本更是让人无法承受。因此，去中心化市场用户很容易受到市场波动的影响。

6. 通证风险

许多去中心化市场都允许用户不需要经过许可就能创建交易市场（即任何人都可以为任何通证创建交易市场），因此相比中心化的交易平台，人们在去中心化交易平台上买入低质量通证或恶意通证的风险会很高。

7. 管理风险

虽然 Web 3.0 的愿景之一就是让个人可以管理自己的资产，但许多用户可能仍倾向于委托第三方来托管自己的资产，这是因为去中心化市场存在着管理风险。然而，如果能采用稳健的安全机制和密钥管理机制，那么用户既可以轻松管理自己的资产，又可以享受金融开源生态中的各种服务。

17.4 监管科技

17.4.1 监管科技的内容

监管科技主要包括两个方面：一是金融监管部门利用科技提升监管水平和效率，二是金融机构利用科技满足监管要求，降低合规管理的成本。目前在客户身份识别、可疑交易监测、完善监管报告和数据治理领域使用监管科技较多。

第一，人工智能模拟人类认知并承担相对复杂的推理和决策任务。通过机器学习、自然语言处理等人工智能工具可以帮助实现业务流程自动化、检测犯罪行为模式、生成洞察并且通过日常沟通推动客户和员工参与。该项技术主要用于改进客户尽职调查流程（加快流程速度并且生成更加准确的反洗钱数据），从而助力金融机构开展全面风险评估。

机器学习可以持续改进模型，从而有效捕捉在规则导向型方法下几乎不可能有效编码的犯罪行为。通过不断接触数据点，机器"学会"理解数据中的模式，可对大型复杂数据集进行更加准确的预测分析。这主要得益于机器快速适应新威胁和新方法的能力。机器学习尤其适用于洗钱/恐怖融资交易监测，原因在于其可针对犯罪行为"做出判断"，从而提高风险评估准确性并且降低误报（向团队发出注意可疑不当行为的错误提醒）风险。

自然语言处理可以帮助系统识别和解读人类语言的含义。自然语言处理可以助力机器处理和"理解"大量非结构化数据，例如新闻文章、电子邮件和社交媒体文章。从反洗钱/反恐融资角度来看，具有自然语言处理功能的机器能够阅读和编辑个人或组织相关信息、考虑信息背景并且针对该个人或组织是否可疑做出判断。因此，自然语言处理可以通过自动生成使用标准术语和语言的报告来支持可疑活动报告和可疑交易报告流程，从而帮助金融机构减轻管理负担并且确保采用一致方法。此外，自然语言处理可以为金融机构识别政治敏感人物和被制裁人员提供更加可靠的筛查解决方案。

第二，利用大数据和机器学习加强可疑交易监测分析。客户交易记录数据具有海量、多维度、非结构化等特性，监管科技可实时监控，及时获得准确数据，并通过大数据技术对交易数据进行分析和评估，有效整合有价值的可疑交易信息，挖掘分析可疑交易行为，实现交易实时预警。一些金融机构和金融科技公司运用大数据、机器学习等新技术，从资金划转时间、地点、频率、金额、交易对手等多个维度入手，对复杂交易进行关联分析，还原资金往来交易流水，分析每笔交易行为特点及意图，及时发现各类交易中的疑点。在此基础上，进一步分析和跟踪客户的细节行为，生成更加全面的客户画像，对可疑行为和可疑客户及时预警。

第三，云计算帮助金融机构提高灵活性并且显著降低运营成本。监管科技解决方案通常以云技术为基础。从反洗钱角度来看，云计算可以在不影响数据可访问性或数据质量的情况下助力整合来自不同来源的大量数据，因此尤其适用于通过识别资产受益人等方式开展客户尽职调查分析。

第四，利用区块链技术提高金融交易安全性和便捷性。区块链包括"分布式数据库"和"电子分类账"，将每笔金融交易记录在单独的模块中，所有用户均可使用，但无法更改、删除或伪造用户输入的信息，只有获得50%以上参与者的批准，交易才能进行。区块链在银行业的应用有助于自动记录交易数据，帮助监管部门辨别试图实施金融犯罪的黑客，保护银行和客户不受侵害。区块链可追溯的特征还可以应用于反洗钱和反恐怖融资，通过数据分析技术来识别可疑交易和行为模式，并生成报告供机构进行进一步调查和报告。

第五，隐私增强技术帮助用户分析在安全环境中保存的数据，并且生成不泄露任何敏感信息的报告和分析结果。某些企业利用该项技术不仅实现集团内部实体之间的信息共享，而且提高在更广范围内进行信息共享的有效性。隐私增强技术还可以改善金融机构（私人对私人）、金融机构与反洗钱/反恐融资监管机构（私人对公共）以及国家层面和超国家层面监管制度（公共对公共）之间的信息共享，从而助力信息获取并且支持金融犯罪风险情报交流的相关合作。

17.4.2 监管科技应用案例

一家商业银行在姓名筛查和交易监测方面拥有规则导向型反洗钱和反恐融资系统。尽管该行已经采取优化措施，但是考虑到交易量和交易速度，仍有大量"误报"情况出现。该行希望利用创新和前瞻性技术提高效率和效益。这也可为简化相关反洗钱流程以及借助人工智能、机器学习和机器人流程自动化技术关注重大风险提供机会。

该行合规团队和数据管理办公室与技术供应商的金融科技数据科学家密切合作，共同设计、开发、分析和部署该行反洗钱框架中的四大关键流程模块（客户尽职调查、交易监测、姓名筛查和付款筛查）。最终，该行针对交易监测和姓名筛查推出了集成解决方案：结合有监督和无监督机器学习技术的端到端系统，可以提高可疑活动和高风险客户检测速度和准确性。该行致力于优化交易监测流程模块中的全新、未知可疑模式检测功能，同时确保姓名筛查流程模块能够处理更多复杂姓名组合，并且可以利用增强"推理"功能和附加客户信息标识符减少未确定报警的数量。新规范与先进机器学习技术的结合显著提高了标记报警的准确性。此外，该行还利用机器人流程自动化技术和自然语言处理技术自动生成可疑活动报告。对于每次报警，机器人流程自动化技术会从不同系统中提取客户信息和交易数据，然后使用自然语言处理技术生成的额外数据点以及客户资金流动的可视化图表充实此类数据。

在实施人工智能和机器学习模型之后，该行的交易监测和姓名筛查报警管理效率有所提高。"业务运行"阶段结束之后，姓名筛查模型在"技术运行"阶段建立的预测边界内继续运行，因此"误报"结果显著减少。其他优势包括：显著降低错误率；减少分析人员在输入信息、审查报警和生成报告方面所需的工时，并将工时重新分配给价值更高的工作；改善合规性，提高可审计性；规范交易监测流程。

17.4.3 监管科技未来发展方向

第一，支持监管科技应用，引入试错机制。国家管理层对监管科技的支持至关重要，同时也认识到它的局限性和风险，制定监管科技战略规划，匹配相应资源。加强技术供应商与最终用户（如监管人员）和被监管机构之间沟通交流，在坚持"安全可靠"原则的前提下，为应用监管科技提供技术和需求分析支持。引入"试错"机制，对部分监管科技新技术可先实施监管沙盒和项目试点，并在此过程中收集数据用于评估风险，再通过分析收集到的信息来确定新技术在数据安全、客户隐私安全、网络安全等方面的问题。如果新技术能够满足安全性要求，可以扩大试点范围，推广使用。

第二，重视监管科技人才培养，优化监管科技生态环境。发展监管科技应高度重视人才队伍建设，培养和使用拥有技术、金融、法律等知识的复合型监管人才是应用监管科技的关键，特别是培养具备必要数字技能的人才。同时，加强业务培训，增进科技人才与其他监管部门、学术界、技术供应商和国际组织的沟通合作和经验交流，共建新型监管格局，避免出现监管滞后问题。积极参与国际监管科技规则和行业标准制定，强化反洗钱、反恐怖融资、反逃税、数据隐私、消费者保护等方面的合作，共同打造开放、包容、安全的监管科技生态环境。

第三，完善数据治理框架，提升数据质量和标准化水平。围绕提高透明度、易懂性、可靠性和公平性，完善数据治理框架对有效应用金融科技非常重要。应重点关注数据收集工作，考虑开发 API 等数据接口，使被监管机构能够以编程方式提交数据，或者监管部门能够根据需求提取数据，加强全流程可穿透监管数据的采集工作。确保监管科技系统与最新标准和技术兼容，增强技术解决方案的可扩展性和互操作性，提高科技工具的易懂性。加强金融数据治理整合，提升数据质量、透明度和标准化水平，探索数据本地化的有效途径，利用多维数据进行联合建模分析，进一步挖掘数据价值。

第四，强化审慎监管，防范运用科技进行监管套利。完善金融科技的监管法规，鼓励金融机构守正创新，引导其围绕客户需求，在合规前提下运用金融科技手段，创新产品和服务，支持实体经济。同时，加强审慎监管，提升监管科技水平，防止金融机构运用科技手段进行监管套利。对于一些涉足信贷业务的金融科技巨头，无论它们提供资金、风控模型、获客渠道还是技术支持，都要纳入统一监管框架，实施穿透式监管，防止监管套利与规避监管行为。打击大型金融科技公司利用技术优势进行市场垄断的行为，规范市场竞争秩序，创造条件鼓励中小金融科技服务提供商参与监管部门主导的金融科技竞赛和系统开发竞标。

第五，防范网络风险和声誉风险，维护消费者权益。完善监管科技制度办法，出台监管数据采集和接口规范，防范网络攻击风险，明确数据脱敏和隐私保护等要求，规定参与各方权利义务。提高运用监管科技工具的透明度和易懂性，划定人工智能与人工辅助判断的职责边界，避免因过度依赖科技工具而忽视人为判断决策和趋势分析，从而产生声誉风险。要求金融机构和第三方金融科技公司在系统开发和数据采集、存储、使用、发布等方面严格遵守操作流程和授权管理，降低信息泄露和非法使用的风险，对数据泄密和侵犯个人隐私加强惩处，切实保障信息安全和个人隐私，维护消费者合法权益。

17.4.4　发展监管科技的重要意义

第一，顺应金融风险新形势。由于金融科技背景下服务方式更加虚拟、业务边界逐渐模糊、经营环境不断开放，金融风险形势更加复杂。一是跨行业、跨市场的跨界金融服务日益丰富，不同业务之间相互关联渗透，金融风险错综复杂，风险传染性更强。二是金融科技利用信息技术将业务流转变为信息流，在提升资金融通效率的同时，打破了风险传导的时空限制，使得风险传播速度更快。三是金融产品交叉性和关联性不断增强，风险难以识别和度量，风险隐蔽性更大，传统监管措施很难奏效。在此背景下，金融管理部门通过监管科技手段构建现代金融监管框架，研发基于人工智能、大数据的金融监管平台和工具，采取系统嵌入、应用对接等方式建立数字化监管协议，有效增强金融监管信息的实时性、准确性、可追溯性和不可抵赖性，为及时有效识别和化解金融风险、整治金融乱象提供支撑。

第二，解决金融监管瓶颈。随着我国金融业快速发展，金融管理部门在规范、管理和监督金融机构、金融市场等过程中面临挑战。在时效性方面，传统监管模式大多采用金融机构填写统计报表、监管部门现场检查金融机构等方式，比较依赖金融机构报送的监管数据和合规报告，这种监管模式存在明显的时滞性。在穿透性方面，部分金融创新产品过度包装，业务本质被其表象所掩盖,准确识别跨界嵌套创新产品的底层资产和最终责任人存在一定难度。在统一性方面,金融机构合规人员在业务经营范围、数据报送口径、信息披露内容与准则、金融消费者权益保护等方面存在理解偏差,造成监管标准难以做到一致。监管科技借助技术手段对金融机构进行主动监管,通过对监管政策、合规性要求等的数字化表达,采用实时采集风险信息、抓取业务特征数据等方式,推动监管模式由事后监管向事中监管转变,有效解决信息不对称问题、消除信息壁垒,有利于缓解监管时滞性、提升监管穿透性、增强监管统一性。

第三,降低机构合规成本。自2008年全球金融危机爆发以来,各国纷纷进行以宏观审慎政策为核心的金融监管体制改革,对金融机构合规管理、创新管理提出了更高要求。一方面,监管要求趋于严格,监管新政策推出的速度明显加快,金融机构需要投入更多的人力、物力、财力等资源去理解和执行监管新规,从而增加了合规管理成本。另一方面,金融创新日新月异,金融机构对监管要求了解不深入、不及时,可能导致创新滞后而贻误商机、丢失市场,也可能因忽视监管形成风险而面临规范整治,增加了创新管理的成本。为此,金融机构迫切希望借助数字化、自动化手段增强合规能力,减少合规工作的资源支出,在加快金融创新的同时及时跟进监管要求,提高自身的合规效率和市场竞争力。

第四,顺应大数据时代变革。随着大数据时代的脚步渐行渐近,金融业作为典型的数据密集型行业,每天都在生成和处理海量数据资源,对以数据为基础的金融监管产生了深刻影响。一方面,数据已经成为金融服务的重要生产资源,金融机构需要在"了解你的客户(KYC)"基础上进一步"了解你的数据(KYD)",将尽职调查的对象由每一家机构、每一位客户扩大到每一个字节、每一个比特,甚至可以实现对每笔交易的精细化、精准化风险管理。另一方面,数量巨大、来源分散、格式多样的金融数据超出了传统监管手段的处理能力。监管科技有助于风险管理理念的转变和风险态势感知能力的提升,运用大数据技术及时、有效地挖掘出隐藏在金融海量数据中的经营规律与风险变化趋势,实现金融风险早识别、早预警、早发现、早处置。

本章小结

本章以数字货币、数字银行、去中心化金融市场和监管科技为切入点,介绍了数字金融的主要发展方向。

数字货币是一种基于节点网络和加密算法的虚拟货币,与虚拟货币、电子货币有着本质的区别。发展阶段包括以"比特币"为代表的加密资产、以"Libra"为代表的数字稳定币和以"Sand Dollar"为代表的央行数字货币三个阶段。数字人民币发行的目的是在小额高频支付的场景下替代一部分纸质现金。它是M0的替代,不应当收取利息,更不会对现有的经济产生影响。

数字银行是以数字网络作为银行的核心,借助大数据、区块链、人工智能、5G等前沿技术为客户提供在线金融服务,服务趋向定制化和互动化,银行结构趋向扁平化。

去中心化金融市场以区块链技术为依托,用户可以绕过中间方直接交易和管理数字资产,旨在通过允许用户在不放弃其资产保管权的情况下进行交易。

监管科技是在金融科技迅猛发展的背景下应运而生的,通过科技手段的引入,应对现有监管手段存在的不足和挑战。

学习建议

数字金融的发展需要以大数据、区块链、人工智能等技术手段为依托。因此，在学习本章时，读者可以通过自主学习的方式了解这些技术的基本特征和优缺点，从而更好地理解数字货币、数字银行、去中心化金融市场和监管科技。同时要将数字货币、数字银行、去中心化金融市场和监管科技与传统金融业态做对比，这样更有利于相关知识点的理解。

本章重点
1. 数字货币的内涵、发展历程以及数字人民币的发展。
2. 数字银行的技术应用。

本章难点
1. 数字货币的分类。
2. 去中心化金融市场。

核心概念

数字货币　央行数字货币　区块链　数字银行　去中心化金融市场　监管科技

课后思考与练习

1. 比特币为什么不能成为法定货币？
2. 数字金融还有哪些应用场景？
3. 简述去中心化交易市场与中心化交易市场相比具有的优势。

补充阅读 17-1

数字人民币能否促进人民币国际化

在中短期内，数字人民币对人民币国际化的影响十分有限。从宏观经济整体层面来看，虽然数字人民币的发行在中短期内会产生一定影响，但这些影响在定量上并不会太大，其原因有以下三点。首先，数字人民币目前的目标定位是部分替代流通中货币 M0，其完全替代 M0 将是一个漫长的过程，而中国的 M0 规模不大（2021 年 4 月末 M0 约为 8.6 万亿元），占 M2 比重很低（低于 4%）。其次，目前中国居民的工资发放与存贷款业务、企业和政府部门的金融业务、商业银行之间及其与中央银行的金融业务和结算清算、中央银行的货币政策操作等在很大程度上已经实现了电子化、数字化改革，数字人民币的推出对其进一步的影响不大。另外，由于数字人民币暂时不计息、短期存在一定技术障碍以及中央银行的谨慎性态度等原因，境外市场主体持有数字人民币的动机并不比持有传统人民币的动机增强很多。鉴于此，我们认为，数字人民币发行在中短期内对人民币的货币供求与货币创造、货币政策传导、GDP 以及总消费和总投资、跨境资本流动、金融稳定等影响并不会太大。

在中短期内，数字人民币发行对人民币国际化的影响十分有限，除了其对中国宏观经济影响不大这一原因以外，还有一个重要原因是人民币国际化的进程有其自身的规律和逻辑。从历史经验来看，一国货币国际化的决定因素包括多个方面：经济贸易规模和金融市场规模、国内金融基础设施的完善程度、金融开放程度、汇率制度安排的灵活程度，配套的国际支付清算体系、在军事政治文化等方面的综合国力，等等。上述每一个方面的突破都具有一定的难度。例如，尽管数字人民币基于账户松耦合方式，在交易过程中对银行存款账户依赖程度较低，但在美国基本控制 SWIFT 的前提背景下，仅凭这一点依然难以摆脱美元本位下国际支付清算体系的束缚。从现实角度来看，无论是在国际交易计价清算还是全球外汇储备中的份额方面，美元仍保持着其国际中心货币的霸主地位，而人民币与之相比仍有较大的差距。

从长期来看，数字人民币的发行和使用能够增强人民币的使用便捷性和竞争力，伴随着中国经济实力和综合国力的进一步增强、贸易和金融开放度的提升、跨境支付结算体系的完善，数字人民币在人民币国际化进程中可以起到促进作用。人民币国际化是一个综合性的议题，它不仅仅是一个技术性问题，更是一个制度性问题，尽管技术支撑在中短期内无法对制度安排产生根本性影响，但在长期内却可能会对制度变革起到推进作用。从外部环境来看，一方面，随着美国霸权主义行径的不断加剧以及美元信用一定程度的下降，包括许多发达国家在内的经济体正在力图摆脱美元本位带来的贸易不平等性和福利损失，对于一种更加公正公平的国际货币体系的呼声不断高涨。另一方面，中国"一带一路"倡议的稳步推进为中国树立了良好的大国形象，人民币在国际贸易和国际实体经济投资等领域中的地位逐渐上升，且完善国内金融市场和制度、稳步有序推进中国金融开放是中国经济改革的既定方针，这些因素都为人民币国际化提供了良好的内外部环境。此外，许多中国互联网科技公司的业务已拓展至海外，跨境支付的场景不断丰富，随着这些公司在全球市场的份额不断扩大，世界对于人民币的需求也将不断增加，如何将这部分需求转换为人民币的实际市场份额是人民币国际化中关键的一步，而数字人民币的发行在长期内可以为这关键一步提供一定支撑。

若想使数字人民币对传统的贸易结算和跨境支付进行替代并促进人民币国际化进程，则需要满足以下两个前提条件。一是数字人民币的技术、支付便捷性和支付安全性进一步提升，相比于其他国家的央行数字货币（如未来的数字美元、数字欧元、数字日元等）更有竞争力，或者至少不落后。二是决定人民币国际化的因素切实得到提升，包括中国经济实力和综合国力的进一步增强、贸易和金融开放程度的进一步提升、跨境支付结算体系的进一步完善等。数字人民币尽管是一种全新的数字化支付工具，但其本质仍然是主权信用货币，依然符合货币金融的基本发展逻辑。金融科技的发展使人民币摆脱实物货币的物理束缚，有助于降低交易成本、提升支付效率，同时为中央银行带来了更加丰富的信息数据资源和更精准有效的调控手段，因此如何更好地利用这一优势显得尤为重要。换言之，经济实力与综合国力的增强为数字人民币走向世界提供了经济基础和后备力量，而技术和设计理念的创新则为数字人民币走向世界提供了实现手段和不竭动力。

在更长时期内，随着央行数字货币在全球的普及和应用，数字人民币的技术实力将与中国经济、贸易、金融实力一道，成为决定人民币国际化程度的关键因素。相较于传统货币而言，央行数字货币将更加集中体现一国的技术水平、经济实力和金融体系完善程度，未来它将是一国重要的金融基础设施和金融体系的重要一环，而一个国家的综合实力也将通过央行数字货币更加直接地渗透到国家间竞争的方方面面。例如，伴随着央行数字货币在全球主要经济体的普及和应用，以及数字技术、互联网经济、跨境电商、跨境社交媒体等的进一步发展，计息央行数字货币可能成为央行的普遍选择，央行数字货币的底层技术和应用场景也会不断突破和丰富，央行数字货币在国家间竞争方面会发挥更大的作用，届时弱国的货币或者技术实力不强的法定数字货币将面临极大的压力。一方面这是由于央行数字货币的效果依赖于它的使用规模，只有当整个金融设施生态系统可以进行互动时，央行数字货币的优势才可以得以最大化体现。另一方面，当央行数字货币替代传统货币之后，各国中央银行的货币政策工具箱将得到极大的丰富，中央银行的数据信息获取量也将成为巨大的数字资产，强国将利用技术优势、数据优势和先进的设计理念来提升自身央行数字货币的国际地位。

一定程度上来讲，央行数字货币的发行可能会具有先发优势，因此英国和法国的中央银行都已公开表示将加速央行数字货币的研发速度并逐步提升本国央行数字货币的国际地位。而美联储也表示，不论短期内是否发行央行数字货币，美国都将致力于在制定央行数字货币的国际标准方面发挥领导作用。面对未来主要经济体之间可能发生的央行数字货币国际竞争，未来的数字人民币需要在兼顾人民币信用的基础上，不断更新已有版本的底层技术及设计方案，以适应越来越丰富的应用场景，提升人民币在国内和国际上的接受和使用程度。

资料来源：新浪财经相关报道，作者为刘凯、郭明旭。

思考题：数字人民币在推进人民币国际化进程中有何重要意义？

补充阅读 17-2

工商银行的金融科技布局

2019年5月8日，中国工商银行股份有限公司（简称工商银行）通过附属机构设立的工银科技有限公司（简称工银科技）在河北雄安新区正式挂牌开业，注册资本为人民币6亿元，这是银行业内首家在雄安新区设立的金融科技公司。结合2018年报披露的金融科技业务布局，工商银行已初步形成"一部、三中心、一公司"的金融科技生态布局，金融科技子公司将与工商银行达成深度协调效应，全面推进场景、客户、平台、产品、模式、机制、系统、运营"八位一体"建设。

在开业仪式上，工商银行指出："我们在优化现有科技机构的基础上，通过设立科技公司推动金融科技'增量'发展，以深耕B端和G端客户广惠C端客户，打造商业价值与产业价值、社会价值、公众价值并举的生态体系"。这次工商银行将金融科技子公司设立在雄安新区，战略定位意在紧抓政策机遇，通过金融科技来实现"to B"（面向企业）线上场景拓展，助推"智慧银行"构建。

1. 新机遇：银行在雄安新区发展优质B端与G端客户

雄安新区从国务院提出战略规划发展至今，已有若干年时间，不同于银行业大力推进零售金融转型、发展C端市场，数字雄安建设在基础设施搭建方面，银行业布局产业互联网的创新机遇更加广阔，例如在铁路公路建设、拆迁补偿平台搭建、住房租赁与智慧校园建设等方面，推进行业客户（企业端）、政务服务（政府端）的金融场景建设。

鉴于此，工商银行结合已有的场景化金融发展优势，可在税收、政务与缴费等方面，加强与政府合作。同时，借助政府的高端产业扶持政策，逐步传导到企业客户。

2. 建设智慧银行的重点：区块链应用、IT架构开放化转型

在区块链技术运用方面，工银科技将与工商银行形成协同效应，继续拓展"区块链+"平台的应用场景，目前已涵盖雄安集团及其子公司的大部分项目，包括截洪渠、唐河治污、春季和秋季造林项目，已覆盖雄安新区超过300家参建企业和超过5 000名参建人员。同时，工商银行刚刚对外披露的雄安新区"征拆迁资金管理区块链平台"，将广泛应用于征拆迁、工程建设、住房租赁等服务场景，助力"数字雄安"开放生态建设。

在IT架构开放化转型方面，工商银行在2018年报中指出，已启动实施新一代智慧银行信息系统（ECOS）建设，并搭建自主研发、业界首创的七大技术创新平台。在此基础上，工商银行完成e支付等热点业务功能从主机向开放平台迁移，开展应用服务化改造，在快捷支付等应用实施分布式改造。同时，工商银行重点加强基础平台与基础设施创新，包括API开放平台、金融生态云平台、聚合优势线上金融产品和功能的聚富通平台等，树立场景导向，以打造金融服务生态圈。

在场景布局方面，目前工商银行已涵盖了政务、出行、教育、医疗、商业及服务业、生活等领域。从场景布局的领域来看，与地方政府的合作关系较为紧密，本次工商银行选择在雄安新区设立金融科技子公司，布局重点就在于从政务服务入手，拓展更多从事创新创业、获得政府补贴的中小微企业客户群体。

从工商银行数字化转型的资源禀赋优势来看，工商银行已经从总行层面将金融科技布局优化升级为"一部、三中心、一公司"的组织架构。工商银行金融科技五大板块布局分工明确、力求深度协同，借助自身在技术研发、客户资源、资金规模与风控模型等方面的业界前沿地位，发挥出集团化运作的优势。

从工商银行数字化转型的"历史包袱"来看，作为国有大型银行，发展中必然存在着一些难题：第一，组织惯性强。人员队伍规模庞大、机构层次设置众多、业务审批环节复杂，变革速度与效率受阻。第二，新业务发展阻力较大。如此前银行推行事业部制改革，需要从上到下全力配合，各条线管理层在资源投入、岗位绩效制度以及激励机制等方面都要配套革新，然而现实是这些牵扯各部门之间的业绩指标、资源获取与分润机制，碰触核心利益后很难推进改革创新举措；尽管子公司在组织形态上更为独立，但后续发展还需验证。变革与创新需要自上而下进行系统化、全局化的战略部署，这并非易事。

实践层面，由于工银科技设立在雄安新区，在发展初期将面临雄安新区人口少、基础设施相对不完善、线上场景略显单薄等问题，这都需要工银科技花更多的精力去拓展生态合作伙伴。再加上百度、阿里巴巴、腾讯、京东等互联网巨头引发的激烈竞争，工银科技的产品研发和服务能力未来能否在金融科技圈拔得头筹，仍需要时间来检验。

资料来源：36氪财经相关报道，作者为李薇。

思考题：试分析商业银行金融科技道路上的未来突破点。

参考文献

[1] MCDOUGALL A. 互换市场［M］. 钱婵娟，译. 上海：上海财经大学出版社，2002.

[2] AMOLD T S. How to do interest swaps［J］. Harvard business review，1984（9-10）.

[3] 博迪，莫顿. 金融学［M］. 欧阳颖，等译. 北京：中国人民大学出版社，2000.

[4] 肖. 经济发展中的金融深化［M］. 王威，等译. 北京：中国社会科学出版社，1989.

[5] 蔡武. 衍生品金融工具的风险防范研究［D］. 南京：南京农业大学，2000.

[6] 曹龙骐. 金融学［M］. 7版. 北京：高等教育出版社，2023.

[7] 陈学彬. 中央银行概论［M］. 3版. 北京：高等教育出版社，2013.

[8] 陈彦斌. 中国当前通货膨胀形成原因经验研究：2003—2007年［J］. 经济理论与经济管理，2008（2）.

[9] 戴国强，柳永明. 货币金融学［M］. 5版. 上海：上海财经大学出版社，2023.

[10] 戴颖. 权证市场创设机制有效性及影响因素实证研究［D］. 杭州：浙江大学，2008.

[11] 丁邦开，周仲飞. 金融监管学原理［M］. 北京：北京大学出版社，2004.

[12] 范从来，王宇伟，周耿. 货币银行学［M］. 5版. 南京：南京大学出版社，2021.

[13] 米什金. 货币金融学［M］. 刘毅，等译. 北京：中国人民大学出版社，2005.

[14] 韩志国. 中国资本市场的制度缺陷［J］. 经济导刊，2001（2）.

[15] 何乐年. 货币银行学［M］. 成都：西南财经大学出版社，1999.

[16] 贺晓东. 悬念：十字路口的中国经济［M］. 哈尔滨：哈尔滨出版社，2000.

[17] 弗里希. 现代通货膨胀理论［M］. 蔡重直，译. 北京：中国金融出版社，1989.

[18] 黄达. 金融学［M］. 6版. 北京：中国人民大学出版社，2024.

[19] 黄亚钧. 宏观经济学［M］. 4版. 北京：高等教育出版社，2017.

[20] 尼奇. 金融工程：衍生品与风险管理［M］. 张陶伟，彭永江，译. 北京：中国人民大学出版社，2004.

[21] 杨长江，姜波克. 国际金融学［M］. 4版. 北京：高等教育出版社，2014.

[22] 康书生，鲍静海. 货币银行学［M］. 3版. 北京：高等教育出版社，2018.

[23] 托马斯. 货币、银行与金融市场［M］. 马晓萍，等译. 北京：机械工业出版社，1999.

[24] 李剑阁. 站在市场化改革前沿［M］. 上海：上海远东出版社，2001.

[25] 李扬，王国刚. 资本市场导论［M］. 北京：经济管理出版社，1998.

[26] 凌江怀. 金融学概论［M］. 4版. 北京：高等教育出版社，2020.

[27] 麦金农. 经济发展中的货币与资本［M］. 卢骢，译. 上海：三联书店上海分店，1988.

[28] 萨缪尔森. 经济学（上）［M］. 高鸿业，译. 北京：商务印书馆，1979.

[29] 宋国良. 投资银行学［M］. 北京：人民出版社，2004.

[30] 唐安宝. 金融学［M］. 徐州：中国矿业大学出版社，2005.

[31] 王广谦，等. 金融学科建设与发展战略研究［M］. 北京：高等教育出版社，2002.

[32] 王国刚. 中国资本市场的深层问题 [M]. 北京：社会科学文献出版社，2004.
[33] 武康平. 货币银行学教程 [M]. 北京：清华大学出版社，1999.
[34] 伍瑞凡. 金融学 [M]. 2版. 北京：科学出版社，2010.
[35] 夏德仁，王振山. 金融市场学 [M]. 大连：东北财经大学出版社，2002.
[36] 杨胜刚，姚小义. 国际金融 [M]. 4版. 北京：高等教育出版社，2016.
[37] 姚长辉，吕随启. 货币银行学 [M]. 5版. 北京：北京大学出版社，2018.
[38] 殷孟波. 货币银行学 [M]. 2版. 西安：陕西人民出版社，1999.
[39] 曾康霖，等. 金融学科建设与人才培养 [M]. 成都：西南财经大学出版社，1998.
[40] 张强，喻旭兰，乔海曙. 金融学 [M]. 4版. 北京：高等教育出版社，2023.
[41] 挺秀英才. 银行主导型金融体系，仍是当下世界各国的金融发展主流 [EB/OL]. [2019-08-10]. http://mini.eastday.com/a/190810192439601-2.html.
[42] 任泽平. 互联网+金融：金融机构的变革及机遇 [EB/OL]. [2018-03-28]. http://www.sohu.com/a/226564844_313170.
[43] 清华五道口金融EMBA. 陆磊：在开放中变革、融合与创新的金融机构体系——40年中国金融改革开放的基本经验 [EB/OL]. [2018-12-19]. http://m.sohu.com/a/283137912_184783.
[44] 王广谦. 改革开放40年中国金融学理论和金融实践的发展与创新 [N]. 光明日报，2018-11-20.
[45] 中国人民银行西安分行. 存款保险制度有序推进，维护广大存款人利益 [EB/OL]. [2019-09-26]. https://xian.pbc.gov.cn/xian/129422/3897771/index.html.
[46] 前瞻产业研究院. 2019年全球数字货币市场现状与发展趋势分析 [EB/OL]. [2019-11-15]. https://www.sohu.com/a/353962757_473133.
[47] 前瞻产业研究院. 2019年中国众筹行业市场现状及发展前景分析 [EB/OL]. [2019-12-12]. https://bg.qianzhan.com/report/detail/300/191226-9e835f39.html.
[48] 刘倩. 区块链打造金融新业态 [EB/OL]. [2020-01-16]. http://www.finanace.cn/newsDetail/29996.shtml?platForm=jrw.
[49] 益言. 美国货币市场钱荒？关于美联储重启正回购和国债购买的有关分析 [J]. 中国货币市场，2019 (12).
[50] 郭德鑫. "数字人民币"初露真容 [EB/OL]. http://m.people.cn/n4/2019/0821/c37-13102153.html.
[51] 零壹财经. 个人征信现状研究：三大模式共筑征信产业 [EB/OL]. [2018-02-27]. http://www.sinotf.com/GB/consumerfinance/2018-02-27/zNMDAwMDMwNDkzNw.html.
[52] 薛凯丽. 征信行业的两大现状及四大趋势分析 [EB/OL]. [2017-03-20]. https://www.iyiou.com/p/41313.html.
[53] 李丹丹. LPR新机制诞生 利率市场化改革踏入最后一公里 [N]. 上海证券报，2019-08-19.
[54] 孙丹妮，陈文瑛. 利率市场化的未来 [EB/OL]. [2019-08-28]. https://www.wdzj.com/hjzs/hjjx/20190828/1004994-1.html.
[55] 王剑，李欣怡. 利率市场化改革的关键时点选择 [EB/OL]. [2018-06-29]. https://www.sohu.com/a/238448448_313170.
[56] 李薇. 我国民营银行的"前世今生" [EB/OL]. [2019-10-06]. https://www.iyiou.com/p/114603.html.
[57] 邵宇，陈达飞. 如何理解中国式影子银行 [J]. 财经，2018 (4).
[58] 任泽平. 货币超发与资产价格的关系（上）——国际经验 [EB/OL]. [2018-08-02]. http://

www.sohu.com/a/244743332_117959.

[59] 钟正生,张璐. 展望2019:美联储缩表,全球流动性紧缩带来挑战[EB/OL].[2018-12-18]. https://www.yicai.com/news/100082070.html.

[60] 李馥伊. 2019上半年美国经济形势和全年展望[J].[2019-07-10]. 中国经贸导刊,2019,12:11-17.

[61] 张宇燕. 美国货币政策转向比贸易摩擦更值得关注[EB/OL].[2019-03-26]. http://finance.sina.com.cn/roll/2019-03-26/doc-ihsxncvh5756522.shtml.

[62] 招商银行研究所. 央行降准:原因、效果及前瞻[EB/OL].[2019-09-10]. http://vip.stock.finance.sina.com.cn/.

[63] 通胀的虚虚实实:不要让表面的CPI蒙蔽了你的双眼[EB/OL].[2018-03-12]. http://mt.sohu.com/20180312/n532441902.shtml.

[64] 国家外汇管理局. 2019年上半年中国国际收支报告[EB/OL].[2019-9-27]. http://www.safe.gov.cn/safe/2019/0927/14235.html.

[65] 朱强. 人们迟早会抛弃以美元为主导的国际货币体系[EB/OL].[2018-11-22]. http://finance.sina.com.cn/china/2018-11-22/doc-ihpevhck1727700.shtml.

[66] 巴曙松. 从金融监管变革回看危机十年[J]. 中国金融,2018,18:17.